高等学校应用型本科保险学

"十二五"规划教材

财产保险

主　审　许谨良

主　编　董玉凤　戴　丽

副主编　青跃虎　张　杰

中国金融出版社

责任编辑：丁　芊
责任校对：张志文
责任印制：陈晓川

图书在版编目（CIP）数据

财产保险（Caichan Baoxian）/董玉凤，戴丽主编. —北京：中国金融出版社，
2014.8

高等学校应用型本科保险学"十二五"规划教材

ISBN 978 - 7 - 5049 - 7318 - 4

I. ①财…　II. ①董…②戴…　III. ①财产保险—高等学校—教材　IV. ①F840.65

中国版本图书馆 CIP 数据核字（2014）第 111744 号

出版
发行　**中国金融出版社**

社址　北京市丰台区益泽路 2 号
市场开发部　（010）63266347，63805472，63439533（传真）
网 上 书 店　http://www.chinafph.com
　　　　　　　（010）63286832，63365686（传真）
读者服务部　（010）66070833，62568380
邮编　100071
经销　新华书店
印刷　北京华正印刷有限公司
尺寸　185 毫米×260 毫米
印张　25.5
字数　567 千
版次　2014 年 8 月第 1 版
印次　2016 年 3 月第 2 次印刷
定价　50.00 元
ISBN 978 - 7 - 5049 - 7318 - 4/F. 6878
如出现印装错误本社负责调换　联系电话（010）63263947

前　言

　　截至 2013 年底，我国财产保险保费收入达 6 212.26 亿元，财产保险公司有 64 家，其中中资公司 43 家，外资公司或中外合资公司 21 家。伴随着财产保险业的快速发展，业界对应用型保险人才的需求量不断增大，对保险人才专业素质要求不断提升，也因此对应用型本科院校教材建设提出了更高要求。近年来，国内已出版财产保险教材多部，但总体来看有以下不足：一是有些教材内容比较陈旧，比如财产保险实务部分，有些教材仍沿用旧条款，讲的还是旧内容，缺乏适时更新。比如机动车辆保险中交强险，有的还是对 2006 年 7 月 1 日实施的交强险条例进行讲授，而对于交强险条例已经经过了第二次修订的新情况则没有反映；商业车险条款和内容，有的甚至还停留在主险只有车损险和三者险两种，其余都是附加险的历史阶段，有的即使介绍了 2007 版商业车险条款，但对于 2012 年中国保险行业协会发布的商业车险示范条款则尚未涉及。二是内容过于庞杂，动辄十几章甚至二十几章，对于研究型院校的学生也许非常适用，虽然非常全面，但对应用型院校则不然。因为，以现有应用型本科财产保险教学课时安排来看根本讲不完，同时，对于以实践型为主的应用型保险人才的培养来说有些内容也似乎没必要讲，如个别过于专业化、在财产保险业务实践中应用极少或根本用不到的知识内容。三是教材内容和形式比较刻板、机械，缺乏通俗性、可读性相对较差，也不太适合应用型保险人才培养的使用。

　　为了适应不断发展的财产保险市场对应用型保险人才的需要，作为应用型本科院校的保险专业教师，我们一直致力于培养出一批既懂财产保险基本理论，又熟悉财产保险实务操作；既熟悉最新财产保险险种条款，又能正确解读和运用条款解决财产保险实际案例；既了解财产保险发展历史，又掌握财产保险业界最新动态和理论研究新成果的应用型保险专业学生。为此，我们在学习借鉴国内外各成熟财产保险教材的基础上，结合财产保险业界最新业务实践和研究成果，在多年财产保险教学实际经验的基础上，组织编写了本教材，在教材编写中，我们力图做到内容精练、通俗易懂，引用最新保险法规、保险条款以及保险理论界最新研究成果，以实务为主，强化操作性，突出对学生应用能力的培养。

　　本教材的特色可概括为以下几个方面：

　　1. 内容最新。近年来我国财产保险业发展迅速，迫切需要对目前财产保险教材内容进行更新。本教材内容始终贯穿新保险法、新业务、新条款。在涉及《保险法》的内容部分，严格依据 2009 年 10 月 1 日开始实施的修订后的《保险法》；在车险中交强险部分，加入机动车交通事故责任强制保险条例2012年12月17日的第二次修订；在商业车险部分，加入2012年3月14日中国保险行业协会公布的商业车险示范条款；在责任险部分加入最新的关于环境污染责任强制保险内容；在附录中加入2013年3月1日开始实施的《农业保险条例》，《关于开展环境污染强制责任保险试点工作的指导意见》，2010年上海世博会建筑和安装工程保险以及综合责任保险方案及条款。企业财产保险、家庭财产保险、船舶保险、工程保险、国内货物运输保险等险种均结合中国保险监督管理委员会备案的2009版新条款内容。

2. 结构安排紧凑、合理。本教材章节体系的安排从应用型本科财产保险教学的内容需要出发，充分考虑课时安排限制，将财产保险基本理论和财产保险实务要求、条款与案例相结合，对于专业性极强，在财产保险业务实践中应用不多的科技工程保险（特殊风险保险），如核电站保险、航天保险等仅以知识链接形式简要提及。

3. 教学内容与辅助内容有机结合，增强知识容量和可读性、趣味性。本教材中设置了知识链接、相关链接、业界动态、案例导入等内容，与财产保险基本理论和实务部分相得益彰，增加了趣味性、可读性，扩大了信息和知识容量。

本教材可作为应用型本科院校金融专业、保险专业教学用书，也可作为财产保险实务工作者、管理工作者的学习用书。

全书由哈尔滨金融学院董玉凤和黑龙江东方学院戴丽担任主编，农业相关部门实务工作者青跃虎担任副主编。董玉凤负责大纲内容设定、教材组织编写以及全书定稿前的修改和总纂。本书共分为十章，按照财产保险基本理论和财产保险实际业务两大部分编写。具体分工安排如下：第一章至第三章属于财产保险基本理论部分，包括财产保险概述、财产保险合同及其原则和财产保险数理基础，由黑龙江东方学院戴丽老师编写；第四章至第七章以及第九章、第十章属于财产保险实务中除农业保险外的所有业务，包括火灾保险、运输工具保险、国内货物运输保险、工程保险、责任保险和信用保证保险，由哈尔滨金融学院董玉凤编写；第八章以及保险条款和相关案例的搜集整理由副主编青跃虎、张杰完成。

当前，我国保险业正处于迅速发展期，财产保险理论不断深化，财产保险产品不断创新，相关法律、法规不断修订、完善，在这样的背景下，要编写一本内容既新又完整，融理论与实务为一体的财产保险教材确实有很大难度。为此，我们参考了国内外大量的成熟的财产保险教材、最新保险相关法规以及中国保险监督管理委员会网站、中国保险行业协会网站，以及国内其他网站的相关内容，在此，我们一并表示真诚的谢意。同时，也要感谢我在上海财经大学访学期间的好朋友——江西理工大学高访学者万玲、山东英才学院高访学者赵娟的热情鼓励和在数据处理方面给予的无私帮助；更要感谢上海财经大学许谨良教授对于本教材编写大纲及内容方面给予的宝贵意见、建议及实际帮助。上海财经大学图书馆良好的阅览环境及丰富的图书资源也对本教材的编写提供了极大的帮助。

由于编者对财产保险理论研究尚有待于进一步提高，对业务的理解也可能有某些欠缺和不足，再加上资料和水平所限，教材中不可避免地会有一些错误和疏漏，敬请读者以及学界同行给予批评指正。

董玉凤
2014 年 7 月定稿于上海财经大学

目　　录

财产保险概述

【学习目标】

通过本章内容的学习，学生应掌握财产保险的概念、特征、分类及其业务体系；了解财产保险的产生和发展趋势，为进一步学习财产保险知识奠定基础。

【学习重点与难点】

财产保险的概念和特征；财产保险的分类；财产保险的业务体系。

【关键术语】

财产保险　财产损失保险　责任保险　信用保险　保证保险　共同海损分摊原则　船舶抵押借款制度

【本章知识结构】

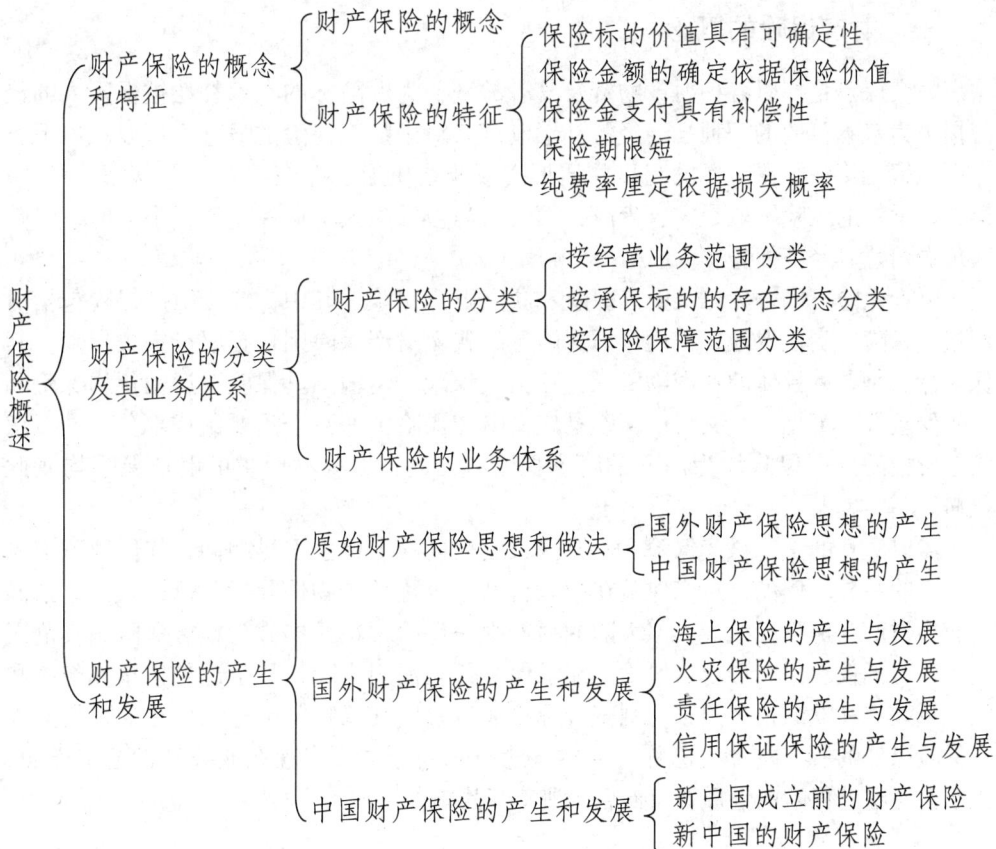

```
                        ┌ 财产保险的概念
        财产保险的概念 ┤                        ┌ 保险标的价值具有可确定性
        和特征         │                        │ 保险金额的确定依据保险价值
                        └ 财产保险的特征 ┤ 保险金支付具有补偿性
                                                 │ 保险期限短
                                                 └ 纯费率厘定依据损失概率

                                                 ┌ 按经营业务范围分类
        财产保险的分类 ┤ 财产保险的分类 ┤ 按承保标的的存在形态分类
        及其业务体系    │                 └ 按保险保障范围分类
财产                   │
保                     └ 财产保险的业务体系
险
概                     ┌ 原始财产保险思想和做法 ┤ 国外财产保险思想的产生
述                     │                          └ 中国财产保险思想的产生
                        │
                        │                          ┌ 海上保险的产生与发展
        财产保险的产生 │ 国外财产保险的产生和发展 ┤ 火灾保险的产生与发展
        和发展         ┤                          │ 责任保险的产生与发展
                        │                          └ 信用保证保险的产生与发展
                        │
                        └ 中国财产保险的产生和发展 ┤ 新中国成立前的财产保险
                                                    └ 新中国的财产保险
```

【案例引入】

2012年5月16日上午8点34分，位于四川省广元市利州区北街的温州商城发生火灾，大火4小时后才被扑灭。火灾造成12名温州商户的店面被烧，直接经济损失达3 000多万元。在火灾扑救过程中，3名消防队员和1名矿山生产安全救援人员受伤。

在火灾发生后，当地公安、消防、武警、矿山生产安全救护大队、医疗卫生等部门第一时间赶赴火灾现场，组织灭火救援工作。但是，商城的消防栓里无水，导致灭火不力。有知情人指出，商城步行街的消火栓没有水，是装饰；商城当中新建设的铺面，虽然增加了一些收入，但堵塞了消防通道，导致消防车无法驶入，救火人员只能长时间"望火兴叹"！

商住楼消防安全一直是难题，各地消防部门一直高度重视。此次火灾事故再次暴露了商住楼的消防隐患。在我们为火灾造成的财产损失感叹的同时，也再一次认识到了财产保险对规避财产风险的重要作用。那么人们应该如何认识财产保险，财产保险的产生过程和发展趋势又是怎样的呢？这正是本章所要研究的内容。

（资料来源：http：//www.fire.hc360.com。）

第一节 财产保险的概念和特征

一、财产保险的概念

财产保险是指以各种财产物资及其有关利益为保险标的，以补偿被保险人的经济损失为基本目的的一种社会经济补偿制度。对于财产保险的概念，可以从以下三方面理解：第一，保险标的是以物质形态或非物质形态存在的财产及其相关利益；第二，承保的风险一般是灾害事故；第三，当被保险人遭遇保险责任事故时，保险人负责赔偿其经济损失。

财产保险可以分为广义财产保险和狭义财产保险。其中，广义财产保险包括财产损失保险、责任保险、信用保证保险等；狭义财产保险则仅指财产损失保险，其保险标的是各种具体的财产物资，包括火灾保险、运输工具保险、运输货物保险和工程保险等，可见，狭义财产保险是广义财产保险中的一个重要组成部分。一般意义上所指的财产保险均为广义的财产保险，因此，本教材所讲的财产保险均属此范畴。

需要注意的是，财产保险在不同国家或地区的名称也不尽相同，其保障范围也有一定的差异。例如，财产保险在中国台湾地区称为产物保险，其范围较窄，强调以有形财产为保险标的，类似大陆的财产损失保险；在日本称为损害保险，其范围比较广，不仅承保有形财产风险，还承保责任和信用风险，甚至还包括意外伤害和医疗风险；在欧洲很多国家，则直接称作非寿险，其保障范围是最广泛的，是除人寿保险以外的所有险种的总称。上述概念间的差异主要表现在业务经营范围方面，而不会对财产保险的性质及其经营规则产生影响。

二、财产保险的特征

与人身保险相比较，财产保险主要有以下特征。

（一）保险标的价值具有可确定性

人身保险的保险标的是人的生命和身体。由于人的生命和身体的价值是难以用货币衡量的，因此人身保险的保险标的价值是难以确定的。

财产保险的保险标的是被保险人的财产及其有关利益，其价值一般是可以计算确定的。对于有形财产而言，其本身就有客观的市场价值；对于无形财产而言，投保人对其具有的法律上承认的经济利益也必须是确定的，否则就不能作为财产保险的保险标的。

（二）保险金额的确定依据保险价值

人身保险的保险价值难以确定，因此其保险金额是在保险合同双方当事人约定的基础上根据被保险人对人身保障的需要和投保人缴纳保险费的能力来确定的。当发生保险事故时，保险人按保险合同约定的保险金额给付。

财产保险的保险金额是依据保险标的的价值来确定的。由于财产保险标的的价值是可以确定的，因此保险金额是在对保险标的的估价的基础上确定的。财产保险的保险金额可以根据标的的实际市场价值确定，也可以按照账面价值或重置价值确定。

（三）保险金支付具有补偿性

人身保险合同多是给付性合同，其保险金额是在保险合同双方当事人约定的基础上，根据被保险人对人身保障的需要和投保人缴纳保险费的能力来确定的。而人的生命和身体是无价的，当被保险人因意外事故或疾病造成伤残或死亡时，其损失程度是难以用货币衡量的。因此，在人身保险事故发生后，保险人通常按照保险合同事先约定的金额给付保险金。

财产保险合同是补偿性合同，其保险金额是依据保险价值来确定的。而财产保险的标的损失是可以用货币来计量的，因此在保险事故发生后，保险人根据合同赔偿保险金额范围内的实际损失，且遵循损失补偿原则，即在保险金额限度内，赔偿被保险人的实际损失，被保险人不能通过保险而获得超过实际损失的额外利益。

（四）保险期限短

人身保险，除意外伤害保险和短期健康保险以外，一般保险期限较长，具有储蓄性；而财产保险的保险期限一般为一年或一年以内，也正因为如此，财产保险通常只有保障性，而不具有储蓄功能，保险合同也没有现金价值。

（五）纯费率厘定依据损失概率

人身保险中寿险的纯费率厘定依据是生命表和利率，由于寿险对死亡率的计算较为精确，因此出现风险事故的几率也比较规律和稳定。

财产保险的纯费率厘定依据是损失概率，由于损失概率缺乏规律性，因此财产保险的费率厘定不如寿险精确，发生风险事故的几率也缺乏稳定性。

第二节 财产保险的分类及其业务体系

一、财产保险的分类

随着社会经济和保险业的飞速发展，财产保险险种日益增多。为了满足不同的需要，应该按照一定的标准对财产保险业务进行分类，其目的在于：加深公众对财产保险产品的认识和了解；加强对财产保险行业的监督和管理；改善财产保险公司的经营。

根据不同的划分标准，财产保险可以分为不同的类型。

（一）按经营业务范围分类

根据经营业务范围不同，财产保险可以分为广义财产保险和狭义财产保险。

广义财产保险是指除了人身保险以外的保险，包括财产损失保险、责任保险、信用保证保险等。

狭义财产保险是指财产损失保险，包括企业财产保险、家庭财产保险、运输保险、工程保险、农业保险和海上保险等。

早期的财产保险仅指财产损失保险。随着社会经济和保险业的不断发展，财产保险的保险标的也在不断扩大，除了物质财产外，还逐渐囊括了与物质财产有关的经济利益和损害赔偿责任，也就是说，广义财产保险实际上是由狭义财产保险逐步丰富、发展而来的。

（二）按承保标的的存在形态分类

根据承保标的的存在形态不同，财产保险可以分为有形财产保险和无形财产保险。

有形财产保险是指以各种具备实体的物质财产为保险标的的财产保险，如财产损失保险。

无形财产保险是指以各种没有实体但与投保人或被保险人有利害关系的合法利益为保险标的的保险。如责任保险、信用保证保险、利润损失保险等。

有形财产保险在内容上与狭义财产保险基本一致，有形财产保险和无形财产保险共同构成了广义财产保险。

（三）按保险保障范围分类

根据保险保障范围不同，财产保险可以分为财产损失保险、责任保险和信用保证保险。

财产损失保险是以物质财产及其有关利益为保险标的的保险，包括火灾保险、货物运输保险、运输工具保险、工程保险、农业保险等。其中，火灾保险包括企业财产保险和家庭财产保险等；运输工具保险包括机动车辆保险、飞机保险和船舶保险，各险种还可以进一步细分。

责任保险是以被保险人对第三者依法应负有的赔偿责任为保险标的的保险，包括单独的责任保险和第三者责任保险，前者又可以细分为公众责任保险、雇主责任保险、产品责任保险和职业责任保险。

信用保证保险是以义务人的信用为保险标的的一种保险，包括信用保险和保证保险。信用保险是保险人根据权利人的要求担保义务人信用的保险，包括国内商业信用保险、出口信用保险、投资保险等。保证保险是义务人根据权利人的需要，要求保险人担保义务人自己信用的保险，包括诚实保证保险和确实保证保险。

将财产保险划分为广义财产保险和狭义财产保险，其目的是使人们了解二者整体与部分的关系，以及其基础与应用、指导与隶属的关系，以便能触类旁通，掌握各类财产保险业务的共性与个性。将财产保险划分为有形财产保险与无形财产保险，其目的是在把握各种财产保险均带有经济补偿和风险分散特性的前提下，充分认识两类财产保险业务在经营基础、风险构成、经营手段等方面的差异性。因此，上述财产保险类别的划分对于研究和解决各种财产保险实践中的问题具有重要意义。

二、财产保险的业务体系

财产保险是一个庞大的业务体系，它由若干险别及其数以百计的具体险种构成，其业务体系可以用表1-1表示。

表1-1　　　　　　　　　　　　财产保险业务体系

第一层次	第二层次	第三层次	第四层次（险种）
财产损失保险	火灾保险	企业财产险	财产保险基本险等具体险种及其附加险
		家庭财产险	普通家庭财产保险、还本家庭财产保险等
	运输保险	运输工具保险	机动车辆保险、船舶保险、飞机保险
		货物运输险	海洋运输货物保险、国内货运险等
	工程保险	建安工程保险	建筑工程保险、安装工程保险
		机器损坏保险	机器损坏保险
		科技工程保险	航天保险、核电保险等
	农业保险	种植业保险	农作物保险、林木保险
		养殖业保险	畜禽保险、水产养殖保险
责任保险	公众责任险	场所责任险	宾馆、展览馆、车库责任险等
		承包人责任险	建筑工程承包人责任险等
		承运人责任险	承运货物责任险等
	产品责任险		各种产品责任保险
	雇主责任险		普通雇主责任险及各种附加险
	职业责任险		医生、设计师、会计师、律师责任险等
信用保证保险	信用保险	商业信用保险	赊销保险、贷款保险等
		出口信用保险	出口信用保险
		投资保险	投资保险
	保证保险	确实保证保险	产品质量保证保险
		诚实保证保险	诚实保证保险

资料来源：郑功成，许飞琼. 财产保险［M］. 北京，中国金融出版社，2010.

【要点提示】

若按照国际惯例把保险业划分为寿险业务和非寿险业务，则财产保险公司的业务体系中还应包括人身意外伤害保险和短期健康保险等，即人身意外伤害保险和短期健康保险在其业务性质和经营方式上与财产保险基本一致，因而在国际上通常被纳入财产保险的业务体系。

第三节 财产保险的产生和发展

一、原始财产保险思想和做法

人类社会产生以后，各种自然灾害和意外事故一直是制造灾难和危及人类生存的客观因素。经过长期的斗争实践，人们逐渐意识到仅靠自身的力量来对抗这些灾害和事故是远远不够的，还需要有社会化的机制来分散人类面临的各种风险。于是，早在古代社会里，抵御灾害事故的原始保险思想和保险方法就产生了，这在中外历史上均有记载。

（一）国外财产保险思想的产生

国外最早的保险思想产生于地处东西方贸易要道上的文明古国，如古巴比伦、古埃及、古罗马等。公元前18世纪古巴比伦的《汉谟拉比法典》是有关保险的一部最早的法典。

据史料记载，公元前2500年前后，在西亚两河流域的古巴比伦王国中，国王曾下令僧侣、法官和村长向居民收取税金，形成火灾救济基金，以备火灾及其他天灾救济之用，这是火灾保险的原始形式。公元前1792年前后，古巴比伦第六代国王汉谟拉比颁布的《汉谟拉比法典》中的一些规定进一步明确地体现了保险思想，如该法典中规定：沙漠商队在运输货物途中，若马匹死亡、货物被劫或发生其他损失，经宣誓证明并无纵容或过失的，可以免除其个人债务，损失由商队全体共同承担。这是运输保险的原始形态。

（二）中国财产保险思想的产生

在中国，财产保险思想有较为悠久的历史，春秋时期孔子"耕三余一"的思想就颇具代表性。孔子认为，如果每年都能将收获粮食的三分之一积存起来，这样连续积存三年，即"耕三"，便可存足一整年的粮食，即"余一"。如此经过二十七年便可积存九年的粮食，即可达到太平盛世。后来的救济后备制度就是这种早期财产保险思想的具体体现，古代的救济后备制度一般采取实物形式，即后备仓储制度。中国历朝历代都非常重视积谷备荒，根据《周礼·大司徒》记载，从公元前11世纪的周朝开始，就已建有各级后备仓储制度。到了战国以后，后备仓储制度进一步形成，如魏有"御廪"，韩有"敖仓"，后来西汉宣帝时创建的"常平仓"，隋文帝五年时所推行的"义仓"以及宋朝和明朝出现的民间"社仓"制度。这些都是中国古代的相互保险形式。另外，中国古代的镖局，也可看作是特定历史条件下的中国特有的原始保险形式，其承办程序也与现代保险大致相同。

尽管中国保险思想和形式产生的很早，但是因中央集权的封建制度和重农抑商、闭关自守等落后观念的存在，中国商品经济发展较慢，缺乏正常的国际贸易，这些导致中国古代社会没有产生商业财产保险形式。

综上所述，无论是西方的资金后备形式，还是中国的物资后备形式，都体现了互助的原始财产保险思想，蕴含着各种财产保险的雏形。

二、国外财产保险的产生和发展

（一）海上保险的产生与发展

海上保险是一种最古老的财产保险，正是海上保险的发展，带动了整个财产保险业的繁荣与发展。

1. 海上保险的萌芽

人类历史的发展，一直与海上贸易密不可分。公元前 2000 年，地中海一带就有了广泛的海上贸易活动。然而海上贸易的获利与风险是共存的，在长期的航海实践中，为了使航船免遭倾覆，最有效的方法就是抛弃船上货物，以减轻航船的重量。为了使海上事故所致损失能从其他受益方获得补偿，航海商们提出了一个解决方式，即共同海损分摊。在公元前 916 年《罗地安海商法》中就明确规定："为了全体利益，减轻船只载重而抛弃的船上货物，其损失由全体受益方来分摊。"这就是著名的"共同海损分摊原则"。由于该原则最早体现了海上保险互助共济、分摊损失的功能，因而被视为海上保险的萌芽。

2. 海上保险的初级形式

现代海上保险是由船货抵押借款制度逐渐演变而来的。船货抵押借款制度从公元前 800 年间开始流行于古希腊雅典一带，在中世纪盛行于意大利及其他地中海国家。船货抵押借款通常是为了解决航海所需资金，在航行前由船长以船舶和船上货物为抵押向债权人取得抵押借款。借款的方式是：如果船舶安全到达目的地，船长必须归还本金及议定的利息（此种借贷的利率水平非常高）；如果船舶在航行途中发生意外，船长可根据损失程度免除部分或全部债务，由债权人承担船货损失风险。船货抵押借款制度具有现代保险的性质和特征，债权人相当于保险人；船长相当于被保险人，其支付的高出一般借款的利益相当于保险费；用作抵押的船舶和货物实质上相当于保险标的，而遇难船舶的船长无需返还的借款则相当于现代保险的保险赔款。虽然后来由于利率水平太高，船货抵押借款制度被法律禁止了，但它始终被认为是海上保险的雏形。

3. 现代海上保险的发展

意大利被称为现代海上保险的发源地。在 14 世纪中期，经济繁荣的意大利北部出现了类似现代形式的海上保险。意大利的伦巴第商人在 1250 年左右开始经营海上保险。起初海上保险是由口头约定，后来出现了书面合同。现今世界上发现的最古老的保险单是 1347 年 10 月 23 日由意大利商人乔治·勒克维伦签发的一份航程保单，承保的是从热那亚到马乔卡的船舶航程保险。这张保险单至今仍然保存在热那亚国立博物馆中。它的出现，意味着原始形态的财产保险已完成了向现代财产保险基本形式的转变。但正式作为近代财产保险开始标志的应该是比萨保单（1384 年）

和佛罗伦萨保单（1393 年）。这些最早的保险单上载明了保险人承保的风险，尤其是佛罗伦萨保单更明确列出"海上灾害、天灾、火灾、抛弃、禁止和捕捉"等所带来的船舶及货物损失为其承保内容，事实上已具有现代保险单的格式。

随着海上贸易中心从地中海向英伦三岛的转移，英国凭借其 17 世纪建立的海上霸主地位，取代意大利成了海上保险市场的主宰。1568 年经伦敦市市长批准开设了第一家皇家交易所，为海上保险提供了交易场所。1871 年，在英国成立的劳合社，不仅在英国保险发展历史上占有重要的地位，也是目前世界上最大的保险垄断组织之一。劳合社对推动英国海上保险的发展起到了至关重要的作用，它本身不是保险公司，不直接承揽业务，而是一个类似交易所的保险市场。在劳合社承保的业务中，最具影响的还是海上保险业务，据统计，在全世界远洋船舶的保险业务中有 80% 直接或间接地与劳合社有关。1884 年，英国经营海上保险业务的保险人成立了"伦敦保险人协会"。这个组织在水险条款的标准化方面做了大量的工作，制定的保险条款在国际保险市场上得到了广泛的应用。1906 年英国参照各国商业习惯和判例制定了《1906 年海上保险法》。英国的《1906 年海上保险法》对世界各国的保险立法都有着深刻的影响，至今它仍然是世界上最权威的一部海上保险法典。

（二）火灾保险的产生与发展

与海上保险相比，火灾保险产生较晚，主要原因在于货物在航运中的火灾风险已包括在运输保险的承保范围之内，不需要单独的火灾保险，加上早期固定财产的火灾损失可以由"基尔特"（Guild），即行会组织用会员定期缴付会费的方式来补偿，所以对火灾保险的需求不迫切。随着海上贸易的发展和商业投资的增加，商品经济中的火灾风险也日益增加并促进了火灾保险的产生。

尽管在 16 世纪的德国就已经出现了专门承保火灾风险的保险合作社，并于 1676 年由 46 个保险合作社合并成立了第一家公营的火灾保险机构——汉堡保险局，但真正意义上的火灾保险却出现在 17 世纪中期那场伦敦大火之后。1666 年 9 月 2 日伦敦发生大火，这场大火持续了 5 天，使伦敦城约 80% 的房屋被毁，20 万人无家可归，财产损失超过 1 000 万英镑。次年，一位英国牙科医生尼古拉斯·巴蓬独资开办了一家专门承保火灾风险的营业所，专门办理住宅火险，开创了私营火灾保险的先河，1680 年，他又通过集资正式创办了火灾保险公司，1705 年又改名为菲尼克斯火灾保险公司，与 18 世纪在英国陆续成立的各种组织形式的火灾保险公司一起，促进了早期火灾保险业的发展。巴蓬的火灾保险公司根据房屋租金计算保险费，并且规定木质结构房屋的保费比砖瓦结构房屋的保费要多一倍，这种依据房屋危险情况分类进行保险的方法是现代火险差别费率的起源。这种差别费率的方法被沿用至今，而巴蓬也被尊称为"现代火灾保险之父"。

世界上最早的股份制保险公司是 1710 年查尔斯·波文创办的太阳保险公司，该公司将承保范围由不动产扩大到动产，业务遍及全国。18 世纪末到 19 世纪中期，欧洲资本主义国家相继完成了工业革命，机器生产代替了原有的手工操作，物质财富大量集中，这使人们对火灾保险的需求也更为迫切。这一时期，火灾保险发展异常迅速，其组织形式也多为股份制公司形式。19 世纪以后，在欧洲和美洲，火灾保险公司大量出现，且承保能力也有了大幅度提高。随着人们保险需要的不断变化，火灾保险所承保的风险范围也在不断扩展，保险责任由单一的火灾扩展到地震、洪水、风暴等非火灾风险，保险标的也从房屋扩大到各种固定资产和流动资产。在 19 世纪后期，随着帝国主义的对外扩张，火灾保险也逐渐传到了发展中国家和地区。

（三）责任保险的产生与发展

19 世纪法国《拿破仑法典》中开始出现民事损害赔偿责任的规定，奠定了责任保险产生的法律基础。而 1855 年英国铁路乘客公司率先开办了铁路承运人责任保险，开创了责任保险的先河。1875 年英国沃顿保险公司签发了第一张载有公众责任的保险单；1880 年英国颁布了《雇主责任法》，规定了雇主对雇员的意外伤害负赔偿责任，当年即有专门的雇主责任保险公司成立，承保雇主责任保险；1890 年，海上事故保险公司就啤酒含砷引起的消费者中毒，对特许售酒商提供保险，这是较早的产品责任保险；1896 年，北方意外保险公司对药剂师开错处方的过失提供职业责任损害保险，开创了职业责任保险的先河。此后，世界上又相继在 1923 年开办了会计师责任保险，1932 年出现了个人责任保险。

汽车第三者责任保险始于 19 世纪末。1895 年英国保险公司率先推出了汽车第三者责任保险；美国于 1898 年全面推广了此项业务，并使汽车第三者责任保险成为责任保险市场的主要业务。直至现在，汽车责任保险仍是世界上业务量最大的责任保险。

20 世纪 30 年代后，许多国家陆续将汽车第三者责任保险规定为强制保险，这一做法使得责任保险逐渐普及；20 世纪 50 年代后，各国民事法律制度的进一步完善，使得责任保险的内容也日益丰富起来，尤其是 70 年代以后，责任保险得到了全面、飞速的发展，成为一些国家非寿险的主要业务。可见，民事法律制度越健全，责任保险就越发达。

（四）信用保证保险的产生与发展

信用保险产生于 19 世纪的欧美国家，当时称为商业信用保险，主要由一些私营保险公司负责承保，业务仅限于国内贸易。第一次世界大战以后，信用保险业务得到了长足发展。1919 年英国首先成立了出口信用担保局，创立了一套完整的信用保险制度，此后各国纷纷效仿，开始了政府介入出口信用保险的时代。1934 年成立的"伯尔尼协会"加强了各保险机构之间的信息交流，标志着出口保险业务的发展进入了新的阶段。第二次世界大战后，美国于 1948 年根据《对外援助法》，开始实施马歇尔计划，并且开始实行投资风险保险制度。进入 20 世纪 60 年代，许多亚洲、非洲、拉美国家宣布独立之后，为了维护民族主权，发展本国经济，纷纷颁布法令，采取对外资企业国有化等措施，给发达国家的海外投资带来了损失。欧美国家为了保障本国对外投资者的经济利益，纷纷创办了投资保险。此后，投资保险成了海外投资者进行投资活动的前提条件。

保证保险是随着商业信用保险的发展而产生的，是一项新兴保险业务。它产生于美国，随后西欧、日本等经济发达国家和地区也纷纷开办了此项业务。最早产生的保证保险是忠诚保证保险，不过只是由一些个人或银行办理，大约在 19 世纪初就出现了。稍后出现的是合同保证保险，由个人、贸易商或银行提供，主要担保从事建筑业和公共事业的签约人履行规定的义务，并在签约人破产或无力履行合同时，代为偿还债务。进入 20 世纪后，保证保险得到迅速发展，尤其是 20 世纪 30 年代资本主义社会经济危机之后，美国率先开办了存款保险，这是典型的保证保险，而后其他发达国家也纷纷效仿。到 20 世纪 50 年代以后，随着住房、汽车等消费信贷的发展，消费贷款保证保险也得到很大的发展。

简言之，进入 20 世纪以后，财产保险的几大门类全部形成，财产保险作为风险管理的重要手段在商品经济的发展中发挥着社会稳定器的重要作用。

三、中国财产保险的产生和发展

（一）新中国成立前的财产保险

1. 外商财产保险公司垄断时期

虽然财产保险思想在中国古代发源较早，但由于商品经济长期不发达，导致中国财产保险业务起步较晚。1805 年英国商人在中国广州开设了第一家外商保险公司——谏当保安行，也译为广州保险公司或广州保险社，这是外商在中国开设最早的保险公司，主要经营海上保险业务。到 1870 年前后，英商在上海开设的财产保险公司就有扬子、香港、保安、太阳、中华和巴勒六家。继英国之后，美国、法国、德国、瑞士等国的保险公司也相继来中国设立了分公司或代理机构，经营财产保险业务，完全垄断了中国的财产保险市场。

2. 中国民族财产保险业的发展

随着中国民族资产阶级的发展，新兴的航运、外贸也开始产生和发展起来。1865 年上海华商义和公司保险行成立，这是中国第一家民族保险企业，打破了外商保险公司对中国保险市场的完全垄断局面，标志着中国民族财产保险业的起步。1872 年上海轮船招商局成立，因其在向英商保险公司投保船舶保险时，受到百般刁难，遂于 1875 年在上海开设了一个附属保险机构，即为保险招商局，专门承保轮船招商局的轮船、货栈及货物运输保险，这是中国第一家规模较大的船舶保险公司。为彻底摆脱依靠外商保险公司的阴影，轮船招商局又分别于 1876 年开办了仁和水险公司，1878 年将保险招商局扩建并改称为济和船栈保险局，两家公司最后于 1887 年合并，称为仁济和保险公司，其业务范围也逐渐从海上扩大到内陆，承办各种水险和火险业务。

此后，中国民族财产保险业得到了一定的发展。从 1865 年到 1912 年的 40 多年间中国成立的财产保险公司有 27 家；从 1912 年到 1925 年中国成立的财产保险公司有 20 家，1935 年增至 48 家。可见，在此期间，中国民族财产保险公司的数量增加很快。从 1935 年到 1943 年，国民政府又相继成立了"中央信托局保险部"、"中国农业保险公司"、"太平洋保险公司"、"资源委员会保险事务所"等保险机构。

抗日战争胜利后，各官僚资本及民营保险公司纷纷将其总公司从重庆迁回上海，财产保险业务又发展起来。当时外商的财产保险承保能力比华商的高出许多，火险方面外商承保能力是华商的 10 倍，水险方面是华商的 50～60 倍。据统计，到 1949 年 5 月，上海约有中外保险公司 400 家，其中华商保险公司只有 126 家。

综上所述，新中国成立以前，中国保险市场基本被外国保险公司垄断，保险业起伏较大，没有形成完整的保险市场体系和保险监管体系。作为中国保险市场重要组成部分的财产保险市场，也具有中国当时保险业的一般特征。

（二）新中国的财产保险

1. 新中国成立初期财产保险的建立与发展

新中国成立后，宣告了中国半殖民地半封建性质保险业的结束，揭开了中国财产保险新的一页。中国人民政府开始着手对新中国成立前的保险市场进行整顿，并采取三大措施。

（1）对官僚资本保险公司实行没收政策。没收并接管的官僚资本保险公司共计21家，被接管的财产保险机构中包括国民党政府所建的中央信托局产物保险处、中国产物保险公司、太平洋保险公司和中国农业保险公司等。

（2）对民族资本保险公司实行赎买政策。对民营资本开办的保险公司首先要求重新登记和缴纳保证金，经批准后才能复业。重新登记复业的民族资本保险公司共有63家，绝大多数是经营财产保险业务的，其中经营火险的有55家、经营水险的有2家、兼营水火险的有1家、兼营水火及其他险的有4家。这些公司中的47家通过参加"民联分保交换处"摆脱了与外商保险公司的分保关系，随后经过淘汰只剩下28家，又通过赎买政策，于1951年末和1952年初分别合并组成公私合营的太平保险公司和新丰保险公司。这两家公司又于1956年合并称为太平保险公司，随后移居中国香港地区专营海外保险业务。

（3）对外商保险公司实行取缔政策。新中国成立后，首先允许外商保险公司重新登记后复业，但实际上是逐步取缔他们在华的特权，限制并切断其业务来源。随着国营外贸系统和新中国海关的建立，对外贸易逐渐由国家专营，经批准复业的42家外商保险公司由于招揽不到业务，无法立足，最终只得纷纷申请停业，到1952年底全部撤出中国保险市场。

对新中国成立前的保险市场进行整顿的同时，1949年10月20日中国人民保险公司作为第一家全国性的国营保险公司正式成立，举办为国民经济各部门服务的各种保险业务，主要经营以国家机关、国营企业财产为承保对象的火灾保险和运输保险。中国财产保险在新中国成立后的一段时期内获得了蓬勃发展，为恢复国民经济作出了重大贡献。

但由于对商品经济的认识不足，对商业保险的经济补偿作用没有很好地发挥，加上缺乏经验，中国财产保险行业时起时伏，走了一段曲折的道路，在开展具体业务的过程中也出现了一些失误。如在新中国成立初期颁布了一系列强制保险条例，在全国范围内推行企业财产、船舶和铁路车辆等强制保险，没几年又相继停办；1951年在农村全面开展牲畜保险和试办棉花收获保险，后来由于强迫命令，大部分农业保险业务又告停办；1958年在极"左"思想的影响下，认为实行计划经济，自然灾害和意外事故所造成的财产损失完全可以由国家财政和集体经济包下来，这是社会主义制度优越性的体现，财产保险作为资本主义制度的产物，已经完成了其历史使命，没有继续存在的必要了，同年10月，在西安召开的全国财贸会议上，决定国内财产保险业务全部停办。

2. 20世纪80年代后国内财产保险业的恢复与发展

改革开放以后，停办了长达20年之久的国内保险业重新得到恢复。由于对保险商品论的重新认识，财产保险的经济补偿作用得到了肯定，国内财产保险业务得到了恢复和发展。尤其是随着社会主义市场经济制度的确立以及国民经济健康、快速的发展，中国财产保险市场出现了翻天覆地的变化，具体发展成就表现在以下几个方面：

（1）财产保险保费收入快速增长，整体实力不断增强

财产保险业的繁荣主要源于中国国民经济的高速发展，而其发展速度又直接受制于整个经济环境的变化。除了20世纪80年代初，刚恢复国内保险业务时，在保险费收入基数较低水平下所出现的快速增长现象以外，后来年份的财产保险业务发展状况与整个经济环境有着直接的关系。1993年，国内经济非常活跃，经济发展繁荣，这直接拉动了当年的财产保险业务，并使当年成为财产保险业务在整个90年代增幅最高的年份。1998年后，亚洲金融危机的影响加上中国实行宏观经济紧缩的政策，直接导致了以社会物质财产作为保险标的的财产保险业务进入了低速增长时期，并使1999年的财产保险业务增幅成为整个90年代的最低点。21世纪后，随着宏观调控政策取得成效，国有企业改制和中小民营企业的快速发展及房地产市场的繁荣，财产保险业务也得到了空前的繁荣和发展。具体如表1-2所示。

表1-2 　　　　　　　　　中国财产保险保费收入状况表 　　　　　单位：亿元、%

年份	国内生产总值	增长速度	财产保险保费收入	增长速度
2000	89 442.2	—	598.4	—
2001	97 314.8	8.8	685.4	14.5
2002	102 397.9	5.2	778.3	13.6
2003	116 528.5	13.8	869.4	11.7
2004	136 515.0	17.2	1 089.9	25.4
2005	182 321.0	33.6	1 229.9	12.8
2006	209 407.0	14.9	1 509.4	22.7
2007	246 619.0	17.8	1 997.7	32.4
2008	300 670.0	21.9	2 336.7	17.0
2009	335 353.0	11.5	2 875.8	23.1
2010	397 983.0	18.7	3 895.6	35.5
2011	471 564.0	18.5	4 617.8	18.5
2012	519 322.0	10.1	5 330.9	15.4
2013	568 845.0	9.5	6 212.3	16.5

资料来源：根据国家统计局、中国保险监督管理委员会网站公布的相关数据整理。

（2）财产保险经营险种日益丰富，服务领域逐步拓宽

1980年财产保险复业之初，国内开办的财产保险险种仅有企业财产保险、家庭财产保险、国内货物运输保险、国内船舶保险和汽车保险五种。在过去的30多年间，为了适应市场经济发展需要和满足公众日益扩大的保险需求，除提供各种传统的财产保险外，中国还陆续开发推出了许多新的财产保险产品，如建筑和安装工程保险、海上石油开发保险、核电站保险、卫星发射保险、出口信用保险、海外投资保险、产品责任保险、雇主责任保险等，截至2012年末，中国共有财产保险产品十四大类。

同时，财产保险的服务领域逐渐拓宽，基本覆盖了国计民生的各领域，充分发挥了其经济补偿、资金融通和社会管理的职能，成为政府进行社会管理的有力的辅助机制。其中，车险和交强险有力地促进了道路交通管理，配合了车船税的征收工作；企业财产保险为企业提供风险转移的途径，促进安全生产；非寿险投资型产品为企业和公众提供了投资理财服务；农业保险覆盖了农、林、牧、副、渔业的各个

方面，有力地支持了"三农"工作；责任保险现已覆盖了医疗、教育、旅游、环境保护等多个领域；信用保险在促进对外贸易和扩大内需方面也发挥了积极作用。

随着中国经济体制改革和社会主义法制的进一步完善，在财产保险方面，责任保险将会有非常广阔的发展前景，而保证保险所占的比重也将会上升。同时，随着保险消费者需求的多样化，集财产损失保险、责任保险和意外伤害保险于一体的保险产品也将会逐渐出现。

（3）财产保险经营主体日益增加，竞争格局基本形成

1980 年国内财产保险业务复业后，至 1985 年一直由中国人民保险公司独家垄断经营财产保险业务，直到 1987 年交通银行上海分行保险部（太平洋保险公司的前身）设立和 1988 年深圳平安保险公司成立才打破了财产保险业务一家垄断的局面。从 1992 年起，随着保险市场的改革开放，一批又一批的外资保险公司逐渐进入中国财产保险市场。截至 2013 年底，全国经营财产保险业务的公司有 64 家，其中，中资财产保险公司有 43 家，外资财产保险公司有 21 家，具体情况如表 1-3 所示。

表 1-3　　　　　　　　中国财产保险公司数量变化表　　　　　　　单位：家

年份	2002	2003	2004	2005	2006	2007	2008	2009	2010	2011	2012	2013
公司数量	22	25	32	35	38	42	47	52	55	59	62	64

随着保险公司数量的增加，中国多主体的财产保险市场格局逐步形成，虽然还属于寡头垄断型市场，但财产保险服务网络已经逐步健全，初步形成了以股份制公司为主、多种所有制成分并存、多元化和专业化经营并举的市场格局。随着整个行业的主体增加和竞争加强，财产保险市场集中度逐步降低，全国各省市均打破了独家垄断经营的局面，总保费规模位于前三位的中国人民财产保险股份有限公司（以下简称人保财险）、中国平安财产保险股份有限公司（以下简称平安财险）和中国太平洋财产保险股份有限公司（以下简称太保财险）2013 年的市场份额合计为64.80%，市场竞争格局初步形成。

（4）财产保险深度和密度明显提高

保险深度是指某国保费收入占该国国内生产总值（GDP）之比，这是衡量一个国家保险业发达程度的重要指标。该指标反映了一国保险业在整个国民经济中的地位，保险深度的数值越大，说明一国的保险业相对越发达。保险深度指标的高低取决于一国经济的总体发展水平和保险业的发展速度。保险密度是指按当地人口计算的人均保险费额，这是衡量一国保险业发达程度的又一个重要指标。该指标反映了该地国民参加保险的程度，人均保费水平越高，说明一国保险业相对越发达。从表1-4 中可以看出，中国财产保险业务复业以来，财产保险的深度和密度有了明显的提高，但我们也应该看到中国财产保险深度和密度的绝对值仍然偏低，这也在一定程度上说明中国财产保险市场的潜力较大，有待开发。

表 1-4　　　　　　　　中国财产保险的深度和密度　　　　　　　单位：%、元/人

年份	2005	2006	2007	2008	2009	2010	2011	2012	2013
保险深度	0.68	0.75	0.81	0.78	0.84	1.00	0.98	1.03	1.09
保险密度	94.4	115.4	151.2	176.08	215.42	300.29	344.68	393.71	456.54

（5）财产保险展业方式日趋多样化

随着保险业的发展，中国财产保险展业方式日益多样化，展业渠道也由最初的直接展业逐渐转向保险代理人和保险经纪人展业。直接展业方式成本高、信息渠道窄，导致保险业务量有限，尤其是在国内保险业务停办多年的中国，人们普遍缺乏保险知识和常识，对保险既不了解，也不信任，因而仅靠保险公司直接展业是非常困难的。为了改变这种局面，中国保险公司首先通过有关部门发展了一批兼业代理人，随后又逐渐开始实行专业代理人、兼业代理人和个人代理人相结合的保险代理制度，1995 年以来，由保险监管部门多次组织了全国保险代理人资格考试和全国保险经纪人资格考试。近年来，保险中介机构的数量逐年上升，截至 2012 年底，共有保险专业中介机构 2 532 家。其中，保险中介集团公司 3 家，全国性保险专业代理机构 92 家，区域性保险专业代理机构 1 678 家，保险经纪机构 434 家，保险公估机构 325 家。共有保险兼业代理机构 206 310 家，其中银行邮政类 144 973 家，汽车企业类 30 902 家，其他类机构 30 435 家。保险中介渠道实现产险保费收入 3 540.33 亿元，占 2012 年全国产险总保费收入的 66.4%。保险专业代理机构实现产险保费收入 448.49 亿元，保险经纪机构实现产险保费收入 340.23 亿元，保险公估机构财产险公估服务费收入 15 亿元；保险兼业代理机构实现产险保费收入 1 600.99 亿元，同比增长 15.8%；产险营销员实现保费收入 1 175.08 亿元。同时，近年来中国开始出现产寿险交叉销售的业务，且其业务量呈现出逐年上升的趋势。从长期看，财产保险展业将从以直接展业方式为主向以保险中介展业为主转变，保险中介将在财产保险展业方面发挥越来越重要的作用。

【扩展阅读】

澳大利亚昆士兰州洪水灾害

自 2010 年底至 2011 年 1 月，一系列洪水袭击了澳大利亚昆士兰州，昆士兰州的 3/4 成为洪水灾区，至少 70 个城镇和 20 多万人受到灾害影响。洪水共造成 35 人死亡、9 人失踪，澳大利亚生产总值损失 300 亿澳元。昆士兰州是重要农业和煤炭业基地，洪水对澳大利亚煤炭和铁矿业造成了严重打击，一度推高全球矿石和燃料价格，并成为澳大利亚 2011 年第一季度经济衰退的重要因素。公共部门的大范围参与是澳大利亚应对洪水等巨灾风险时的一个显著特征，具体体现为一系列覆盖灾前、灾中、灾后的预防、救助与重建制度安排。例如，自然灾害防治计划（NDMP）旨在对自然灾害的事前预防，资助各类减灾防灾的工程建设、学术研究和教育活动。自然灾害救助与重建计划（NDRRA）是一种包含多种自然灾害风险（森林火灾、地震、洪水、暴风雨、飓风等），为灾后居民生活、企业恢复生产、基建项目等提供支持的政府计划。而澳大利亚政府灾害重建计划通过灾后向个人提供资金援助来支持灾后重建。除综合性防灾项目以外，澳大利亚还设有形形色色的针对特定灾害的项目。此次灾难性洪水的来临，澳大利亚设有的"联邦洪水重建基金"、"联邦洪水援助计划"等项目也紧急启动。保险业对昆士兰州洪水赔付的损失额达 39 亿美元。澳大利亚的公共部门在灾害救助与灾后重建中起主导作用，这种作用的实现得益于一套完善的灾害相关防治制度体系。辅以商业保险作为有力补充，使灾区得以快速从灾难中恢复。

（资料来源：刘玮．2011 年全球重大灾害回顾与启迪［N］．中国保险报，2011－12－26．）

【附录1.1】

2012 年全国各地区财产保险保费收入排名前 30 位

排名	地区名称	财产保险保费收入（万元）	备注
1	江 苏	4 409 248.48	
2	广 东	4 167 961.45	
3	浙 江	3 582 222.09	
4	山 东	3 176 219.62	
5	四 川	2 715 082.95	
6	北 京	2 670 227.95	
7	河 北	2 586 542.50	
8	上 海	2 563 782.44	
9	河 南	1 957 714.54	
10	安 徽	1 690 577.80	
11	深 圳	1 545 093.32	
12	湖 南	1 449 599.49	
13	辽 宁	1 432 438.29	1. 各地区财产保险保费收入不包括计划单列市，如广东的深圳、辽宁的大连、山东的青岛、浙江的宁波、福建的厦门等；
14	湖 北	1 352 533.08	
15	福 建	1 337 720.07	
16	山 西	1 277 868.41	
17	云 南	1 235 389.37	2. 集团、总公司本级是指集团、总公司开展的业务，不计入任何地区。
18	内蒙古	1 198 369.52	
19	陕 西	1 157 809.79	
20	黑龙江	992 537.15	
21	江 西	974 947.29	
22	重 庆	952 042.97	
23	新 疆	936 810.09	
24	广 西	922 535.48	
25	天 津	907 859.48	
26	宁 波	862 293.97	
27	吉 林	781 122.62	
28	贵 州	703 928.83	
29	青 岛	649 315.02	
30	大 连	576 564.05	

资料来源：根据中国保险监督管理委员会网站 2012 年全国各地区原保险保费收入情况表数据整理。

【本章小结】

<table>
<tr><td rowspan="3">财产保险概述</td><td>财产保险的概念和特征</td><td>财产保险是指以各种财产物资及其相关利益为保险标的，以补偿被保险人的经济损失为基本目的的一种社会经济补偿制度。
财产保险可以分为广义财产保险和狭义财产保险。其中，广义财产保险包括财产损失保险、责任保险、信用保证保险等；狭义财产保险则仅指财产损失保险。
财产保险从性质上看属于商业保险范畴，遵循损失补偿原则，与人身保险相比，具有保险标的的价值具有可确定性、保险金额的确定依据保险价值、保险赔偿的补偿性、保险期限的短期性和纯费率厘定依据损失概率等特征。</td></tr>
<tr><td>财产保险的分类及其业务体系</td><td>按经营业务范围不同，财产保险可分为广义财产保险和狭义财产保险。广义财产保险是指除了人身保险以外的保险。狭义财产保险是指财产损失保险。
按承保标的的存在形态不同，财产保险可以分为有形财产保险和无形财产保险。有形财产保险是指以各种具备实体的物质财产为保险标的的财产保险。无形财产保险是指以各种没有实体但与投保人或被保险人有利害关系的合法利益为保险标的的保险。
按保险保障范围不同，财产保险可以分为财产损失保险、责任保险和信用保证保险。
财产保险是一个庞大的业务体系，它由若干险别及其数以百计的具体险种构成。</td></tr>
<tr><td>财产保险的产生和发展</td><td>海上保险是一种最古老的财产保险，正是海上保险的发展，带动了整个财产保险业的繁荣与发展。
与海上保险相比，火灾保险产生较晚，后来随着海上贸易发展和商业投资的增加，商品经济中的火灾风险日益增加并促进了火灾保险的产生。
1855年英国铁路乘客公司率先开办了铁路承运人责任保险，开创了责任保险的先河。20世纪50年代后，各国民事法律制度的进一步完善，使得责任保险的内容也日益丰富起来，尤其是70年代以后，责任保险得到了全面、飞速的发展，成为一些国家非寿险的主要业务。
信用保险产生于19世纪的欧美国家，当时称为商业信用保险，主要由一些私营保险公司负责承保，业务仅限于国内贸易。保证保险是随着商业信用保险的发展而产生的，是一项新兴保险业务。它产生于美国，随后西欧、日本等经济发达国家和地区也纷纷开办了此项业务。
中国财产保险在新中国成立后的一段时期内获得了蓬勃发展，为恢复国民经济作出了重大贡献。
改革开放以后，停办了长达20年之久的国内保险业重新得到恢复。由于对保险商品论的重新认识，财产保险的经济补偿作用得到了肯定，国内财产保险业务得到了恢复和发展。</td></tr>
</table>

【课后习题】

一、单选题

1. 广义的财产保险不包括（ ）。

A. 责任保险 　　B. 信用保险 　　C. 健康保险 　　D. 财产损失保险

2. 在财产保险概念中，（ ）是狭义财产保险的保险标的。

A. 物质财产 　　B. 名誉损害 　　C. 侵权责任 　　D. 合同责任

3. 下列保险类别中，（ ）属于财产损失保险。

A. 责任保险　　　　B. 企业财产保险　C. 信用保险　　　　D. 保证保险

二、多选题

1. 与人身保险相比，下列各项中属于财产保险特点的有（　　）。

A. 保险标的价值具有可确定性　　　　B. 保险金额的确定依据保险价值

C. 保险金支付具有补偿性　　　　　　D. 纯费率厘定依据损失概率

2. 下列各项中，属于单独承保的责任保险的是（　　）。

A. 船舶碰撞责任保险　　　　　　　　B. 公众责任保险

C. 雇主责任保险　　　　　　　　　　D. 职业责任保险

3. 下列各项中，属于保证保险的是（　　）。

A. 合同保证保险　　　　　　　　　　B. 产品保证保险

C. 建筑工程保险　　　　　　　　　　D. 雇员忠诚保证保险

三、判断题

1. 任何责任都可以作为责任保险的保险标的。　　　　　　　　　（　　）

2. 财产损失保险是财产保险中的基本业务。　　　　　　　　　　（　　）

3. 海上保险是最古老的财产保险。　　　　　　　　　　　　　　（　　）

四、简答题

1. 如何理解财产保险的含义？

2. 财产保险的分类有哪些？

3. 财产保险与人身保险有何区别？

4. 简要分析西方近代财产保险的发展史。

5. 中国财产保险的发展现状如何？

第二章
财产保险合同及其原则

【学习目标】

通过本章内容的学习，学生应掌握财产保险合同的概念、特征、分类、基本要素、基本原则及其订立、变更、解除与终止；了解财产保险合同的解释原则和争议处理。

【学习重点与难点】

财产保险合同的概念、特征与分类；财产保险合同的基本要素；财产保险合同的基本原则；财产保险合同的订立、变更、解除与终止。

【关键术语】

保险标的　保险金额　保险责任　保险利益　代位追偿　委付　分摊

【本章知识结构】

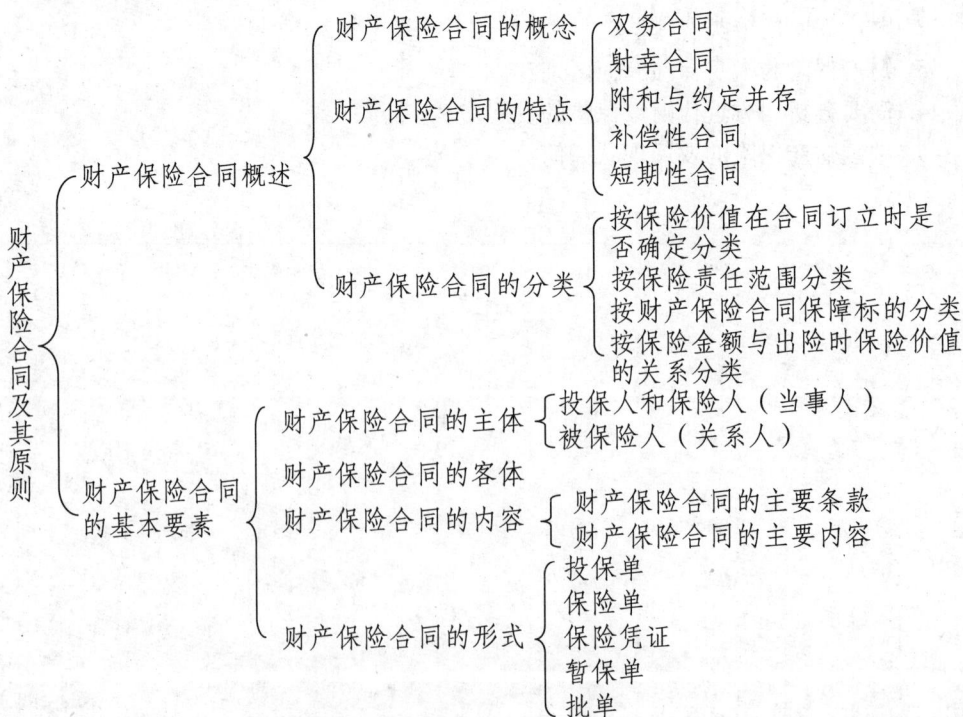

财产保险合同及其原则
┃
┣ 财产保险合同概述
┃ ┣ 财产保险合同的概念
┃ ┣ 财产保险合同的特点
┃ ┃ ┣ 双务合同
┃ ┃ ┣ 射幸合同
┃ ┃ ┣ 附和与约定并存
┃ ┃ ┣ 补偿性合同
┃ ┃ ┗ 短期性合同
┃ ┗ 财产保险合同的分类
┃ 　 ┣ 按保险价值在合同订立时是否确定分类
┃ 　 ┣ 按保险责任范围分类
┃ 　 ┣ 按财产保险合同保障标的分类
┃ 　 ┗ 按保险金额与出险时保险价值的关系分类
┗ 财产保险合同的基本要素
　 ┣ 财产保险合同的主体
　 ┃ ┣ 投保人和保险人（当事人）
　 ┃ ┗ 被保险人（关系人）
　 ┣ 财产保险合同的客体
　 ┣ 财产保险合同的内容
　 ┃ ┣ 财产保险合同的主要条款
　 ┃ ┗ 财产保险合同的主要内容
　 ┗ 财产保险合同的形式
　 　 ┣ 投保单
　 　 ┣ 保险单
　 　 ┣ 保险凭证
　 　 ┣ 暂保单
　 　 ┗ 批单

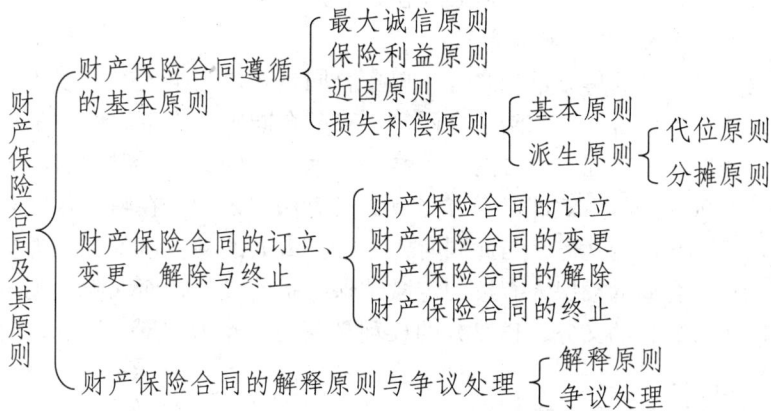

财产保险合同遵循的基本原则 { 最大诚信原则 / 保险利益原则 / 近因原则 / 损失补偿原则 { 基本原则 / 派生原则 { 代位原则 / 分摊原则 } } }

财产保险合同的订立、变更、解除与终止 { 财产保险合同的订立 / 财产保险合同的变更 / 财产保险合同的解除 / 财产保险合同的终止 }

财产保险合同的解释原则与争议处理 { 解释原则 / 争议处理 }

（财产保险合同及其原则）

【案例引入】

某房主将其所有的用于居住的房屋向保险公司投保了财产保险，保险期限为2011年4月1日0时至2012年3月31日24时。2012年1月投保人将其房屋用于制作加工烟花的小作坊，且没有通知保险公司。房屋不幸于1月15日因发生火灾而全部烧毁。保险公司接到报案后，发现被保险人将房屋由投保时的居住改为制作烟花，风险明显增加，而被保险人既未向保险公司申报又未增加保费，没有履行如实告知义务，保险公司没有承担赔偿责任。

通过以上案例，我们再一次认识到财产保险合同及其基本原则的重要性。什么是财产保险合同，它有哪些基本要素，需要遵循哪些基本原则等内容，是本章要研究的内容。

第一节 财产保险合同概述

一、财产保险合同的概念

合同，也称契约，是指地位平等的当事人之间确立、变更、终止民事法律关系的协议。保险合同，又称保险契约，是指当事人之间设立、变更、终止保险法律关系的协议。它是合同的一种形式，适用于合同法的一般规定。

财产保险合同是保险合同的一种，是以财产及其有关利益为保险标的的保险合同。财产保险是投保人与保险人约定权利义务关系的协议，根据财产保险合同的约定，投保人有向保险人支付保险法的义务，而保险人则应在发生约定保险事故并造成损失时，承担赔偿责任。

二、财产保险合同的特点

财产保险合同是经济合同的一种独特形式。因此，它一方面应遵循一般经济合同平等、自愿、公平、协商、诚实信用的原则，另一方面它又是一种特殊的民事合同，具有自己的特点，其特点具体表现在以下方面。

（一）财产保险合同是双务合同

合同有双务合同和单务合同之分。单务合同是指对当事人一方发生权利，而对另一方只发生义务的合同，如赠予合同等。双务合同则是当事人双方都享有权利并承担相应义务，且在合同中一方的权利恰好为另一方的义务。财产保险合同作为一种双方法律行为，一旦生效即对双方当事人具有法律效力。在财产保险合同中，各方当事人均负有自己的义务，与此同时，一方当事人的义务恰是另一方当事人的权利，如财产保险合同的投保人有按约定缴纳保险费的义务，而保险人则负有在保险事故发生时进行赔付的义务，且双方的权利义务关系互为相反，因此，财产保险合同具有双务性。

（二）财产保险合同是射幸合同

射幸有碰运气、碰巧的意思。射幸合同是指合同的效果在订约时不能确定的合同，即合同当事人一方的履约有赖于偶然事件的发生。在一般的经济合同中，所涉及的权益和损失都具有相应的等价性，但在财产保险合同中，投保人按规定支付保险费的义务是确定的，而保险人仅在保险事故发生时承担赔偿责任，即保险人的义务是否履行在保险合同订立时尚不确定，而是取决于偶然的、不确定的自然灾害或意外事故是否发生。但需要注意的是，财产保险合同的射幸性是仅就单个保险合同而言的，就被保险人全体而言，保险人所收取的保费与最终支付的赔款是相对应的。

（三）财产保险合同是附和与约定并存的合同

一般的经济合同通常完全或主要由当事人各方协商约定合同的内容。而附和合同则是指由当事人的一方提出合同的主要内容，另一方只能作出接受或者拒绝的决定，一般没有商议或变更的余地。财产保险合同内容的产生是以附和为主、约定为辅，保险人依照一定的原则，制定出财产保险合同的基本条款。而对于那些可以依据具体情况进行商讨的条款，则由投保人和保险人协商确定。

（四）财产保险合同是补偿性合同

保险合同按性质可分为损失补偿性合同和定额给付性合同两大类，人身保险合同多是定额给付性合同，而财产保险合同则是损失补偿性合同。损失补偿性合同是指保险人所承保的义务仅限于损失部分的赔偿，赔偿金额不能高于损失数额。也就是说，财产保险的作用在于使被保险人通过补偿在经济上恢复到损失之前的状态，而不是通过保险赔偿额外获利，这样才有利于整个社会经济秩序的稳定。

（五）财产保险合同是短期性合同

财产保险合同的保险期限一般有按日期计算、按航程计算和按工期计算三种。绝大多数险种按日期计算，通常为一年或一年以内。而人身保险合同尤其是人寿保险合同，一般长达几年或几十年。

三、财产保险合同的分类

（一）按保险价值在合同订立时是否确定分类

按照保险价值是否预先在保险合同中约定为标准进行分类，财产保险合同可以分为定值保险合同和不定值保险合同。

定值保险合同是指在保险合同订立时，投保人和保险人事先约定保险标的的价值作为保险金额，并将二者都载明于保险合同中，在保险事故发生时，不需要考虑标的价值发生变化与否，保险人均以保险金额作为赔偿的依据。发生全部损失时，按保险金额赔偿；发生部分损失时，按损失程度赔偿。定值保险合同适用于价值变化较大或价值不易确定的保险标的，如运输途中的货物、字画、古玩等。其优点是在发生保险事故后不必对实际损失额进行评估，简化了理赔环节，减少了双方当事人的纠纷，其缺点是容易被投保人故意高估保险价值而进行保险欺诈。

不定值保险合同是指在订立保险合同时并不约定保险标的的价值，只载明保险金额作为赔偿的最高限额，在保险事故发生后，根据保险价值与保险金额的关系进行赔偿的保险合同。在不定值保险合同中，保险金额是在订立合同时确定的，而保险价值则处于不确定的状态。一般而言，由于财产保险是以赔偿实际损失为原则的，因此多采用不定值保险合同的形式。

（二）按保险责任范围分类

按照保险人承保的责任范围不同，财产保险合同可以分为特定风险保险合同和综合风险保险合同。

特定风险保险合同是指只承保一种或某几种风险责任的保险合同，如地震保险合同、农作物雹灾保险合同、战争保险合同等，该类合同的保险责任通常以列举的方式体现。

综合风险保险合同是指保险人对"责任免除"以外的任何风险造成的损害负保险责任的保险合同。这种保险合同的特点是必须把保险人的除外责任一一列举，并以这种方式来约定保险责任。

（三）按财产保险合同保障标的分类

按照保险合同保障标的的不同，财产保险合同可以分为特定式保险合同、总括式保险合同、流动式保险合同和预约保险合同。

特定式保险合同是指保险人仅对事先商定的保险标的进行承保的保险合同。该类保险合同对保险人而言，承保时相对烦琐，但在保险事故发生并产生损失时则有利于保险人。

总括式保险合同是指只规定保险人可以承保的保险标的的类别，而对该类别保险标的不再分类的保险合同。该类合同在承保时较为方便，但在保险事故发生并涉及理赔工作时则较为复杂。

流动式保险合同是指通常事先不规定保险金额而只规定一个保险人所承担的最高责任限额。保险人按约定的办法预收并结算保险费，投保人定期向保险人报告其财产的实际价值，只要其报告属实，发生保险责任事故损失，保险人就在约定的最高责任限额内予以赔偿。这种合同适合财产流动性较大的单位，如大型的周转性仓储业投保。

预约保险合同是指保险人与投保人双方预先约定保险责任范围的长期性协议。在预约保险合同中，通常只约定保险责任范围、保险财产范围、保险费结算办法及每一风险单位或每一地点的最高保额，而不规定财产的具体保险金额。在预约保险合同的有效期内，投保人需就每笔业务向保险人及时进行书面申报，凡属合同约定范围内的标的均自动承保。这种保险合同主要适用于外贸企业的货物运输保险。

（四）按保险金额与出险时保险价值的关系分类

按照保险金额与出险时保险价值的关系不同，财产保险合同可以分为足额保险合同、不足额保险合同和超额保险合同。

足额保险合同是指保险金额与保险价值相等的保险合同，即在保险事故发生后可按实际损失确定保险金数额。不足额保险合同是指保险金额低于保险价值的保险合同，即在保险事故发生后，保险人按照保险金额与保险价值的比例承担赔偿责任。超额保险合同是指保险金额高于保险价值的保险合同，在超额保险合同中，保险金额超过保险价值的部分无效。若在保险期限内出现保险标的的价值明显减少的，则保险人应该降低保费，并按日计算退还投保人多交的保费。

第二节　财产保险合同的基本要素

一、财产保险合同的主体

（一）财产保险合同的当事人

1. 保险人

财产保险合同的保险人，是指与投保人签订财产保险合同，根据合同收取保费并承担赔偿保险金责任的财产保险公司。保险人是财产保险合同的一方当事人，也是经营财产保险业务的人。

当然，并不是所有的法人都可以从事财产保险业务。保险人的形式为国有独资公司、股份有限公司及其他形式，且要成为财产保险合同的保险人，须具备以下三个条件：

（1）必须依法取得经营资格，包括依法设立、依法经营财产保险业务；

（2）必须以自己的名义订立财产保险合同；

（3）必须依照财产保险合同承担保险责任。

2. 投保人

财产保险合同的投保人，是指与保险人订立财产保险合同，并按照合同负有支付保险费义务的自然人、法人和其他组织。投保人是财产保险合同的另一方当事人，但无论何种主体作为投保人，都必须具备以下条件：

（1）必须具有民事权利能力和民事行为能力；

（2）必须对其投保的财产标的物具有保险利益；

（3）必须与保险人订立财产保险合同并按约缴付保险费。

（二）财产保险合同的关系人

财产保险合同的被保险人，是指其财产受到合同保障，并享有保险金请求权的自然人、法人或其他组织。当投保人为自己的保险标的投保时，投保人即为被保险人；当投保人为他人的保险标的投保时，投保人与被保险人不是同一人。因为大多数情况下，财产保险合同的投保人往往为自己的利益投保，所以投保人与被保险人通常是同一人，但也有并非同一人的情况，如企业单位为每一位职工投保家庭财产保险的情况。

【要点提示】

在财产保险合同中，通常没有受益人，因为在财产遭受损失后，被保险人可以直接请求赔偿。如果被保险人在保险事故中死亡，则其财产继承人自动获得保险金的请求权。

二、财产保险合同的客体

合同的客体是指合同主体的权利义务共同指向的对象。对于保险合同的客体，理论界曾有争议，有人认为是保险标的，也有人认为是保险利益。我们认为，保险合同的客体应当是被保险人对其要求保险人保障的保险标的所具有的保险利益。

财产保险合同的客体是财产保险合同的保险利益，即投保人对保险标的所具有的法律上承认的经济利益。其中，财产保险标的是合同双方当事人权利义务关系所指的对象，即作为保险对象的财产及其有关利益；保险利益是投保人或被保险人对保险标的所具有的法律上承认的经济利益。各类财产保险的保险利益因承保的标的不同而不同。

三、财产保险合同的内容

（一）财产保险合同的主要条款

财产保险合同条款是规定保险人与被保险人之间基本权利与义务的条文，一般是由保险人事先在保险单上印好的。财产保险合同主要条款类型如下：

1. 基本条款

基本条款是关于保险合同当事人和关系人权利与义务的基本事项，即保险合同的法定记载事项，主要包括保险人与被保险人的基本权利和义务及赔偿处理等内容。

2. 拓展责任条款

拓展责任条款，也称附加条款，它是对基本条款的补充，为满足不同的被保险人对财产的保险需要，保险人可以对基本条款不予承保而经过约定在承保基本责任基础上予以拓展的条款。

3. 限制责任条款

保险人在承保一般危险责任时，针对某种保险标的的特殊情况，作出特殊限制责任的规定。如有些国家规定，建筑物未占用达60天以上，保险人可终止合同或拒绝承担保险责任。

4. 保证条款

保证条款主要是为了明确保险人要求被保险人必须履行的某项规定所制定的内容，如不得谎称发生了保险事故、不得制造保险事故、不得编造证据的保证；还有被保险人应依法维护保险标的安全的保证，这些都是保险人要求被保险人必须遵守的保证。

5. 特别说明条款

特别说明条款是一种对特殊情况作特别说明的条款。如在承保银行抵押品时，要指定银行为优先受益人，须附加特别说明条款。

（二）财产保险合同的主要内容

根据我国《保险法》第十八条的规定，财产保险合同应当包括下列内容：

1. 当事人和关系人的名称及住所

名称是指某一主体区别于其他主体的符号。住所是指法律确认的自然人的生活场所及法人的主要办事机构所在地。明确名称和住所对于保险合同订立后，保险费的缴纳、风险增加的告知和保险金索赔等都十分重要。因此，当事人和关系人的名称和住所必须载明于财产保险合同中。

2. 保险标的

财产保险合同的标的是作为保险对象的财产及其有关利益。保险标的不同，保险种类及合同性质也会有所不同，因此，在保险合同中，应当详细记载保险标的的状况、性能、坐落地点等以便于判断保险的类型、确定保险金额等。

3. 保险金额

在财产保险合同中，保险金额是投保人以其保险利益为基础对保险财产实际投保的金额，也是保险人计算保费的依据和承担赔偿保险金责任的最高限额。财产保险的保险金额根据保险价值确定。

4. 保险价值

保险价值是被保险财产投保或出险时的实际市场价值，它是保险人承保的最高限额。保险价值是财产保险合同的重要内容，可以由投保人和保险人在订立保险合同时约定，也可以按照保险事故发生时保险标的的实际价值确定。

5. 保险费及其支付办法

财产保险合同中的保险费，是指投保人为取得保险人对投保财产提供的保障而支付给保险人的费用。它是投保人向保险人支付的费用，作为保险人提供保障的代价。保险费及其费率通常由保险人事先计算并载明于财产保险合同中，保险费率通常用百分率或者千分率来表示。

不同的财产保险合同，保险费的支付办法也不相同，具体由保险双方当事人在合同中约定，但通常要求投保人在投保时一次付清，当然也可以经保险人同意后分期支付。如果投保人到期拒绝支付保险费，则保险人可以通过诉讼方式强制要求投保人支付保险费。

6. 保险责任和责任免除

保险责任是指保险人承担赔偿或给付保险金责任的风险项目，通常包括基本责任和特约责任。保险责任是保险条款的重要内容，其具体范围因保险种类的不同而有所差异，通常由保险人确定保险责任范围并作为合同内容的一部分载于保险合同中。责任免除，又称除外责任，是对风险责任的限制，是保险人不承担赔偿或给付保险金责任的风险项目。作为责任免除的风险通常是道德风险、损失巨大且无法计算的风险项目。我国《保险法》第十七条第二款规定："对保险合同中免除保险人责任的条款，保险人在订立合同时应当在投保单、保险单或者其他保险凭证上作出足以引起投保人注意的提示，并对该条款的内容以书面或者口头形式向投保人作出明确说明；未作提示或者明确说明的，该条款不产生效力。"

7. 保险期间和保险责任开始时间

财产保险合同的保险期间，是指保险人按照合同约定为被保险人的财产承担保险责任的起讫期限，也是财产保险合同的有效期限。它既是计算保费的依据，又是保险人和被保险人享有权利和承担义务的根据。财产保险合同的保险期限一般有两种计算方法：一是按自然时间计算，一般是一年，也可以是短于一年的保险；二是按一个事件始末计算，如货物运输保险是按航程计算，工程保险是按工期计算。

保险责任开始时间，是由投保人和保险人在合同中约定。在我国，订立财产保险合同时普遍实行"零时起保"，即某年某月某日零点开始，到某年某月某日的二十四时止。至于按一个事件始末计算，则按各自方式确定，如货物运输保险是按"仓至仓"条款执行，其保险责任是以被保险货物运离保险单载明起运港发货人的最后一个仓库或储存场所开始，到被保险货物运抵保险单载明目的港收货人第一个仓库或储存场所终止。

8. 保险金赔偿办法

保险金赔偿是保险人的主要义务，也是财产保险职能的直接体现。在财产保险合同中，应载明保险金赔付的方式、标准和期限等。我国《保险法》规定，保险人收到赔付请求后，应及时作出核定，情形复杂的，应在三十日内作出核定，并将核定结果通知被保险人；对属于保险责任的，在与被保险人达成有关赔付金额的协议后的十日内，履行赔付义务。保险合同对保险金额和赔付期限有约定的，应依合同履行。若保险人未及时履行赔付义务，则除了支付保险金外，还应赔偿被保险人因此受到的损失。对于不属于保险责任的索赔请求，保险人应自作出核定之日起三日内向被保险人发出拒赔通知书并说明理由。若保险人自收到赔付请求和有关证明资料之日起六十日内，对其赔付保险金的数额不能确定，则应根据已有资料可以确定的数额先行支付，等最终确定赔付数额后，再支付相应的差额。

9. 违约责任和争议处理

违约责任是指保险合同当事人因过错致使合同不能履行而应当承担的责任。争议处理条款是解决保险合同纠纷时所使用的条款。

10. 订立合同的年、月、日

订立合同的年、月、日是保险合同订立的基本信息，对于确定保险费的缴付期、保险期限都有重要意义，在特定情况下，对核实赔案的事实真相可以起到关键作用。

四、财产保险合同的形式

根据《合同法》规定，合同有书面形式、口头形式和其他形式三种。我国《保险法》第十三条规定："投保人提出保险要求，经保险人同意承保，保险合同成立。保险人应当及时向投保人签发保险单或者其他保险凭证。保险单或者其他保险凭证应当载明当事人双方约定的合同内容。当事人也可以约定采用其他书面形式载明合同内容。"可见，保险合同必须采用书面形式。财产保险合同的形式主要有投保单、保险单、保险凭证、暂保单、批单。下面列举了当前财产保险市场上普遍使用的几类保险产品的相关单证，需要说明的是，由于宣传、核保等方面的原因，在不同保险公司同种保险产品的投保单格式不是完全一致的，其内容和格式会有微小差别，但不影响投保单本身的效力和作用，请读者注意体会。

（一）投保单

投保单也称要保书或投保申请书，是指投保人向保险人申请订立保险合同的书面要约，也是保险人审查并决定是否接受投保人申请的书面文件。投保单通常由保险公司提供，由投保人依投保单所列的内容逐一填写并签字或盖章后生效，投保单一经保险人承诺并盖章，即成为保险合同的重要组成部分。保险公司根据投保人填写好的投保单的内容出具保险单正本。在财产保险投保单中，一般会列明投保人或被保险人姓名、投保财产项目、保险财产地址、保险期限、保险金额、通信地址、联系电话等基本要素。投保人应按照所列项目逐一据实填写，以供保险人决定是否承保，若投保人填写不实将直接影响保险合同的有效性，一旦保险事故发生，投保人或被保险人的要求将无法得到保障。在财产保险实务中，投保单的具体样式如表2-1所示。

表2-1　　　　　　　　　　**××财产保险公司财产综合险投保单**

投保人	名称			电话	
	地址				
被保险人	名称			电话	
	地址				
保险财产地址				邮编	
企业类别		财产占用性质		营业性质	
保险期限					
保险项目	保险金额	保险价值的确定依据 a. 出险时的重置价值 b. 出险时的账面余额 c. 出险时的市场价值		每次事故免赔额为损失金额的	
建筑物（不包括装修）				% 或 ¥　　　　元，以高者为准	
装修				% 或 ¥　　　　元，以高者为准	
装置、家具及办公设施或用品				% 或 ¥　　　　元，以高者为准	
机器设备				% 或 ¥　　　　元，以高者为准	
存货				% 或 ¥　　　　元，以高者为准	
其他				% 或 ¥　　　　元，以高者为准	
总保险金额	（大写）人民币			（小写）¥	
费率		主险保费			
特别条款			保险费	免赔额	
总保险金额	（大写）人民币			（小写）¥	
付费日期					
建筑物及周围情况： 建筑结构： □一类建筑（屋顶和墙面全部由砖、石、混凝土建造） □二类建筑（屋顶和墙面部分由砖、石、混凝土建造，部分由铁或木材建造） □除一、二类外的其他建筑： 附近有无易燃、易爆等危险单位：□没有　□有			消防情况： 自动喷淋系统：□没有　　　□有 消防栓及灭火器：□没有　　　□有 到最近消防队的路程： 安全情况： 保安执勤：　　□没有　　　□有 防盗警报装置：□没有　　　□有		
过往损失记录					
备注					

投保人签章：

日期：

（二）保险单

保险单又称保单，是指保险公司与投保人订立正式保险合同的书面证明。保险单由保险公司制作、印刷、签发，并交付给投保人。保险单主要载明保险公司与被保险人之间的权利、义务关系。它是被保险人向保险公司进行索赔的凭证。财产保险的保险单中主要列明：主被保险人（同投保人）姓名、联系电话、标的信息、保险期间、缴费方式、保险项目明细等。在财产保险实务中，保险单的具体样式如表2-2所示。

表2-2　　　　　　　××财产保险公司机动车辆保险单

×××财产保险股份有限公司　　　　　　保险单号：

被保险人						
保险车辆情况	号牌号码		厂牌型号			
	VIN码		车架号		机动车种类	
	发动机号		核定载客 人	核定载质量 千克	已使用年限 年	
	初次登记日期		年平均行驶里程 公里	使用性质		
	行驶区域				新车购置价	

承保险种	费率浮动（±）	保险金额/责任限额（元）	保险费（元）

保险费合计（人民币大写）：	（￥： 元）
保险期间自　　年　　月　　日零时起至　　年　　月　　日二十四时止	
特别约定	
保险合同争议解决方式	
重要提示	1. 本保险合同由保险条款、投保单、保险单、批单和特别约定组成。 2. 收到本保险单、承保险种对应的保险条款后，请立即核对，如有不符或疏漏，请在48小时内通知保险人并办理变更或补充手续；超过48小时未通知的，视为投保人无异议。 3. 请详细阅读承保险种对应的保险条款，特别是责任免除和投保人、被保险人义务。 4. 被保险机动车因改装、加装、改变使用性质等导致危险程度增加以及转卖、转让、赠送他人的，应书面通知保险人并办理变更手续。 5. 被保险人应当在交通事故发生后及时通知保险人。
保险人	公司名称：　　　　　　　　　公司地址： 　　　　　　　　　　　　　联系电话：　　网址： 邮政编码：　　　　　　　　　签单日期：　　　　　（保险人签章）

核保：　　　　　　　　　　　　制单：　　　　　　　　　　　　经办：

（三）保险凭证

保险凭证也称"小保单"，是保险人向投保人签发的，证明保险合同已经成立的书面凭证，是一种简化了的保险单。它具有与保险单相同的法律效力，但在条款的列举上较为简单。保险凭证通常用于需要便于携带保险证明的业务，如机动车辆保险证。在财产保险实务中，保险凭证的具体样式如表2－3所示。

表2－3　　　　　　　××财产保险公司机动车辆保险证

保险单号		
被保险人		
号牌号码	厂牌型号	
发动机号	使用性质	
车架号	人/千克	
承保险种		
保险期限 自　年　月　日零时起	保险公司	
至　年　月　日24时止	盖　　章	
服务报案电话：×××××		

（四）暂保单

暂保单也称临时保险单，是指保险人在签发正式保险单之前，出立的临时保险证明。暂保单在保险单未签发前，与保险单具有同样的法律效力。但暂保单的有效期较短，通常以30天为期限，并在正式保险单签发时自动失效。在财产保险实务中，暂保单的具体样式如表2－4所示。

表2－4　　　　　　××财产保险公司机动车辆提车暂保单（正本）

鉴于投保人已向保险人提出投保申请，并同意按约定交付保费，保险人依照本暂保单中载明的保险条款和特别约定，承担经济赔偿责任。

被保险人			
移动证号（临时牌照）		厂牌型号	
发动机号		车架号	
购车发票号		保险金额（新车购车价）	
保费（人民币大写）		（￥：　　元）	
保险期限：30天，自　年　月　日　时起至年　月　日　时止			
特别约定	1. 本暂保单仅承保车辆损失险和第三者责任险，第三者责任险的赔偿限额为5万元；保险责任及责任免除等事项，以本暂保单中载明的保险条款为准。 2. 在本暂保单保险期限内，无有效移动证或临时号牌，保险人不承担赔偿责任。 3. 索赔时应交验本暂保单、购车发票正本及移动证或临时号牌正本。		
重要提示	1. 收到暂保单后请立即核对，填写内容如与投保事实不符，请在48小时内通知保险人并办理变更手续。 2. 请详细阅读所附保险条款，特别是有关责任免除和投保人、被保险人义务的部分。 3. 本暂保单涂改无效，一经签发，不得退保。 4. 在领取车辆正式号牌后，应尽快到注册地保险人处办理机动车辆保险。 5. 发生保险事故后，请在48小时内通知保险人。		
被保险人地址： 邮政编码： 联系电话： 联系人： 　　　　　　　　投保人签章： 　　　　　　　　　　年　月　日		保险人： 地址： 邮政编码： 联系电话：　　　（保险人签章） 代理人： 地址： 邮政编码： 联系电话：　　　（代理人签章）	
签单日期：　　年　月　日			

核保：　　　　　　　　　　　　制单：　　　　　　　　　　经办：

（五）批单

批单是保险合同双方当事人对于保险单内容进行修订或增减的证明性文件，是变更保险单内容的批改书。批单通常在以下两种情况下使用：一是对已经印刷好的标准保险单所作的部分修正；二是在保险单生效后对于某些保险项目进行的调整。在保险合同订立后双方当事人可以通过协议更改和修正保险合同的内容。若投保人需要更改保险合同的内容，须向保险人提出申请，经保险人同意后出立批单，任何单方面的修改都不产生法律效力。批单一经签发，自动成为保险合同的重要组成部分，当批单内容与保险合同相抵触时，以批单为准。当对同一项内容先后作了两次批改，则后批优于前批；既有打字批改，又有手写批改，则手写优于打字。在财产保险实务中，批单的具体样式如表 2 - 5 所示。

表 2 - 5　　　　　××财产保险股份有限公司机动车辆保险批单

保险单号：	批单号：
被保险人：	批改日期：
批文：	
	保险人签章： 　　年　　月　　日
备注：	

核保：　　　　　　　制单：　　　　　　　经办：

第三节　财产保险合同遵循的基本原则

财产保险合同是经济合同的一种，因此，一方面应遵循经济合同的平等、自愿、公平、诚信等原则，投保人与保险人在此原则基础上达成共识，任何一方不得把自己的意志强加于对方；另一方面由于保险经营的特殊性，财产保险合同还应遵循一些特殊原则。这些原则主要包括：最大诚信原则、保险利益原则、近因原则和损失补偿原则。其中，最大诚信原则、保险利益原则和近因原则是财产保险合同与人身保险合同共同遵循的基本原则，而损失补偿原则及其派生原则则是财产保险合同特有的原则。

一、最大诚信原则

（一）最大诚信原则的含义

诚信原则是民事法律关系中的基本原则之一，任何经济合同都要遵循该原则。在保险法律关系中，对当事人诚信度的要求比一般民事活动更为严格，因此保险合同必须遵循最大诚信原则。

最大诚信原则是指保险合同当事人在订立保险合同时及合同有效期内，应依法向对方提供影响其是否缔约及缔约条件的重要事实，同时要信守合同订立时的约定与承诺，否则，受到损害的一方，可以以此为理由主张合同无效或不履行合同约定的义务或责任，甚至可以要求对方对因此而受到的损害予以赔偿。

最大诚信原则作为财产保险的一项基本原则，贯彻于财产保险合同的始终。在订立和履行财产保险合同的整个过程中，双方当事人都必须遵循该原则，以最大的诚意，履行自己应尽的义务，互不欺骗和隐瞒，恪守合同的约定与承诺，否则就会导致合同无效。

（二）最大诚信原则的内容

最大诚信原则的具体内容主要包括如实告知、保证、弃权与禁止反言。

1. 如实告知

在保险合同中，告知是指保险合同当事人一方在合同缔结时及合同有效期内，就重要事实向对方作出的口头或书面陈述。最大诚信原则要求的告知是如实告知，且保险合同双方当事人均有如实告知义务。

（1）投保人或被保险人的告知

中国《保险法》第十六条规定：订立保险合同，保险人就保险标的或者被保险人的有关情况提出询问的，投保人应当如实告知。在财产保险中，投保人或被保险人必须告知的重要事实是指足以影响保险人作出是否承保及以何种条件承保的事实，包括保险标的的实际状况、风险程度、投保人或被保险人具有何种保险利益、合同有效期内保险标的的用途、风险的增加、权属关系的转移等事实。

投保人故意或者因重大过失未履行如实告知义务，且未告知的事实足以影响保险人决定是否承保及承保条件的，保险人有权解除合同。

需要注意的是，该合同解除权，自保险人知道有解除事由之日起，超过三十日不行使而消灭；自合同成立之日起超过两年的，即使保险人知道有解除事由也不得解除合同，发生保险事故的，保险人应当承担赔偿或者给付保险金的责任。

中国《保险法》规定的告知形式是询问告知，而对于询问方式是书面的，还是口头的或是其他方式则没有具体规定。另外，虽然《保险法》规定，投保人故意或因重大过失未履行如实告知义务，保险人可以解除合同，但强调必须足以影响保险人决定是否承保及承保条件的情况，换言之，如果投保人故意未告知的事项和保险人决定是否承保及承保条件无关，则保险人也不得解除合同。

（2）保险人的告知

保险人必须告知的重要事实是足以影响投保人或被保险人决定是否投保及投保条件的事实。保险人在订立保险合同时，应主动向投保人说明合同条款的内容，特别要对合同中的责任免除条款作出明确的说明。保险人的告知有明确列明和明确说明两种形式：明确列明是指保险人将投保人所投保财产保险险种的条款内容在保险合同中列明，便可视为已履行了对投保人的说明义务；明确说明则是指保险人除了将保险条款的内容在保险合同中明确列明外，还必须对投保人进行明确提示，并加以适当、正确的解释。

中国《保险法》第十七条规定：订立保险合同，采用保险人提供的格式条款的，保险人向投保人提供的投保单应当附格式条款，保险人应当向投保人说明合同的内容。对保险合同中免除保险人责任的条款，保险人在订立合同时，应当在投保单、保险单或者其他保险凭证上作出足以引起投保人注意的提示，并对该条款的内容以书面或者口头形式向投保人作出明确说明；未作提示或者明确说明的，该条款不产生效力。

2. 保证

（1）保证的含义

保证是投保人或被保险人在保险期间对某事项的作为或不作为、存在或不存在的承诺。它是一项从属于主合同的承诺，是严格控制风险的一项原则。投保人一旦违反保证条款，便是违反了保险合同，保险人有权解除合同并在发生保险事故产生损失时拒赔。

（2）保证的形式

保证按其存在的形式不同可以分为明示保证和默示保证。

明示保证，是以保证条款形式在保险合同中载明的保证。默示保证，是指没有在保险合同中用文字载明，但按照法律和惯例，投保人应该保证的事项。如在海上保险中，有船舶适航、适货、不绕道的保证，即为默示保证。

在财产保险合同中，保证通常有明确的书面规定，即保证条款。保证条款不仅出现在财产保险单中，也存在于投保单上，而且通常是采用在投保单上注明的方式加以规定。

3. 弃权与禁止反言

弃权是指保险合同当事人一方以明示或默示的形式表示放弃其在保险合同中可以主张的权利；禁止反言，则是指保险合同当事人一方既然已放弃其在合同中可以主张的某项权利，日后便不得再向他方主张这项权利。从理论上讲，保险合同当事人双方均存在弃权与禁止反言的问题，但在保险实践中，弃权与禁止反言主要用来约束保险人的行为，维护被保险人的权益，从而有利于保险双方权利义务关系的平衡。

二、保险利益原则

（一）保险利益的含义

保险利益是指投保人或被保险人对保险标的具有的法律上承认的经济利益。衡量投保人或被保险人对保险标的是否具有保险利益的标志，是看投保人或被保险人是否因保险标的的损害或灭失而遭受经济上的损失。因此，保险利益反映的是投保人或被保险人与保险标的之间的经济利益关系。

（二）保险利益成立的必要条件

保险利益成立需满足以下三个条件：

1. 必须是合法的利益

投保人或被保险人对保险标的所具有的经济利益必须是合法的、可以主张的利益，该利益必须符合法律规定，受到法律保护，与社会公共利益相一致。非法利益或通过不正当手段所得的利益不受法律保护，自然不能作为保险利益。任何人对走私品、违禁品、非法经营的财产均没有保险利益，对贪污、诈骗、盗窃得来的财产也没有保险利益。

2. 必须是确定的利益

确定的利益是指已经确定或可以确定的利益，即保险利益必须是客观存在的或可以实现的利益，而不是仅凭主观臆断可能获得的利益。确定的利益包括现有利益和期待利益。现有利益是指已经存在的利益，如财产所有权或使用权等；期待利益是指将来一定可以得到的利益，并且这种利益不能单凭投保人的主观臆测，必须是可以实现的，如预期利润等。

3. 必须是经济利益

投保人或被保险人对保险标的必须要具有可以用货币计量的经济利益。由于财产保险合同都是补偿性合同，保险保障是通过货币形式的经济补偿来实现的，因此保险利益必须是可以用货币计量的，以作为赔偿计算的依据，否则保险人将无法计算损失的额度，无法理赔，保险补偿也就无法实现。

（三）保险利益原则的含义

保险利益原则是指在订立和履行保险合同的过程中，投保人或被保险人应当对保险标的具有保险利益，否则保险合同无效。中国《保险法》明确规定："财产保险的被保险人在保险事故发生时，对保险标的应当具有保险利益。""保险事故发生时，被保险人对保险标的不具有保险利益的，不得向保险人请求赔偿保险金。"可见，保险利益原则是判断保险合同是否有效的一项基本原则。

（四）财产保险的保险利益形式

1. 财产损失保险的保险利益

（1）因财产所有权产生的保险利益。财产所有权人对其所拥有的财产具有保险利益，因为其所有的财产一旦产生损失就会给他们带来经济上的损失，所以他们可以为该项财产投保。如车主可以为自己所有的汽车投保机动车辆保险。

（2）因财产占有权、经营权、使用权产生的保险利益。财产占有人、经营人和使用人对其所占有、经营和使用的财产具有保险利益，因为这些财产一旦发生损失同样会给他们带来不同程度的经济利益损失，所以他们可以为各自有保险利益的财产投保。

（3）因有效合同而产生的保险利益。根据合同约定，财产保管人、承租人、承运人、承包人对其负责保管、租赁、运送、承包的财产负有一定的义务，如果这些财产发生损失，他们就会因未履行好义务而负有经济赔偿责任，因此他们对其保管、租赁、运送、承包的财产具有保险利益，可以为各自有保险利益的财产投保。如工程项目承包人可以为其负责承建或安装的工程项目投保建筑工程保险或安装工程保险。

（4）因对财产拥有法律上的权利而产生的保险利益。财产抵押权人、质押权人、留置权人因债权债务关系而对抵押、质押、留置的财产具有经济上的利害关系，若这些财产遭受损失，必然会给他们带来不同程度的经济利益损失，因此他们对抵押、质押、留置的财产具有保险利益，可以为各自有保险利益的财产投保。如银行可以为企业借款人抵押的机器设备投保企业财产保险。

2. 责任保险的保险利益

责任保险的保险利益是基于法律上的民事赔偿责任而产生的保险利益，如对第三者的责任、职业责任、产品责任、公众责任、雇主责任等。责任人因其对他人的民事损害行为依法应承担经济赔偿责任，所以具有保险利益，可以为其承担的责任投保。如汽车在行驶过程中因其过错撞伤他人，依法对受害人应承担的赔偿责任；医生因其过错对病人依法应承担的赔偿责任，产品生产者因其产品缺陷而对消费者依法应承担的赔偿责任等均为责任保险的保险利益。

3. 信用保证保险的保险利益

（1）对他人信用的保险利益。权利人与义务人之间存在着经济上的利害关系，权利人会因义务人未履行其应尽的义务而遭受经济上的损失，因此权利人对义务人的信用具有保险利益。如出口商担心进口商不讲信用而导致外汇无法收回，可以针对进口商的信用投保出口信用保险。

（2）对自己信用的保险利益。权利人与义务人之间存在着经济上的利害关系，权利人通常要求义务人为自己的信用提供担保，而义务人由于对自己的信用具有保险利益，可以按照权利人的要求以自己的信用投保，让保险人为自己的信用提供担保。

（五）财产保险的保险利益时效

根据《保险法》第十二条第二款规定："财产保险的被保险人在保险事故发生时，对保险标的应当具有保险利益。"可见，财产保险合同允许投保人在投保时对保险标的不具有保险利益，但要求被保险人在保险标的发生保险事故损失而提出索赔时必须具有保险利益。

（六）财产保险的保险利益转移

保险利益转移是指被保险人在保险期间将自己对保险标的的保险利益转移给受让人，而保险合同继续有效。

中国《保险法》第四十九条规定："保险标的转让的，保险标的的受让人承继被保险人的权利和义务。保险标的转让的，被保险人或者受让人应当及时通知保险人，但货物运输保险合同和另有约定的合同除外。因保险标的转让导致危险程度显著增加的，保险人自收到转让通知之日起三十日内，可以按照合同约定增加保险费或解除合同。保险人解除合同的，应当将已收取的保险费，按照合同约定扣除自保险责任开始之日起至合同解除之日止应收的部分后，退还投保人。被保险人、受让人未履行本条第二款规定的通知义务的，因转让导致保险标的危险程度显著增加而发生的保险事故，保险人不承担赔偿保险金的责任。"

三、近因原则

（一）近因原则的基本内容

近因是指引起保险标的损失的最直接、最有效、起决定作用的原因，而并非是时间上距离损失最近的原因。近因原则是指在处理赔案时，赔偿与给付保险金的条件是造成保险标的损失的近因必须属于保险责任。若造成保险标的损失的近因属于保险责任，则保险人承担赔付责任；若造成保险标的损失的近因属于除外责任，则保险人不承担赔付责任。

（二）近因原则的运用

1. 单一原因致损

如果保险标的遭受的损失由单一原因所致，则该原因即为近因。若该原因属于保险责任事故，则保险人承担赔偿责任；反之，若该原因属于责任免除范围，则保险人不承担赔偿责任。

2. 多种原因同时发生致损

如果多种原因同时发生导致保险标的损失，且各原因之间无先后之分，则原则上导致损失的多个原因都是近因。具体分以下三种情况加以处理：

（1）若同时发生的多种原因均属保险责任，则保险人应承担全部损失的赔偿。

（2）若同时发生的多种原因均属除外责任，则保险人不承担任何赔偿责任。

（3）若同时发生的多种原因既有保险责任，又有除外责任，则应加以严格区分，若能区分保险责任和除外责任所造成的损失的，保险人只承担保险责任所致损失的赔偿责任；若不能区分的，则不承担赔偿责任。如船舶发生碰撞，海水涌入船舱，油罐破裂，船上装载的货物既遭水侵又受油污，若被保险人只投保了水渍险且水渍和油污造成的损失能够严格区分，则保险人只承担水渍损失的赔偿责任；若不能严格区分，则保险人不承担损失的赔偿责任。在保险实务中，很多时候损失是无法加以严格区分的，保险人有时会与被保险人协商解决，对损失按比例进行分摊。

3. 多种原因连续发生致损

如果多种原因连续发生导致损失，且前因与后因之间具有因果关系，则最先发生并造成风险事故的原因即为近因。保险人可按以下三种情况分别加以处理：

（1）若连续发生导致损失的多种原因均属保险责任，则保险人应承担全部损失的赔偿。

（2）若连续发生导致损失的多种原因均属除外责任，则保险人不承担赔偿责任。

（3）若连续发生的原因中不全属于保险责任，则又分两种情况：

若前因是保险责任，后因是除外责任，且后因是前因的必然结果，则保险人承担全部损失的赔偿。

若前因是除外责任，后因是保险责任，后因是前因的必然结果，则保险人不承担赔偿责任。

4. 多种原因间断发生致损

在这种情况下，致损原因有多个，它们是间断发生的，且互相之间没有因果关系，即有一种新的独立的原因介入，使原有的因果关系链断裂，并导致损失，则新介入的独立的原因为近因。若近因属于保险责任，则保险人承担赔偿责任；若近因不属于保险责任，则保险人不承担赔偿责任。

四、损失补偿原则

前三项原则是财产保险合同与人身保险合同共同遵循的基本原则，而损失补偿原则是财产保险合同特有的原则。损失补偿原则又可分为损失补偿的基本原则和派生原则。

（一）基本原则

1. 损失补偿原则的含义

损失补偿原则是指当保险标的发生保险责任范围内的事故时，被保险人有权按照保险合同的约定获得保险赔偿，但同时被保险人不能因保险赔偿而额外获利。这是财产保险理赔的基本原则。该项原则包含两层含义：其一，投保人投保财产保险，目的是将保险财产可能发生的风险转移给保险人，一旦约定的保险事故发生并造成保险财产损失，被保险人就有权依据保险合同获得损失赔偿，即"有损失，有补偿"。其二，被保险人获得的赔偿只能使其恢复到遭受损失前的经济状况，即"损多少，赔多少"。

2. 损失补偿的方式

（1）货币赔付

保险人可以通过估算保险财产的实际损失来确定应赔付的金额，并支付相应价值的货币。

（2）恢复原状

恢复原状即对保险财产受损部分进行修理并使其恢复原有功能和状态。当保险财产的损失相对来说不是很严重时，或可以通过修理恢复它的原有形态和使用功能时，修复即可成为保险人选择的赔偿方式，如机动车辆保险的理赔一般采用修复方式。

（3）更换

更换即对保险财产的整体或受损部分进行更换。保险人通常会赔偿一件与受损财产的规格、型号、性能相同的产品。当然，受损财产一般是旧的，如果用新的产品去更换，会使被保险人得到额外的利益，因此，除非投保人按重置价值投保，否则保险人会考虑折旧因素并在赔偿时扣除折旧部分的价值。

3. 损失补偿原则的赔偿限度

（1）以实际损失为限

保险人对被保险人的赔偿不能超过保险标的的实际损失。保险标的的实际损失一般是根据产生损失时的市价来确定的，这是因为财产的价值经常发生变动，但即便在超额保险的前提下，被保险人遭受的实际损失也不会超过其保险价值，因而只有以受损时的市价作为依据计算赔款，才能使被保险人恢复到受损前的经济状况，而不会通过保险赔偿额外获利。例如，某企业投保机器设备，投保时机器设备的市价为20万元，而发生保险事故造成全损时机器设备的市价仅为18万元，则保险人只能按实际损失赔偿18万元。

（2）以保险金额为限

保险人对被保险人的赔偿不能超过保险金额。这是因为保险金额是以保险人已收取的保险费为基础确定的最高责任限额，若超过这个限额，就会使保险人收取的保费与其承担的保险责任不相符合，这对保险人来说是不公平的。因此，即使保险财产因通货膨胀而涨价，保险人的赔偿仍以保险金额为限。如上例中，如果机器设备在发生保险事故时涨价到22万元，但保险人只能赔偿20万元。

（3）以保险利益为限

保险利益是投保人或被保险人对保险标的所具有的法律上承认的经济利益。被保险人对遭受损失的保险标的具有保险利益是被保险人索赔的基础，因此其获得的赔款也不得超过其对保险标的所具有的保险利益。

（二）派生原则

1. 代位原则

（1）代位求偿

代位求偿是指因第三者对保险标的的损害而造成保险事故的，保险人自向被保险人赔偿保险金之日起，在赔偿金额范围内代位行使被保险人对第三者请求赔偿的权利。保险人的这种权利称为代位求偿权。

规定代位求偿的依据是，在损失补偿性合同中，被保险人获得的赔偿不得超过其对保险标的的保险利益，即不能因一项财产的损失而从保险人和第三者责任方获得双份赔偿。

代位求偿权的成立需要三个条件：

第一，造成损害事故发生的原因及受损的保险财产，都属于保险责任范围，保险人应承担赔偿责任，否则就与保险人无关，更谈不上代位求偿权的问题。

第二，保险事故的发生是由第三者责任方造成的，被保险人有权依法向肇事的第三者责任方请求赔偿，否则就与第三者责任方无关，也谈不上代位求偿权的问题。

第三，代位求偿权的产生必须在保险人履行赔偿义务之后。被保险人只有在得到全部赔偿后，才能把向第三者责任方追偿的权利转让给保险人。如果保险人没有履行赔偿义务，就不能取得代位求偿权。

需要注意的是：①保险人在代位求偿中享有的权益，不能超过其赔付给被保险人的保险金。如果保险人从第三者责任方追偿到的金额超过了其实际支付给被保险人的赔偿金额，则其超过部分应归被保险人所有。②若保险事故发生后，被保险人已经从第三者责任方取得损害赔偿的，保险人赔偿保险金时，可以相应扣减被保险人已获得的赔偿金额。③保险人行使代位求偿的权利，不影响被保险人就未取得赔偿的部分向第三者责任方行使索赔权。保险事故发生后，若被保险人先向保险人索赔且获得的赔偿金额小于第三者责任方给他造成的损失时，他仍有权就未取得保险赔偿的部分向第三者请求赔偿。

此外，中国《保险法》对财产保险合同中代位求偿的对象有所限制。《保险法》第六十二条规定："除被保险人的家庭成员或者其组成人员故意造成本法第六十条第一款规定的保险事故外，保险人不得对被保险人的家庭成员或者其组成人员行使代位请求赔偿的权利。"不能追偿的原因是，被保险人的家庭成员或者其组成人员往往与其具有一致的利益，如果保险人在赔偿被保险人后再向这些人追偿，与向被保险人本人追偿没有什么本质的区别，被保险人的损失实际上得不到任何补偿。当然，如果保险财产的损坏是由被保险人的家庭成员或者其组成人员的故意行为造成的，则保险人仍然可以对他们行使代位求偿权。

（2）委付

委付是指投保人或被保险人将保险标的物的一切权利转移给保险人，并请求支付全部保险金额的权利。

在财产保险中，当保险标的推定全损时，或其修复费用将超过其本身价值时，被保险人可将标的的残值或标的物上的一切权利转移给保险人，同时向保险人提出取得全部保险赔偿的请求。

需要注意的是：①委付时，被保险人必须向保险人发出委付通知，经保险人接受后，方可生效。②被保险人提出委付后，保险人可以选择接受，也可以拒绝；但一经接受，便不得撤回。③在委付中，由于被保险人把标的物的产权转移给了保险人，则与标的物相关的一切权利和义务也相应发生了转移，因此，若保险人在处理标的物时得到的利益超过了其赔偿给被保险人的金额，则超过部分也应归保险人所有。

2. 分摊原则

（1）分摊原则的含义

分摊原则的产生与重复保险有关，没有重复保险，也就没有分摊原则。重复保险是指投保人将同一保险标的向两个或两个以上的保险人投保同一风险，且其保险金额的总和超过保险价值的保险。在重复保险中，被保险人有可能就同一保险标的的损失，向多个保险人进行索赔，从而获得额外利益。为了防止这种情况的发生，对重复保险的赔偿一般需要在各个保险人之间进行分摊。

分摊原则是指投保人向多个保险人重复保险时，投保人的索赔只能在各个保险人之间分摊，且赔偿金额不能超过被保险人的实际损失，从而使被保险人既能得到充分的经济补偿，又不会通过保险而获得额外的利益。

（2）分摊方式

①比例责任制

比例责任制是按某家保险公司的保险金额占各家保险公司承保的保险金额之和的比例，来计算损失的分摊。其计算公式为

$$某保险人的赔偿金额 = 损失金额 \times \frac{某保险人承保的保险金额}{各保险人承保的保险金额总和}$$

例如，某企业就一批价值 100 万元的存货，分别向 A、B 两家保险公司投保了企业财产保险，保险金额分别为 50 万元和 100 万元，后发生保险事故，保险财产产生的损失为 60 万元，按照比例责任分摊方式计算两家保险公司的赔款分别是：A 保险公司应分摊 20 万元，B 保险公司应分摊 40 万元。

②限额责任制

限额责任制是在保险财产发生损失时，各个保险人按各自单独承保情况下应承担的赔偿责任限额与所有保险人的赔偿责任限额之和的比例，来计算各自应分摊的赔偿金额。其计算公式为

$$某保险人的赔偿金额 = 损失金额 \times \frac{某保险人赔偿责任限额}{各保险人赔偿责任限额之和}$$

如上例中，A 保险公司单独承保的责任限额为 50 万元，而 B 保险公司单独承保的责任限额为 60 万元，则按照限额责任分摊方式，A 保险公司应分摊 27.25 万元，B 保险公司应分摊 32.75 万元。

③顺序责任制

顺序责任制是指各保险公司按出具保单的时间顺序依次承担赔偿责任。先出单的保险公司首先在其承保的保额限度内负责赔偿，后出单的保险公司则只在损失额超出前一家保险公司的保额时，才在自己承保的保额限度内赔偿超出的部分。

如上例中，先由 A 保险公司赔偿 50 万元，再由 B 保险公司赔偿余下的 10 万元。

在上述分摊方式中，比例责任制是按各保险人的保险金额占保险金额总额的比例来分摊损失的，由于保险金额是计算保费的依据，则比例责任制实际上是按各保险公司收取保费的比例来承担相应的赔偿责任的，因此，该分摊方式较好地体现了权利与义务的对等关系，为许多国家的保险理赔所采用。

【要点提示】

我国《保险法》第五十六条规定：重复保险的各保险人赔偿保险金的总和不得超过保险价值。除合同另有约定外，各保险人按照其保险金额与保险金额总和的比例承担赔偿保险金的责任。可见，我国是采用比例责任分摊方式来处理重复保险问题的。

第四节　财产保险合同的订立、变更、解除与终止

一、财产保险合同的订立

与一般经济合同一样，财产保险合同的订立通常也包括要约与承诺两个过程。财产保险合同的订立是投保人提出投保申请和保险人决定承保的过程，或者说是投保人提出要约和保险人作出承诺的过程。

（一）要约

要约是合同当事人一方向另一方表示愿与其订立合同的意愿。在财产保险合同中，投保人提出投保申请可视为其向保险人提出要约，即投保人就其具有保险利益的财产，向保险人提出愿与其订立财产保险合同的申请。在我国，投保要约须以填写投保单的形式向保险人提出。

（二）承诺

承诺是受约人对要约人提出的要约全部接受的意思表示。在财产保险合同中，承诺是指保险人对投保人提出的订立财产保险合同的申请，经过审核后同意接受的行为。在我国，保险人表示承诺的形式是在投保人填写的投保单上签章。

我国《保险法》第十三条规定："投保人提出保险要求，经保险人同意承保，保险合同成立。保险人应当及时向投保人签发保险单或者其他保险凭证。"可见，财产保险合同的成立取决于双方当事人就合同的条款达成一致，也就是保险人在投保人填写的投保单上签章同意承保，而不是保险单或保险凭证的签发，更不是保险费的缴付。财产保险合同实际上在保险单签发之前已经成立。至于签发保险单和缴付保险费，是合同成立后当事人双方应当履行的义务。

需要注意的是，已经成立的财产保险合同不一定生效。合同的生效，是指依法成立的合同对合同主体产生法律约束力，双方当事人、关系人依照合同开始享有权利并承担义务。我国《保险法》第十三条规定："依法成立的保险合同，自成立时生效。投保人和保险人可以对合同的效力约定附条件或者附期限。"在我国保险实务中，财产保险合同通常是附期限生效，实行的是"零时起保制"，即合同从"起保日"（通常是合同成立的次日或约定的未来某一日）的零时生效。当然，在实务中，为了防止投保人故意拖欠保险费，保险人与投保人在订立合同时可以特别约定合同的生效条件，如约定投保人缴付保险费为合同生效条件，在这种情况下，财产保险合同只有在投保人缴纳了保险费后才生效。

二、财产保险合同的变更

在财产保险合同的有效期内，投保人和保险人可协商变更保险合同的有关内容，包括保险人或被保险人的名称、地址，保险标的的价值、数量、风险变化，保险金额，保险期限，保险责任范围等。变更保险合同应由保险人在原保险单上批注或附批单，或者由投保人和保险人订立变更的书面协议。

在财产保险中，合同主体的变更主要是被保险人的变更，通常是因保险标的的转让而发生的。根据我国《保险法》规定，除货物运输保险合同和另有约定的合同外，当发生保险标的转让时，被保险人和受让人应当及时通知保险人。保险标的一经转让，原被保险人与保险人的保险关系即告消灭，保险标的受让人与保险人的保险关系随即建立，受让人依照合同约定享有原被保险人的权利并承担其义务。

保险合同变更的程序是：首先，由投保人向保险人提出变更申请，说明有关保险合同变更的情况。其次，保险人对变更申请进行审核，并重新核算保险费。最后，若保险人同意变更，则签发批单或附加条款；若保险人拒绝变更，则需通知投保人。

三、财产保险合同的解除

财产保险合同的解除，是指合同尚未履行完毕，合同有效期也未届满，双方当事人中的任何一方依照法律或约定解除原有的法律关系，财产保险合同的效力提前终止。财产保险合同的解除分为法定解除和协议解除两种。

（一）法定解除

法定解除是指法律赋予合同当事人的一种单方解除权。

一般情况下，财产保险合同成立后，投保人可以随时提出解除保险合同。如果投保人行使其法定合同解除权时，保险责任尚未开始，则保险人应在扣除手续费后退还投保人缴纳的保险费；如果保险责任已经开始，则保险人可以收取自保险责任开始之日起至合同解除之日止的保险费，并将剩余部分的保险费退还给投保人。

对于保险人来说，财产保险合同成立后，除了《保险法》有规定或财产保险合同另有约定以外，保险人不能任意解除合同。保险人有权解除合同的法定事项如下：

（1）投保人在与保险人订立财产保险合同时故意隐瞒重要事实，不履行如实告知义务。

（2）投保人在与保险人订立财产保险合同时因过失不告知重要事项，这些事项足以影响保险人决定是否承保或以何种条件承保时。

（3）被保险人在未发生保险事故情况下谎称发生保险事故，或故意制造保险事故，以欺诈保险金。

（4）被保险人未履行其维护保险标的安全的义务。我国《保险法》第五十一条规定："投保人、被保险人未按照约定履行其对保险标的的安全应尽责任的，保险人有权要求增加保险费或者解除合同。"

（5）保险标的在保险合同有效期内风险显著增加的。我国《保险法》第五十二条规定："在合同有效期内，保险标的的危险程度显著增加的，被保险人应当按照合同约定及时通知保险人，保险人可以按照合同约定增加保险费或者解除合同。"

（6）投保人或被保险人违反了与保险人约定的保证条款。

（7）保险标的发生部分损失保险人履行了赔偿义务后。我国《保险法》第五十八条规定："保险标的发生部分损失的，自保险人赔偿之日起三十日内，投保人可以解除合同；除合同另有约定外，保险人也可以解除合同，但应当提前十五日通知投保人。"

财产保险合同因保险人行使法定解除而被解除后，如果是由于投保人"故意不告知"、"违反保证"、"实施保险欺诈"等，保险人不退还保险费，也不承担合同解除前发生事故损失的赔偿责任；如果是由于投保人"过失不告知"，保险人可退还保险费，但不承担合同解除前发生事故损失的赔偿责任。保险合同的法定解除关系到双方当事人的重大利益，故应当采取书面形式。

（二）协议解除

协议解除是指当事人双方经协商同意解除财产保险合同的一种法律行为。财产保险合同若采用协议解除方式，其前提是不能损害国家和社会公共利益。此外，对规定投保人不得在保险责任开始后行使法定解除的货物运输保险合同和运输工具航程保险合同，当事人双方同样不能以协议方式解除。

四、财产保险合同的终止

财产保险合同终止是指由于某种法定或约定事由出现，致使合同当事人双方的权利义务归于消灭。其结果是财产保险合同的法律效力不复存在。导致财产保险合同终止的原因主要有：

（一）自然终止

在财产保险合同有效期内，没有发生保险事故，或者是保险财产发生部分损失，保险人也承担了赔偿责任，直到保险合同期满，合同自然终止。

（二）履行终止

在财产保险合同有效期内，发生了保险事故并造成保险标的的损失，不论是发生一次事故还是数次事故，只要保险人承担的赔偿金额达到保险金额，即使合同没有到期，其效力也终止了。

（三）灭失终止

在财产保险合同的有效期内，保险标的因非保险责任事故而全部灭失。由于导致财产灭失的事故不属于保险责任，所以保险人不需要赔偿，然而此时保险标的实际已不存在，投保人也不再具有保险利益，保险合同也就因客体的消灭而终止。

第五节 财产保险合同的解释原则与争议处理

一、解释原则

保险合同的订立应该按照有关法律要求做到条款齐全、文字准确，使之成为保险合同双方当事人享有权利和履行义务的可靠法律依据。但实际情况错综复杂、千变万化，保险条款不可能把所有细节一一列明，只能在原则上加以规定。因此，在保险实务中，常常会发生保险合同双方当事人对合同条款内容理解不一致的情况，以致双方在主张权利和履行义务时发生争议和纠纷，这些争议和纠纷往往是由于双方对保险合同条款的解释不同而引起的。可见，保险合同的解释应当遵循一定的原则。财产保险合同是保险合同的一种，因此也要遵循保险合同的解释原则。具体来讲，财产保险合同的解释原则主要有以下几个。

（一）文义解释

文义解释即按合同条款通常的文字含义并结合上下文来解释，它是解释合同条款的最主要的方法。在同一合同内出现的同一个词，对它的解释应该是一致的。在合同中所用的专门术语应该按其所属的该行业通用的含义来解释。

（二）意图解释

意图解释即按保险合同当事人订立保险合同的真实意图，来对合同条款进行解释。意图解释应根据合同的文字、订约时的背景和客观实际情况来分析和推定。意图解释只适用于文义不清、用词混乱和含糊的情况。

（三）解释应有利于非起草人

我国《保险法》第三十条规定："采用保险人提供的格式条款订立的保险合，保险人与投保人、被保险人或者受益人对合同条款有争议的，应当按照通常理解予以解释。对合同条款有两种以上解释的，人民法院或者仲裁机构应当作出有利于被保险人和受益人的解释。"这是因为，一般情况下保险合同的条款都是由保险人事先拟订的，投保人只能选择接受或不接受保险条款，而不能对条款进行修改，所以当双方当事人对这些条款发生争议时，法院或者仲裁机关应当作出有利于非起草人（投保人、被保险人和受益人）的解释。但这种解释原则不能随便使用。如果条款意图清楚，语言文字没有产生歧义，即使发生争议，也应当依据有效的保险合同约定作出公平、合理的解释。

二、争议处理

财产保险合同订立后，双方当事人在履行合同过程中，常常围绕着理赔、追偿、缴费及责任归属等问题产生争议。因此，采用适当的方式，公平合理地处理争议和纠纷，对保险双方当事人来说，都是十分必要的。解决财产保险合同争议的方式主要有协商、仲裁、诉讼。

（一）协商

协商是指争议发生后，合同主体双方在其可接受的范围内，各自作出一定的让步，通过协商达成和解协议，消除纠纷。协商解决是解决争议最基本、最常用的方法。这种方法可以省去仲裁和诉讼的费用与麻烦，而且气氛一般比较友好，灵活性也较大，有利于合同继续执行。因此，当财产保险合同双方发生争议时，首先应该由双方通过协商解决。

（二）仲裁

仲裁是指争议双方依事先签订的仲裁协议，自愿将彼此间的争议交由双方共同信任、法律认可的仲裁机构的仲裁员进行裁决。裁决具有法律效力，当事人必须予以执行。保险当事人双方在自愿的基础上事先达成仲裁协议是仲裁的前提条件。保险双方当事人订立的仲裁协议应采用书面形式，并应写明仲裁意愿、事项和双方共同认定的仲裁机构。

（三）诉讼

诉讼是指争议双方当事人通过国家审判机关——人民法院来解决争端，进行裁决的方法。它是解决争议最激烈的一种方式。《民事诉讼法》第二十六条对保险合同纠纷的管辖法院作了明确规定："因保险合同纠纷提起的诉讼，由被告所在地或者保险标的物所在地人民法院管辖。"人民法院审理案件实行先调解后审判、两审终审制。当事人双方对已经生效的判决必须执行。目前，我国国内保险合同纠纷多数采用诉讼方式解决。

【案例分析】

1. 李某先后就价值100万元的同一保险标的分别向A、B、C三家保险公司投保，保险金额分别为30万元、50万元、40万元，某日发生火灾，标的实际损失40万元。请按照比例责任制、限额责任制和顺序责任制分别计算A、B、C三家保险公司各自应向李某赔偿多少？并指出我国保险业对于重复保险问题适用哪种责任分摊方式？

2. 大山制药厂为其拥有的一幢价值200万元的办公楼投保，分别与甲、乙两家保险公司签订了财产保险合同，保险金额分别为120万元和180万元。后该楼遭遇火灾，损失达180万元，若按照比例责任制分摊，则甲、乙两家保险公司各应承担的保险赔款是多少？

【阅读材料】

新《保险法》中的保险利益原则

保险利益又称可保利益，是指投保人对保险标的具有的法律上承认的利益，即在保险事故发生时，可能遭受的损失或失去的利益。保险利益原则是保险法的基石，新《保险法》中关于保险利益原则的变化主要体现在第四十八条和第四十九条。

新《保险法》第四十八条规定"保险事故发生时，被保险人对保险标的的不具有保险利益的，不得向保险人请求赔偿保险金。"从这条可以看出，保险利益原则不再直接影响保险合同的效力，只是导致丧失保险金请求权的法律后果。

新《保险法》第四十九条的修改可谓是新《保险法》修订的核心，它的内容主要是关于保险标的发生转让时保险利益原则的变化。修订前的《保险法》规定，保险标的的转让应当通知保险人，经保险人同意继续承保后，依法变更合同。该规定没有对危险程度是否显著增加进行区分，因此，只要保险标的转让未经保险人同意，保险合同一律无效，这对于保护被保险人利益十分不利。此次《保险法》修订本着"契约自由，鼓励交易"的精神，在保险标的转让而保险合同效力延续至受让人的基本原则前提下，再作具体制度安排，以尽量规避风险，平衡各方关系。具体规定可以解释为：保险标的的转让的，保险标的的受让人直接承继被保险人对于保险合同所享有的权利和义务；只有在因保险标的的转让导致危险程度显著增加的情况下，保险人才可以调整保险费或者解除合同。被保险人、受让人应当将交易情况及时通知保险人；未及时通知的，只有对因转让导致保险标的的危险程度显著增加而发生的保险事故，保险人才可以不承担保险责任。

（资料来源：2010 年法邦网。）

【附录 2.1】

中华人民共和国保险法（财产保险合同部分）

（1995 年 6 月 30 日第八届全国人民代表大会常务委员会第十四次会议通过　根据 2002 年 10 月 28 日第九届全国人民代表大会常务委员会第三十次会议《关于修改〈中华人民共和国保险法〉的决定》修正　2009 年 2 月 28 日第十一届全国人民代表大会常务委员会第七次会议修订）

第二章　保险合同

第三节　财产保险合同

第四十八条　保险事故发生时，被保险人对保险标的不具有保险利益的，不得向保险人请求赔偿保险金。

第四十九条　保险标的转让的，保险标的的受让人承继被保险人的权利和义务。

保险标的转让的，被保险人或者受让人应当及时通知保险人，但货物运输保险合同和另有约定的合同除外。

因保险标的转让导致危险程度显著增加的，保险人自收到前款规定的通知之日起三十日内，可以按照合同约定增加保险费或者解除合同。保险人解除合同的，应当将已收取的保险费，按照合同约定扣除自保险责任开始之日起至合同解除之日止应收的部分后，退还投保人。

被保险人、受让人未履行本条第二款规定的通知义务的，因转让导致保险标的的危险程度显著增加而发生的保险事故，保险人不承担赔偿保险金的责任。

第五十条　货物运输保险合同和运输工具航程保险合同，保险责任开始后，合同当事人不得解除合同。

第五十一条 被保险人应当遵守国家有关消防、安全、生产操作、劳动保护等方面的规定，维护保险标的的安全。

保险人可以按照合同约定对保险标的的安全状况进行检查，及时向投保人、被保险人提出消除不安全因素和隐患的书面建议。

投保人、被保险人未按照约定履行其对保险标的的安全应尽责任的，保险人有权要求增加保险费或者解除合同。

保险人为维护保险标的的安全，经被保险人同意，可以采取安全预防措施。

第五十二条 在合同有效期内，保险标的的危险程度显著增加的，被保险人应当按照合同约定及时通知保险人，保险人可以按照合同约定增加保险费或者解除合同。保险人解除合同的，应当将已收取的保险费，按照合同约定扣除自保险责任开始之日起至合同解除之日止应收的部分后，退还投保人。

被保险人未履行前款规定的通知义务的，因保险标的的危险程度显著增加而发生的保险事故，保险人不承担赔偿保险金的责任。

第五十三条 有下列情形之一的，除合同另有约定外，保险人应当降低保险费，并按日计算退还相应的保险费：

（一）据以确定保险费率的有关情况发生变化，保险标的的危险程度明显减少的；

（二）保险标的的保险价值明显减少的。

第五十四条 保险责任开始前，投保人要求解除合同的，应当按照合同约定向保险人支付手续费，保险人应当退还保险费。保险责任开始后，投保人要求解除合同的，保险人应当将已收取的保险费，按照合同约定扣除自保险责任开始之日起至合同解除之日止应收的部分后，退还投保人。

第五十五条 投保人和保险人约定保险标的的保险价值并在合同中载明的，保险标的发生损失时，以约定的保险价值为赔偿计算标准。

投保人和保险人未约定保险标的的保险价值的，保险标的发生损失时，以保险事故发生时保险标的的实际价值为赔偿计算标准。

保险金额不得超过保险价值。超过保险价值的，超过部分无效，保险人应当退还相应的保险费。

保险金额低于保险价值的，除合同另有约定外，保险人按照保险金额与保险价值的比例承担赔偿保险金的责任。

第五十六条 重复保险的投保人应当将重复保险的有关情况通知各保险人。

重复保险的各保险人赔偿保险金的总和不得超过保险价值。除合同另有约定外，各保险人按照其保险金额与保险金额总和的比例承担赔偿保险金的责任。

重复保险的投保人可以就保险金额总和超过保险价值的部分，请求各保险人按比例返还保险费。

重复保险是指投保人对同一保险标的、同一保险利益、同一保险事故分别与两个以上保险人订立保险合同，且保险金额总和超过保险价值的保险。

第五十七条 保险事故发生时，被保险人应当尽力采取必要的措施，防止或者减少损失。

保险事故发生后，被保险人为防止或者减少保险标的的损失所支付的必要的、合理的费用，由保险人承担；保险人所承担的费用数额在保险标的损失赔偿金额以外另行计算，最高不超过保险金额的数额。

第五十八条　保险标的发生部分损失的，自保险人赔偿之日起三十日内，投保人可以解除合同；除合同另有约定外，保险人也可以解除合同，但应当提前十五日通知投保人。

合同解除的，保险人应当将保险标的未受损失部分的保险费，按照合同约定扣除自保险责任开始之日起至合同解除之日止应收的部分后，退还投保人。

第五十九条　保险事故发生后，保险人已支付了全部保险金额，并且保险金额等于保险价值的，受损保险标的的全部权利归于保险人；保险金额低于保险价值的，保险人按照保险金额与保险价值的比例取得受损保险标的的部分权利。

第六十条　因第三者对保险标的的损害而造成保险事故的，保险人自向被保险人赔偿保险金之日起，在赔偿金额范围内代位行使被保险人对第三者请求赔偿的权利。

前款规定的保险事故发生后，被保险人已经从第三者取得损害赔偿的，保险人赔偿保险金时，可以相应扣减被保险人从第三者已取得的赔偿金额。

保险人依照本条第一款规定行使代位请求赔偿的权利，不影响被保险人就未取得赔偿的部分向第三者请求赔偿的权利。

第六十一条　保险事故发生后，保险人未赔偿保险金之前，被保险人放弃对第三者请求赔偿的权利的，保险人不承担赔偿保险金的责任。

保险人向被保险人赔偿保险金后，被保险人未经保险人同意放弃对第三者请求赔偿的权利的，该行为无效。

被保险人故意或者因重大过失致使保险人不能行使代位请求赔偿的权利的，保险人可以扣减或者要求返还相应的保险金。

第六十二条　除被保险人的家庭成员或者其组成人员故意造成本法第六十条第一款规定的保险事故外，保险人不得对被保险人的家庭成员或者其组成人员行使代位请求赔偿的权利。

第六十三条　保险人向第三者行使代位请求赔偿的权利时，被保险人应当向保险人提供必要的文件和所知道的有关情况。

第六十四条　保险人、被保险人为查明和确定保险事故的性质、原因和保险标的的损失程度所支付的必要的、合理的费用，由保险人承担。

第六十五条　保险人对责任保险的被保险人给第三者造成的损害，可以依照法律的规定或者合同的约定，直接向该第三者赔偿保险金。

责任保险的被保险人给第三者造成损害，被保险人对第三者应负的赔偿责任确定的，根据被保险人的请求，保险人应当直接向该第三者赔偿保险金。被保险人怠于请求的，第三者有权就其应获赔偿部分直接向保险人请求赔偿保险金。

责任保险的被保险人给第三者造成损害，被保险人未向该第三者赔偿的，保险人不得向被保险人赔偿保险金。

责任保险是指以被保险人对第三者依法应负的赔偿责任为保险标的的保险。

第六十六条　责任保险的被保险人因给第三者造成损害的保险事故而被提起仲裁或者诉讼的，被保险人支付的仲裁或者诉讼费用以及其他必要的、合理的费用，除合同另有约定外，由保险人承担。

（资料来源：中国保险监督管理委员会网站。）

【本章小结】

	财产保险合同概述	财产保险合同是保险合同的一种，是以财产及其有关利益为保险标的的保险合同。 财产保险合同的特点有双务性、射幸性、附和与约定并存性、补偿性、短期性。 财产保险合同按不同标准可以划分为很多类型。
财产保险合同及其原则	财产保险合同的基本要素	财产保险合同由主体、客体、内容、形式等要素构成。主体有当事人、关系人。当事人指投保人和保险人，关系人指被保险人。财产保险合同客体是投保人对保险标的所具有的保险利益。财产保险合同的内容主要由双方当事人姓名、住址、保险责任与免责、双方权利与义务、赔偿方式等构成。财产保险合同的形式有投保单、保险单、保险凭证、暂保单和批单五种。
	财产保险合同遵循的基本原则	财产保险合同应遵循最大诚信、保险利益、近因和损失补偿原则及其派生原则。最大诚信原则是指保险合同当事人在订立保险合同时及合同有效期内，应依法向对方提供影响其是否缔约或缔约条件的重要事实，同时要信守合同订立时的约定与承诺，否则，受损害一方，可以此为由主张合同无效或不履行合同约定义务或责任，甚至可要求对方对因此而受到的损害予以赔偿。最大诚信原则的具体内容主要包括如实告知、保证、弃权与禁止反言。保险利益原则是指在订立和履行保险合同的过程中，投保人或被保险人应当对保险标的所具有保险利益，否则保险合同无效。 近因原则是指在处理赔案时，赔偿与给付保险金的条件是造成保险标的的损失的近因必须属于保险责任。损失补偿原则是指当保险标的发生保险责任范围内的事故时，被保险人有权按照保险合同的约定获得保险赔偿，但同时被保险人不能因保险赔偿而额外获利。 代位求偿是指因第三者对保险标的的损害而造成保险事故的，保险人自向被保险人赔偿保险金之日起，在赔偿金额范围内代位行使被保险人对第三者请求赔偿的权利。保险人的这种权利称为代位求偿权。 委付是指投保人或被保险人将保险标的的物的一切权利转移给保险人，并请求支付全部保险金额的权利。 分摊原则是指投保人向多个保险人重复保险时，投保人的索赔只能在各个保险人之间分摊，且赔偿金额不能超过被保险人的实际损失，从而使被保险人既能得到充分的经济补偿，又不会通过保险而获得额外的利益。
	财产保险合同的订立、变更、解除与终止	财产保险合同的订立是投保人提出投保申请和保险人决定承保的过程。合同成立不等于生效，在我国保险实务中，财产保险合同通常是附期限生效，实行"零时起保制"，也就是合同从"起保日"的零时生效。 在有效期内，投保人和保险人可协商变更合同有关内容，包括保险人或被保险人的名称、地址，保险金额，保险期限，保险责任范围等。变更保险合同应由保险人在原保险单上批注或附批单，或者由投保人和保险人订立变更的书面协议。 财产保险合同的解除分为法定解除和协议解除两种。 财产保险合同终止，是指由于某种法定或约定事由出现，致使合同当事人双方的权利义务归于消灭。其结果是财产保险合同的法律效力不复存在。
	财产保险合同的解释原则与争议处理	财产保险合同的解释原则主要有文义解释、意图解释、解释应有利于非起草人等。 财产保险合同的争议处理方式主要有协商、仲裁和诉讼。诉讼是解决争议最激烈的一种方式。

【课后习题】

一、单选题

1. 在财产保险合同中，投保人对保险标的的保险利益仅限于保险标的的（　　）。

A. 投资价值　　　　B. 实际价格　　　　C. 实际价值　　　　D. 原始价值

2. 财产保险合同的性质具有特殊性，即具有（　　）。

A. 补偿性　　　　　B. 给付性　　　　　C. 无偿性　　　　　D. 有偿性

3. 下列（　　）属于财产保险合同的当事人。

A. 代理人　　　　　B. 经纪人　　　　　C. 公估人　　　　　D. 投保人

二、多选题

1. 最大诚信原则的内容包括（　　）。

A. 如实告知　　　　　　　　　　B. 保证

C. 弃权与禁止反言　　　　　　　D. 委付

2. 下列各项中，属于财产保险合同形式的有（　　）。

A. 投保单　　　　B. 保险单　　　　C. 批单　　　　D. 保险凭证

3. 损失补偿原则的派生原则包括（　　）。

A. 近因原则　　　B. 保险利益原则　　C. 代位原则　　　D. 分摊原则

三、判断题

1. 财产保险的被保险人在保险事故发生时，对保险标的应当具有保险利益。

（　　）

2. 委付自被保险人向保险人发出委付通知时起生效。　　　　　（　　）

3. 财产保险合同成立即生效。　　　　　　　　　　　　　　　（　　）

四、简答题

1. 为什么在财产保险合同中必须强调最大诚信原则？

2. 损失补偿原则的含义及限制条件各是什么？

3. 保险代位求偿必须满足哪些条件？

4. 重复保险分摊的方式有哪几种？

5. 财产保险合同的主要特征有哪些？

6. 简述财产保险合同的订立、成立与生效的关系。

第三章

财产保险数理基础

【学习目标】

通过本章内容的学习，学生应掌握财产保险费率厘定、财产保险责任准备金提存以及财产保险财务稳定性等基本理论。

【学习重点与难点】

财产保险费率的厘定；财产保险责任准备金及其提存；财产保险经营中的财务稳定性。

【关键术语】

财产保险费　纯费率　平均保额损失率　稳定性系数　附加费率　毛费率　保险责任准备金　未到期责任准备金　未决赔款准备金　保险保障基金　财务稳定性

【本章知识结构】

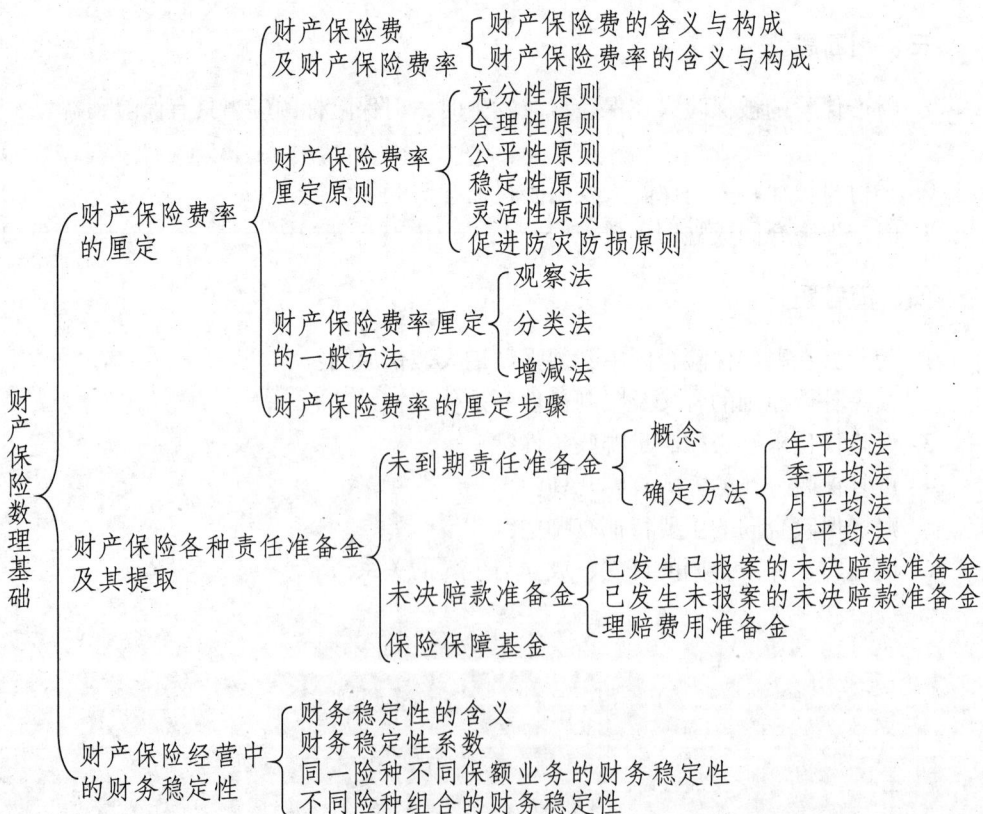

财产保险数理基础
- 财产保险费率的厘定
  - 财产保险费及财产保险费率
    - 财产保险费的含义与构成
    - 财产保险费率的含义与构成
  - 财产保险费率厘定原则
    - 充分性原则
    - 合理性原则
    - 公平性原则
    - 稳定性原则
    - 灵活性原则
    - 促进防灾防损原则
  - 财产保险费率厘定的一般方法
    - 观察法
    - 分类法
    - 增减法
  - 财产保险费率的厘定步骤
- 财产保险各种责任准备金及其提取
  - 未到期责任准备金
    - 概念
    - 确定方法
      - 年平均法
      - 季平均法
      - 月平均法
      - 日平均法
  - 未决赔款准备金
    - 已发生已报案的未决赔款准备金
    - 已发生未报案的未决赔款准备金
    - 理赔费用准备金
  - 保险保障基金
- 财产保险经营中的财务稳定性
  - 财务稳定性的含义
  - 财务稳定性系数
  - 同一险种不同保额业务的财务稳定性
  - 不同险种组合的财务稳定性

48

【案例引入】

某年 11 月 29 日，某个体司机与保险公司签订了一份机动车辆保险，将其一辆东风中巴投了保，保期一年，保险范围包括车损险、三者险和附加险，应交保险费 5 634 元。投保人分两次共缴纳保费 5 050 元，还欠保险费 584 元未交。次年 4 月 17 日，投保车辆出险，保险公司及时组织查勘定损。按照条款和《道路交通事故处理办法》的有关规定，保险公司向投保人出具了"机动车辆保险赔款计算书"，如一次性足额缴纳保险费，应付保险赔款 31 278.92 元，但因投保人未交全保费，便扣减了赔款 3 126.82 元，故向投保人实际支付保险赔款 28 152.10 元。投保人认为保险公司未全部支付保险赔款，引发纠纷，最终双方诉至法院。

经过法院的调解，诉讼双方最终达成协议：该个体司机放弃要保险公司赔付扣减的 3 126.8 元保险赔款的诉讼请求，保险公司放弃对该个体司机欠 584 元保险费的追索权。

该案例反映了人们对保险的误解，认为保险就是签保险单，而交多少保费并不重要，《保险法》第十四条明确规定：保险合同成立后，投保人按照约定交付保险费，保险人按照约定的时间开始承担保险责任。即交付保险费，保险单才有效力。

保费主要是依据保额确定的，只有足额投保，保险公司才能承担对应的保险责任。所以如果投保人没将车辆足额投保，发生全损时保险公司就没有责任进行全部赔偿。那么保险公司究竟是如何厘定财产保险费率，从而确定保险费的呢？这就是本章所要研究的内容。

第一节　财产保险费率的厘定

一、财产保险费及财产保险费率

（一）财产保险费的含义与构成

财产保险费是指保险人按照财产保险合同的约定，为了对其所承保的保险标的承担保险责任而向投保人收取的费用，它是财产保险的保险金额与保险费率的乘积。对于保险人来说，财产保险费是财产保险赔偿基金的主要来源，也是保险人履行赔偿义务的基础；对于投保人来说，财产保险费就是其购买财产保险产品所支付的对价。

财产保险费由纯保费和附加保费两部分构成。其中，纯保费是财产保险人用来建立保险赔偿基金，在发生保险事故产生损失时用于赔偿的那部分保费，也称为净保费，它是财产保险费的最低界限；附加保费是由保险人所支配的费用，主要用于财产保险人的各项业务开支和预期利润。影响财产保险费的因素包括保险金额、保险费率和保险期限，三者均同保险费成正比例关系。

（二）财产保险费率的含义与构成

财产保险费率又称财产保险价格，是保险人按单位财产保险金额向投保人收取的保险费，是保险人计收财产保险费的标准，它是财产保险费与保险金额的比率。

财产保险费率是计算财产保险费的标准，通常以每百元或每千元的保险金额应缴的保险费来表示。财产保险费率与财产保险费之间一般存在以下关系：

$$财产保险费 = 财产保险金额 \times 财产保险费率$$

与财产保险费的构成相对应，财产保险费率也是由纯费率和附加费率两部分组成。财产保险的纯费率又称净费率，是纯保费与保险金额的比率，它与保险标的损失频率和损失金额有密切的关系，一般而言，损失频率和损失金额越高，纯费率越高。财产保险的附加费率是附加保费与保险金额的比率，它与保险公司具体开支和费用管理具有密切关系，除了保险税金、固定资产折旧等支出具有刚性外，在其他费用支出方面，公司管理越严，其他费用支出金额越小，相应附加费率就越低。保险界习惯上将纯费率和附加费率相加所得的保险费率称为毛费率。

财产保险费率的厘定在实际成本发生之前，费率厘定是否得当，取决于保险人对各种风险事故发生的频率及损害程度的预测是否与其实际发生频率和损害程度相一致。

二、财产保险费率厘定原则

保险人在厘定财产保险费率时，要贯彻权利与义务对等的原则，具体而言，财产保险费率厘定的基本原则有以下几个。

（一）充分性原则

充分性原则是指财产保险人收取的保险费应足以应付赔款支出及各种营业费用、税收及公司的预期利润，其核心是保证财产保险人有足够的偿付能力。

（二）合理性原则

合理性原则是指保险费率应尽可能合理，不可因保险费率过高而使保险人获得超额利润，保费的多少应与财产保险种类、保险期限、保险金额等因素相对应。如果财产保险费率过高，投保人实际缴付的财产保险费远远多于他们获得的保险保障，那么就损害了投保人及被保险人的利益。

（三）公平性原则

公平性原则是指被保险人所负担的保费应与其获得的保险保障相一致。风险性质相同的保险标的应承担相同的保险费率，风险性质不同的保险标的，则应承担有差别的保险费率。也就是说，对风险程度高的保险标的，按较高的保险费率收取保险费；对风险程度较低的保险标的，则应按较低的费率收取保费。

（四）稳定性原则

财产保险费率在一定时期内应保持稳定，以保证保险公司的信誉。否则，既不利于投保人制定保费预算，又不利于保险公司的财务核算。而且，如果费率经常波动，会引起投保人的不满，不利于保险公司经营的稳定性。

（五）灵活性原则

虽然财产保险费率应保持一定的稳定性，但当风险情况、保险责任以及市场需求等因素发生变化时，费率也应作出及时的调整。如随着我国人民生活水平的提高，人均汽车拥有量逐年增加，但由此引发交通拥挤并使交通事故发生的概率增加，汽车保险的费率应该随之提高以反映现实的风险状况。

（六）促进防灾防损原则

促进防灾防损原则是指财产保险费率的制定应有利于促进被保险人加强防灾防损。如当被保险人配置防火救火设备以减少火灾风险，配备防盗装置以降低盗窃风险的时候，降低其费率；对无损的被保险人实行优惠费率等。

三、财产保险费率厘定的一般方法

一般来说，财产保险费率的厘定方法大致分为三种：观察法、分类法和增减法。

（一）观察法

观察法又称个别法或判断法，是按具体的每一标的分别单独计算并确定费率的方法。在标的数量较少或缺乏可信的损失统计资料时，如果把各种危险生硬地集中在一起厘定费率，无疑违反了大数法则，更不用提费率厘定的准确性了。利用观察法厘定费率时，精算人员会结合自己的专业知识和经验判断来提出一个费率供双方协商。观察法多用于海上保险。

（二）分类法

分类法是将性质相同或相近的风险分别归类，而对同一分类中的各风险单位制定出相同的费率。这是最常用的财产保险费率厘定方法，依据该方法确定的保险费率常常被载于保险手册中，因此该方法又称为手册法。由于分类法制定的费率所反映的是某一群体的平均损失经验，因此，在决定分类时，应注意某一种类中各单位的风险性质是否相同以及在适当的时期中其损失经验是否一致，以确保费率的精确度。分类法的思想符合保险运行所遵循的大数法则，其优点在于便于运用，适用费率时能够迅速查到。

（三）增减法

增减法又称修正法，是在分类法确定的基本费率基础上，再依据实际情况予以细分所测定的费率。增减法结合了不同标的风险程度的差异，因此遵循了公平性原则且具有防灾防损的作用。但由于增减费率所花的费用较大，从成本收益的角度来看，只有当调整费率会带来保费的较大变动时，调整费率的支出才有可能得到弥补。

增减法主要分为三种：表定法、经验法和追溯法。

1. 表定法

表定法在对每一风险单位确定一个基本费率的基础上，根据个别标的的风险状况对基本费率作增减修正。该方法通常用于承保大的厂房、商业办公楼和公寓的火灾保险，保险公司通常根据每栋建筑物的建筑结构、占用性质、消防设施、周围环境风险、保养情况等确定具体的费率。可见，表定法能够切实地反映保险标的的风险状况，并在一定程度上促进防灾防损，但常常因管理费用较高和同行业间费率的恶性竞争而失效。

2. 经验法

经验法是根据被保险人以往的损失记录，对按分类法计算的费率加以增减修正的方法。在该方法中，通常用过去三年的平均损失经验数据来确定下一保险期间的保险费率，但当年投保人要缴纳的保险费数额并不受当年被保险人损失经验数据的影响。假如被保险人以往的损失经验数据低于同类风险的平均数字，保险人就降低

费率;反之,就提高费率。按经验法厘定财产保险的费率时,其计算公式如下:

$$M = \frac{A - E}{E} \times C \times T$$

式中:M 为保险费率调整的百分比;A 为被保险人以往若干年的实际平均损失;E 为被保险人适用某分类时的预期损失;C 为可靠比数;T 为趋势因素。

其中,T 要考虑保险标的平均赔款支出的趋势以及物价指数的变动等因素。

【例 3 – 1】

某企业就其拥有的 50 辆某种类型机动车辆向保险公司投保车辆损失险,保险公司根据分类法制定的费率规定对该类车每辆收取的车辆损失险纯保险费为 2 000 元,假定预期损失比率为 60%。但依据实际统计损失资料,该企业过去三年中每辆车平均赔付仅 1 500 元。赔付状况的可靠比数 $C = 80\%$,考虑到合同签订后的机动车辆总赔付支出增加及物价指数上升的因素,趋势因素 T 取值为 1.1。那么保险公司就机动车辆损失险应向该企业收取多少数额的保险费?

解:先计算保险费率调整的百分比。

$$M = \frac{A - E}{E} \times C \times T$$

$$= \frac{1\ 500 - 2\ 000}{2\ 000} \times 80\% \times 1.1$$

$$= -22\%$$

由于 M 为负值,所以保险公司对该企业收取的纯保险费应减少,每辆车的车损险的纯保险费为

$$2\ 000 \times (1 - 22\%) = 1\ 560(元)$$

最后,计算实际应收的总保险费:

$$1\ 560 \div 60\% \times 50 = 130\ 000(元)$$

3. 追溯法

追溯法是与经验法相对的一种费率调整方式,它是以保险期间内被保险人的实际损失为基础来确定当期保险费的方法,即保险费率按照当期终了时的损失情况及实际经验加以调整的方法。由于被保险人实际应缴保险费在保险期满后才能计算出来,因此,使用这种方法时须在保险期开始前先确定预缴保险费;在保险期满后,再根据实际损失对已交保费进行调整修正。保险人在使用追溯法时,一般会规定最低保费和最高保费,如果实际损失额小,被保险人只需缴付最低保费,如果实际损失大,则被保险人需要缴付最高保费。投保人或被保险人实际缴付的保险费一般在最低和最高之间。由于按照追溯法计算的保险费与被保险人的当期损失有很大的正相关性,所以,该法能极大地激发被保险人的防损动机。追溯法较为复杂,仅适用于少数大企业。

四、财产保险费率的厘定步骤

财产保险费率的厘定是以损失概率为基础的,首先通过对保额损失率和均方差

的计算求出纯费率，其次计算附加费率，最后得到毛费率。其基本步骤如下：

（一）计算纯费率

纯费率根据平均保额损失率和安全系数来确定，其计算公式为

$$纯费率 = 平均保额损失率 \times (1 + 安全系数)$$

1. 计算平均保额损失率

保额损失率是赔偿金额占保险金额的比率，它通常是千分率。它是由该类保险标的的平均出险次数、毁损率、毁损程度和受损标的的平均保额与所有保险标的的平均保额之比四个因素决定的。

关于保额损失率这一概念，需要注意的是：第一，保额损失率不是保险标的损失额与保额之比，而是赔款与保额之比。这是因为在保险实务中，由于保险责任和各种赔偿方式的具体规定，保险人实际承担的赔偿金额与保险标的的实际损失金额总是存在着差异。第二，计算保额损失率的数据必须源于保险公司。由于投保人逆选择的影响，保险财产的损失率一般要高于社会平均财产损失率，因此计算保险费时只有使用保险公司的经验数据，才是公平合理的，才符合费率厘定的原则。

【例 3 - 2】

某公司过去十年甲项保险业务各年保额损失率统计如表 3 - 1 所示，求该公司的平均保额损失率。

表 3 - 1　　　　某公司甲项保险业务的一组保额损失率数据（甲组）　　　　单位：‰

年数	1	2	3	4	5	6	7	8	9	10
保额损失率	6.1	6.1	5.8	6.4	5.7	5.9	5.5	6.3	5.9	6.2

解：设 X_i 为不同时期的保额损失率，$\overline{X}$ 为平均保额损失率，即 $\overline{X} = \dfrac{1}{n} \sum\limits_{i=1}^{n} X_i$，$n$ 为期限，则可得出以下公式：

$$\overline{X} = \frac{\sum\limits_{i=1}^{n} X_i}{n}$$

$$= \frac{6.1‰ + 6.1‰ + 5.8‰ + 6.4‰ + 5.7‰ + 5.9‰ + 5.5‰ + 6.3‰ + 5.9‰ + 6.2‰}{10}$$

$$\approx 6‰$$

为了使平均保额损失率更精确，并可以近似地替代损失概率，必须选择适当的历年保额损失率。"适当"是指：（1）必须有足够的年份，一般至少需要有连续五年的保额损失率的数据；（2）每年的保额损失率必须根据大量的统计资料计算得到；（3）这一组保额损失率必须是稳定的。为此引入稳定性系数（K）这一指标来反映某一组保额损失率的稳定性，其计算公式为

$$K = \frac{\sigma}{\overline{X}}$$

式中，σ 为均方差，即 $\sigma = \sqrt{\dfrac{\sum\limits_{i=1}^{n}(X_i - \overline{X})^2}{n}}$。

稳定性系数 K 越大，这组保额损失率的稳定性就越差，即各年保额损失率差别越大，损失赔付情况越不平衡；反之，稳定性系数越小，该组保额损失率的稳定性就越好，即各年保额损失率差别就越小，损失赔付情况就越均匀。一般而言，稳定性系数在 10% 以内，说明得到的保额损失率的数据比较理想，可以此来确定纯费率。

2. 确定安全系数

根据一组适当的保额损失率，我们能够得到纯费率的近似值——平均保额损失率，但还不能直接将其定为纯费率。实际上，平均保额损失率既然是以往各年份保额损失率的算术平均值，那么就必然会出现某些年份的保额损失率高于或低于平均保额损失率的情况。如果我们直接将平均保额损失率作为纯费率，那么一般来说每两年就会有一年的赔偿金额超过当年的纯保费。因此，纯费率的最终确定还要在平均保额损失率的基础上进行修正，而修正是以在平均保额损失率的基础上附加一定的安全系数来实现的。

确定安全系数的方法有两种：一种是均方差法，即在平均保额损失率的基础上加上若干倍的均方差数值；另一种是经验法，即根据经验估计来确定系数附加。

（1）均方差法

利用均方差法时，纯费率的确定公式为

纯费率 = 平均保额损失率 + $N \times$ 均方差　　（$N = 1$，2，3）

下面仍以例 3 - 2 的数据为例，分析纯费率的确定：

若附加一次均方差，则纯费率为：$6‰ + 0.276‰ = 6.276‰$。假设保额损失率的发生是服从正态分布的，那实际保额损失率超过纯费率的概率为 15.866%。

若附加二次均方差，则纯费率为：$6‰ + 2 \times 0.276‰ = 6.552‰$，实际保额损失率超过纯费率的概率为 2.275%。

若附加三次均方差，则纯费率为：$6‰ + 3 \times 0.276‰ = 6.828‰$，实际保额损失率超过纯费率的概率为 0.135%。

可见，附加均方差的倍数越多，赔偿金额超过纯保险费的可能性越小，保险公司的经营就越稳定，但同时投保人的负担也就越重，不符合费率厘定的合理性原则。一般认为，所附加均方差与平均保额损失率之比以 10% ～ 20% 为宜，如例 3 - 2 这种情况，附加二次或者三次均方差都可认为是合适的。

（2）经验法

在实际工作中，如果某组保额损失率数据的稳定性系数不是太大，保险人可以根据经验估计在平均保额损失率的基础上，直接加上 10% ～ 20% 的安全系数。其计算公式为

纯费率 = 平均保额损失率 × （1 + 安全系数）

（二）计算附加费率

附加费率可按单位保额所需的附加费用来确定，即

$$附加费率 = \frac{附加费用}{保险金额} \times 100\%$$

由于实务中通常按保险费的一定比例提取附加费用，如营业税、代理手续费、业务费之类，为了与此相适应，上述公式可变形为

$$附加费率 = \frac{保险费 \times 按保费提取附加费用的比例}{保险金额} \times 100\%$$

$$= 保险费率 \times 按保费提取附加费用的比例$$

另外，附加费率也可由纯费率的一定比例来决定。

（三）计算毛费率

纯费率和附加费率之和就是毛费率，用公式表示为

$$毛费率 = 纯费率 + 附加费率$$

按上述公式计算出的毛费率还必须进行分项调整，调整后得到的毛费率才具有较强的使用价值。

第二节　财产保险各种责任准备金及其提取

财产保险的责任准备金是保险公司按法律规定，为在财产保险合同有效期内履行赔付保险金义务而将保险费予以提存的金额。为了履行保险合同约定的承诺，保护被保险人的利益，保险公司必须提存各种财产保险责任准备金，以确保保险公司具备与其保险业务规模相对应的偿付能力。财产保险准备金分为未到期责任准备金、未决赔款准备金和保险保障基金三种。

一、未到期责任准备金

（一）概念

未到期责任准备金是指会计年度决算时，对未满期保单的保险费所提存的准备金，包括保险公司为保险期间在一年以内（含一年）的保险合同项下尚未到期的保险责任而提取的准备金，以及为保险期间在一年以上（不含一年）的保险合同项下尚未到期的保险责任而提取的长期责任准备金。财产保险的合同期限大多为一年，当然也有少数保险合同期限会超过一年。由于会计年度与保险年度不一致，在每个会计年度末，必然会有部分保单的有效期还未截止，需要延续到下一年度。按照权责发生制原则，必须提存未到期责任准备金，以作为保险公司履行保险责任的准备。

（二）确定方法

未到期责任准备金的计提方法有年平均法、季平均法、月平均法和日平均法。

1. 年平均法

年平均法又称50%估算法，假定保险公司一年中承保的所有保单是在365天中逐日均匀生效的，即每天生效的保单数量及保险金额大体相等，每天收取的保险费数额也差不多，这样一年的保单在当年的会计年度末还有50%的有效部分未到期，则应提存有效保单保费的50%作为准备金。该方法计算简便，但不是很准确。我国

的保险公司曾经采用过此法。

2. 季平均法

季平均法又称 8 分法，该方法假设在每一季度中承保的所有保单是逐日生效的，且每天生效的保单数量、每份保单的保额及保险费大体均匀。因此，每季度末已到期责任为 1/8，未到期责任为 7/8，以后每过一季度，已到期责任加上 2/8，未到期责任减去 2/8。其计算公式如下：

$$P = \sum \left[\frac{A_n \times (2n - 1)}{8} \right]$$

式中，$n = 1$，2，3，4；A_n 为某季度的自留保险费；P 为会计年度末的未到期责任准备金。

3. 月平均法

月平均法又称 24 分法，该方法假设在每个月中承保的所有保单是逐日生效的，且保单数量、保额、保费大体均匀，则对于 1 年期保单来说，出具保单的当月已到期责任为 1/24，23/24 的保费则是未到期责任，以后每过 1 个月，已到期责任加上 2/24，未到期责任准备金减少 2/24，到年末，1 月开出的保单其未到期责任准备金为保费的 1/24，2 月的是 3/24，依次类推，12 月的保单则为 23/24。这种方法比年平均估算法和季平均估算法都精确，适用于各月内每日开出保单份数与保额大致相同而各月之间差异较大的业务。其计算公式如下：

$$P = \sum \left[\frac{A_n \times (2n - 1)}{24} \right]$$

式中，$n = 1$，2，…，12；A_n 为某月的自留保险费；P 为会计年度末的未到期责任准备金。

4. 日平均法

日平均法就是在结算日根据会计年度内每天签发的保单来逐日算出未到期责任准备金，然后将其相加汇总的一种方法。这种方法计提的未到期责任准备金精确度高，但工作量大。其计算公式如下：

$$P = \sum \left[\frac{A_n \times (2n - 1)}{730} \right]$$

式中，$n = 1$，2，…，365；A_n 为某日的自留保险费；P 为会计年度末的未到期责任准备金。

我国过去多年保险实践中通常采用的是年平均法。

二、未决赔款准备金

未决赔款准备金，也称赔款准备金，是指保险公司为尚未结案的赔案而提取的准备金，包括已发生已报案未决赔款准备金、已发生未报案未决赔款准备金和理赔费用准备金等。它是保险人在会计年度决算时，为该会计年度已发生保险事故的应付未付赔款所提存的一种资金储备。

（一）已发生已报案的未决赔款准备金

已发生已报案的未决赔款准备金是指为保险事故已经发生并已向保险公司提出索赔，保险公司尚未结案的赔案而提取的准备金。其提取方法有逐案估计法、案均赔款法等。

1. 逐案估计法

逐案估计法即由理赔人员逐一估计每起索赔案件的赔款额，然后记入理赔档案，到一定时间对这些估计的数字汇总，并进行修正，据以提留准备金。这种方法比较简单但工作量大，适用于索赔金额确定，或索赔数额相差悬殊而难以估算平均赔付额的财产保险业务，如火灾保险、信用保险。此方法主要凭估算人的主观判断，估计数额难免会出现偏差。

2. 案均赔款法

案均赔款法即先根据保险公司的以往损失数据计算出平均值，然后再根据对将来赔付金额变动趋势的预测加以修正，用这一平均值乘以已报告赔案数目就得出未决赔款额。这一方法适用于索赔次数多而索赔金额不大的业务，如汽车保险。

（二）已发生未报案的未决赔款准备金

已发生未报案的未决赔款准备金是指为保险事故已经发生，但尚未向保险公司提出索赔的赔案而提取的准备金。此类赔款的估算较为复杂，一般由专业的精算人员根据险种的风险性质、分布、经验数据等因素选择适当的方法进行谨慎评估并提取。

（三）理赔费用准备金

理赔费用准备金是指为尚未结案的赔案可能发生的理赔费用而提取的准备金。其中为直接发生于具体赔案的专家费、律师费、损失检验费等而提取的为直接理赔费用准备金；为间接发生于具体赔案的费用而提取的为间接理赔费用准备金。对于直接理赔费用准备金，应当采取逐案估计法提取；对于间接理赔费用准备金，采用比较合理的比率分摊法提取。

三、保险保障基金

保险保障基金是指为了防止赔付危机而从保费中提留的，用于应对保险公司被依法撤销或者依法实施破产，或保险公司存在重大风险，可能严重危及社会公共利益和金融稳定的情形而从保费收入中提取的准备金，用于救助保单持有人、保单受让公司或者处置保险业风险的非政府性行业风险救助基金。保险保障基金制度其实是一个国家或地区为了保障保单持有人利益，维护行业信誉，维护保险业的行业安全与稳定，在保险体系中通过筹集专项资金来补偿客户利益的一种制度安排。随着保险业的快速发展及保险业外部环境的变化，保险公司面临的风险和破产的可能性并没有降低，因此应该有相应的制度来保障保单持有人的利益，构建保单持有人的"最后安全网"，用于应对保险公司发生支付困难时的紧急援助和补偿。

我国《保险法》要求建立保险保障基金制度，并规定了"集中管理、统筹使用"的原则。我国《保险保障基金管理办法》规定非投资型财产保险按照保费收入的0.8%提取保险保障基金；投资型财产保险，有保证收益的，按照业务收入的0.08%提取保险保障基金，无保证收益的，按照业务收入的0.05%提取保险保障基金。

第三节　财产保险经营中的财务稳定性

一、财务稳定性的含义

在财产保险中，财务稳定性是指对财产保险公司自身或其承保的某项财产保险业务而言，保险人对被保险人所承担的补偿义务的保障程度。具体可分为两种情况：一种是积蓄的保险基金足够履行可能发生的赔付义务，即财务稳定性良好；另一种是积蓄的保险基金不足以应付突然发生的较大数额的赔款，如果发生巨额赔款将会导致经营失败或影响其财务收支平衡，即财务稳定性恶化。

二、财务稳定性系数

我们一般以财务稳定系数 K 来衡量财产保险的财务稳定性，其计算公式如下：

$$稳定性系数\,K = \frac{保险赔款均方差\,\sigma}{纯保费总额\,P}$$

若某项财产保险业务的纯费率（即损失概率）为 q，各危险单位的保险金额均为 a，该项业务承保的危险单位数为 n，根据损失概率预计出每年平均要支付的赔款数为 P，则

$$\sigma = a\,\sqrt{nq(1-q)}$$
$$P = naq$$

于是稳定性系数可表示为

$$K = \frac{a\,\sqrt{nq(1-q)}}{naq} = \sqrt{\frac{1}{n}\left(\frac{1}{q}-1\right)}$$

从上式可看出，K 与 n 和 q 成反比。因此在保额相同的同类业务中，要想增强财务稳定性（使 K 缩小），就必须扩大业务量，或者提高纯费率（加大 q）。通常，增强财务稳定性的主要途径是扩大业务量，因为它比提高纯费率更为可行，而且这两种方法对于财务稳定性的影响也是以扩大业务量更为显著。一般来说，财产保险业务财务稳定系数 K 不宜超过 10%。

【例 3-3】

保险公司某项业务承保 4 000 个危险单位，每个危险单位保额相同，纯费率为 6‰，试判断其财务稳定系数 K 的高低。若其财务稳定系数 K 大于 0.1，可采用什么方法把 K 降下来？

解：　　　$K = \sqrt{\frac{1}{4\,000}\left(\frac{1}{6‰}-1\right)} = \sqrt{\frac{165.67}{4\,000}} = 0.2035$

由于 K 大于 0.1，表明该项业务的财务稳定性不佳。若要降低 K，既可采用提高纯费率的方法，又可采用扩大业务量的方法，但由于采用扩大业务量的方法更可行，所以我们在此只计算为降低财务稳定系数所需要的业务量，即

$$n = \frac{1-q}{K^2 q} = \frac{1-6‰}{0.1^2 \times 6‰} = 16\ 567$$

三、同一险种不同保额业务的财务稳定性

前面在分析财务稳定系数时，是以各危险单位的保险金额均相同为前提的，但在实务中，即便是同一险种，保险金额也不尽相同。而各危险单位保险金额的差异明显会影响到财险公司业务的财务稳定性。一般而言，财务稳定系数 K 与各危险单位保险金额的参差程度成正比，即参差程度越高，K 值越大，该项业务的财务稳定性就越差；参差程度越低，K 值越小，该项保险业务的财务稳定性就越好。

在这种情况下，我们可以按保险金额将该险种的所有业务分成若干类（如 n 类），根据前面介绍的办法计算出各类保额业务的稳定性系数 K_i，然后再计算全部业务的稳定性系数（K'），设第 i 类业务保险赔款均方差为 Q_i，保险赔偿额为 P_i，则

$$K_i = \frac{Q_i}{P_i}, \quad K' = \frac{\sqrt{\sum_{i=1}^{n} Q_i{}^2}}{\sum_{i=1}^{n} P_i}$$

计算同一险种不同保额业务的财务稳定系数有何意义呢？从表 3 – 2 可获得提示。

表 3 – 2　　　　　　　　同一险种不同保额业务的财务稳定系数表

类别	对每一危险单位承保金额（万元）	业务量（笔）	纯费率（‰）	保险金额（亿元）	纯保费（万元）	均方差	财务稳定系数	
一	120	1 000	3	12	360	208	0.58	
二	100	2 500	3	25	750	273	0.36	0.21
三	60	5 000	3	30	900	232	0.26	
合计	—	8 500	3	67	2 010	—		

从表 3 – 2 中可看出，总的财务稳定系数比各组的稳定性系数要小得多，原因在于有的组发生正偏差，有的组发生负偏差，正负在一定程度上抵消就是该险种的财务趋于稳定。

四、不同险种组合的财务稳定性

要考察不同险种的财务稳定性，就必须把不同险种的财务稳定系数加以综合，计算出财险公司全部业务的财务稳定系数，以衡量该公司总体业务的财务稳定性状况。其计算方法与同一险种不同保额业务的财务稳定系数的计算方法类似。

【附录 3.1】

关于加强非寿险精算工作有关问题的通知

保监发〔2010〕58 号

各财产保险公司、再保险公司：

为促进财产保险公司、再保险公司（以下合称保险公司）健康发展，防范控制经营风险，充分发挥非寿险精算技术在保险公司经营管理中的作用，现将加强非寿险精算工作有关事项通知如下：

一、保险公司应指定一名精算责任人负责签署本公司精算报告。

二、原则上保费收入 10 亿元以上的保险公司应设立独立精算部门，若公司不设独立精算部门，则精算岗位不得设置于承保、理赔和财务部门之下。

三、保险公司指定精算责任人，应充分考虑公司业务规模、经营管理及风险防范等方面的需要。

（一）上一年度原保险保费收入超过 50 亿元人民币或再保分出前准备金大于 50 亿元人民币的财产保险公司以及所有再保险公司精算责任人，应符合以下标准：

1. 具备中国精算师（非寿险方向）资格或国外非寿险精算师资格，若为国外非寿险精算师，则参加的资格考试、职业道德教育应与中国精算师水平相当；

2. 从事非寿险精算工作 5 年以上；

3. 在中华人民共和国境内有住所；

4. 无犯罪记录；

5. 三年内无执业不良记录。

（二）上一年度原保险保费收入小于 50 亿元人民币且再保分出前准备金小于 50 亿元人民币的财产保险公司精算责任人，应符合以下标准：

1. 具备中国准精算师（非寿险方向）或国外非寿险准精算师以上资格，若为国外非寿险精算师或准精算师，则参加的资格考试、职业道德教育应与中国相应层级精算师水平相当；

2. 从事非寿险精算工作 3 年以上；

3. 在中华人民共和国境内有住所；

4. 无犯罪记录；

5. 三年内无执业不良记录。

四、保险公司指定精算责任人，应经中国保监会核准。公司申请核准精算责任人时，需提交以下书面材料和电子材料：

（一）精算责任人身份证明；

（二）精算责任人住址、联系电话；

（三）精算责任人职业资格证明；

（四）精算责任人工作履历和执业记录；

（五）中国保监会要求的其他材料。

五、经保监会核准的保险公司精算责任人，不得兼任其他保险公司（包括寿险公司）的总精算师或精算责任人。

六、保险公司的精算责任人不得由保险公司的总经理以及负责保险公司业务发展和市场营销的高级管理人员兼任。

七、法人机构精算责任人的薪酬应经过董事会或董事会下设薪酬委员会批准。保险公司董事会或董事会下设薪酬委员会应定期跟踪分析前期财务报告与偿付能力报告中准备金评估结果的合规性、充分性，建立以审慎评估准备金、强化风险管理为核心的精算管理和控制机制，并以此为基础建立精算责任人考核办法，客观评价精算责任人的职业技能和工作水平。精算责任人的薪酬不得与保险公司当年的经营业绩挂钩；精算责任人的薪酬与保险公司长期经营业绩或股票价格挂钩的，应在精算责任人核准申请材料中披露相关信息。

八、保险公司精算责任人提出辞职时，应提前通知相关保险公司并做好工作交接。保险公司与精算责任人解除聘用关系时，应于解除后十个工作日内向中国保监会提交报告，说明原因。

九、精算责任人应按照中国保监会的有关规定，对下列报告签署精算意见，出具精算声明书：

（一）保险产品的费率报告；

（二）责任准备金评估报告；

（三）偿付能力报告；

（四）中国保监会要求的其他报告。

十、精算责任人应当严守职业诚信、遵循职业标准、保守职业秘密，依据合规性、充分性原则，保证第九条中所列报告的精算基础、精算方法和精算公式符合精算原理、精算标准、会计准则和中国保监会的有关规定，精算结果科学合理。

十一、直接经营财产保险业务或再保险业务的保险集团公司应按照《保险公司总精算师管理办法》规定设立总精算师职位，总精算师资格由保监会核准。财产保险公司和再保险公司根据经营管理需要，可按照《保险公司总精算师管理办法》设立总精算师职位，总精算师资格由保监会核准。设立了总精算师职位的保险公司不再保留精算责任人，精算责任人相关职责由总精算师承担。

十二、为保证保险公司非寿险业务准备金评估报告所需数据的真实、完整、准确，保险公司应出具由总经理签署的"数据真实性声明书"并随准备金评估报告上报。保险公司总经理应按照有关规定加强数据真实性管理。

十三、各保险公司应加强精算制度及相关基础建设，充分发挥精算技术在公司经营管理中的作用，提高公司经营管理水平和防范风险的能力，加强非寿险精算人员队伍的培养，提高精算人员的专业技能。精算责任人应及时全面地了解公司经营管理相关信息，提出有针对性、切合实际的意见和建议。

十四、本通知自 2011 年 1 月 1 日开始实施。自实施之日起，《关于进一步加强财产保险公司精算工作的通知》（保监产险〔2004〕145 号）和《关于加强非寿险精算责任人任职管理的通知》（保监发〔2005〕9 号）废止。

【附录 3.2】

保险公司非寿险业务准备金管理办法（试行）

保监会令〔2004〕13 号　2004 年 12 月 15 日

第一章　总则

第一条　为了加强对保险公司非寿险业务准备金的监督管理，保证保险公司稳健经营和偿付能力充足，保护被保险人利益，根据《中华人民共和国保险法》，制定本办法。

第二条　本办法所称非寿险业务，是指除人寿保险业务以外的保险业务，包括财产损失保险、责任保险、信用保险、短期健康保险和意外伤害保险业务以及上述业务的再保险业务。

第三条　本办法所称保险公司，是指在中华人民共和国境内依法设立的财产保险公司和再保险公司，包括中资保险公司、中外合资保险公司、外资独资保险公司以及外国保险公司分公司。

第四条　经营本办法所称非寿险业务的保险公司，应当按照中国保监会的规定，遵循非寿险精算的原理、方法和谨慎性原则，评估各项准备金，并根据评估结果，准确提取和结转。

第二章　准备金种类

第五条　保险公司非寿险业务准备金包括未到期责任准备金、未决赔款准备金和中国保监会规定的其他责任准备金。

第六条　未到期责任准备金是指在准备金评估日为尚未终止的保险责任而提取的准备金，包括保险公司为保险期间在一年以内（含一年）的保险合同项下尚未到期的保险责任而提取的准备金，以及为保险期间在一年以上（不含一年）的保险合同项下尚未到期的保险责任而提取的长期责任准备金。

第七条　未决赔款准备金是指保险公司为尚未结案的赔案而提取的准备金，包括已发生已报案未决赔款准备金、已发生未报案未决赔款准备金和理赔费用准备金。

第八条　已发生已报案未决赔款准备金是指为保险事故已经发生并已向保险公司提出索赔，保险公司尚未结案的赔案而提取的准备金。

第九条　已发生未报案未决赔款准备金是指为保险事故已经发生，但尚未向保险公司提出索赔的赔案而提取的准备金。

第十条　理赔费用准备金是指为尚未结案的赔案可能发生的费用而提取的准备金。其中为直接发生于具体赔案的专家费、律师费、损失检验费等而提取的为直接理赔费用准备金；为非直接发生于具体赔案的费用而提取的为间接理赔费用准备金。

第三章　准备金提取方法

第十一条　未到期责任准备金的提取，应当采用下列方法之一：

（一）二十四分之一法（以月为基础计提）；

（二）三百六十五分之一法（以天为基础计提）；

（三）对于某些特殊险种，根据其风险分布状况可以采用其他更为谨慎、合理的方法。

未到期责任准备金的提取方法一经确定，不得随意更改。

第十二条　保险公司在提取未到期责任准备金时，应当对其充足性进行测试。未到期责任准备金不足时，要提取保费不足准备金。

第十三条　对已发生已报案未决赔款准备金，应当采用逐案估计法、案均赔款法以及中国保监会认可的其他方法谨慎提取。

第十四条　对已发生未报案未决赔款准备金，应当根据险种的风险性质、分布、经验数据等因素采用至少下列两种方法进行谨慎评估提取：

（一）链梯法；

（二）案均赔款法；

（三）准备金进展法；

（四）B－F法等其他合适的方法。

第十五条　对直接理赔费用准备金，应当采取逐案预估法提取；对间接理赔费用准备金，采用比较合理的比率分摊法提取。

第十六条　对含投资或储蓄成分的保险产品，其风险保障部分按照上述方法提取未到期责任准备金和未决赔款准备金。

第十七条　保险公司提取的各项准备金不得贴现。

第四章　准备金的报告

第十八条　保险公司应当建立精算制度，指定精算责任人负责准备金的提取工作。

第十九条　保险公司应当定期向中国保监会报送由公司精算责任人签署的准备金评估报告。报告应当包括以下内容：

（一）报告的目的；

（二）声明报告所采用的方法符合保险监管部门的规定；

（三）对准备金提取的精算评估意见；

（四）对准备金评估的详细说明；

（五）对报告中特定术语及容易引起歧义概念的明确解释。

第二十条　对准备金评估的说明应当包括以下内容：

（一）险种或类别的明确划分标准和名称；

（二）险种或类别数据的完备性、准确性，并说明数据中存在的问题；

（三）评估的精算方法和模型，如精算方法和模型与过去采用的方法和模型不一致，要说明改变的原因和对准备金结果的影响；

（四）精算方法和模型所采用的重要假设及原因；

（五）上一次准备金提取的精算结果与实际情况之间的差异；

（六）准备金提取的充足性情况；

（七）对未到期责任准备金的提取，应当说明险种的周期性、保险费基准费率、风险调整系数、赔付率、费用率和退保率等因素的变化情况；

（八）未决赔款准备金的提取，应当说明赔款案件数发生规律、结案规律、案均赔款变化规律、承保实务、理赔实务、分保安排和额外成本增加等因素的变化情况。

第二十一条 保险公司应当按照业务险种或类别提取准备金，并分别按再保前、再保后报告准备金提取结果。

第二十二条 保险公司应当按照中国保监会规定的时间报送准备金评估报告。

第二十三条 本办法自 2005 年 1 月 15 日起施行。

【本章小结】

财产保险数理基础	财产保险费率的厘定	财产保险费是指保险人按照财产保险合同的约定，为了对其所承保的保险标的承担保险责任而向投保人收取的费用，它是财产保险的保险金额与保险费率的乘积。财产保险费可以分解为纯保费和附加保费两部分。财产保险费率即财产保险价格，与财产保险费的分解相对应，财产保险费率由纯费率和附加费率两部分构成。
		财产保险费率厘定的原则有充分性原则、合理性原则、公平性原则、稳定性原则、灵活性原则和促进防灾防损原则。
		财产保险费率的厘定方法主要有三种：观察法、分类法和增减法。财产保险费率的厘定是以损失概率为基础的，它先通过对保额损失率和均方差的计算求出纯费率，然后再计算附加费率，最后得到毛费率。
	财产保险各种责任准备金及其提取	财产保险的责任准备金是保险公司按法律规定，为在财产保险合同有效期内履行赔付保险金义务而将保险费予以提存的金额。为了履行保险合同约定的承诺，保护被保险人的利益，保险公司必须提存各种财产保险责任准备金，以确保保险公司具备与其保险业务规模相对应的偿付能力。财产保险准备金主要有未到期责任准备金、赔款准备金和保险保障基金三种。
		未到期责任准备金是指会计年度决算时，对未满期保单的保险费所提存的准备金，包括保险公司为保险期间在一年以内（含一年）的保险合同项下尚未到期的保险责任而提取的准备金，以及为保险期间在一年以上（不含一年）的保险合同项下尚未到期的保险责任而提取的长期责任准备金。
		未决赔款准备金，也称赔款准备金，是指保险公司为尚未结案的赔案而提取的准备金，包括已发生已报案未决赔款准备金、已发生未报案未决赔款准备金和理赔费用准备金等。
		保险保障基金是指为了防止赔付危机而从保费中提留的，用于应对保险公司被依法撤销或者依法实施破产，或保险公司存在重大风险，可能严重危及社会公共利益和金融稳定的情形而从保费收入中提取的准备金，用于救助保单持有人、保单受让公司或者处置保险业风险的非政府性行业风险救助基金。
	财产保险经营中的财务稳定性	在财产保险中，财务稳定性是指对财产保险公司自身或其承保的某项财产保险业务而言，保险人对被保险人所承担的补偿义务的保障程度。具体可分为两种情况：一种是积蓄的保险基金足够履行可能发生的赔付义务，即财务稳定性良好；另一种是积蓄的保险基金不足以应付突然发生的较大数额的赔款，如果发生巨额赔款将会导致经营失败或影响其财务收支平衡，即财务稳定性恶化。
		我们一般以财务稳定系数 K 来衡量财产保险的财务稳定性。

【课后习题】

一、单选题

1. （　　）是投保人为获得保险保障而缴纳给保险人的费用。

A. 保额　　　　　　B. 保险费　　　　　C. 保险金　　　　　D. 施救费用

2. 保险费率是计算确定保险费的依据，是（　　）的比例。

A. 保险费与保险金额　　　　　　　　B. 保险金额与保险费

C. 赔偿金额与保险费　　　　　　　　D. 保险金额与赔偿金额

3. 保险费率，即（　　），是纯费率与附加费率之和。

A. 毛费率　　　　　B. 净费率　　　　　C. 保险金额　　　　D. 价格比率

二、多选题

1. 下列（　　）属于财产保险费率厘定的原则。

A. 充分性原则　　　　　　　　　　　B. 合理性原则

C. 绝对稳定性原则　　　　　　　　　D. 灵活性原则

2. 下列（　　）不是财产保险纯费率的计算依据。

A. 利率　　　　　B. 保额损失率　　　C. 财产损失率　　　D. 营业费率

3. 关于财产保险费率厘定的公平性原则，下列说法中不正确的是（　　）。

A. 保险人赚取的利润要尽量一致

B. 保险人收取的保险费要尽量一致

C. 被保险人承担的保险费要尽量一致

D. 被保险人的风险状况与其承担的保险费要尽量一致

三、判断题

1. 财产保险费率的厘定方法主要有分类法、观察法和表定法。　　　　（　　）

2. 财产保险费率的厘定是以损失概率为依据的。　　　　　　　　　　（　　）

3. 我国的财产保险责任准备金有未到期责任准备金、未决赔偿准备金和总准备金。　　　　　　　　　　　　　　　　　　　　　　　　　　　　　　　（　　）

四、简答题

1. 财产保险费率厘定的原则有哪些？

2. 财产保险费率厘定的基本方法有哪些？

3. 简述财产保险费率厘定的基本步骤。

4. 财产保险准备金的种类有哪些？

五、计算题

1. 某公司某项财产保险业务的一组保额损失率数据如下表，试计算平均保额损失率和稳定性系数。

年数	1	2	3	4	5	6	7	8	9	10
保额损失率（‰）	4.5	3.4	5.1	5.2	5.7	6.9	4.6	7.3	5.4	4.2

2. 某财产保险公司某年当中四个季度的保费收入分别是 5 000 万元、5 600 万元、6 400 万元和 6 000 万元，试分别运用年平均估算法和季平均估算法计算该公司应提留的未到期责任准备金。

3. 某财产保险公司经营四种不同类型的保险业务，下表是其业务经营情况的相关数据，试根据表中数据分别计算每类业务的财务稳定系数以及该财险公司总的财务稳定系数。

类别	对每一危险单位承保金额（万元）	业务量（笔）	纯费率（‰）	保险金额（亿元）
一	100	1 400	3	14
二	80	2 000	2	16
三	50	4 000	4	20
四	30	5 000	3.5	15

第四章

火灾保险

【学习目标】

通过本章内容的学习，学生应掌握火灾的构成条件及我国开办的火灾保险业务——企业财产保险、家庭财产保险和营业中断保险（企业财产保险的附加险）的具体实务。

【学习重点与难点】

中国、英国、美国火灾构成条件；企业财产保险的保险标的、保险金额和保险价值确定方式、保险费率及保费计算、赔偿方式及赔款计算；家庭财产保险的保险标的、险种、保险金额确定方式、两种赔偿方式及赔款计算；营业中断保险的保障项目、赔偿期间、保险费率及赔偿计算。

【关键术语】

火灾　家庭财产两全保险　保险储金　赔偿期限　比例赔偿方式　第一危险赔偿方式

【本章知识结构】

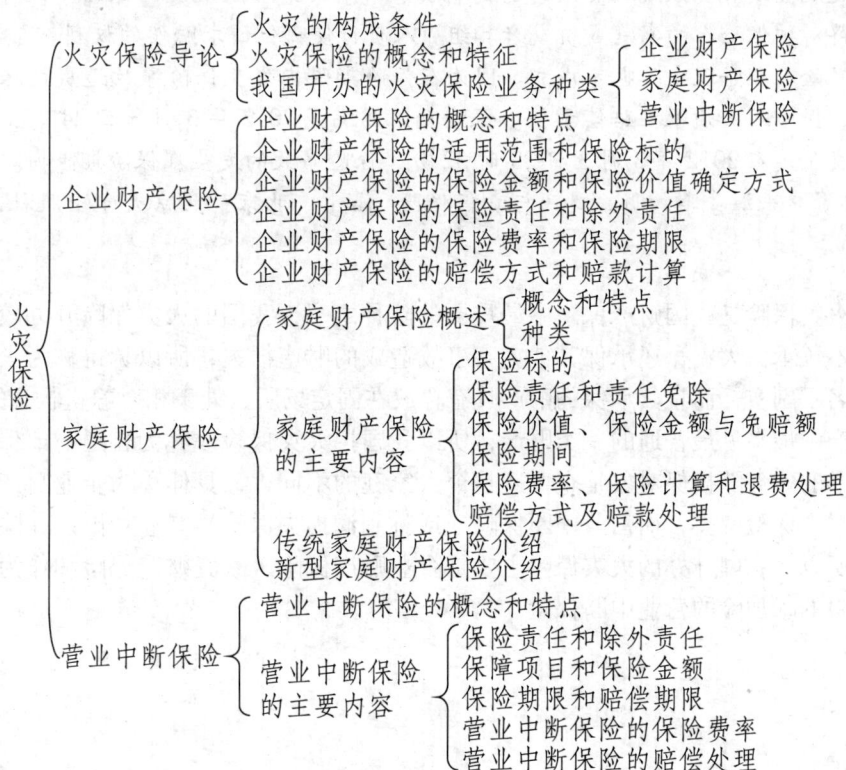

火灾保险
- 火灾保险导论
  - 火灾的构成条件
  - 火灾保险的概念和特征
  - 我国开办的火灾保险业务种类
    - 企业财产保险
    - 家庭财产保险
    - 营业中断保险
- 企业财产保险
  - 企业财产保险的概念和特点
  - 企业财产保险的适用范围和保险标的
  - 企业财产保险的保险金额和保险价值确定方式
  - 企业财产保险的保险责任和除外责任
  - 企业财产保险的保险费率和保险期限
  - 企业财产保险的赔偿方式和赔款计算
- 家庭财产保险
  - 家庭财产保险概述
    - 概念和特点
    - 种类
  - 家庭财产保险的主要内容
    - 保险标的
    - 保险责任和责任免除
    - 保险价值、保险金额与免赔额
    - 保险期间
    - 保险费率、保险计算和退费处理
    - 赔偿方式及赔款处理
  - 传统家庭财产保险介绍
  - 新型家庭财产保险介绍
- 营业中断保险
  - 营业中断保险的概念和特点
  - 营业中断保险的主要内容
    - 保险责任和除外责任
    - 保障项目和保险金额
    - 保险期限和赔偿期限
    - 营业中断保险的保险费率
    - 营业中断保险的赔偿处理

【案例引入】

一起家庭财产保险的索赔及处理

某人向保险公司投保了家庭财产保险附加盗抢险，保险金额 3 万元，其中家庭财产保险费率为 1.5‰，盗抢险费率也是 1.5‰，缴纳保费 90 元。保险期限为 2011 年 3 月 4 日 0 时至 2012 年 3 月 3 日 24 时。2012 年 3 月 3 日 23 时 52 分，因孩子搞电路试验引起短路引发火灾，大火在次日凌晨零时 18 分扑灭，室内财产共计损失 5 万元。该被保险人向保险公司索赔，索赔金额 5 万元，因为自己交了 90 元，总共保了 6 万元，现在自己损失了 5 万元，保险公司应该全赔。但保险人认为此次火灾损失不该赔，一是被保险人的孩子造成了此次火灾，即使赔了，还要向孩子追偿，很麻烦，赔偿也没什么意义；二是火灾发生时间是 2012 年 3 月 3 日 23 时 52 分，次日凌晨零时 18 分扑灭，前 8 分钟不会造成太大损失，主要损失都是保险合同终止后发生的。请问：（1）被保险人的索赔合理吗？（2）保险公司拒赔的理由成立吗？

被保险人索赔 5 万元不合理。火灾属家庭财产保险的保险责任，保险人该赔，但家庭财产保险保额为 3 万元，家庭财产保险采用第一损失赔偿方式，所以保险人只能赔偿第一损失，即保险金额限度内的损失 3 万元。

保险人拒赔理由一不成立。因为火灾虽然是被保险人的孩子引起的，但并非故意行为，所以不适用代位追偿。我国现行《保险法》第六十二条规定：除被保险人的家庭成员或者其组成人员故意造成本法第六十条第一款规定的保险事故外，保险人不得对被保险人的家庭成员或者其组成人员行使代位请求赔偿的权利。

保险人拒赔理由二也不成立。因为在保险期限内发生保险事故造成的保险标的损失，保险人必须承担赔偿责任。保险期限届满是 2012 年 3 月 3 日 24 时，而保险事故发生是在 2012 年 3 月 3 日 23 时 52 分，保险事故的发生在保险期限内。

（资料来源：李加明．财产与责任保险［M］．北京：北京大学出版社，2012：119．）

火灾保险是我国财产保险中最重要的险种之一，我国的火灾保险开办较早，但因其不仅承保火灾，还承保其他灾害事故造成的财产损失，所以觉得称为火灾保险有点名不副实，而且其承保的财产具有存放在固定场所、处于相对静止状态的特点，是财产中最多见最普通的一类财产，所以我国把火灾保险改称为普通财产保险，具体开办的业务随投保对象是企业还是个人家庭的不同，又具体称为企业财产保险和家庭财产保险两类，而营业中断保险（或称利润损失保险）是企业财产保险的附加险。所以，我国开办的火灾保险主要是企业财产保险、家庭财产保险和作为企业财产保险的附加险的营业中断保险。

第一节　火灾保险导论

一、火灾的构成条件

火灾是火灾保险承保的主要风险，是指在时间上或空间上失去控制的燃烧所造成的灾害。火灾的构成条件在不同国家有所不同。

（一）我国火灾的构成条件

在我国，构成火灾的条件包括：

1. 有燃烧现象，即有光、有热、有火焰；
2. 由于偶然和意外事件发生的燃烧；
3. 燃烧失去控制并有蔓延扩大趋势。

（二）英国火灾的构成条件

在英国，构成火灾的条件包括：

1. 点燃并有燃烧现象；
2. 属于意外事故；
3. 烧了不应烧的东西。

英国属于判例法的国家，第三个条件起因于英国1941年贵重物品被烧案的判例。

【相关链接】

英国贵重物品被烧案

在1941年的一个诉讼案中，被保险人外出，为了防止贵重物品被盗，主人便将一堆贵重物品藏在壁炉中。后来在生壁炉时忘记了这件事，所藏物品被烧毁，被保险人于是向保险人提出索赔。但保险人以该物品被烧毁属故意燃点之火所致而拒赔，被保险人不服，便诉至法院。最后法院判决认为：贵重物品与火接触属意外事故，而保险承保的是意外损失，所以保险人应予赔偿。

此后，凡属意外的火焚烧了不该烧的东西就属火灾范围。

（资料来源：王绪瑾. 财产保险［M］. 北京：北京大学出版社，2011：118.）

（三）美国火灾的构成条件

在美国，构成火灾的条件包括：

1. 有热、有光、发出火焰；
2. 须为恶意之火（Hostile Fire）造成的；
3. 须不属于保单除外责任的范围。美国在普通法中把火分为友善（善意）之火（Friendly Fire）和敌意（恶意）之火，前者是为了一定目的在一定范围内故意点燃的有用之火；后者是越出一定范围在不该燃烧的地方燃烧。火灾保险所保的是敌意之火。如财物意外地落入火炉烧毁时，为善意之火所致，不属承保的火灾范围；而烟头落到地毯上将地毯烧了一个洞时，点燃香烟的善意之火即转变为恶意之火，应属火灾范围。

二、火灾保险的概念和特征

（一）火灾保险的概念

火灾是财产面临的最基本和最主要的风险，早期的财产保险主要承保火灾给各种财产造成的损失。随着保险经营技术的进步，财产保险公司开始将火灾保险的责任范围扩展到各种自然灾害和意外事故对于财产造成的损失。但是，习惯上人们还是将各种承保动产和不动产的保险称为火灾保险。

火灾保险（Fire Insurance）是指以存放在固定场所并处于相对静止状态的财产物资作为保险标的，由保险人承担财产因遭受火灾及其他自然灾害、意外事故造成损失的经济赔偿责任的一种财产保险。我国目前开办的企业财产保险、家庭财产保险和营业中断保险虽没有直接以火灾保险命名，但都是在火灾保险的基础上发展起来的。

（二）火灾保险的特征

1. 火灾保险的保险标的必须是处于相对静止状态的各种财产物资。

2. 火灾保险承保的财产存放地点是固定的。火灾保险合同一般都规定保险财产必须是存放在合同约定的固定地址内，否则保险人将不承担赔偿责任。如果被保险人保险财产存放地点发生变动，应及时通知保险人，并办理保险地址变更手续。

3. 火灾保险承保的保险标的广泛。与其他财产保险相比，火灾保险的保险标的相当广泛，既有房屋、机器设备，又有各种各样的原材料、在制品及产成品，还有各种消费资料等。

三、我国开办的火灾保险业务种类

目前，我国开办的火灾保险业务主要有企业财产保险、家庭财产保险和作为企业财产保险附加险的营业中断保险。

1. 企业财产保险

企业财产保险的主要承保对象是团体，所以国外通常称为团体火灾保险。企业财产保险的保险人主要承担企业的固定资产、流动资产、账外财产或代保管财产等因合同约定的自然灾害或意外事故发生而造成损毁、灭失的经济赔偿责任。

2. 家庭财产保险

家庭财产保险的投保对象是个人家庭，所以国外称为个人家庭财产保险。该险种主要承保被保险人的房屋及室内财产等因合同约定的火灾及其他灾害事故发生造成的经济损失，也可以根据需要附加承保盗抢险或水暖管爆裂损失险等。

无论企业财产还是个人家庭财产，都是存放在固定地点，处于相对静止状态，因而是财产中最常见、最普通的一类财产，所以，我国也将这类保险统称为普通财产保险。

3. 营业中断保险

营业中断保险（过去我国称为利润损失保险，国外称为营业中断保险，如英国。但近些年国内有些财产保险公司也称为营业中断保险）是我国企业财产保险的附加险，主要承保企业财产保险所不保的企业因遭受合同约定的自然灾害、意外事故而停产、停业或营业中断而造成的间接损失，如预期利润等。

第二节　企业财产保险

一、企业财产保险的概念和特点

（一）企业财产保险的概念

企业财产保险简称企财险，是以法人团体的财产物资及有关利益等为保险标的，由保险人承担火灾及其他自然灾害、意外事故损失赔偿责任的一种财产损失保险。国外一般称为团体火灾保险。企业财产保险是财产保险的主要业务险种之一，过去一直是各财产保险公司的龙头险种，但近年来随着机动车辆保险业务的迅猛发展，后者已经后来居上，成为当前各财产保险公司的龙头业务。

（二）企业财产保险的特点

企业财产保险的特点可概括为以下四个方面：

1. 保险标的是陆地上处于相对静止状态的财产

企业财产保险的保险标的主要是各种固定资产和流动资产，这些标的（如厂房、机器设备、各种原材料等）都相对固定地坐落或存放于陆地上某一特定位置，从而既与处于水上和空中的标的（如船舶、飞机等）相区别，又与处于运动状态的标的（如各种运输工具和运输货物）相区别，从而形成了企业财产保险标的独有的特征。

2. 承保的财产地址不得随意变动

企业财产保险中，强调保险标的必须存放于保险合同中列明的固定场所，除因火灾等风险威胁，为安全起见可将屋内财务暂时运移他处外，被保险人不能随意变动。究其原因，主要是因为企业财产保险的保险标的的所处地点不同，风险也不尽相同。因此，在通常情况下，承保财产地址若发生变动，须经保险人同意，并在原保单上批注或附贴批单后方可。

3. 以团体为投保单位

企业财产保险与家庭财产保险相比，虽同属火灾保险，但在投保单位上截然不同。企业财产保险以团体为投保对象，而家庭财产保险则以城乡居民及其家庭为投保单位。也因此企业财产保险在国外被称为团体火灾保险。

4. 保险金额有多种确定方式

企业财产保险中固定资产、流动资产和账外财产等的保险金额确定方式都不同，即使是固定资产在确定保险金额时也有多种不同方式。

【新闻连线】

台风"菲特"来袭，温企投保企业财产保险不足一成

台风"菲特"袭击温州已有两周之久，但对受灾的企业来说，它依然没有远离，它带来的破坏与损失，还将继续困扰这些企业。上周，记者随同市保监分局与市保险行业协会的工作人员，深入瑞安、苍南等重灾区，了解受灾情况与保险理赔进展。对众多的受灾企业来说，无奈的是，他们大多数没有投保企业财产保险，因此在这次台风中受到的损失，不能得到保险公司的赔偿。

企业不足一成的投保率属于偏低水平

台风过后不久，市政府的统计数据显示，截至10月10日上午9时，全市直接经济损失高达72.69亿元，工农业损失尤其严重，停产工矿企业6 223家。

而市保监分局的统计显示，截至16日20时，温州市保险机构接到的企业财产保险报案数量为633起。这表明，上述6 000多家受灾的企业，只有约1/10企业买了保险。

保监分局提供的另外一个数据是，2013年1月至8月温州市企业财产保险签单数4 300件。平均到每个月，投保的企业数量为540件左右，这样测算，全年投保的企业数量约为6 480件。企业财产保险的保险期限为一年，因此这个数字相当于就是全部投保企业的数量。根据相关的统计，目前温州市民营企业数超过8万家，这意味着温州市有投保企业财产保险的企业不到总数的一成。这样的保险覆盖率，属于很低的一个水平。

（资料来源：《温州商报》，2013 - 10 - 21。）

二、企业财产保险的适用范围和保险标的[①]

（一）企业财产保险的适用范围

1. 各类企业。在企业财产保险经营实践中，工商企业构成了企业财产保险的主要保险客户群体，凡领有工商营业执照、有健全会计账簿、财务独立核算的各类国有企业、集体企业和私营企业都可投保企业财产保险。

2. 国家机关、事业单位及社会团体等组织，其中包括党政机关、科研单位、学校、医院、文化艺术团体等，亦可投保企业财产保险。

需要注意的是，个体工商户，包括小商小贩、夫妻店、货郎担、家庭手工业等个体经营户的各种财产风险，不属于企业财产保险的保障范围，只能投保家庭财产保险。因此，企业财产保险强调的是保险客户的法人资格。

（二）企业财产保险的保险标的

企业财产保险的保险标的可分为可保财产、特约可保财产和不可保财产三类。

1. 可保财产

可保财产是指保险人根据保险条款规定认为可以承保的财产，包括属于投保人

---

① 2009版企业财产保险的财产综合险条款，详见本章附录4.1。

所有或与他人共有而由投保人负责的财产、由投保人经营管理或替他人保管的财产，以及具有其他法律上承认的与投保人有利害关系的财产。可保财产通常可用以下两种不同的方式加以反映：一是用会计科目来反映，如固定资产、流动资产（存货）、专项资产、投资资产、账外或已摊销的资产、代保管财产等；二是以企业财产项目类别来反映，如房屋、建筑物及附属装修设备、机器设备、工具、仪器、生产用具，交通运输工具及设备、低值易耗品、原材料、半成品、在产品、产成品或库存商品、特种储备商品、建筑物和建筑材料等。具体包括：

（1）房屋、建筑物及附属装修设备。房屋及其他建筑物和附属装修设备包括正在使用、未使用或出租、承租的房屋；房屋以外的各种建筑物，如船坞、油库、围墙以及附属在房屋建筑物上的较固定的设备装置，如卫生设备、空调机、门面装潢等。

（2）机器和附属设备。机器是指具有改变材料属性或形态、功能的各种机器与设备，如各种机床、平炉、高炉、转炉、电炉、铸造机、电焊机、鼓风炉等。附属设备指与机器不可分割的装置，如传动装置、传导装置、机座等。

（3）工具、仪器及生产用具。工具、仪器和生产用具是指具有独立用途的各种工作用具、仪器和生产用具，如切削用具、模压机、风镐，用于检验、实验和测量的仪器，以及达到固定资产标准的包装容器等。

（4）管理用具及低值易耗品。管理用具是指计算用具、消防用具、办公用具以及其他经营管理用的器具或设备。低值易耗品是指不能作为固定资产的各种低值易耗用品，如玻璃器皿及生产过程中使用的包装容器等。

（5）原材料、半成品、在产品、产成品或库存商品、特种储备商品。包括各种生产辅助材料、燃料、备品备件、物料用品、副产品、残次商品、样品、展品、包装物等。

（6）账外财产或已摊销的财产。账外财产或已摊销的财产指已摊销或已列支而尚在使用的财产，如已摊销的低值易耗品、简易仓库、简陋建筑、来料加工盈料、边角料、不入账的自制设备、无偿移交的财产等。

（7）代保管财产。

2. 特约可保财产

特约可保财产是指那些价值不易确定，或在一般情况下因遭受保险事故而导致损坏的可能性小，经保险双方特别约定后，在保险单明细表上载明品名和金额的保险人可以承保的财产。特约可保财产又可分为不提高费率的特约可保财产和需要提高费率的特约可保财产。不提高费率的特约可保财产是指市场价格变化较大或无固定价格的财产，如金银、珠宝、玉器、首饰、古玩、字画、邮票、艺术品、稀有金属和其他珍贵财物、堤堰、水闸、铁路、涵洞、桥梁、码头等；需提高费率或需附加保险特约条款的特约可保财产一般包括矿井及矿坑的地下建筑物、设备和矿下物资等。

3. 不可保财产

不可保财产是指保险人不予承保的财产。不可保财产主要包括：

（1）不属于一般性的生产资料或商品的财产，如土地、矿藏、矿井、矿坑、森林、水产资源等。

（2）缺乏价值依据或很难鉴定其价值的财产，如货币、票证、有价证券、文件、账册、图表、技术资料等。

（3）承保后会产生不良社会影响或会与政府的有关法律法规相抵触的财产，如违章建筑、非法占用的财产等。

（4）由于种种原因，暂时不能承保的财产。

（5）必然会发生危险的财产，如危险建筑。

（6）应投保其他险种的财产，如运输过程中的物资应投保货物运输保险，领取执照正常运行的机动车应投保机动车辆保险，畜禽类应投保养殖业保险等。

企业在投保时，应参照条款规定，结合自身情况选择投保。可保财产应全部投保；特保财产应向保险人提出详细清单，并在投保单、保险单上注明，以明确责任；不保财产一定予以剔除，否则，即使缴纳了保费，保险人也不承担赔偿责任。

【资料链接】

我国企业财产保险的发展历史

企业财产保险是由传统的火灾保险发展演变而来的。

火灾保险是一个古老的险种，英国保险业在19世纪初首先推出了标准火灾保险单，紧接着其在美国和日本也相继被推出。为了迎合客户的需要，火灾保险在火险的基础上不断扩大承保责任的范围，包括各种自然灾害和意外事故所致的损失等，因此火灾保险逐渐被各种综合性的财产保险所替代。如我国目前开办的企业财产保险、家庭财产保险均是以火灾保险为基础发展起来的。

企业财产保险在我国财产保险中占有十分重要的地位。1979年4月，国务院批准恢复办理国内保险业务，首先就恢复了企业财产保险，执行1979年颁布的《中国人民保险公司企业财产保险条款》，后来该条款经过实践又多次进行了修订。随着经济的发展、企业的壮大，企业财产保险的业务量和承保范围也在不断扩大，各类企业均可以人民币或外币投保企业财产保险。

在2005年以前，我国的企业财产保险中的国内业务和涉外业务两大体系一直并存，各家保险公司的企业财产保险产品单一、粗放，已经很难适应市场开放和多样化的客户需求。因此，中国人民财产保险公司于2004年启动了企业财产保险产品改造项目，对英国ABI条款、美国ISO商业财产保险体系进行了研究和借鉴，最终形成了一套以三个主险条款和九十一个附加条款组成的全新财产保险产品体系——2005年版财产保险条款，并在部分省市试点推行。

在新条款中，我国企业财产保险承保方式开始变为主险条款加上适合投保人需要和保险财产特点的附加险方式。

（资料来源：杨波. 财产保险原理与实务［M］. 南京：南京大学出版社，2010：198.）

三、企业财产保险的保险金额和保险价值确定方式

（一）固定资产的保险金额与保险价值确定方式

1. 固定资产的保险金额的确定方式

企业固定资产保险金额的确定通常采用以下三种方法：

（1）按账面原值确定保险金额。这种方法主要是在账面原值与实际价值较为一致时采用。

（2）按账面原值加一定成数确定保险金额。这种方法主要是在账面原值与实际价值差距较大时采用，以使被保险人在损失后获得充分保障。具体在固定资产的原值上附加多大一个成数（如10%或20%等），通常由保险双方在协商一致的基础上确定。

（3）按重置重建价确定保险金额。这种方法也是在账面原值与实际价值差距较大时采用，但保险金额由重新购置或重新建设该固定资产所需支付的全部费用决定。

2. 固定资产的保险价值的确定方式

固定资产的保险价值按照出险时固定资产的重置价值确定。

（二）流动资产保险金额和保险价值的确定方式

1. 流动资产保险金额的确定方式

企业流动资产的保险金额通常由被保险人按最近12个月任意月份的账面余额确定，或由被保险人自行确定。

2. 流动资产保险价值的确定方式

流动资产保险价值是按照出险时流动资产的账面余额确定。

（三）账外财产及代保管财产的保险金额和保险价值确定方式

1. 账外财产及代保管财产的保险金额确定方式

账外财产及代保管财产的保险金额通常由被保险人自行估价或按重置价值确定。

2. 账外财产及代保管财产的保险价值确定方式

账外财产及代保管财产的保险价值是按照出险时的重置价值确定。

四、企业财产保险的保险责任和除外责任

目前，我国企业财产保险主要有财产保险基本险、财产保险综合险、财产保险（涉外）和财产一切险（涉外）四个条款。其中，财产保险基本险和财产保险综合险是最重要且最常见的两类。主要承保那些可用会计科目来反映，又可用企业财产项目类别来反映的财产，如固定资产、流动资产、账外资产、房屋、建筑物、机器设备、材料和商品物资等。基本险和综合险的主要区别在于综合险的保险责任比基本险的范围要广一些。下面以人保财险公司2009版企业财产保险条款为例进行介绍。

（一）财产保险基本险的保险责任

1. 因火灾、爆炸、雷击、飞行物体及其他空中运行物体坠落所致损失。

2. 被保险人拥有财产所有权的自用供电、供水、供气设备因保险事故遭受损坏，引起停电、停水、停气以致造成保险标的的直接损失。必须具备以下三个条件：

（1）必须是被保险人自有或与他人共有的供电、供水、供气设备，公共部门的设备遭到灾害或其他原因引起"三停"不属于责任范围；

（2）仅限于保险事故造成的"三停"损失；

（3）赔偿范围仅限于被保险人的机器设备、在产品和储藏品等保险标的的直接损失。

3. 发生保险事故时，为了抢救保险标的或防止灾害蔓延，采取合理必要的措施而造成保险财产的损失。

4. 在发生保险事故时，为了抢救、减少保险财产损失，被保险人对保险财产采取施救、保护措施而支出的必要、合理费用。

（二）财产保险基本险的除外责任

企业财产保险基本险条款将以下原因造成的损失列为除外责任，对此保险人不予承担。

1. 战争、敌对行为、军事行动、武装冲突、罢工、暴动。

2. 被保险人及其代表的故意行为或纵容所致。

3. 核反应、核辐射和放射性污染。

4. 地震、暴雨、洪水、台风、暴风、龙卷风、雪灾、雹灾、冰凌、泥石流、崖崩、滑坡、水暖管爆裂、抢劫、盗窃。

5. 保险标的遭受保险事故所引起的各种间接损失。

6. 保险标的本身缺陷、保管不善导致的损毁，保险标的的变质、霉烂、受潮、虫咬、自然磨损、自然损耗、自燃所造成的损失。

7. 由于行政行为或执法行为所致的损失。

8. 其他不属于保险责任范围内的损失和费用。

（三）财产保险基本险的附加责任

财产保险基本险的附加责任基本以附加险形式承保，主要包括暴风、暴雨、洪水保险，雪灾、冰凌保险，泥石流、崖崩、突发性滑坡保险，雹灾保险，破坏性地震保险，水暖管爆裂保险和盗抢保险。

（四）财产保险综合险的保险责任和除外责任

财产保险综合险的保险责任包括基本险中的四项保险责任，以及暴雨、洪水、台风、暴风、龙卷风、雪灾、雹灾、冰凌、泥石流、崖崩、突发性滑坡、地面突然塌陷等造成的损失。

综合险的除外责任内容可以归纳为：基本险的除外责任 – 各种自然灾害（地震除外）+ 露堆财产损失。也就是说，地震、水暖管爆裂、盗抢等导致的损失，综合险也除外不保。

（五）综合险的附加责任

附加责任有些以附加险的形式承保，综合险的附加责任包括破坏性地震保险、水暖管爆裂保险和盗抢保险，有的则需加贴特约条款承保，如橱窗玻璃意外保险、矿下财产保险和露堆财产保险等。

表4－1　　　　中国人民财产保险公司开办的企业财产保险种类（2009版）

序号	企业财产保险种类	险种性质	备注说明
1	财产基本险	主险	通用企业财产保险险种
2	财产综合险	主险	
3	财产一切险	主险	
4	电厂财产基本险	主险	针对电厂开办的专门的企业财产保险险种
5	电厂财产综合险	主险	
6	电厂财产一切险	主险	
7	商业楼宇财产基本险	主险	针对商业楼宇开办的专门的企业财产保险险种
8	商业楼宇财产综合险	主险	
9	商业楼宇财产一切险	主险	
10	财产险附加险	附加险	财产基本险、财产综合险、财产一切险、电厂财产基本险、电厂财产综合险、电厂财产一切险、商业楼宇财产基本险、商业楼宇财产综合险、商业楼宇财产一切险的附加险
11	计算机保险	主险	

资料来源：根据中国保险行业协会网站人保财险保监会备案企业财产保险产品（2009版）整理。

五、企业财产保险的保险费率和保险期限

（一）企业财产保险的保险费率

1. 企业财产保险原保险费率

过去我国企业财产保险的保险费率分为工业险、仓储险和普通险三大类，每一类别又按照财产的种类、占用性质和危险程度，分为不同的档次，计十三个号次。所以企业财产保险的费率通常表述为三大类十三个号次。每一投保单位原则上适用一个费率。如果企业选择投保部分财产，其费率应根据其占用性质和危险程度确定，但如果部分保险财产与其他财产在同一处所，则所确定的费率应不低于该行业适用的费率；在单独一个处所的，按最高危险程度确定费率。

在实际业务中，可能出现中途退保或保险期限不满一年的情况，这就需要按照短期保险费率计算保险费。短期费率为年费率的一定百分比，如保险期限为三个月，短期费率为年费率的30%。企业财产保险短期费率见本章附录4.1。

2. 企业财产保险的现行费率

在2009年，保险公司上报保监会的条款费率中，费率计算与原来相比有了较大变化，也更体现出公平合理。

下面以中国人民财产保险股份有限公司的财产保险费率（详见本章附录4.2）为例简要进行介绍。

（1）基准费率

表4－2　　　　　　　　　　　　　　基准费率表

基本险	综合险	一切险
0.8‰	1.8‰	2.8‰

（2）行业标准费率

行业标准费率 = 基准费率 × 行业系数

表 4 - 3　　　　　　　　　　　　行业系数表

行业代码	基本险	综合险	一切险
1	0.5	0.7	0.7
2	0.6	0.8	0.8
3	1.2	1.1	1.1

……

行业共分了十四个，行业代码 1 中包括 B06、B08… C3111 C312 ……根据《国民经济行业分类》（GB/T 4754—2002）可以查到代码对应为 B06 煤炭开采和洗选业、B08 黑色金属矿采选业……C3111 水泥制造业、C312 水泥及石膏制品制造……

（3）区域标准费率

区域标准费率 = 行业标准费率 × （暴风雨损失占比 × 暴风雨区域系数 + 台风损失占比 × 台风区域系数 + 洪水损失占比 × 洪水区域系数 + 其他灾因损失占比 × 其他灾因区域系数）

注：基本险的区域系数为 1。

表 4 - 4　　　　　　　　　　　　各灾因损失占比表

险种	暴风雨	台风	洪水	其他
综合险	31%	9%	5%	55%
一切险	22%	7%	4%	67%

暴风雨区域系数表、台风区域系数表、洪水区域系数表、其他灾因区域系数表都是按照地区进行分类，比如暴风雨区域系数表中，北京、天津等为一类地区，区域系数为 0.12 ~ 0.54，山西、内蒙古等为二类地区，区域系数为 0.52 ~ 1.34，河北、江苏等为三类地区，区域系数为 1.27 ~ 1.74，其他三个区域系数表类同。

（4）标的实收费率

标的实收费率 = 区域标准费率 × 保额系数 × 绝对免赔额系数 × 个体风险评估系数

保额系数表是按照保险金额的高低而确定的，1 000 万元以下的系数为 1.5 ~ 5，0.1 亿 ~ 1 亿元的为 0.8 ~ 1.5，1 亿 ~ 10 亿元的为 0.5 ~ 0.8，10 亿元以上的为 0.2 ~ 0.5。

绝对免赔额系数表按照保险金额与绝对免赔额的大小对应确定，保险金额越高，绝对免赔额越高，系数越小，如保额 1 亿 ~ 10 亿元，绝对免赔额 5 万 ~ 10 万元，绝对免赔额系数为 0.73 ~ 0.81，绝对免赔额 10 万 ~ 20 万元，绝对免赔额系数为 0.61 ~ 0.73，绝对免赔额 20 万元以上，绝对免赔额系数为 0.59 ~ 0.64 等。

个体风险评估系数根据保险标的的地理位置、周边环境、特定行业、建筑物结构、场所占用性质、防雷避雷设施、消防设施、防洪设施、风险管理水平、历年损失情况等确定。

（二）企业财产保险的保险期限

企业财产保险的保险期限通常为一年。在保险单到期前，保险人应通知被保险人办理续保手续。一般根据保险登记簿填制"到期通知单"送交被保险人，以便到期办理续保手段，避免保险中断。

（三）企业财产保险的保费计算

企业财产保险投保时缴纳的保费通常为年保费。

企业财产保险的年保费 = 保险金额 × 年费率

如果保险期限不足一年，按短期费率计算短期保费。被保险人若中途退保就要按照短期费率计算承保期间应缴保费，保险人将被保险人投保时已缴纳的年保费扣除承保期间应缴保费后的剩余保费退还给被保险人。

六、企业财产保险的赔偿方式和赔款计算

（一）企业财产保险的赔偿方式

企业财产保险通常为不足额保险，所以企业财产保险一般采用比例赔偿方式。计算公式为

$$保险赔款 = 保险损失 \times \frac{保险金额}{保险价值}$$

（二）企业财产保险的赔款计算

1. 固定资产的赔偿处理

（1）全部损失。当受损财产的保险金额等于或高于出险时的重置重建价时，其赔偿金额以不超过出险时的重置重建价为限；当受损财产的保险金额低于出险时的重置重建价时，其赔偿金额不得超过该项财产的保险金额。

（2）部分损失。当受损财产的保险金额等于或高于出险时的重置重建价时，按实际损失赔偿，即按受损财产恢复原状所需的修复费用计算赔偿金额；当受损财产的保险金额低于出险时的重置重建价时，应按下列公式计算赔偿金额：

$$赔款 = 实际损失或受损财产恢复原状所需修复费用 \times \frac{保险金额}{出险时重置价值}$$

2. 流动资产的赔偿处理

（1）全部损失。当受损财产的保险金额等于或高于出险时的账面余额时，其赔偿金额以不超过出险时的账面余额为限；当受损财产的保险金额低于出险时的账面余额时，其赔偿金额不得超过该项财产的保险金额。

（2）部分损失。当受损财产的保险金额等于或高于出险时的账面余额时，按实际损失计算赔偿金额；当受损财产的保险金额低于出险时的账面余额时，应按下列公式计算赔偿金额：

$$赔款 = 实际损失或受损财产恢复原状所需修复费用 \times \frac{保险金额}{出险时账面余额}$$

3. 已摊销或账外财产的赔偿处理

（1）全部损失。当受损财产的保险金额等于或高于出险时的重置价值或账面余

额时，其赔偿金额以不超过出险时的重置价值或账面余额为限；当受损财产的保险金额低于出险时的重置价值或账面余额时，其赔偿金额不得超过该项财产的保险金额。

（2）部分损失。当受损财产的保险金额等于或高于出险时的重置价值或账面余额时，按实际损失计算赔偿金额；当受损财产的保险金额低于出险时的重置价值或账面余额时，应按下列公式计算赔偿金额：

$$赔款 = 实际损失或受损财产恢复原状所需修复费用 \times \frac{保险金额}{出险时重置价值或账面余额}$$

4. 施救费用的赔偿处理

被保险人因保险事故发生，为了减少保险财产损失，被保险人对保险财产采取施救、保护、整理措施而支出合理费用时，按以下方式计算赔偿金额：

根据施救对象不同，按照固定资产或流动资产或账外财产的投保比例即保险金额占实际价值的比例计算施救费用的赔偿金额，但以不超过保险金额为限。

5. 残值的处理

保险财产遭受损失以后的残余部分，应当充分利用，一般协议作价折归被保险人，并且在赔款中扣除，必要时可由保险公司处理。

【案例计算】

企业财产保险赔款计算

某企业投保了企业财产保险，其中固定资产按照账面原值确定保险金额，保险金额为 600 万元，流动资产按照最近 12 个月某一月份账面余额确定保险金额，保险金额为 200 万元。在保险期限内该厂发生火灾，造成固定资产损失 300 万元，施救费用为 1 万元，出险时固定资产重置价值为 1 000 万元；流动资产损失 100 万元，施救费用为 5 000 元，出险时账面余额为 500 万元。请问保险公司该如何赔偿？

根据题意可知，固定资产保险金额为 600 万元，保险价值为 1 000 万元，损失 300 万元，施救费用 1 万元。为不足额保险。根据比例赔偿方式计算赔款：

（1）固定资产损失部分赔款金额 = 固定资产损失 ×（固定资产保额/固定资产保险价值）

= 300 ×（600/1 000）= 180（万元）

（2）固定资产施救费用赔款金额 = 固定资产施救费用 ×（固定资产保额/固定资产保险价值）

= 1 ×（600/1 000）= 0.6（万元）

（3）流动资产损失部分赔款金额 = 流动资产损失 ×（流动资产保险金额/流动资产保险价值）

= 100 ×（200/500）= 40（万元）

（4）流动资产施救费用赔款金额 = 流动资产施救费用 ×（流动资产保额/流动资产保险价值）

= 0.5 ×（200/500）= 0.2（万元）

保险公司累计赔款金额 = （1） + （2） + （3） + （4） =220.8（万元）

第三节 家庭财产保险

一、家庭财产保险概述

（一）家庭财产保险的概念和特点

1. 家庭财产保险的概念

家庭财产保险是以城乡居民家庭的自有财产或代他人保管、与他人共有的财产作为保险标的，以合同约定的自然灾害或意外事故造成保险标的的损失为保险责任的一种财产保险。

家庭财产保险属于火灾保险的范畴，是财产保险中的传统业务，强调保险标的的实体性和保险地址的固定性。家庭财产保险将人们日常生活中无法预料的灾害事故损失化为固定的小额保费支出，且通过"一家有难大家帮忙"的模式，补偿了参保家庭的财产因自然灾害、意外事故所造成的损失。因此，家庭财产保险将风险损失对百姓家庭的冲击降低，有利于安定家庭生活，稳定社会环境。

2. 家庭财产保险的特点

（1）覆盖面广，社会效益显著

家庭财产保险直接面向千家万户，深入社会各个方面。它拥有广泛的服务群体和广阔的市场前景，直接反映着社会的保险意识水平，并随着它的发展而进一步提高全社会的保险意识。同时，家庭财产保险通过积聚保险基金、组织经济补偿，增强大灾时人民抗灾自救的能力，保障城乡人民生活，促进社会的稳定，具有明显的社会效益。

（2）缴费低廉，方式灵活

家庭财产保险的费率水平一般比较低，投保人只需缴纳少量的保险费即可获得较大的保险保障。在缴费上也可根据投保人的经济状况，选择缴纳保险费或保险储金。

（3）分散性业务，展业方式多样

家庭财产保险虽然拥有广泛的服务群体，但其分布却是分散的，分布在广阔的城市和农村；单个家庭所拥有的财产也是有限的，其户均保险金额和户均保险费是比较低的。因此，考虑到保险机构和人员数量、展业成本等情况，需要采取窗口服务、上门服务、中介代理、市场营销等不同的方式来开拓此项业务。

（4）采用第一危险赔偿方式和比例赔偿方式相结合的赔偿方式

由于发展阶段的特点，家庭财产保险理赔时，对室内财产采用第一危险赔偿方式，对房屋则采用比例赔偿方式。

【新闻连线】

央视失火"催醒"家庭财产保险

2009年2月9日20时27分左右，位于中央电视台新址园区在建的附属文化中心大楼工地发生火灾，引起市民对家庭财产保险的关注。而且，春节期间是春季火灾高发期，家庭财产保险成了市民热议的险种。

调查：春节过后家庭财产保险升温

记者从多家财产保险公司了解到，春节，特别是央视新楼失火之后，咨询家庭财产保险的市民有所增多。在永安财产保险辽宁分公司，记者遇到正在咨询的胡女士，她说："我家的小区不是封闭式的，平时总有陌生人出入。以前好多邻居家都曾被盗，当时他们提醒我买家庭财产保险防意外，我没当回事儿。谁知，年前我家也不幸被盗，丢了现金、首饰、小家电，总价值近2万元！我很后悔，要是买了保险，损失就能减少！所以，今天来咨询。"

已经购买了家庭财产保险的王先生表示："无论装修，还是家具家电，哪家也不会在这些方面少花钱。过两天朋友搬新家，我特意给他买了份200元的定额家财险，准备作为礼物送给他，实惠又实用。"

保费：20万元财产年保费只有千分之一

平安财产保险公司工作人员介绍，目前沈阳市民对家庭财产保险的了解并不多，投保普及率肯定不过10%，而发达国家已达70%以上。一般家庭都是发生过被盗、火灾等意外后，才有保险意识。其实，只要花个二三百元，就能保障二三十万元的财产，保期一年。记者也从市场了解到，目前家庭财产保险的保费最低的只有20元。

阳光财产保险公司工作人员表示，目前市场上的家庭财产保险责任范围包括火灾、爆炸、暴雨、雷击等引起的家庭财产损失，在主险（房屋险）之外附加盗抢险、水管责任险、第三者责任险等。也有涵盖高空坠物责任，比如投保人家里花盆坠落砸伤人，保险公司将替其赔付。市民可根据自家需要，组合投保。

对于北方人关注的水暖管爆裂险，市民也应该注意，如果因自家漏水导致楼下邻居受损，有的保险给赔，有的却只赔付投保人自家的损失。

（资料来源：沈阳网－沈阳晚报，2009－02－12。）

（二）家庭财产保险的种类

通常我们可以把财产保险公司开办的家庭财产保险归类为普通家庭财产保险、家庭财产两全保险、长效还本家庭财产保险、团体家庭财产保险、附加险、系列投资型的新型险种等，也可以根据功能将它们分为保障型、投资型和组合型三种类型。传统家庭财产保险险种主要有普通家庭财产保险、家庭财产两全保险、长效还本家庭财产保险、团体家庭财产保险及其附加险；近年来，随着人们对家庭财产保险需求的多样化，我国财产保险公司开办了多种新型家庭财产保险，如太平洋财产保险公司开办的安居综合保险（组合型）、中国人民财产保险公司开办的"金牛"投资保障型家庭财产保险（投资型）、华泰财产保险公司开办的华泰居益理财型家庭财产保险（投资型）、皇家太阳联合保险公司开办的"家庭卫士"家庭财产保险以及针对个人抵押贷款房屋提供的多种保险和针对家庭住房装修提供的家庭住房装修工程保险等。中国人民财产保险公司作为财产保险企业的龙头企业，财产保险保费收入一直稳居全国首位，其开办的家庭财产保险的品种可以帮助大家了解我国当前家庭财产保险产品现状。具体险种见表4-5。

表4-5　　　中国人民财产保险公司开办的家庭财产保险险种（2009版）

序号	家庭财产保险险种名称	险种性质	备注说明
1	"和谐家园"家庭财产保险	主险	"和谐家园"系列产品
2	"和谐家园"家庭财产保险附加险	附加险	
3	个人贷款抵押房屋保险	主险	针对个人贷款抵押房屋开办了4款家财险产品，其中主险2个，附加险2个。
4	个人贷款抵押房屋保险附加险	附加险	
5	个人贷款抵押房屋综合保险	主险	
6	个人贷款抵押房屋综合保险附加险	附加险	
7	家庭财产保险附加险	附加险	所有家庭财产保险主险通用的附加险
8	家庭财产保险基本险（房屋）	主险	只提供火灾基本险承保的四种基本风险
9	家庭财产保险基本险（室内财产）	主险	
10	家庭财产盗抢险	主险	以前是附加险，现在是主险，可单独投保
11	家庭财产管道破裂及水渍保险	主险	
12	家庭财产火灾爆炸保险	主险	只保火灾、爆炸两种风险
13	家庭财产综合保险	主险	较家庭财产保险基本险责任范围大
14	家庭财产综合保险附加险	附加险	针对家庭财产保险综合险提供的附加险
15	家庭住房装修工程保险	主险	针对住房装修工程提供保障
16	家用电器用电安全保险	主险	针对家用电器的用电安全

二、家庭财产保险的主要内容

我国财产保险公司开办的传统家庭财产保险主要有普通家庭财产保险、家庭财产两全保险、长效还本家庭财产保险和团体家庭财产保险，以及多种附加险，如家用电器用电安全保险、盗抢险、水暖管爆裂及水渍责任保险等。现在这些附加险基本上都变成主险，可以单独投保。

下面根据中国人民财产保险公司2009版家庭财产保险综合险条款（详见本章附录4.3）向大家介绍一下家庭财产保险的主要内容。

（一）保险标的

家庭财产保险与企业财产保险一样，保险标的也分为可保财产、特约可保财产和不可保财产。

1. 可保财产

为被保险人所有、使用或保管的、坐落于保险单载明地址的房屋内的下列财产：

（1）房屋及其室内附属设备（如固定装置的水暖、气暖、卫生、供水、管道煤气及供电设备、厨房配套的设备等）。

（2）室内装潢。

（3）室内财产：

①家用电器和文体娱乐用品；

②衣物和床上用品；

③家具及其他生活用具。

投保人就以上各项保险标的可以选择投保。

2. 特约可保财产

下列财产未经保险合同双方特别约定并在保险合同中载明保险价值的，不属于保险合同的保险标的：

（1）属于被保险人代他人保管或者他人共有而由被保险人负责的可保财产中载明的财产；

（2）存放于院内、室内的非机动农机具、农用工具及存放于室内的粮食及农副产品；

（3）经保险人同意的其他财产。

3. 不可保财产范围

下列财产不属于家庭财产保险的保险标的：

（1）金银、珠宝、钻石及制品，玉器、首饰、古币、古玩、字画、邮票、艺术品、稀有金属等珍贵财物；

（2）货币、票证、有价证券、文件、书籍、账册、图表、技术资料、电脑软件及资料，以及无法鉴定价值的财产；

（3）日用消耗品、各种交通工具、养殖及种植物；

（4）用于从事工商业生产、经营活动的财产和出租用作工商业的房屋；

（5）无线通讯工具、笔、打火机、手表，各种磁带、磁盘、影音激光盘；

（6）用芦席、稻草、油毛毡、麦秆、芦苇、竹竿、帆布、塑料布、纸板等为外墙、屋顶的简陋屋棚，以及与保险房屋不成一体的柴房、禽畜棚、厕所、围墙，无人居住的房屋及存放在里面的财产；

（7）政府有关部门征用、占用的房屋，违章建筑、危险建筑、非法占用的财产；

（8）其他不属于可保财产、特约可保财产的家庭财产。

需要指出的是，部分不可保财产在一定条件下可以成为保险财产。例如，现金、首饰、自行车等在家庭财产保险中为不可保财产，但也可分别作为附加险的可保财产。

（二）保险责任和责任免除

1. 保险责任

在保险期间内，由于下列原因造成保险标的的损失，保险人负责赔偿：

（1）火灾、爆炸；

（2）雷击、台风、龙卷风、暴风、暴雨、洪水、雪灾、雹灾、冰凌、泥石流、崖崩、突发性滑坡、地面突然下陷；

（3）飞行物体及其他空中运行物体坠落，外来不属于被保险人所有或使用的建筑物和其他固定物体的倒塌；

（4）上述原因造成的保险事故发生时，为抢救保险标的或防止灾害蔓延，采取必要的、合理的措施而造成保险标的的损失；

（5）保险事故发生后，被保险人为防止或减少保险标的的损失所支付的必要的、合理的费用。

2. 责任免除

（1）下列原因造成的损失、费用，保险人不负责赔偿：

①战争、敌对行为、军事行动、武装冲突、罢工、骚乱、暴动、恐怖活动、盗抢；

②核辐射、核爆炸、核污染及其他放射性污染；

③被保险人及其家庭成员、寄宿人、雇用人员的违法、犯罪或故意行为；

④地震、海啸及其次生灾害；

⑤行政行为或司法行为。

（2）下列损失、费用，保险人也不负责赔偿：

①保险标的遭受保险事故引起的各种间接损失；

②家用电器因使用过度、超电压、短路、断路、漏电、自身发热、烘烤等原因所造成本身的损毁；

③坐落在蓄洪区、行洪区，或在江河岸边、低洼地区以及防洪堤以外当地常年警戒水位线以下的家庭财产，由于洪水所造成的一切损失；

④保险标的本身缺陷、保管不善导致的损毁；保险标的的变质、霉烂、受潮、虫咬、自然磨损、自然损耗、自燃、烘焙所造成本身的损失；

⑤本保险合同中载明的免赔额；

⑥其他不属于本保险合同责任范围内的损失和费用，保险人不负责赔偿。

（三）保险价值、保险金额与免赔额

1. 保险价值

房屋及室内附属设备、室内装潢的保险价值为出险时的重置价值。

2. 保险金额

（1）保险金额的确定方式

家庭财产保险的保险金额由投保人参照保险价值自行确定，并在保险合同中载明。其中：

①房屋及室内附属设备、室内装潢的保险金额由投保人根据购置价或市场价自行确定。

②室内财产的保险金额由投保人根据当时实际价值分项目自行确定。不分项目的：按各大类财产在保险金额中所占比例确定，即城市家庭的室内财产中的家用电器及文体娱乐用品占40%，衣物及床上用品占30%，家具及其他生活用具占30%。农村家庭的室内财产中的家用电器及文体娱乐用品占30%，衣物及床上用品占15%，家具及其他生活用具占30%，农机具等占25%。

③特约财产的保险金额由投保人和保险人双方约定。

（2）保险金额的调整

保险标的发生部分损失，保险人履行赔偿义务后，保险金额自损失发生之日起按保险人的赔偿金额相应减少，保险人不退还保险金额减少部分的保险费。如投保人请求恢复至原保险金额，应按原约定的保险费率另行支付恢复部分从投保人请求的恢复日期起至保险期间届满之日止按日比例计算的保险费。

投保三年期、五年期的，下一保险年度，则自动恢复原保险金额。

3. 免赔额

每次事故的免赔额由投保人与保险人在订立保险合同时协商确定，并在保险合同中载明。

（四）保险期间

保险期间分别为一年、三年、五年。以保险单载明的起讫时间为准，从起保日零时起到保险期满日的二十四时止。

（五）保险费率、保费计算和退费处理

1. 保险费率

家庭财产保险的费率应按投保财产坐落地点的实际危险程度确定，可分为城市、乡镇和农村三类危险等级，每个等级又可根据财产的实际坐落地点和周围环境划分若干档次。根据建筑结构和建筑材料的不同，保险人在制订家庭财产保险费率时有所不同，但一般分为三个档次：

（1）一级建筑为钢筋、水泥、砖石结构的房屋，年费率为1‰；

（2）二级建筑为砖、木、瓦结构的房屋，年费率为2‰；

（3）三级建筑为草屋、棚屋，年费率为3‰。

对于集体投保，保险公司会给予费率优惠。

2. 保险费和保险储金的计算

（1）保费计算

计算公式为：保险费＝保险金额×费率

家庭财产保险也采用固定保险费率，即每一份保险缴纳固定保费。

（2）保险储金的计算

计算公式为：保险储金＝保险金额×储金率

储金率＝经保险监督部门同意的费率/利率

利率＝人民银行公布的一年期存款利率×（1－代扣利息税率）

在实际操作中可以"份"为单位收取固定的保险储金，也可按照储金率计算公式在承保时计算应收储金。

3. 退费处理

（1）投保人解除保险合同的退费计算

①保险责任开始前，投保人要求解除保险合同的，应当按照本保险合同的约定向保险人支付退保手续费，保险人应当退还剩余部分保险费。

②保险责任开始后，投保人要求解除保险合同的，自通知保险人之日起，保险合同解除，保险人按短期费率计收保险责任开始之日起至合同解除之日止期间的保险费，并退还剩余部分保险费。

（2）保险人解除保险合同的退费计算

保险人也可提前十五日向投保人发出解约通知书解除保险合同，保险人按照保险责任开始之日起至合同解除之日止期间与保险期间的日比例计收保险费，并退还剩余部分保险费。

（3）保险标的发生部分损失后解除保险合同的退费处理

保险标的发生部分损失的，自保险人赔偿之日起三十日内，投保人可以解除合同；除合同另有约定外，保险人也可以解除合同，但应当提前十五日通知投保人。

保险人应当将保险标的未受损失部分的保险费，按照合同约定扣除自保险责任开始之日起至合同解除之日止应收的部分后，退还投保人。

（4）保险标的发生全部损失的退费处理

属于保险责任的，保险人在履行赔偿义务后，保险合同终止；不属于保险责任的，保险合同终止，保险人按短期费率计收自保险责任开始之日起至损失发生之日止期间的保险费，并退还剩余部分保险费。

（六）赔偿方式及赔款处理

1. 家庭财产保险的赔偿方式

家庭财产保险采用第一损失赔偿方式和比例赔偿方式相结合的两种赔偿方式，即对室内财产采用第一损失赔偿方式，对房屋及附属设备采用比例赔偿方式。

2. 赔偿处理

（1）被保险人的索赔权和索赔诉讼时效

保险事故发生时，被保险人对保险标的必须具有保险利益的，否则不得向保险人请求赔偿保险金。

被保险人向保险人请求赔偿保险金的诉讼时效期间为两年，自其知道或者应当知道保险事故发生之日起计算。

（2）分项目理赔

①房屋及室内附属设备

全部损失。保险金额等于或高于保险价值时，其赔偿金额以不超过保险价值为限；保险金额低于保险价值时，按保险金额赔偿。

部分损失：保险金额等于或高于保险价值时，按实际损失计算赔偿金额；保险金额低于保险价值时，应根据实际损失或恢复原状所需修复费用乘以保险金额与保险价值的比例计算赔偿金额。

②室内财产

家庭室内财产采用第一危险赔偿方式，即在发生保险责任范围内的损失时，应按实际损失赔偿，但以不超过保险金额为限。特别是要坚持分项承保、分项理赔的原则。按实际损失赔偿是指根据实际损失的数量和程度，并且按照损失当时该财产的实际价值赔偿，损失多少赔多少。

（3）赔款计算

【案例计算】

一起家庭财产保险的赔款计算

赵某将所住房屋和家庭财产分别投保，投保时房屋市场价值为50万元，保险金额为 50 万元；家庭财产价值 10 万元，保险金额 6 万元。保险期间因火灾房屋发生损毁，损失金额为 20 万元，室内财产损失 5 万元。若出险时房屋市场价值涨至 100 万元，室内财产市场价值涨至 18 万元，保险公司该如何赔偿？

采用分项目赔偿处理

1. 对于房屋损失的赔偿处理

在家庭财产保险中，对房屋的赔偿采用比例赔偿方式，所以：

房屋的赔偿金额 = 损失金额 × （保险金额／保险价值） = 20 × （50／100） = 10（万元）

2. 对于室内财产损失的赔偿处理

在家庭财产保险中，对房屋的赔偿采用第一损失赔偿方式，所以：

室内财产的赔偿金额 = 第一损失（即保险金额限度内的损失） = 5（万元）

（资料来源：杨波. 财产保险原理与实务［M］. 南京：南京大学出版社，2010：216.）

（4）残值处理

保险标的遭受损失后，如果有残余价值，应由双方协商处理。如折归被保险人，由双方协商确定其价值，并在保险赔款中扣除。

（5）施救费用的赔偿处理

被保险人为防止或减少保险标的的损失所支付的必要、合理的施救费用，在保险标的损失赔偿金额以外另行计算，最高不超过本保险合同载明的保险金额。

若保险标的的赔偿金额因重复保险的存在而减少时，保险人对于施救费用的赔偿金额也以同样的比例为限。

（6）免赔额赔偿处理

保险标的发生保险责任范围内的损失时，保险人按照其实际损失扣除保险单载明的免赔额后，在保险金额范围内计算赔偿。

（7）重复保险赔偿处理

保险事故发生时，如果存在重复保险，保险人按照本保险合同的相应保险金额与其他保险合同及本保险合同相应保险金额总和的比例承担赔偿责任。

【资料链接】

2000—2012 年我国家庭财产保险保费收入
及其在财产保险保费收入中的占比

单位：亿元、%

年份	财产保险保费	家庭财产保险保费	家庭财产保险保费在财产保险保费中占比
2000	608	13	2.1
2001	685	19	2.8
2002	780	24	3.1

年份	财产保险保费	家庭财产保险保费	家庭财产保险保费在财产保险保费中占比
2003	869	19	2.2
2004	1 125	15	1.3
2005	1 283	12	0.9
2006	1 579	11	0.7
2007	2 087	17	0.8
2008	2 446	13	0.5
2009	2 876	18	0.6
2010	3 896	24	0.6
2011	4 618	28	0.6
2012	5 331	33	0.6

注：表中2010—2012年数据来自《中国保险年鉴》（2011—2013）。

资料来源：杨波. 财产保险原理与实务［M］. 南京：南京大学出版社，2010：217.

三、传统家庭财产保险介绍

我国开办的传统家庭财产保险主要包括普通家庭财产保险、家庭财产两全保险、长效还本家庭财产保险和团体家庭财产保险。

（一）普通家庭财产保险

普通家庭财产保险是家庭财产保险中最早开办，也是开办最为普遍的一种家庭财产保险，其保险标的、保险责任和责任免除、保险金额和保险期限、保险费率及保费计算、赔偿方式及赔偿处理等内容在"家庭财产保险的主要内容"部分已经进行了详尽介绍。它与家庭财产两全保险、长效还本家庭财产保险在保险责任和除外责任、保险标的、保险金额确定、赔偿方式和赔款处理等都是一致的。不同的只是缴费方式和保险期限的区别。普通家庭财产保险的保险期限通常为一年，投保时缴纳保费，保险期内出险，保险人赔偿；若没有出险，保险人也不退还保费。

优点是保费低廉，保障程度高；缺点是不出险投保人会觉得白买保险、白交保费、吃亏。

（二）家庭财产两全保险

家庭财产两全保险兼具双重功能：补偿家庭损失功能和到期还本功能。一般来说，保险公司将被保险人的保险储金的利息作为保险费，不论被保险人在保险期间内有无发生损失获得赔偿，在保险期满时都将保险储金全数退还给被保险人。因此家庭在财产得到保障的同时，也可以如期领回保险储金，这可以说是一种"两全其美"的家庭财产保险形式。

家庭财产两全保险的保险标的、保险责任都与普通家庭财产保险相同。

家庭财产两全保险是按照份数确定保险金额，城镇居民一般为1 000元一份，农村居民为2 000元一份，投保份数按照家庭财产的实际价值确定即可（不可少于一份）。

家庭财产两全保险由于其特殊形式而具有一些不同于普通家庭财产保险的特点，主要表现为以下方面：

1. 具有双重性质，即损失补偿和到期还本；

2. 以保险储金代替保险费；

3. 允许中途退保（普通家庭财产保险自合同生效后，在保险期内除非有特别原因，否则被保险人一般不能中途退保）；

4. 保险期限较长，现行家庭财产两全保险的保险期限分为三年和五年两种。

【知识链接】

家庭财产两全保险的保险储金

保险储金是家庭财产两全保险不同于普通家庭财产保险的重要特点之一，它的性质与普通家庭财产保险中的保险费不同。

保险储金具有储蓄的性质，它由被保险人在投保时按其投保的保险金额和保险储金率（保险储金标准）计算并缴纳给保险人，其中保险储金率根据保险费率和投保期的银行定期储蓄存款利率厘定，计算公式可以表示为：

保险储金率＝（保险费率）／（投保期定期存款年利率）×（1－代扣利息税率）

保险储金＝保险金额×保险储金率

被保险人缴纳的保险储金产生的利息作为保险费被保险人收取，保险人不再向被保险人额外收取保险费。等到三年或五年的保险期满，无论被保险人在保险期限内是否因投保财产遭受保险事故损失而得到过保险赔偿，被保险人都可以凭保险单和保险储金收据从保险人处领回缴纳的全部储金。

（三）长效还本家庭财产保险

长效还本家庭财产保险是一种特殊形式的家庭财产保险，它是在家庭财产两全保险基础上的一种改进。与家庭财产两全保险一样，长效还本保险具有经济补偿和到期还本的双重性质。其特殊之处在于：家庭财产两全保险一般有三年期和五年期两种，到期退还保险储金；而长效还本家庭财产保险则具有长期续转性，只要被保险人不要求退保，保险储金自动续转，保险责任持续不终止，所以称为"长效"保险。

长效还本家庭财产保险的具体经营与家庭财产两全保险无太大差异，也是以保险储金冲抵保险费。由于其长期续转、效力递延的特点，适应了广大城乡居民既可以长期获得保险保障，又能最终保本的心理，受欢迎程度较高；此外，该险种具有保险期限长、续保手续简单的特点，为被保险人和保险人双方都提供了方便。但是，缺点也正是因为期限太长，保险期内保险财产所处的环境、自身的风险状况就有可能随着时间的流逝而逐渐发生变化，从而增大了保险人的经营风险。因此，在实际操作中，保险人对于长效还本家庭财产保险往往会规定具体的承保期限，例如八年或者十年等，期满合同终止，退还保险储金。所以，"一保到底"也是有限度的，

"长效"也只是针对家庭财产两全保险的期限而言的。

（四）团体家庭财产保险

团体家庭财产保险是用一张总的保险单给一个团体的成员提供家庭财产保险和附加盗窃险保障的家庭财产保险形式。团体家庭财产保险由"团体"组织其成员集体投保。投保人是团体，即机关、学校、社会团体、企事业单位等独立核算的单位；被保险人则是该团体成员，包括在职人员、临时工和合同工。

团体家庭财产保险承保的内容与普通家庭财产保险基本上相同，主要区别体现在承保方式上。其特点有三方面：

1. 被保险人的人数和姓名以投保时约定月份发放工资的名册为准。对在保险期内离职的人员，允许他们申请退保；对新进的人员，同意他们办理加保手续。以往团体家庭财产保险也让投保团体的退休人员参加投保，如今由于退休人员的退休金（养老金）不由单位分发，所以这些人员原则上不应参加。

2. 保险财产坐落地址以保单上被保险人本人填写的为准，保险人只承保存放在被保险人住址中的财产，非其住址的财产不属于保险范围。

3. 保险金额较低，若投保团体有两个以上的成员同属一个家庭，他们投保的金额应合并计算。

四、新型家庭财产保险介绍

近些年来，我国的社会经济不断发展，人民生活水平稳步提高，这带来了家庭财产总量的提升，也增加了家庭所面临的财产风险。在这种情形下，国内传统的家庭财产保险由于条款设计上的局限性已经不能满足城乡居民的风险保障需要。为了进一步打开市场，各大财产保险公司先后推出了一批新型的家庭财产保险产品。这些新险种呈现出鲜明的特色，受到了众多家庭的欢迎，我们选取几种具有代表性的产品进行介绍。

（一）太保财险的安居综合保险

安居综合保险由太保公司于 2000 年 7 月推出，是一种将家庭财产保险和责任保险组合起来的综合险种。与传统产品相比，其主要特点有：

1. 险种分为 A、B、C、D 四种类型，在承保的财产和风险上有所不同，充分满足了不同家庭的保障需求；

2. 保障范围广泛，除了承保财产损失之外，还承保因保险财产发生意外而导致第三者遭受的损害；

3. 保费低廉，是采用标准化保单的定额保险；

4. 投保手续简便，只需提供姓名、保险财产坐落地址和保险期限即可。

（二）人保财险的"金牛"投资保障型家庭财产保险

"金牛"投资保障型家庭财产保险，是人保公司推出的一款投资理财型家庭财产保险，属于固定分红型家庭财产保险，具有保障性和投资性双重性质。其最大的特点为只需缴纳保险投资金，无需支付保费，保险期内被保险人可以获得更多的保险保障，同时获得固定的投资回报。

1. "金牛"第一代产品

投保第一代"金牛"投资保障型家庭财产保险，每份只需缴纳2 000元保险投资金，同时获得每年保险金额为15 000元的保障保险，在五年期满后无论是否获得过赔偿，都将归还本金以及每份163元的投资收益。"金牛"的保障范围包括火灾、爆炸等除地震之外的各种自然灾害和意外事故，客户也可以根据需要选择入室盗抢、管道破裂、水渍等作为特约责任投保，现金、金银、珠宝、尊器、钻石等贵重物品得到了保障。

2. "金牛"第二代产品

保险标的和保险责任与第一代产品相同，每份2 000元保险投资金可以获得每年保险金额为10 000元的保险保障，合同期限为三年，期满后归还本金以及每份132元的投资收益。

3. "金牛"第三代产品

有三年期和五年期两种，收益率高于同期国债0.03个百分点，保险期间内收益率随银行利率同幅调整，客户收益免税。

（三）华泰财险的华泰居益理财型家庭财产综合保险

华泰居益理财型家庭财产综合保险，是华泰公司于2004年9月推出的新型理财型家庭财产保险，是一款收益与利率联动型保险产品。它的保险标的与普通家庭财产保险类似，只是分类更加细致。它的保险责任仅包括火灾和爆炸，还以赠送的名义承保水管爆裂责任。

华泰居益理财型家庭财产综合保险的最大特点就是"利率联动"。该险种在向投保居民提供家庭财产保障的同时给予一定的收益回报，规定了起始收益率（2004年刚推出该产品时规定三年期为2.05%，五年期为2.25%），同时如果遇到利率调整，收益则随一年期银行存款利率同步、同幅调整，分段计息，一次给付。如果银行利率上升则收益率相应提高，有效避免了利率上升带来的收益损失。这种收益利率联动的保险产品是我国投资型保险产品的一个重大突破。

（四）"家庭卫士"家庭财产保险

"家庭卫士"家庭财产保险是皇家太阳联合保险公司上海分公司推出的险种，它紧贴生活设计，保障范围广泛，费率梯度组合比较人性化。

1. 保险标的

房屋建筑，包括清理残骸的费用、家庭财物（包含贵重物品）、移动电话、手提电脑。每次事故有一定的免赔额。

2. 保险金额

临时住所年保额4万元占总保额的10%，水管爆裂、门锁和窗户损毁险（每年1 600元），冷藏食品险（每年1 600元），个人随身物品（每项2 000元，每年4 000元），现金、证件及信用卡险（每年2 000元），财物临时存放（每项24 000元，每年40 000元），家庭保姆财物险（每项2 000元，每年8 000元），搬家险（每项16 000元）。

3. 附加条款

附加条款包括个人财物全球保障（标准费率1.5%）、家庭保姆保障（年保费80元）。

4. 保险费率

家居财物 3.3%，房屋建筑 0.85%。

（五）个人抵押贷款房屋保险

凡符合中国人民银行《个人住房贷款管理办法》有关规定，同意以房屋作为抵押物后，向商业银行申请住房抵押贷款购买的自用住房，可参加保险。被保险人购房后因装修、改造或其他原因购置的附置于房屋的有关财产和其他室内财产，不属于保险标的范围。

由于火灾、爆炸、暴风、暴雨、空中运行物体坠落等原因造成保险标的的直接损失，保险人依照约定负责赔偿。在发生保险事故时，为抢救保险标的或防止灾害蔓延，采取合理的、必要的措施而造成保险标的的损失，保险人也负责赔偿。保险事故发生后，被保险人为防止或者减少保险标的损失所支付的必要的、合理的费用，由保险人承担。

（六）农民房屋保险

凡乡镇居民和农民的自有房屋都可参加农民房屋保险。对于投保人替他人保管或与他人共有而由投保人承担经济责任的房屋，须经当地保险公司同意后予以特约承保。

农民房屋保险的保险责任与普通家庭财产和家庭财产两全保险基本相同。但由于各种自然灾害和意外事故在不同地区发生的几率和致害程度不同，因此各地保险公司承保的保险事故也不尽相同。

我国财产保险公司还设计出其他一些新型家财险产品，例如液化石油气罐（灶）爆炸火灾专项保险、家庭室内装潢工程保险、住宿学生财产综合保险等。

我国在家庭财产保险新产品的开发中可以借鉴国外的经验，例如美国的房主保险、"夺标"高尔夫球综合保障计划、"万全盾"个人财产综合保险、美亚安心家居保险等，这些都是根据客户需求由普通家庭财产保险衍生出来的新型家庭财产保险险种。

【他山之石】

美国住宅保险

美国住宅保险是与家居生活最密切的保险，与我国的家庭财产保险相比具有两个特点：投保人不受条件限制，财产所有人可以投保，租公寓为住家的人也可以投保；赔偿范围极广，除包含房屋本身的综合保险外，也包括个人因生活而引起事故的赔偿责任。

保险责任：火灾、盗窃、雷击、汽车闯入、飞机坠落、天上坠物、风灾、恶意破坏或暴乱、水管问题、汽车内财物被窃等造成的损失以及携带出门财物的损失。除了除外责任规定的项目以外，其他的如灾难赔偿几乎都涵盖在这种保险中。

除外责任：洪水、地震、海啸事故造成的损失。

特别约定：价值超过500美元的美术品以及毛制品等贵重物品必须另外登记申请归类财产险，需另缴保费。

相比我国的家庭财产保险，美国的住宅保险优点主要有：

（1）保单格式多，客户选择余地大

美国屋主保险共有六种保单格式，每种保单均分财产损失和个人责任两部分，实际上它提供了两个主险，共有六种形式供客户选择，客户可根据实际情况选择其中之一。在此基础上，美国屋主保险的附加险形式多样，仅财产损失的附加险就有十二种，包括场地修理费、树木灌木及其他植物、消防部门费用、信用卡、基金转让卡、假币、损失评估费用、搬迁费用、玻璃及安全安装费用等。个人责任部分分为索赔或诉讼费用、急救费用、他人财产损失、评估费用等四种，相比较而言，我国只提供一个主险和数个狭窄的附加险，客户选择范围十分有限。

（2）保单制定非常细致

在保单的开头，保险人就对被保险人的定义作了明确的说明，指出被保险人包括三类。对住房提供的保障中，对居住场所的概念的界定，美国屋主保险单也谨慎地在保单责任内列明。相比较而言，我国家庭财产保险的保单显得较为粗糙，可能引起许多不必要的纠纷。

（3）责任范围很广

美国屋主保险将所承保的建筑物分为住房及其他建筑物，并将私人停车场也纳入保险财产范围。被保险人可自主投保客人或家庭成员在居住场所内的损失。如果客户搬家，由于存在途中财产损失的可能性，保险公司负责搬家开始30天内的损失，大大方便了客户。

（4）住户共有公寓保险

美国的住户共有公寓保险已经发展成熟，对于其性质和保险要求分析得非常透彻，保险事务局为住户共有公寓保险设计了住户共有公寓协会保单和住户共有商业单元保单两种商业保险合同。这类保单在我国市场上非常有潜力，但是市场上却是一片空白，当住宅公共部分的财产遭受损失时，便常常出现无人修复的空置状态。

（资料来源：杨波．财产保险原理与实务［M］．南京：南京大学出版社，2010：219.）

第四节　营业中断保险

一、营业中断保险的概念和特点

（一）营业中断保险的概念

营业中断保险是指对企业（被保险人）因物质财产遭受自然灾害或意外事故等导致损毁后，在一段时间内停产、停业或营业受影响的间接经济损失及营业中断期间发生的必要的费用支出提供保障的保险。与一般财产保险相比，该保险的突出特点是，只对因保险标的物的毁损、灭失而导致的收入损失或费用增加的间接损失承担保险责任。该险种在不同国家有不同称谓。例如，在英国，最初称为时间损失保险（Time Loss Insurance），后称为利润损失保险（Loss of Profit Insurance）或间接损失保险，从20世纪70年代以后称为营业中断保险（Business Interruption Insurance）；在美国则称为营业中断保险或营业毛收入保险（Gross Earning Insurance）。在我国最初称为利润损失保险（简称利损险），现在多称为营业中断保险，也有个别公司仍沿称利润损失保险。它是企业财产保险（企财险）或机器损坏保险（机损险）的附加险，被保险人是否有足额有效的企业财产保险或机器损坏保险保单是利损险的必要条件。但在国外，营业中断保险是主险，可以单独投保。

（二）营业中断保险的特点

营业中断保险作为企业财产保险的一个附加险，有以下三个特点：

1. 从属性。作为企业财产保险的附加险，被保险人必须在足额投保企业财产保险的基础上才能投保该险。

2. 承保间接损失。营业中断保险作为企财险的补充，承保的是企业财产保险不予承保的合法、合理的间接损失。

3. 有赔偿期的规定。营业中断保险的保险期限与企业财产保险一致，除此之外，利润损失保险还有赔偿期的规定，保险人只负责赔偿期内的利润损失。

【知识链接】

营业中断保险

传统的财产保险只对保险责任造成的直接物质损失提供保障，因物质损毁而引起的间接损失，如停产、减产、营业中断产生的利润损失则不负赔偿责任。营业中断保险作为传统财产保险的一种附加和补充，其必须依附于财产保险的基础上，而且所承保的风险必须与财产保险一致，如火灾、爆炸、自然灾害等风险。因此，投保人只有在投保了财产保险的条件下，才能投保利润损失保险。同样，只有在被保险财产遭受保险事故造成的损失并获得保险人赔偿的前提下，保险人才会对因此种物质损失引起的利润损失负赔偿责任。

（资料来源：刘金章. 财产与责任保险［M］. 北京：清华大学出版社，北京交通大学出版社，2010：181.）

二、营业中断保险的主要内容

营业中断保险的主要内容根据中国人民财产保险公司2009版营业中断保险条款内容进行介绍。

（一）保险责任和除外责任

1. 保险责任

（1）在保险期间内，被保险人因物质损失保险合同主险条款所承保的风险造成营业所使用的物质财产遭受损失（以下简称物质保险损失），导致被保险人营业受到干扰或中断，由此产生的赔偿期间内的毛利润损失，保险人负责赔偿。

毛利润是指按照下述公式计算的金额：

毛利润 = 营业利润 + 约定的维持费用

$\qquad$ = 约定的维持费用 − 营业亏损 × 约定的维持费用/全部的维持费用

维持费用是指被保险人为维持正常的营业活动而发生的、不随被保险人营业收入的减少而成正比例减少的成本或费用。约定的维持费用由投保人自行确定，经保险人确认后在保险合同中载明。

（2）发生约定的保险事故后，被保险人申请赔偿时，按照保险人的要求提供有关账表、账表审计结果或其他证据所付给被保险人聘请的注册会计师的合理的、必要的费用（以下简称审计费用），保险人在赔偿限额内也负责赔偿。

2. 除外责任（也称责任免除）

保险人不负责赔偿下列损失：

（1）投保人、被保险人的故意或重大过失行为产生或扩大的任何损失；

（2）由于物质损失保险合同主险条款责任范围以外的原因产生或扩大的损失；

（3）地震、海啸及其次生灾害产生或扩大的损失；

（4）由于政府对受损财产的修建或修复的限制而产生或扩大的损失；

（5）恐怖主义活动产生或扩大的损失；

（6）本保险合同载明的免赔额或本保险合同约定的免赔期内的损失。

（二）保障项目和保险金额

1. 保障项目

尽管营业中断保险是以财产保险为基础，但所承保的损失项目却不同。营业中断保险承保的是投保企业的生产经营设备（如建筑物、机器等）由于遭受自然灾害或意外事故造成企业生产停顿或营业中断而引起的间接经济损失，即预期毛利润的损失和中断期间仍需支付的必要维持费用损失。归纳起来，利润损失保险的保险项目有四类：

（1）营业额减少所致的毛利润损失；

（2）营业费用增加所致的毛利润损失；

（3）工资；

（4）审计师费用。

2. 营业中断保险的保险金额

营业中断保险的保险金额是按企业上年度的销售额或营业额加上本年度业务发展趋势和通货膨胀因素为基础计算的，即按照本年度预期的毛利润额来确定，用毛利润率乘以上年度营业额加上预计当年业务升降指数及通货膨胀率。如果赔偿期不超过 12 个月，保险金额应为本年度预期的毛利润额；如果赔偿期超过 12 个月，保险金额则按比例增加。例如，规定赔偿期为 18 个月，保险金额就应该是年毛利润额的 150%。

【知识链接】

利润损失保险的保障项目

一、利润损失保险的相关概念

1. 利润、毛利润和毛利润率

（1）利润也称净利润。利润是指衡量财务损益状况的指标。利润为正值，说明企业有盈利；反之，企业发生亏损。

（2）毛利润。毛利润是指已扣减生产成本，但仍未扣净所有支出的销售或营业收入。在保险业务中，通常有以下两种计算毛利润的方法。

①"加"法，即指企业净利润加上各种可保险的维持费用（也称固定费用）。维持费用包括高层管理人员的工资、水电费、广告费、租金、利息、保险费等费用。这些费用在营业中断期间仍须支出，而不是随着营业额降低而同比降低，因而是具有保险利益的。因此，在计算毛利润时可以包括进来。

②"减"法，即采用以下计算毛利润的公式：

毛利润 = 营业额 + 年终库存 − 上年库存 − 特定营业费用

公式中的特定营业费用（也称生产费用）包括原材料采购费、消耗性物料、生产工人工资、制造费、包装费、运输费、取暖费等。这类费用在营业中断后就无须支出，因此，在利润损失保险中无保险利益可言。在实务中，上年库存和年终库存数额应按照被保险人正常的会计计算方法得到，并适当折旧。具体实例如表4−6所示。

表4−6　　　　　　　　某企业年度毛利润表　　　　　　　单位：万元

营业额	100 000	上年库存	20 000
		特定营业费用	70 000
		原料费	50 000
		包装费	5 000
		运输费	5 000
		工资	8 000
		水电费	1 000
本年库存	20 000	广告费	1 000
		利润	30 000
	120 000		120 000

代入毛利润计算公式：毛利润 = 100 000 + 20 000 − 20 000 − 70 000 = 30 000（万元）

（3）毛利润率。毛利润率是指发生在损失日前的会计年度内毛利润占营业额的比率。其计算公式为

毛利润率 = 毛利润/营业额 × 100%

该毛利润率是企业已经实现的，而利润损失保险所保的是企业本年度可能实现但尚未实现的利润。在一般情况下，企业可用上一会计年度的毛利润率来推算本年度的毛利润。保险人也可用上一会计年度的毛利润率作为确定承保年度毛利润的依据和保险金额的基础。

2. 营业额与标准营业额

营业额是指企业在营业处所经营业务过程中的营业收入，即出售产品、提供服务的收入。用公式表示为

营业额 = 生产费用 + 维持费用 + 净利润

标准营业额是指与赔偿期相应的上年度同期的营业额，即上年度可比的营业额。例如，规定赔偿期为2012年4月、5月、6月三个月，则标准营业额为2011年4

月、5月、6月的营业额。有时也可采用灾前几个月的营业额为标准营业额的方法。例如，规定赔偿期为 2012 年 7 月、8 月、9 月三个月，则以 2012 年 4 月、5 月、6 月三个月的营业额为标准营业额。

3. 营业额减少

营业额减少是指正常的标准营业额减去赔偿期内非正常营业额的差额。

二、营业额减少所致的毛利润损失

赔偿期间标准营业额和非正常营业额的差额乘以毛利润率就是营业额减少所致的毛利润损失。用公式表示为

营业额减少所致的毛利润损失 = （标准营业额 – 赔偿期营业额）×毛利润率

例如，某企业于 2013 年 1 月 1 日投保企业财产保险和利润损失保险，2012 年该企业的毛利润率为 30%。该企业于 2013 年 7 月 1 日发生火灾，需 6 个月才能恢复，赔偿期为 7 月 1 日至 12 月 31 日，标准营业额按上年同期（即 2011 年 7 月 1 日至 12 月 31 日）的营业额 500 000 元，赔偿期的营业额为 300 000 元。

营业额减少所致的毛利润损失 = （500 000 – 300 000）×30% = 60 000（元）

在实务中，计算毛利润损失时，还要考虑生产发展及通货膨胀等因素，即将标准营业额加上营业增长因素的百分比才能得到"应有的营业额"。如果标准营业额是估算了营业发展趋势及通货膨胀因素的，则用公式表示为

实际标准营业额 = 标准营业额×（1 + 营业额增长率 + 通货膨胀率）

如上例，约定一年后营业增长率为 10%，通货膨胀率为 8%。

营业额 = 500 000×118% = 590 000（元）

毛利润损失 = （590 000 – 300 000）×30% = 87 000（元）

三、营业费用增加所致的毛利润损失

除营业额减少能带来毛利润损失外，营业费用的增加同样也能引起毛利润损失。这里所指的费用与维持费用有区别。维持费用不会由于营业中断而增加。增加的营业费用是指企业在遭受保险事故所造成的财产损失后，为了避免或减少营业中断的损失而额外支出的费用。如厂房发生火灾后，需临时租用普通房进行生产而产生的租房费用。只要这些费用是为减少被保险人的损失，或者为迅速恢复经营的合理开支，保险人就可以负责赔偿。具体地说，保险人予以承保的费用应具有以下条件：

（1）这些费用的支出在主观上是为了避免或减少营业损失，是为了缩短营业中断时间。

（2）这些增加的费用不能超过一定的"经济限度"，即不能超过赔偿期挽回的营业额与毛利润率的乘积。用公式表示为

经济限度 = 赔偿期营业额×毛利润率

如上例，赔偿期为 6 个月，临时租房 6 个月，付房租 12 000 元。假定标准营业额为 500 000 元，发生灾害后只能完成 250 000 元的营业额，用临时租房的方式挽回了 50 000 元的营业额，使赔偿期的营业额达到了 300 000 元，保险人对房租的赔偿要看是否在经济限度以内。

经济限度 = 50 000×30% = 15 000（元）

该例的租房费用为 12 000 元，没有超过经济限度 15 000 元，根据营业费用增加

所致的毛利润损失的方式计算，则保险人的赔偿总额应是 87 000 + 12 000 = 99 000（元）。

四、工资

工资通常是指付给雇员报酬的总额，包括奖金、加班费、生活补助、保险费、节假日工资及其他与工资相关的款项。在承保时由于工资属于可变费用，如投保人不提出投保工资，可以不保。要求投保的话，可以不另行单列而计入毛利润中一起投保；也可以应投保人要求，以一定时期的工资总额作为保险金额承保。

根据以往损失恢复情况及最大危险单位发生责任事故可能导致的停产期限预测，对工资部分也可采取双重基础保险。由于生产中断，第一线的工人可能会被解雇，而管理人员和技术人员一般会被留用，因此，投保人没有必要将一定时期的所有雇员的 100% 工资总额作为保险金额投保，而只需根据需要选择不同比例投保。如生产中断后头 10 周保 100% 的工资，余下时间保 40% 或 20%。这种投保方式可以使投保成本保持在一个合理的水平上，并与实际风险相对应。

五、审计师费用

审计师费用可作为营业中断保险的一个单独项目投保，投保金额由投保人自行确定。该项目的费用通常是被保险人为了向保险人索赔时产生的。因为被保险人委托审计师审查，证明其账册和其他业务文件的合法性，编制索赔报告等需要支付费用。保险人对此项费用，一般是按实际赔偿，最高不得超过保险金额。

（资料来源：刘金章. 财产与责任保险 [M]. 北京：清华大学出版社，北京交通大学出版社，2010：182 – 185.）

（三）保险期限和赔偿期限

一般企业受灾后，要立即进行修建或重建、重置，使之能在短期内恢复到受灾前的水平，并能进行正常营业，这就需要一段恢复时间称为赔偿期。赔偿期是从受灾后开始计算，可为 3～12 个月或更长时间。

赔偿期与保险期不同。保险期是指保险单规定的起讫日期，只有在保险单的有效期内发生保险事故，保险人才能负责赔偿；而赔偿期则是指在保险有效期内发生了灾害事故后到恢复正常生产经营的一段时期。利润损失保险只赔偿被保险人在赔偿期内的利润损失，超出赔偿期的损失不予负责。

（四）营业中断保险的保险费率

营业中断保险的费率一般可按以下原则和步骤确定：

1. 以承保的财产保险的费率为基础费率。
2. 根据不同行业、不同工作的标准费率进行增减。
3. 加上各种附加险及扩展责任的费率。
4. 根据其他影响损失的因素加费或减费。
5. 根据赔偿期的长短进行调整。

营业中断保险的赔偿期与其相应的财产保险主险的保险费率的关系如表 4 – 7 所示。

表4-7 赔偿期与保险费率关系表 单位:月数、%

赔偿期限	费率	赔偿期限	费率
2	50	12	150
3	60	18	135
5	90	24	120
6	100	36	90

（五）营业中断保险的赔偿处理

1. 确定保险责任

能够列入营业中断保险赔偿的损失必须具备以下条件:

（1）利润损失保险必须发生在被保险人所占有或指定的场所。例如,因邻近场所发生火灾,使被保险人感到自己场所不安全,擅自停止营业的,保险人不予赔偿。又如,邻近场所发生火灾使被保险人的场所遭受水患或烟熏,或者致使被保险人的营业通道堵塞而停止营业,由此带来的营业中断损失是应该赔偿的。

（2）营业中断必须是必要的。尽管发生了火灾,但因损失轻微不必停业,而业主停业造成的利润损失保险人不予赔偿。

（3）损失必须是由保险责任范围内的损失原因引起的。若营业中断是由于雷击引起的,而雷击责任在基础保单中已予剔除,对该损失可以不负赔偿责任。同样,因被保险人得到台风警报而停业,但实际上台风并没有出现,也没有造成保险财产的损失,其利润损失也不予赔偿。

（4）物质损失必须发生在保险期内,若营业中断延续到保险期满后,对于超过保险期限的利润损失也给予赔偿。

2. 确定实际赔偿期

实际赔偿期是从损失发生之日起到生产或营业完全恢复到原有水平为止。实际赔偿期不能超过保险单上约定的赔偿期,如有超过,则以保险单载明的赔偿期为准。

3. 其他注意事项

（1）对不足额保险,即保险金额小于应保的毛利润时,要采取比例分摊的赔偿方式。

（2）在赔偿期内,如果某些维持费用实际上可以不必支出或减少支出时,对这部分金额应从赔偿金额中扣除,以避免被保险人从赔款中获得额外利益。

（3）为缩短实际赔偿期所支付的额外费用可以列入赔款范畴,但应以不超过因缩短实际赔偿期所减少的利润损失为限;为实际赔偿期的增加营业额而支付的费用也可列入赔偿金额,但也应以增加营业额而减少利润损失的实际数额为限。

（4）不足额保险的赔偿计算公式如下:

赔偿金额=（营业额减少所致毛利润损失+营业费用增加所造成毛利润损失-所保固定费用的节余部分）×保险金额/全年毛利润额

例如,某企业投保财产综合险附加利润损失险,保险金额为240 000元,约定赔偿期为6个月。在保险期内发生火灾,营业额下降到300 000元,标准营业额为500 000元,上年毛利润率为20%,在赔偿期内挽回的营业额为100 000元,因租房增加租金 40 000 元，固定费用节余 3 000 元，全年毛利润为 300 000 元。保险赔款的计算如下：

营业额减少所致的毛利润损失 =（500 000 – 300 000）×20% = 40 000（元）

经济限度 = 100 000 ×20% = 20 000（元）

因为：40 000 元 > 20 000 元

所以：营业费用增加所致的毛利润损失 = 20 000（元）

固定费用节余 = 3 000（元）

毛利润损失 = 40 000 + 20 000 – 3 000 = 57 000（元）

因该企业为不足额投保，所以：

实际赔款 = 57 000 ×（240 000/300 000）= 45 600（元）

如果该企业在投保营业中断保险时，根据本年度的生产趋势和通货膨胀率对营业额与毛利润指标进行了适当调整。例如，估计该年的营业额比上年增长 10%，通货膨胀率为 8%，保险人应赔偿的因营业额减少所致的毛利润损失为

因营业额减少所致的毛利润损失 =（500 000 ×118% – 300 000）×20% = 58 000（元）

如果该企业在投保利润损失时，在保险单中约定了免赔天数为 20 天，则保险人应赔偿的因营业额减少所致的毛利润损失为

因营业额减少所致的毛利润损失 =（500 000 ×118% – 300 000）×20% ×（160/180）

= 51 555.55（元）

（5）审计师费用的赔偿

因保险事故而发生的保险责任约定的审计费用，保险人按费用实际发生数予以赔偿，但最高不超过保险合同中载明的相应赔偿限额。

4. 免赔额与免赔期

免赔额或免赔期由投保人与保险人在订立保险合同时协商确定，并在保险合同中载明。

（1）若保险合同约定了免赔额，保险人计算的毛利润损失金额扣除保险合同约定的免赔额计算毛利润损失赔偿金额。

（2）若保险合同约定了免赔期，则免赔额为免赔期和赔偿期间的比例与毛利润损失的乘积。

5. 保险赔偿后保险金额的调整及恢复

保险人履行赔偿义务后，保险金额自物质保险损失发生之日起按保险人的赔偿金额相应减少，保险人不退还保险金额减少部分的保险费。如投保人请求恢复至原保险金额，应按原约定的保险费率另行支付恢复部分从物质保险损失发生之日起至保险期间届满之日止按日比例计算的保险费。

（六）其他注意事项

1. 保险金额调整及退费

若被保险人聘请的注册会计师证明被保险人在与保险期间重合程度最高的一个会计年度内的毛利润（若最大赔偿期大于 12 个月，则该毛利润金额应按照最大赔偿期与 12 个月的比例扩大后计算）少于投保的保险金额，则被保险人可以在保险期间届满后 6 个月内向保险人提供书面退还多余保险费的申请，保险人按照保险金

额减去前述毛利润的差额与保险金额的比例计算退还差额部分的保险费，但保险人退还保险费的比例最高不得超过保险期间内对该项保险金额所交保险费的50%。

若被保险人在保险期间内因保险事故发生索赔，则应从保险金额中扣除保险人因此而支付的赔款金额后，再按照前款约定计算应退还的保险费。

2. 保险合同解除及退费

（1）保险责任开始前解除合同

保险责任开始前，投保人要求解除保险合同的，应当按本保险合同的约定向保险人支付退保手续费，保险人应当退还剩余部分保险费。

（2）保险责任开始后解除合同

①保险责任开始后，投保人要求解除保险合同的，自通知保险人之日起，保险合同解除，保险人按短期费率计收保险责任开始之日起至合同解除之日止期间的保险费，并退还剩余部分保险费。

②保险责任开始后，保险人要求解除保险合同的，可提前十五日向投保人发出解约通知书解除本保险合同，保险人按照保险责任开始之日起至合同解除之日止期间与保险期间的日比例计收保险费，并退还剩余部分保险费。

3. 诉讼时效期

被保险人向保险人请求赔偿保险金的诉讼时效期间为两年，自其知道或者应当知道保险事故发生之日起计算。

【附录4.1】

中国人民财产保险股份有限公司2009版企业财产保险综合险条款

总则

第一条 本保险合同由保险条款、投保单、保险单或其他保险凭证以及批单组成。凡涉及本保险合同的约定，均应采用书面形式。

保险标的

第二条 本保险合同载明地址内的下列财产可作为保险标的：

（一）属于被保险人所有或与他人共有而由被保险人负责的财产；

（二）由被保险人经营管理或替他人保管的财产；

（三）其他具有法律上承认的与被保险人有经济利害关系的财产。

第三条 本保险合同载明地址内的下列财产未经保险合同双方特别约定并在保险合同中载明保险价值的，不属于本保险合同的保险标的：

（一）金银、珠宝、钻石、玉器、首饰、古币、古玩、古书、古画、邮票、字画、艺术品、稀有金属等珍贵财物；

（二）堤堰、水闸、铁路、道路、涵洞、隧道、桥梁、码头；

（三）矿井（坑）内的设备和物资；

（四）便携式通讯装置、便携式计算机设备、便携式照相摄像器材以及其他便携式装置、设备；

（五）尚未交付使用或验收的工程。

第四条　下列财产不属于本保险合同的保险标的：

（一）土地、矿藏、水资源及其他自然资源；

（二）矿井、矿坑；

（三）货币、票证、有价证券以及有现金价值的磁卡、集成电路（IC）卡等卡类；

（四）文件、账册、图表、技术资料、计算机软件、计算机数据资料等无法鉴定价值的财产；

（五）枪支弹药；

（六）违章建筑、危险建筑、非法占用的财产；

（七）领取公共行驶执照的机动车辆；

（八）动物、植物、农作物。

保险责任

第五条　在保险期间内，由于下列原因造成保险标的的损失，保险人按照本保险合同的约定负责赔偿：

（一）火灾、爆炸；

（二）雷击、暴雨、洪水、暴风、龙卷风、冰雹、台风、飓风、暴雪、冰凌、突发性滑坡、崩塌、泥石流、地面突然下陷下沉；

（三）飞行物体及其他空中运行物体坠落。

前款原因造成的保险事故发生时，为抢救保险标的或防止灾害蔓延，采取必要的、合理的措施而造成保险标的的损失，保险人按照本保险合同的约定也负责赔偿。

第六条　被保险人拥有财产所有权的自用的供电、供水、供气设备因保险事故遭受损坏，引起停电、停水、停气以致造成保险标的直接损失，保险人按照本保险合同的约定也负责赔偿。

第七条　保险事故发生后，被保险人为防止或减少保险标的的损失所支付的必要的、合理的费用，保险人按照本保险合同的约定也负责赔偿。

责任免除

第八条　下列原因造成的损失、费用，保险人不负责赔偿：

（一）投保人、被保险人及其代表的故意或重大过失行为；

（二）行政行为或司法行为；

（三）战争、类似战争行为、敌对行动、军事行动、武装冲突、罢工、骚乱、暴动、政变、谋反、恐怖活动；

（四）地震、海啸及其次生灾害；

（五）核辐射、核裂变、核聚变、核污染及其他放射性污染；

（六）大气污染、土地污染、水污染及其他非放射性污染，但因保险事故造成的非放射性污染不在此限；

（七）保险标的的内在或潜在缺陷、自然磨损、自然损耗，大气（气候或气温）变化、正常水位变化或其他渐变原因，物质本身变化、霉烂、受潮、鼠咬、虫蛀、鸟啄、氧化、锈蚀、渗漏、自燃、烘焙；

（八）水箱、水管爆裂；

（九）盗窃、抢劫。

第九条 下列损失、费用，保险人也不负责赔偿：

（一）保险标的遭受保险事故引起的各种间接损失；

（二）广告牌、天线、霓虹灯、太阳能装置等建筑物外部附属设施，存放于露天或简易建筑物内部的保险标的以及简易建筑本身，由于雷击、暴雨、洪水、暴风、龙卷风、冰雹、台风、飓风、暴雪、冰凌、沙尘暴造成的损失；

（三）锅炉及压力容器爆炸造成其本身的损失；

（四）本保险合同中载明的免赔额或按本保险合同中载明的免赔率计算的免赔额。

第十条 其他不属于本保险合同责任范围内的损失和费用，保险人不负责赔偿。

保险价值、保险金额与免赔额（率）

第十一条 保险标的的保险价值可以为出险时的重置价值、出险时的账面余额、出险时的市场价值或其他价值，由投保人与保险人协商确定，并在本保险合同中载明。

第十二条 保险金额由投保人参照保险价值自行确定，并在保险合同中载明。保险金额不得超过保险价值。超过保险价值的，超过部分无效，保险人应当退还相应的保险费。

第十三条 免赔额（率）由投保人与保险人在订立保险合同时协商确定，并在保险合同中载明。

保险期间

第十四条 除另有约定外，保险期间为一年，以保险单载明的起讫时间为准。

保险人义务

第十五条 订立保险合同时，采用保险人提供的格式条款的，保险人向投保人提供的投保单应当附格式条款，保险人应当向投保人说明保险合同的内容。对保险合同中免除保险人责任的条款，保险人在订立合同时应当在投保单、保险单或者其他保险凭证上作出足以引起投保人注意的提示，并对该条款的内容以书面或者口头形式向投保人作出明确说明；未作提示或者明确说明的，该条款不产生效力。

第十六条 本保险合同成立后，保险人应当及时向投保人签发保险单或其他保险凭证。

第十七条 保险人依据第二十一条所取得的保险合同解除权，自保险人知道有解除事由之日起，超过三十日不行使而消灭。自保险合同成立之日起超过二年的，保险人不得解除合同；发生保险事故的，保险人承担赔偿责任。

保险人在合同订立时已经知道投保人未如实告知的情况的，保险人不得解除合同；发生保险事故的，保险人应当承担赔偿责任。

第十八条 保险人按照第二十七条的约定，认为被保险人提供的有关索赔的证明和资料不完整的，应当及时一次性通知投保人、被保险人补充提供。

第十九条 保险人收到被保险人的赔偿保险金的请求后，应当及时作出是否属于保险责任的核定；情形复杂的，应当在三十日内作出核定，但保险合同另有约定的除外。

保险人应当将核定结果通知被保险人；对属于保险责任的，在与被保险人达成赔偿保险金的协议后十日内，履行赔偿保险金义务。保险合同对赔偿保险金的期限有约定的，保险人应当按照约定履行赔偿保险金的义务。保险人依照前款约定作出核定后，对不属于保险责任的，应当自作出核定之日起三日内向被保险人发出拒绝赔偿保险金通知书，并说明理由。

第二十条 保险人自收到赔偿的请求和有关证明、资料之日起六十日内，对其赔偿保险金的数额不能确定的，应当根据已有证明和资料可以确定的数额先予支付；保险人最终确定赔偿的数额后，应当支付相应的差额。

投保人、被保险人义务

第二十一条 订立保险合同，保险人就保险标的或者被保险人的有关情况提出询问的，投保人应当如实告知，并如实填写投保单。

投保人故意或者因重大过失未履行前款规定的如实告知义务，足以影响保险人决定是否同意承保或者提高保险费率的，保险人有权解除合同。

投保人故意不履行如实告知义务的，保险人对于合同解除前发生的保险事故，不承担赔偿责任，并不退还保险费。

投保人因重大过失未履行如实告知义务，对保险事故的发生有严重影响的，保险人对于合同解除前发生的保险事故，不承担赔偿责任，但应当退还保险费。

第二十二条 投保人应按约定交付保险费。

约定一次性交付保险费的，投保人在约定交费日后交付保险费的，保险人对交费之前发生的保险事故不承担保险责任。

约定分期交付保险费的，保险人按照保险事故发生前保险人实际收取保险费总额与投保人应当交付的保险费的比例承担保险责任，投保人应当交付的保险费是指截至保险事故发生时投保人按约定分期应该缴纳的保费总额。

第二十三条 被保险人应当遵守国家有关消防、安全、生产操作、劳动保护等方面的相关法律、法规及规定，加强管理，采取合理的预防措施，尽力避免或减少责任事故的发生，维护保险标的的安全。

保险人可以对被保险人遵守前款约定的情况进行检查，向投保人、被保险人提出消除不安全因素和隐患的书面建议，投保人、被保险人应该认真付诸实施。

投保人、被保险人未按照约定履行其对保险标的的安全应尽责任的，保险人有权要求增加保险费或者解除合同。

第二十四条 保险标的转让的，被保险人或者受让人应当及时通知保险人。

因保险标的转让导致危险程度显著增加的，保险人自收到前款规定的通知之日起三十日内，可以按照合同约定增加保险费或者解除合同。保险人解除合同的，应当将已收取的保险费，按照合同约定扣除自保险责任开始之日起至合同解除之日止应收的部分后，退还投保人。

被保险人、受让人未履行本条规定的通知义务的，因转让导致保险标的的危险程度显著增加而发生的保险事故，保险人不承担赔偿责任。

第二十五条 在合同有效期内，如保险标的的占用与使用性质、保险标的的地址及其他可能导致保险标的的危险程度显著增加的，或其他足以影响保险人决定是否继续承保或是否增加保险费的保险合同重要事项变更，被保险人应及时书面通知保险人，保险人有权要求增加保险费或者解除合同。

被保险人未履行前款约定的通知义务的，因保险标的的的危险程度显著增加而发生的保险事故，保险人不承担赔偿责任。

第二十六条 知道保险事故发生后，被保险人应该：

（一）尽力采取必要、合理的措施，防止或减少损失，否则，对因此扩大的损失，保险人不承担赔偿责任；

（二）立即通知保险人，并书面说明事故发生的原因、经过和损失情况；故意或者因重大过失未及时通知，致使保险事故的性质、原因、损失程度等难以确定的，保险人对无法确定的部分，不承担赔偿责任，但保险人通过其他途径已经及时知道或者应当及时知道保险事故发生的除外；

（三）保护事故现场，允许并且协助保险人进行事故调查；对于拒绝或者妨碍保险人进行事故调查导致无法确定事故原因或核实损失情况的，保险人对无法核实的部分不承担赔偿责任。

第二十七条 被保险人请求赔偿时，应向保险人提供下列证明和资料：

（一）保险单正本、索赔申请、财产损失清单、技术鉴定证明、事故报告书、救护费用发票、必要的账簿、单据和有关部门的证明；

（二）投保人、被保险人所能提供的与确认保险事故的性质、原因、损失程度等有关的其他证明和资料。

投保人、被保险人未履行前款约定的单证提供义务，导致保险人无法核实损失情况的，保险人对无法核实的部分不承担赔偿责任。

赔偿处理

第二十八条 保险事故发生时，被保险人对保险标的的不具有保险利益的，不得向保险人请求赔偿保险金。

第二十九条 保险标的发生保险责任范围内的损失，保险人有权选择下列方式赔偿：

（一）货币赔偿：保险人以支付保险金的方式赔偿；

（二）实物赔偿：保险人以实物替换受损标的，该实物应具有保险标的的出险前同等的类型、结构、状态和性能；

（三）实际修复：保险人自行或委托他人修理修复受损标的。

对保险标的在修复或替换过程中，被保险人进行的任何变更、性能增加或改进所产生的额外费用，保险人不负责赔偿。

第三十条　保险标的遭受损失后，如果有残余价值，应由双方协商处理。如折归被保险人，由双方协商确定其价值，并在保险赔款中扣除。

第三十一条　保险标的发生保险责任范围内的损失，保险人按以下方式计算赔偿：

（一）保险金额等于或高于保险价值时，按实际损失计算赔偿，最高不超过保险价值；

（二）保险金额低于保险价值时，按保险金额与保险价值的比例乘以实际损失计算赔偿，最高不超过保险金额；

（三）若本保险合同所列标的不止一项时，应分项按照本条约定处理。

第三十二条　保险标的的保险金额大于或等于其保险价值时，被保险人为防止或减少保险标的的损失所支付的必要的、合理的费用，在保险标的损失赔偿金额之外另行计算，最高不超过被施救保险标的的保险价值。

保险标的的保险金额小于其保险价值时，上述费用按被施救保险标的的保险金额与其保险价值的比例在保险标的损失赔偿金额之外另行计算，最高不超过被施救保险标的的保险金额。

被施救的财产中，含有本保险合同未承保财产的，按被施救保险标的的保险价值与全部被施救财产价值的比例分摊施救费用。

第三十三条　每次事故保险人的赔偿金额为根据第三十一条、第三十二条约定计算的金额扣除每次事故免赔额后的金额，或者为根据第三十一条、第三十二条约定计算的金额扣除该金额与免赔率乘积后的金额。

第三十四条　保险事故发生时，如果存在重复保险，保险人按照本保险合同的相应保险金额与其他保险合同及本保险合同相应保险金额总和的比例承担赔偿责任。

其他保险人应承担的赔偿金额，本保险人不负责垫付。若被保险人未如实告知导致保险人多支付赔偿金的，保险人有权向被保险人追回多支付的部分。

第三十五条　保险标的发生部分损失，保险人履行赔偿义务后，本保险合同的保险金额自损失发生之日起按保险人的赔偿金额相应减少，保险人不退还保险金额减少部分的保险费。如投保人请求恢复至原保险金额，应按原约定的保险费率另行支付恢复部分从投保人请求的恢复日期起至保险期间届满之日止按日比例计算的保险费。

第三十六条　发生保险责任范围内的损失，应由有关责任方负责赔偿的，保险人自向被保险人赔偿保险金之日起，在赔偿金额范围内代位行使被保险人对有关责任方请求赔偿的权利，被保险人应当向保险人提供必要的文件和所知道的有关情况。

被保险人已经从有关责任方取得赔偿的，保险人赔偿保险金时，可以相应扣减被保险人已从有关责任方取得的赔偿金额。

保险事故发生后，在保险人未赔偿保险金之前，被保险人放弃对有关责任方请求赔偿权利的，保险人不承担赔偿责任；保险人向被保险人赔偿保险金后，被保险人未经保险人同意放弃对有关责任方请求赔偿权利的，该行为无效；由于被保险人故意或者因重大过失致使保险人不能行使代位请求赔偿的权利的，保险人可以扣减或者要求返还相应的保险金。

第三十七条 被保险人向保险人请求赔偿保险金的诉讼时效期间为二年，自其知道或者应当知道保险事故发生之日起计算。

争议处理和法律适用

第三十八条 因履行本保险合同发生的争议，由当事人协商解决。协商不成的，提交保险单载明的仲裁机构仲裁；保险单未载明仲裁机构且争议发生后未达成仲裁协议的，依法向人民法院起诉。

第三十九条 与本保险合同有关的以及履行本保险合同产生的一切争议，适用中华人民共和国法律（不包括港澳台地区法律）。

其他事项

第四十条 保险标的发生部分损失的，自保险人赔偿之日起三十日内，投保人可以解除合同；除合同另有约定外，保险人也可以解除合同，但应当提前十五日通知投保人。

保险合同依据前款规定解除的，保险人应当将保险标的未受损失部分的保险费，按照合同约定扣除自保险责任开始之日起至合同解除之日止应收的部分后，退还投保人。

第四十一条 保险责任开始前，投保人要求解除保险合同的，应当按本保险合同的约定向保险人支付退保手续费，保险人应当退还剩余部分保险费。

保险责任开始后，投保人要求解除保险合同的，自通知保险人之日起，保险合同解除，保险人按短期费率计收保险责任开始之日起至合同解除之日止期间的保险费，并退还剩余部分保险费。

保险责任开始后，保险人要求解除保险合同的，可提前十五日向投保人发出解约通知书解除本保险合同，保险人按照保险责任开始之日起至合同解除之日止期间与保险期间的日比例计收保险费，并退还剩余部分保险费。

第四十二条 保险标的发生全部损失，属于保险责任的，保险人在履行赔偿义务后，本保险合同终止；不属于保险责任的，本保险合同终止，保险人按短期费率计收自保险责任开始之日起至损失发生之日止期间的保险费，并退还剩余部分保险费。

释义

第四十三条 本保险合同涉及下列术语时，适用下列释义：

（一）火灾

在时间或空间上失去控制的燃烧所造成的灾害。构成本保险的火灾责任必须同时具备以下三个条件：

1. 有燃烧现象，即有热有光有火焰；

2. 偶然、意外发生的燃烧；

3. 燃烧失去控制并有蔓延扩大的趋势。

因此，仅有燃烧现象并不等于构成本保险中的火灾责任。在生产、生活中有目的用火，如为了防疫而焚毁沾污的衣物，点火烧荒等属正常燃烧，不同于火灾责任。

因烘、烤、烫、烙造成焦糊变质等损失，既无燃烧现象，又无蔓延扩大趋势，也不属于火灾责任。

电机、电器、电气设备因使用过度、超电压、碰线、弧花、漏电、自身发热所造成的本身损毁，不属于火灾责任。但如果发生了燃烧并失去控制蔓延扩大，才构成火灾责任，并对电机、电器、电气设备本身的损失负责赔偿。

（二）爆炸

爆炸分物理性爆炸和化学性爆炸。

1. 物理性爆炸：由于液体变为蒸汽或气体膨胀，压力急剧增加并大大超过容器所能承受的极限压力，因而发生爆炸。如锅炉、空气压缩机、压缩气体钢瓶、液化气罐爆炸等。关于锅炉、压力容器爆炸的定义是：锅炉或区力容器在使用中或试压时发生破裂，使压力瞬时降到等于外界大气压力的事故，称为"爆炸事故"。

2. 化学性爆炸：物体在瞬息分解或燃烧时放出大量的热和气体，并以很大的压力向四周扩散的现象。如火药爆炸、可燃性粉尘纤维爆炸、可燃气体爆炸及各种化学物品的爆炸等。

因物体本身的瑕疵，使用损耗或产品质量低劣以及由于容器内部承受"负压"（内压比外压小）造成的损失，不属于爆炸责任。

（三）雷击

雷击指由雷电造成的灾害。雷电为积雨云中、云间或云地之间产生的放电现象。雷击的破坏形式分直接雷击与感应雷击两种。

1. 直接雷击：由于雷电直接击中保险标的造成损失，属直接雷击责任。

2. 感应雷击：由于雷击产生的静电感应或电磁感应使屋内对地绝缘金属物体产生高电位放出火花引起的火灾，导致电器本身的损毁，或因雷电的高电压感应，致使电器部件的损毁，属感应雷击责任。

（四）暴雨：指每小时降雨量达 16 毫米以上，或连续 12 小时降雨量达 30 毫米以上，或连续 24 小时降雨量达 50 毫米以上的降雨。

（五）洪水：指山洪暴发、江河泛滥、潮水上岸及倒灌。但规律性的涨潮、自动灭火设施漏水以及在常年水位以下或地下渗水、水管爆裂不属于洪水责任。

（六）暴风：指风力达 8 级、风速在 17.2 米/秒以上的自然风。

（七）龙卷风：指一种范围小而时间短的猛烈旋风，陆地上平均最大风速在 79 米/秒至 103 米/秒，极端最大风速在 100 米/秒以上。

（八）冰雹：指从强烈对流的积雨云中降落到地面的冰块或冰球，直径大于 5 毫米，核心坚硬的固体降水。

（九）台风、飓风：台风指中心附近最大平均风力 12 级或以上，即风速在 32.6 米/秒以上的热带气旋；飓风是一种与台风性质相同但出现的位置区域不同的热带气旋，台风出现在西北太平洋海域，而飓风出现在印度洋、大西洋海域。

（十）沙尘暴：指强风将地面大量尘沙吹起，使空气很混浊，水平能见度小于 1

公里的天气现象。

（十一）暴雪：指连续 12 小时的降雪量大于或等于 10 毫米的降雪现象。

（十二）冰凌：指春季江河解冻期时冰块漂浮遇阻，堆积成坝，堵塞江道，造成水位急剧上升，以致江水溢出江道，蔓延成灾。

陆上有些地区，如山谷风口或酷寒致使雨雪在物体上结成冰块，呈下垂形状，越结越厚，重量增加，由于下垂的拉力致使物体毁坏，也属冰凌责任。

（十三）突发性滑坡：斜坡上不稳的岩土体或人为堆积物在重力作用下突然整体向下滑动的现象。

（十四）崩塌：石崖、土崖、岩石受自然风化、雨蚀造成崩溃下塌，以及大量积雪在重力作用下从高处突然崩塌滚落。

（十五）泥石流：由于雨水、冰雪融化等水源激发的、含有大量泥沙石块的特殊洪流。

（十六）地面突然下陷下沉：地壳因为自然变异，地层收缩而发生突然塌陷。对于因海潮、河流、大雨侵蚀或在建筑房屋前没有掌握地层情况，地下有孔穴、矿穴，以致地面突然塌陷，也属地面突然下陷下沉。但未按建筑施工要求导致建筑地基下沉、裂缝、倒塌等，不在此列。

（十七）飞行物体及其他空中运行物体坠落：指空中飞行器、人造卫星、陨石坠落，吊车、行车在运行时发生的物体坠落，人工开凿或爆炸而致石方、石块、土方飞射、塌下，建筑物倒塌、倒落、倾倒，以及其他空中运行物体坠落。

（十八）自然灾害：指雷击、暴雨、洪水、暴风、龙卷风、冰雹、台风、飓风、沙尘暴、暴雪、冰凌、突发性滑坡、崩塌、泥石流、地面突然下陷下沉及其他人力不可抗拒的破坏力强大的自然现象。

（十九）意外事故：指不可预料的以及被保险人无法控制并造成物质损失的突发性事件，包括火灾和爆炸。

（二十）重大过失行为：指行为人不但没有遵守法律规范对其较高要求，甚至连人们都应当注意并能注意的一般标准也未达到的行为。

（二十一）恐怖活动：指任何人以某一组织的名义或参与某一组织使用武力或暴力对任何政府进行恐吓或施加影响而采取的行动。

（二十二）地震：地壳发生的震动。

（二十三）海啸：海啸是指由海底地震，火山爆发或水下滑坡、塌陷所激发的海洋巨波。

（二十四）行政行为、司法行为：指各级政府部门、执法机关或依法履行公共管理、社会管理职能的机构下令破坏、征用、罚没保险标的的行为。

（二十五）简易建筑：指符合下列条件之一的建筑：（1）使用竹木、芦席、篷布、茅草、油毛毡、塑料膜、尼龙布、玻璃钢瓦等材料为顶或墙体的建筑；（2）顶部封闭，但直立面非封闭部分的面积与直立面总面积的比例超过 10% 的建筑；（3）屋顶与所有墙体之间的最大距离超过一米的建筑。

（二十六）自燃：指可燃物在没有外部热源直接作用的情况下，由于其内部的物理作用（如吸附、辐射等）、化学作用（如氧化、分解、聚合等）或生物作用

（如发酵、细菌腐败等）而发热，热量积聚导致升温，当可燃物达到一定温度时，未与明火直接接触而发生燃烧的现象。

（二十七）重置价值：指替换、重建受损保险标的，以使其达到全新状态而发生的费用，但不包括被保险人进行的任何变更、性能增加或改进所产生的额外费用。

（二十八）水箱、水管爆裂：包括冻裂和意外爆裂两种情况。水箱、水管爆裂一般是由水箱、水管本身瑕疵或使用耗损或严寒结冰造成的。

附录　　　　　　　　　　　　　短期费率表

保险期间	一个月	二个月	三个月	四个月	五个月	六个月	七个月	八个月	九个月	十个月	十一个月	十二个月
年费率的百分比	10	20	30	40	50	60	70	80	85	90	95	100

注：不足一个月的部分按一个月计收。

【附录 4.2】

中国人民财产保险股份有限公司财产保险费率表

一、基准费率

基准费率表

基本险	综合险	一切险
0.8‰	1.8‰	2.8‰

二、行业标准费率

行业标准费率＝基准费率×行业系数

行业系数表

行业代码	基本险	综合险	一切险
1	0.5	0.7	0.7
2	0.6	0.8	0.8
3	1.2	1.1	1.1
4	1.8	1.5	1.5
5	3.3	2.8	2.8
6	4.0	3.5	3.5
7	0.5	0.7	0.7
8	1.2	1.2	1.2
9	2.5	2.4	2.4
10	0.4	0.6	0.6
11	1.0	1.0	1.0
12	0.5	0.7	0.7
13	1.0	0.9	0.9
14	1.9	1.8	1.8

行业代码对照表（略）

三、区域标准费率

区域标准费率 = 行业标准费率 × （暴风雨损失占比 × 暴风雨区域系数 + 台风损失占比 × 台风区域系数 + 洪水损失占比 × 洪水区域系数 + 其他灾因损失占比 × 其他灾因区域系数）

注：基本险的区域系数为1。

各灾因损失占比表

险种	暴风雨	台风	洪水	其他
综合险	31%	9%	5%	55%
一切险	22%	7%	4%	67%

暴风雨区域系数表

地区分类	地区	区域系数
一类地区	北京、陕西、青海、宁夏、天津	0.12 ~ 0.54
二类地区	山西、内蒙古、辽宁、大连、吉林、黑龙江、上海、浙江、宁波、福建、厦门、山东、青岛、河南、湖北、广东、深圳、海南、重庆、贵州、西藏、甘肃、新疆	0.52 ~ 1.34
三类地区	河北、江苏、安徽、江西、湖南、广西、云南、四川	1.27 ~ 1.74

台风区域系数表

地区分类	地区	区域系数
一类地区	北京、天津、河北、山西、内蒙古、辽宁、大连、吉林、黑龙江、安徽、河南、湖北、四川、重庆、贵州、云南、西藏、陕西、甘肃、青海、宁夏、新疆	0 ~ 0.05
二类地区	山东、青岛、江西、湖南	0.10 ~ 0.48
三类地区	上海、江苏、广西、海南	0.60 ~ 2.44
四类地区	福建、厦门、浙江、宁波、广东、深圳	2.61 ~ 5.13

洪水区域系数表

地区分类	地区	区域系数
一类地区	北京、天津、上海、西藏	0.01 ~ 0.08
二类地区	河北、山西、内蒙古、辽宁、大连、吉林、黑龙江、江苏、山东、青岛、河南、广东、深圳、海南、陕西、甘肃、青海、宁夏、新疆、厦门	0.11 ~ 0.88
三类地区	浙江、宁波、福建、四川、重庆、贵州、云南	1.04 ~ 1.92
四类地区	安徽、江西、湖南、广西、湖北	1.74 ~ 4.45

其他灾因区域系数表

地区分类	地区	区域系数
一类地区	北京、天津、上海、陕西、青海、宁夏、吉林、重庆、四川、福建、广东、海南、厦门、深圳、辽宁	0.85～0.91
二类地区	甘肃、新疆、山西、黑龙江、湖北、江苏、安徽、浙江、贵州、大连、宁波、西藏	0.95～1.05
三类地区	江西、湖南、广西、河北、山东、河南、青岛	1.08～1.14
四类地区	内蒙古、云南	1.17～1.30

四、标的实收费率

标的实收费率＝区域标准费率×保额系数×绝对免赔额系数×个体风险评估系数

保额系数表

保险金额	系数
1 000 万元以下	1.5～5
1 000 万～1 亿元	0.8～1.5
1 亿～10 亿元	0.5～0.8
10 亿元以上	0.2～0.5

绝对免赔额系数表

绝对免赔额（元）	保险金额（元）			
	1 000 万元以下	1 000 万～1 亿元	1 亿～10 亿元	10 亿元以上
1 000～2 000	0.93～0.97	0.96～0.98	—	—
2 000～5 000	0.87～0.93	0.92～0.96	0.96～0.98	0.98～1.00
5 000～1 万	0.80～0.87	0.86～0.92	0.94～0.96	0.97～0.98
1 万～3 万	0.66～0.80	0.73～0.86	0.86～0.94	0.94～0.97
3 万～5 万	0.60～0.66	0.66～0.73	0.81～0.86	0.91～0.94
5 万～10 万	0.52～0.60	0.57～0.66	0.73～0.81	0.87～0.91
10 万～20 万	0.45～0.52	0.49～0.57	0.64～0.73	0.81～0.87
20 万以上	0.45	0.45～0.49	0.59～0.64	0.77～0.81

个体风险评估系数表（略）

【附录 4.3】

中国人民财产保险股份有限公司 2009 版家庭财产综合保险

总　则

第一条　本保险合同由保险条款、投保单、保险单或其他保险凭证（保险卡）

以及批单组成。凡涉及本保险合同的约定均应采用书面形式。

保险标的

第二条 本保险合同的保险标的为被保险人所有、使用或保管的、坐落于保险单载明地址的房屋内的下列财产：

（一）房屋及其室内附属设备（如固定装置的水暖、气暖、卫生、供水、管道煤气及供电设备、厨房配套的设备等）；

（二）室内装潢；

（三）室内财产：

1. 家用电器和文体娱乐用品；

2. 衣物和床上用品；

3. 家具及其他生活用具。

投保人就以上各项保险标的可以选择投保。

第三条 下列财产未经保险合同双方特别约定并在保险合同中载明保险价值的，不属于本保险合同的保险标的：

（一）属于被保险人代他人保管或者与他人共有而由被保险人负责的第二条载明的财产；

（二）存放于院内、室内的非机动农机具、农用工具及存放于室内的粮食及农副产品；

（三）经保险人同意的其他财产。

第四条 下列财产不属于本保险合同的保险标的：

（一）金银、珠宝、钻石及制品，玉器、首饰、古币、古玩、字画、邮票、艺术品、稀有金属等珍贵财物；

（二）货币、票证、有价证券、文件、书籍、账册、图表、技术资料、电脑软件及资料以及无法鉴定价值的财产；

（三）日用消耗品、各种交通工具、养殖及种植物；

（四）用于从事工商业生产、经营活动的财产和出租用作工商业的房屋；

（五）无线通讯工具、笔、打火机、手表，各种磁带、磁盘、影音激光盘；

（六）用芦席、稻草、油毛毡、麦秆、芦苇、竹竿、帆布、塑料布、纸板等为外墙、屋顶的简陋屋棚及柴房、禽畜棚、与保险房屋不成一体的厕所、围墙、无人居住的房屋以及存放在里面的财产；

（七）政府有关部门征用、占用的房屋，违章建筑、危险建筑、非法占用的财产；

（八）其他不属于第二条、第三条所列明的家庭财产。

保险责任

第五条 在保险期间内，由于下列原因造成保险标的的损失，保险人按照本保险合同的约定负责赔偿：

（一）火灾、爆炸；

（二）雷击、台风、龙卷风、暴风、暴雨、洪水、雪灾、雹灾、冰凌、泥石流、崖崩、突发性滑坡、地面突然下陷；

（三）飞行物体及其他空中运行物体坠落，外来不属于被保险人所有或使用的建筑物和其他固定物体的倒塌。

前款原因造成的保险事故发生时，为抢救保险标的或防止灾害蔓延，采取必要的、合理的措施而造成保险标的的损失，保险人按照本保险合同的约定也负责赔偿。

第六条　保险事故发生后，被保险人为防止或减少保险标的的损失所支付的必要的、合理的费用，保险人按照本保险合同的约定也负责赔偿。

责任免除

第七条　下列原因造成的损失、费用，保险人不负责赔偿：

（一）战争、敌对行为、军事行动、武装冲突、罢工、骚乱、暴动、恐怖活动、盗抢；

（二）核辐射、核爆炸、核污染及其他放射性污染；

（三）被保险人及其家庭成员、寄宿人、雇用人员的违法、犯罪或故意行为；

（四）地震、海啸及其次生灾害；

（五）行政行为或司法行为。

第八条　下列损失、费用，保险人也不负责赔偿：

（一）保险标的遭受保险事故引起的各种间接损失；

（二）家用电器因使用过度、超电压、短路、断路、漏电、自身发热、烘烤等原因所造成本身的损毁；

（三）坐落在蓄洪区、行洪区，或在江河岸边、低洼地区以及防洪堤以外当地常年警戒水位线以下的家庭财产，由于洪水所造成的一切损失；

（四）保险标的本身缺陷、保管不善导致的损毁；保险标的的变质、霉烂、受潮、虫咬、自然磨损、自然损耗、自燃、烘焙所造成本身的损失；

（五）本保险合同中载明的免赔额。

第九条　其他不属于本保险合同责任范围内的损失和费用，保险人不负责赔偿。

保险价值、保险金额与免赔额

第十条　房屋及室内附属设备、室内装潢的保险价值为出险时的重置价值。保险金额由投保人参照保险价值自行确定，并在保险合同中载明。其中：

（一）房屋及室内附属设备、室内装潢的保险金额由投保人根据购置价或市场价自行确定。

（二）室内财产的保险金额由投保人根据当时实际价值分项目自行确定。不分项目的，按各大类财产在保险金额中所占比例确定，即城市家庭的室内财产中的家用电器及文体娱乐用品占40％，衣物及床上用品占30％，家具及其他生活用具占30％。农村家庭的室内财产中的家用电器及文体娱乐用品占30％，衣物及床上用品占15％，家具及其他生活用具占30％，农机具等占25％。

（三）特约财产的保险金额由投保人和保险人双方约定。

第十一条　每次事故的免赔额由投保人与保险人在订立保险合同时协商确定，并在保险合同中载明。

保险期间

第十二条　保险期间分别为一年、三年、五年。以保险单载明的起讫时间为准。

保险人义务

第十三条　订立保险合同时，采用保险人提供的格式条款的，保险人向投保人提供的投保单应当附格式条款，保险人应当向投保人说明保险合同的内容。对保险合同中免除保险人责任的条款，保险人在订立合同时应当在投保单、保险单或者其他保险凭证上作出足以引起投保人注意的提示，并对该条款的内容以书面或者口头形式向投保人作出明确说明；未作提示或者明确说明的，该条款不产生效力。

第十四条　本保险合同成立后，保险人应当及时向投保人签发保险单或其他保险凭证。

第十五条　保险人依据第十九条所取得的保险合同解除权，自保险人知道有解除事由之日起，超过三十日不行使而消灭。自保险合同成立之日起超过二年的，保险人不得解除合同；发生保险事故的，保险人承担赔偿责任。

保险人在合同订立时已经知道投保人未如实告知的情况的，保险人不得解除合同；发生保险事故的，保险人应当承担赔偿责任。

第十六条　保险人按照本条款第二十五条的约定，认为被保险人提供的有关索赔的证明和资料不完整的，应当及时一次性通知投保人、被保险人补充提供。

第十七条　保险人收到被保险人的赔偿保险金的请求后，应当及时作出核定；情形复杂的，应当在三十日内作出核定，但保险合同另有约定的除外。

保险人应当将核定结果通知被保险人；对属于保险责任的，在与被保险人达成赔偿保险金的协议后十日内，履行赔偿或者给付保险金义务。保险合同对赔偿保险金的期限有约定的，保险人应当按照约定履行赔偿保险金的义务。保险人依照前款约定作出核定后，对不属于保险责任的，应当自作出核定之日起三日内向被保险人发出拒绝赔偿保险金通知书，并说明理由。

第十八条　保险人自收到赔偿保险金的请求和有关证明、资料之日起六十日内，对其赔偿保险金的数额不能确定的，应当根据已有证明和资料可以确定的数额先予支付；保险人最终确定赔偿的数额后，应当支付相应的差额。

投保人、被保险人义务

第十九条　订立保险合同时，保险人就保险标的或者被保险人的有关情况提出询问的，投保人应当如实告知，并如实填写投保单。

投保人故意或者因重大过失未履行前款规定的如实告知义务，足以影响保险人决定是否同意承保或者提高保险费率的，保险人有权解除合同。保险合同自保险人的解约通知书到达投保人或被保险人时解除。

投保人故意不履行如实告知义务的，保险人对于合同解除前发生的保险事故，不承担赔偿责任，并不退还保险费。

投保人因重大过失未履行如实告知义务，对保险事故的发生有严重影响的，保险人对于合同解除前发生的保险事故，不承担赔偿责任，但应当退还保险费。

第二十条 除另有约定外，投保人应在保险合同成立时交清保险费。保险费交清前发生的保险事故，保险人不承担赔偿责任。

第二十一条 被保险人应当遵守国家有关消防、安全、生产操作、劳动保护等方面的法律、法规和规定，加强管理，采取合理的预防措施，尽力避免或减少责任事故的发生，维护保险标的的安全。

保险人可以对保险标的的安全状况进行检查，向投保人、被保险人提出消除不安全因素和隐患的书面建议，投保人、被保险人应该认真付诸实施。

投保人、被保险人未按照约定履行其对保险标的的安全应尽责任的，保险人有权要求增加保险费或者解除合同。

第二十二条 保险标的转让的，被保险人或者受让人应当及时通知保险人。

因保险标的转让导致危险程度显著增加的，保险人自收到前款规定的通知之日起三十日内，可以按照合同约定增加保险费或者解除合同。

保险人解除合同的，应当将已收取的保险费，按照合同约定扣除自保险责任开始之日起至保险合同解除之日止应收的部分后，退还投保人。

被保险人、受让人未履行本条规定的通知义务的，因转让导致保险标的危险程度显著增加而发生的保险事故，保险人不承担赔偿责任。

第二十三条 在合同有效期内，保险标的的危险程度显著增加的，被保险人应当按照合同约定及时通知保险人，保险人可以按照合同约定增加保险费或者解除合同。

保险人解除合同的，应当将已收取的保险费，按照合同约定扣除自保险责任开始之日起至保险合同解除之日止应收的部分后，退还投保人。

被保险人未履行前款约定的通知义务的，因保险标的的危险程度显著增加而发生的保险事故，保险人不承担赔偿责任。

第二十四条 知道保险事故发生后，被保险人应该：

（一）尽力采取必要、合理的措施，防止或减少损失，否则，对因此扩大的损失，保险人不承担赔偿责任。

（二）立即通知保险人，并书面说明事故发生的原因、经过和损失情况；故意或者因重大过失未及时通知，致使保险事故的性质、原因、损失程度等难以确定的，保险人对无法确定的部分，不承担赔偿责任，但保险人通过其他途径已经及时知道或者应当及时知道保险事故发生的除外。

（三）保护事故现场，允许并且协助保险人进行事故调查。对于拒绝或者妨碍保险人进行事故调查导致无法确定事故原因或核实损失情况的，保险人对无法核实的部分不承担赔偿责任。

第二十五条 被保险人请求赔偿时，应向保险人提供下列证明和资料：保险单正本或保险凭证；财产损失清单；发票、费用单据；有关部门的证明；以及投保人、被保险人所能提供的与确认保险事故的性质、原因、损失程度等有关的其他证明和资料。

投保人、被保险人未履行前款约定的索赔材料提供义务，导致保险人无法核实损失情况的，保险人对无法核实的部分不承担赔偿责任。

赔偿处理

第二十六条 保险事故发生时，被保险人对保险标的不具有保险利益的，不得向保险人请求赔偿保险金。

第二十七条 保险标的发生保险责任范围内的损失，保险人有权选择下列方式赔偿：

（一）货币赔偿：根据受损标的的实际损失和本保险合同的约定，以支付保险金的方式赔偿；

（二）实物赔偿：保险人以实物替换受损保险标的，该实物应具有保险标的出险前同等的类型、结构、状态和性能；

（三）实际修复：保险人自行或委托他人修理修复受损标的。

对受损保险标的在替换或修复过程中，被保险人进行的任何变更、性能增加或改进所产生的额外费用，保险人不负责赔偿保险金。

第二十八条 保险标的遭受损失后，如果有残余价值，应由双方协商处理。如折归被保险人，由双方协商确定其价值，并在保险赔款中扣除。

第二十九条 被保险人为防止或减少保险标的的损失所支付的必要、合理的施救费用，在保险标的损失赔偿金额以外另行计算，最高不超过本保险合同载明的保险金额。

若保险标的的赔偿金额因重复保险的存在而减少时，保险人对于施救费用的赔偿金额也以同样的比例为限。

第三十条 保险标的发生保险责任范围内的损失时，保险人按照其实际损失扣除保险单载明的免赔额后，在保险金额范围内计算赔偿。

第三十一条 保险事故发生时，如果存在重复保险，保险人按照本保险合同的相应保险金额与其他保险合同及本保险合同相应保险金额总和的比例承担赔偿责任。

其他保险人应承担的赔偿金额，本保险人不负责垫付。若被保险人未如实告知导致保险人多支付赔偿金的，保险人有权向被保险人追回多支付的部分。

第三十二条 保险标的发生部分损失，保险人履行赔偿义务后，本保险合同的保险金额自损失发生之日起按保险人的赔偿金额相应减少，保险人不退还保险金额减少部分的保险费。如投保人请求恢复至原保险金额，应按原约定的保险费率另行支付恢复部分从投保人请求的恢复日期起至保险期间届满之日止按日比例计算的保险费。

投保三年期、五年期的，下一保险年度，则自动恢复原保险金额。

第三十三条 发生保险责任范围内的损失，应由有关责任方负责赔偿的，保险人自向被保险人赔偿保险金之日起，在赔偿金额范围内代位行使被保险人对有关责任方请求赔偿的权利，被保险人应当向保险人提供必要的文件和所知道的有关情况。

被保险人已经从有关责任方取得赔偿的，保险人赔偿保险金时，可以相应扣减被保险人已从有关责任方取得的赔偿金额。

保险事故发生后，在保险人未赔偿保险金之前，被保险人放弃对有关责任方请求赔偿权利的，保险人不承担赔偿责任；保险人向被保险人赔偿保险金后，被保险人未经保险人同意放弃对有关责任方请求赔偿权利的，该行为无效；由于被保险人故意或者因重大过失致使保险人不能行使代位请求赔偿权利的，保险人可以扣减或者要求返还相应的保险金。

第三十四条　被保险人向保险人请求赔偿保险金的诉讼时效期间为二年，自其知道或者应当知道保险事故发生之日起计算。

争议处理和法律适用

第三十五条　因履行本保险合同发生争议的，由当事人协商解决。协商不成的，提交保险单载明的仲裁机构仲裁；保险单未载明仲裁机构且争议发生后未达成仲裁协议的，依法向人民法院起诉。

第三十六条　与本保险合同有关的以及履行本保险合同产生的一切争议，适用中华人民共和国法律（不包括港澳台地区法律）。

其他事项

第三十七条　保险责任开始前，投保人要求解除保险合同的，应当按照本保险合同的约定向保险人支付退保手续费，保险人应当退还剩余部分保险费。

保险责任开始后，投保人要求解除保险合同的，自通知保险人之日起，保险合同解除，保险人按短期费率计收保险责任开始之日起至合同解除之日止期间的保险费，并退还剩余部分保险费。

保险人也可提前十五日向投保人发出解约通知书解除本保险合同，保险人按照保险责任开始之日起至合同解除之日止期间与保险期间的日比例计收保险费，并退还剩余部分保险费。

第三十八条　保险标的发生部分损失的，自保险人赔偿之日起三十日内，投保人可以解除合同；除合同另有约定外，保险人也可以解除合同，但应当提前十五日通知投保人。

保险合同依据前款约定解除的，保险人应当将保险标的未受损失部分的保险费，按照合同约定扣除自保险责任开始之日起至合同解除之日止应收的部分后，退还投保人。

第三十九条　保险标的发生全部损失，属于保险责任的，保险人在履行赔偿义务后，本保险合同终止；不属于保险责任的，本保险合同终止，保险人按短期费率计收自保险责任开始之日起至损失发生之日止期间的保险费，并退还剩余部分保险费。

（资料来源：中国保险行业协会官方网站人保财险在保监会备案的 2009 版家庭财产保险条款。）

【本章小结】

火灾保险	火灾保险导论	火灾保险是指以存放在固定场所并处于相对静止状态的财产物资作为保险标的，由保险人承担财产因遭受火灾及其他自然灾害、意外事故造成损失的经济赔偿责任的一种财产保险。目前，我国开办的火灾保险业务主要有企业财产保险、家庭财产保险和作为企业财产保险附加险的营业中断保险。
	企业财产保险	企业财产保险是以法人团体的财产物资及有关利益等为保险标的，由保险人承担火灾及其他自然灾害、意外事故损失赔偿责任的一种财产损失保险。国外一般称为团体火灾保险。企业财产保险的保险标的分为可保财产、特约可保财产和不可保财产。财产保险基本险和财产保险综合险是最重要且最常见的企业财产保险险种。企业财产保险的保险费率分为三种：工业险、仓储险、普通险。企业财产保险采用比例赔偿方式。
	家庭财产保险	家庭财产保险，是以城乡居民家庭的自有财产或代他人保管、与他人共有的财产作为保险标的，以合同约定的自然灾害或意外事故造成保险标的的损失为保险责任的一种财产保险。家庭财产保险与企业财产保险一样，保险标的也分为可保财产、特约可保财产和不可保财产。家庭财产保险采用比例赔偿方式和第一损失赔偿方式相结合的赔偿方式。传统家庭财产保险有普通家庭财产保险、家庭财产两全保险、长效还本家庭财产保险和团体家庭财产保险。新型家庭财产保险主要有组合型家庭财产保险和理财型家庭财产保险。
	营业中断保险	营业中断保险是指对企业（被保险人）因物质财产遭受自然灾害或意外事故等导致损毁后，在一段时间内停产、停业或营业受影响的间接经济损失及营业中断期间发生的必要的费用支出提供保障的保险。营业中断保险的保险项目有营业额减少所致的毛利润损失、营业费用增加所致的毛利润损失、工资和审计师费用。营业额减少所致的毛利润损失 =（标准营业额 - 赔偿期营业额）× 毛利润率营业中断保险有赔偿期的规定。赔偿期险的起点是受灾日。赔偿期限和保险期限不同。营业中断保险赔偿处理时要扣除免赔期或免赔额。

【课后习题】

一、单选题

1. 企业财产保险通常采用（　　）赔偿方式。

A. 第一危险　　　　B. 比例赔偿　　　　C. 限额赔偿　　　　D. 第一损失

2. 企业财产保险和家庭财产保险属于（　　）。

A. 火灾保险　　　B. 运输工具保险　　C. 运输货物保险　　D. 工程保险

3. 下列标的中，（　　）属于不可保财产。

A. 土地　　　　　B. 厂房　　　　　C. 机器设备　　　D. 在产品

二、多选题

1. 我国火灾的构成条件包括（　　　）。

A. 有燃烧现象　　　　　　　　　　B. 属于偶然意外的燃烧

C. 烘烤、烫烙　　　　　　　　　　D. 燃烧失去控制有蔓延扩大趋势

2. 下列各项中，属于家庭财产保险可保财产的是（　　　）。

A. 房屋及附属设施　　　　　　　　B. 家具

C. 服装　　　　　　　　　　　　　D. 手提电脑

3. 下列各项中，属于营业中断保险保障项目的是（　　　）。

A. 营业额减少导致的毛利润损失　　B. 工资

C. 营业费用增加所致的毛利润损失　D. 审计师费用

三、判断题

1. 企业财产保险采用第一损失赔偿方式。　　　　　　　　　　　（　　）

2. 在我国营业中断保险可以独立投保。　　　　　　　　　　　　（　　）

3. 家庭财产保险属于火灾保险。　　　　　　　　　　　　　　　（　　）

四、简答题

1. 简述企业财产保险中固定资产、流动资产的保险金额和保险价值确定方式。

2. 企业财产保险的费率有哪几种？

3. 比较我国与英美火灾构成条件的不同。

4. 简述营业中断保险的保障项目和赔偿期的确定。

5. 家庭财产保险的赔偿方式有哪几种？

第五章

运输工具保险

【学习目标】

通过本章内容的学习，学生应了解我国现行机动车辆保险险种及实务知识，掌握交强险的实施时间、赔偿限额、保险费率及浮动、赔偿处理和中国保险行业协会于 2012 年 3 月 14 日发布的《机动车辆商业保险示范条款》的内容；掌握国内船舶保险的险种及保险责任、飞机保险的基本险和附加险。

【学习重点与难点】

交强险的实施时间、赔偿限额、保险费率及浮动、赔偿处理；机动车辆商业保险险种、保险金额和责任限额、保费计算和赔款计算；国内船舶保险的险种及责任范围；飞机保险的基本险和附加险。

【关键术语】

交强险　机动车辆第三者责任保险　全损险　一切险　飞机战争劫持险

【本章知识结构】

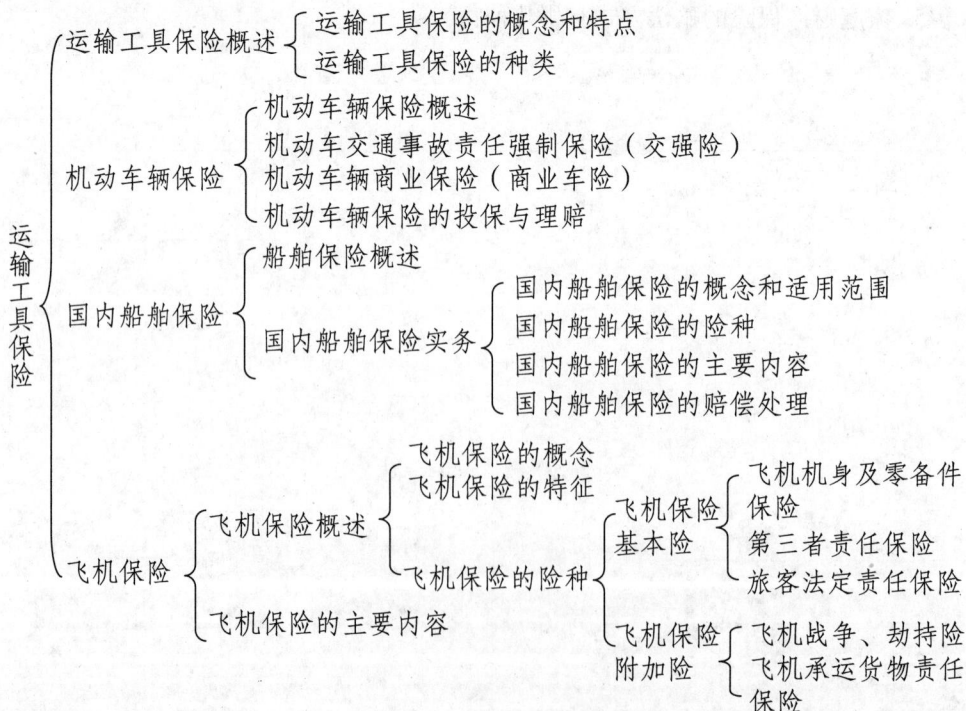

运输工具保险 {
- 运输工具保险概述 {
  - 运输工具保险的概念和特点
  - 运输工具保险的种类
}
- 机动车辆保险 {
  - 机动车辆保险概述
  - 机动车交通事故责任强制保险（交强险）
  - 机动车辆商业保险（商业车险）
  - 机动车辆保险的投保与理赔
}
- 国内船舶保险 {
  - 船舶保险概述
  - 国内船舶保险实务 {
    - 国内船舶保险的概念和适用范围
    - 国内船舶保险的险种
    - 国内船舶保险的主要内容
    - 国内船舶保险的赔偿处理
  }
}
- 飞机保险 {
  - 飞机保险概述 {
    - 飞机保险的概念
    - 飞机保险的特征
    - 飞机保险的险种 {
      - 飞机保险基本险 {
        - 飞机机身及零备件保险
        - 第三者责任保险
        - 旅客法定责任保险
      }
      - 飞机保险附加险 {
        - 飞机战争、劫持险
        - 飞机承运货物责任保险
      }
    }
  }
  - 飞机保险的主要内容
}
}

【案例引入】

机动车辆保险案例分析

有甲、乙两车，甲车为载货汽车，乙车为小型载客汽车，在道路上发生交通事故，双方负事故同等责任，致使一名骑自行车的人（丙）受伤，并造成路产管理人（丁）遭受损失。交通事故各方损失如下：甲车车损3 000元，车上货损5 000元；乙车车损1万元，乙车车上人员重伤1名，造成残疾，花费医药费2万元，残疾赔偿金5万元；骑自行车的丙经抢救无效死亡，医疗费用3万元，死亡赔偿金10万元，精神损害抚慰金2万元；路产损失5 000元。甲、乙两车均投保了交强险，财产损失、医疗费用、死亡伤残赔偿限额分别为2 000元、10 000元和11万元；甲、乙两车都投保了商业车险，甲车投保险别为车损险、三者险、车上货物责任险、不计免赔险；乙车投保险别为车损险、三者险、车上人员责任险、不计免赔险。甲、乙双方均向各自保险公司提出索赔，请问保险公司该如何赔付？

（资料来源：王健康，周灿. 机动车辆保险实务操作［M］. 北京：电子工业出版社，2013.）

第一节 运输工具保险概述

一、运输工具保险的概念和特征

（一）运输工具保险的概念

运输工具保险（Vehicle Insurance）是以各种运输工具及其有关利益、责任为保险标的的保险。保险人承保被保险人由于运输工具在保险期间遭遇自然灾害和意外事故造成的各种损失和费用以及因意外事故应负的民事赔偿责任。具体包括机动车商业保险、机动车交强险、船舶保险和飞机保险等。

运输工具保险是随着运输业的发展而产生并不断发展起来的一种财产保险业务。在国际上，最早的运输工具保险是船舶保险，目前世界上发现最早的保险单——热那亚保单就是一张船舶航程保险单。19世纪末汽车的出现并走向大众化、普及化，催生了汽车保险的普及，并逐渐使之成为整个财产保险业务中举足轻重的业务来源。而20世纪初飞机的诞生与航空事业在全球的迅速发展，更使财产保险由海上保险阶段发展到陆上保险阶段后，迈向了航空保险的新领域。

（二）运输工具保险的特征

1. 保险标的具有流动性

运输工具保险承保的保险标的，通常不受固定地点限制，而经常处于流动状态中，如机动车辆常常在行驶中出险、船舶常常在航行中发生各种意外、飞机在飞行中因某种自然灾害或意外事故致损等。

2. 承保风险具有多样性

运输工具保险承保的风险既有陆地上的各种风险，又有水上航行中或空中各种风险，所以承保风险复杂多样。如机动车辆保险既承保停放期间可能遇到的雹灾、火灾、外界物体倒塌等风险，又承保运行过程中发生的碰撞、倾覆、行驶中平行坠落等风险；船舶保险既承保水上航行中的固有风险，如海啸、台风、搁浅、碰撞、触礁、沉没等风险，又承保失踪等外来风险；既承保航行中可能遇到的风险，又承保停泊时的风险；飞机保险中承保的风险也很多样，因为飞机在飞行、滑行、地面、停航不同状态下遭遇到的风险有很大差异性。

3. 承保范围具有广泛性

运输工具保险不仅对运输工具在遭遇自然灾害和意外事故后造成的运输工具本身的损失和发生的各种费用提供保障，还对意外事故引发的被保险人对第三者应负的民事损害赔偿责任提供保障。可见，运输工具保险既涉及财产损失保险，又涉及责任保险，是一种综合性保险，给被保险人提供的承保范围广泛，能够很好地满足被保险人转移相关风险的要求。

4. 定损理赔具有复杂性

由于运输工具保险的承保标的经常处于流动状态，可能遭遇的风险事故既多且广，造成损失的原因多种多样，既有各种非人为因素，又有各种人为因素。其不仅会发生一种原因致损的情况，也经常会发生几种原因共同致损的情况。而且在很多时候，车辆、船舶受损都是由于碰撞事故所致，保险事故就涉及保险双方之外的第三方，这势必会增加运输工具保险定损的难度。总之，致损因素错综复杂、纷繁交杂，对保险理赔人员来说，分析致损原因，确定赔偿责任，是一项相当复杂细致的工作。

二、运输工具保险的种类

运输工具保险险种体系如图 5 - 1 所示。

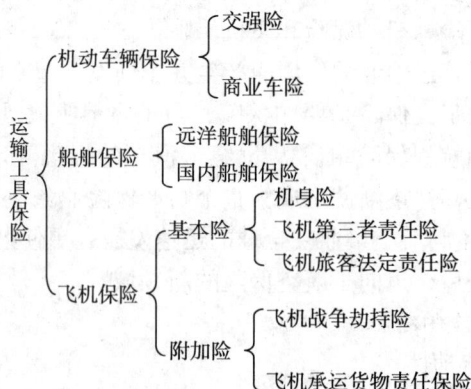

图 5 - 1　运输工具保险险种体系

第二节 机动车辆保险

一、机动车辆保险概述

（一）机动车辆保险的概念和特征

1. 概念

机动车辆保险是以机动车辆本身及其第三者责任等为保险标的的一种运输工具保险。保险客户主要是拥有各种机动交通工具的法人团体和个人；保险标的主要是各种类型的汽车，也包括电车、电瓶车等专用车辆及摩托车等。机动车辆是指汽车、电车、电瓶车、摩托车、拖拉机、各种专用机械车、特种车。国外通常称为汽车保险。

随着经济的发展，机动车辆的数量不断增加，机动车辆保险已成为我国财产保险业务中最大的险种（见表5－1至表5－3）。

表5－1   中国人民财产保险公司 2010—2012 年
保费收入居前五位的商业保险险种

序号	2010 年	2011 年	2012 年
1	机动车辆保险	机动车辆保险（含交强险）	机动车辆保险（含交强险）
2	企业财产保险	企业财产保险	企业财产保险
3	责任保险	责任保险	责任保险
4	意外伤害及健康险	意外伤害及健康险	意外伤害及健康险
5	货物运输保险	货物运输保险	货物运输保险

表5－2   中国平安财产保险公司 2010—2012 年保费收入居前五位的商业保险险种

序号	2010 年	2011 年	2012 年
1	机动车辆保险	机动车辆保险	机动车辆保险
2	企业财产保险	企业财产保险	保证保险
3	保证保险	保证保险	企业财产保险
4	责任保险	责任保险	责任保险
5	意外伤害保险	意外伤害保险	意外伤害保险

表5－3   中国太平洋财产保险公司 2010—2012 年
保费收入居前五位的商业保险险种

序号	2010 年	2011 年	2012 年
1	机动车辆保险	机动车辆保险	机动车辆保险
2	企业财产保险	企业财产保险	企业财产保险
3	意外伤害保险	责任保险	责任保险
4	责任保险	意外伤害保险	意外伤害保险
5	工程保险	货物运输保险	货物运输保险

注：表5－1至表5－3都是根据中国保险行业协会网站提供的三家财产保险公司2010—2012年年度信息披露报告整理。

2. 特征

（1）保险标的流动性强，风险大，行程不固定，常异地出险。

（2）业务量大，投保率高，符合风险分散原则。

（3）保险赔偿有特殊规定。

①第三者责任险实行连续责任制，所以第三者责任事故赔偿后，保险责任继续有效，直至保险期满。

②在车损险中，如果一次部分损失中，赔款金额与免赔额之和大于或等于保险金额，则保险责任即行终止，反之，继续有效。

（4）扩大的保险利益。不仅被保险人，而且被保险人允许的合格驾驶员在使用保险车辆时，也视为对保险标的具有保险利益。

（5）实行绝对免赔率和无赔款优待。

（6）属于不定值保险。

（7）机动车辆损失险的赔偿主要采取修复方式。

（8）机动车辆带来的第三者责任保险采取双重承保方式，即强制性的交强险和自愿投保的商业三者险。

（二）机动车辆保险的种类

机动车辆保险的种类见图 5-2。

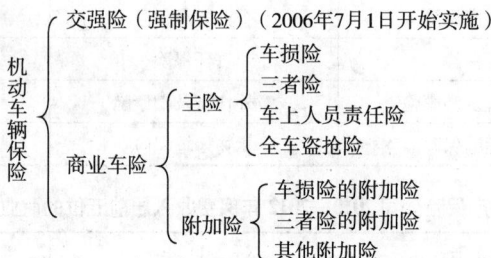

图 5-2　机动车辆保险的种类

【资料链接】

汽车保险的产生和发展

（一）近现代保险分界的标志之一——汽车第三者责任险

汽车保险是近代发展起来的，它晚于水险、火险、盗窃险和综合险。保险公司承保机动车辆的保险基础是根据水险、火险、盗窃险和综合责任险的实践经验而来的。汽车保险的发展异常迅速，如今已成为世界保险业的主要业务险种之一，甚至超过了火灾保险。目前，大多数国家均采用强制或法定保险方式承保的汽车第三者责任保险，它始于 19 世纪末，并与工业保险一起成为近代保险与现代保险分界的重要标志。

（二）汽车保险的发源地——英国

1. 英国法律事故保险公司于 1896 年首先开办了汽车保险，成为汽车保险"第一人"

当时，签发了保费为 10 ~ 100 英镑的第三者责任保险单，汽车火险可以加保，但要增加保险费。1899 年，汽车保险责任扩展到与其他车辆发生碰撞所造成的损失。这些保险单是由意外险部的综合第三者责任险组签发的。从 1901 年开始，保险公司提供的汽车险保单，已具备了现在综合责任险的条件，在上述承保的责任险范围内，增加了碰撞、盗窃和火灾等责任。1906 年，英国成立了汽车保险有限公司，每年该公司的工程技术人员免费检查保险车辆一次，其防灾防损意识领先于其他保险大国。

2. 实施第三者强制责任保险

第一次世界大战后，英国机动车辆的流行加重了公路运输的负担，交通事故层出不穷，有些事故中受害的第三者不知道应找哪一方赔偿损失。针对这种情况，政府出面发起了机动车辆第三者强制保险的宣传，并在《1930 年公路交通法令》中纳入强制保险条款。在实施机动车辆第三者责任强制保险的过程中，政府又针对实际情况对规定作了许多修改，如颁发保险许可证、取消保险费缓付期限、修改保险合同款式等，以期强制保险业务与法令完全吻合。强制保险的实施使在车祸中死亡或受到伤害的第三方可以得到一笔数额不定的赔偿金。

3. 1945 年英国成立了汽车保险局

汽车保险局依协议运作，其基金由各保险人按年度汽车保险保费收入的比例分担。当肇事者没有依法投保强制汽车责任险或保单失效，受害者无法获得赔偿时，由汽车保险局承担保险责任，该局支付赔偿后，可依法向肇事者追偿。

英国现在是世界上保险业第三大国，仅次于美国和日本。据英国承保人协会统计，1998 年在普通保险业务中，汽车保险业务首次超过了财产保险业务，保险费达到了 81 亿英镑，汽车保险费占每个家庭支出的 9%，足见其重要地位。

（三）汽车保险的发展成熟地——美国

美国被称为"轮子上的国家"，汽车已经成为人们生活的必需品。与此相随，美国汽车保险发展迅速，在短短的近百年的时间内，汽车保险业务量已居世界第一。2000 年美国汽车保险保费总量为 1 360 亿美元，车险保费收入占财险保费收入的 45.12%。其中，机动车辆责任保险保费收入为 820 亿美元，占 60.3%，机动车辆财产损失保险保费收入为 540 亿美元，占 39.7%。机动车辆保险的综合赔付率为 105.4%，其中，净赔付率为 79.3%，费用率为 26.1%。美国车险市场准入和市场退出都相对自由，激烈的市场竞争，较为完善的法律法规，使美国成为世界上最发达的车险市场。

（资料来源：付铁军，等. 汽车保险与理赔（第三版）［M］. 北京：北京理工大学出版社，2012.）

二、机动车交通事故责任强制保险（交强险）

（一）交强险的概念及实施

1. 交强险的概念

机动车道路交通事故责任强制保险简称交强险，是国家或地区基于公共政策考虑，为维护社会公众利益，以颁布法律或行政法规的形式来强制实施的汽车责任保险。我国 2006 年 3 月 21 日由第 462 号国务院令颁布并于当年 7 月 1 日起施行的《机动车交通事故责任强制保险条例》（以下简称条例）第三条明确规定："本条例所称机动车交通事故责任强制保险，是指由保险公司对被保险机动车发生道路交通事故造成本车人员、被保险人以外的受害人的人身伤亡、财产损失，在责任限额内予以赔偿的强制性责任保险。"

2. 交强险的实施

（1）交强险实施的法律基础

①《中华人民共和国道路交通安全法》

②《中华人民共和国道路交通安全法实施条例》

【新闻背景】

交强险的由来

为解决道路交通事故的损害赔偿问题，国际上普遍建立了机动车强制责任保险制度。我国于 2004 年 5 月 1 日开始实施的《中华人民共和国道路交通安全法》首次提出，"建立机动车第三者责任强制保险制度，设立道路交通事故社会救助基金"，并规定了强制保险的赔偿范围和原则。2006 年 3 月，国务院颁布《机动车交通事故责任强制保险条例》，正式确立交强险制度，于当年 7 月 1 日起施行。《机动车交通事故责任强制保险条例》确定了交强险制度的基本框架，成为交强险制度实施的最主要的法律规范。

根据《机动车交通事故责任强制保险条例》规定，交强险制度于 2006 年 7 月 1 日起实行。机动车所有人、管理人自施行之日起 3 个月内要投保交强险，并在被保险机动车上放置保险标志。在交强险制度实施前已购买商业三者险并且保单尚未到期的，原商业三者险保单继续有效，驾驶人应随车携带保单备查。原商业三者险期满后，应及时投保交强险。

交强险作为一种责任保险，主要功能是：对被保险机动车在使用过程中，因交通事故造成的本车人员、被保险人以外的受害人的人身伤亡、财产损失，依法应当由被保险人承担损害赔偿责任时，由保险公司在交强险责任限额内进行赔偿。该制度的创设目的在于为交通事故受害人提供救助，促进道路交通安全。

与传统商业三者险相比，交强险在保障范围上有非常显著的扩大。一是采取了严格责任的赔偿原则（"无过错责任"原则），即只要发生交通事故，无论机动车方是否存在事故责任，无论事故责任大小，承保公司均需对受害人的损失承担赔偿责任；二是未设定任何的免赔额或免赔率；三是除法律规定外，几乎无任何其他除外责任。

（资料来源：毛新梅、王文帅：《新闻背景：交强险的由来及现行费率》，新华网。）

【相关链接】

《中华人民共和国道路交通安全法》对交强险的相关规定

《中华人民共和国道路交通安全法》简称《道交法》，2003 年 10 月 28 日经第十届全国人民代表大会常务委员会第五次会议审议通过，并于 2004 年 5 月 1 日正式开始实施，全文共八章 124 条。其中涉及交强险的条款有以下几条（如表 5 - 4 所示）。

表 5 - 4 　　《中华人民共和国道路交通安全法》中涉及交强险的条款

条款	具体内容
第十七条	国家实行机动车第三者责任强制保险制度，设立道路交通事故社会救助基金。具体办法由国务院规定。
第七十五条	医疗机构对交通事故中的受伤人员应当及时抢救，不得因抢救费用不足未及时支付而拖延救治。肇事车辆参加机动车第三者责任强制保险的，由保险公司在责任限额范围内支付抢救费用；抢救费用超过责任限额的，未参加机动车第三者责任强制保险或肇事后逃逸的，由道路交通事故社会救助基金先行垫付部分或全部抢救费用，道路交通事故社会救助基金管理机构有权向交通事故责任人追偿。
第七十六条	机动车发生交通事故造成人身伤亡、财产损失的，由保险公司在机动车第三者责任强制保险责任限额范围内予以赔偿。超过责任限额的部分，按照下列方式承担赔偿责任：（一）机动车之间发生交通事故的，由有过错的一方承担责任；双方都有过错的，按照各自过错比例分担责任。（二）机动车与非机动车驾驶人、行人之间发生交通事故的，由机动车一方承担责任；但是，有证据证明非机动车驾驶人、行人违反道路交通安全法律、法规，机动车驾驶人已经采取必要处置措施的，减轻机动车一方的责任。 交通事故的损失是由非机动车驾驶人、行人故意造成的，机动车一方不承担责任。

2007 年，我国对《中华人民共和国道路交通安全法》进行了第一次修正，修正后的新法自 2008 年 5 月 1 日起实施；2011 年我国对《中华人民共和国道路交通安全法》进行了第二次修正，并于 2011 年 5 月 1 日开始实施。我国现行《中华人民共和国道路交通安全法》对 2008 年《中华人民共和国道路交通安全法》中的第七十六条作了修改。原条款与修改后的条款内容如表 5 - 5 所示。

表 5-5　　　《中华人民共和国道路交通安全法（2011 年修订版）》
对第七十六条的修订

条款	具体内容
原第七十六条	机动车发生交通事故造成人身伤亡、财产损失的，由保险公司在机动车第三者责任强制保险责任限额范围内予以赔偿。超过责任限额的部分，按照下列方式承担赔偿责任： （一）机动车之间发生交通事故的，由有过错的一方承担责任；双方都有过错的，按照各自过错的比例分担责任。 （二）机动车与非机动车驾驶人、行人之间发生交通事故的，由机动车一方承担责任；但是，有证据证明非机动车驾驶人、行人违反道路交通安全法律、法规，机动车驾驶人已经采取必要处置措施的，减轻机动车一方的责任。 交通事故的损失是由非机动车驾驶人、行人故意造成的，机动车一方不承担责任。
修订后的 第七十六条	机动车发生交通事故造成人身伤亡、财产损失的，由保险公司在机动车第三者责任强制保险责任限额范围内予以赔偿。不足的部分，按照下列方式承担赔偿责任： （一）机动车之间发生交通事故的，由有过错的一方承担赔偿责任；双方都有过错的，按照各自过错的比例分担责任。 （二）机动车与非机动车驾驶人、行人之间发生交通事故，非机动车驾驶人、行人没有过错的，由机动车一方承担赔偿责任；有证据证明非机动车驾驶人、行人有过错的，根据过错程度适当减轻机动车一方的赔偿责任；机动车一方没有过错的，承担不超过百分之十的赔偿责任。 交通事故的损失是由非机动车驾驶人、行人故意碰撞机动车造成的，机动车一方不承担赔偿责任。

【资料链接】

《机动车交通事故责任强制保险条例》的出台背景

《中华人民共和国道路交通安全法》规定在我国建立机动车交通事故责任强制保险制度和道路交通事故社会救助基金制度，并由国务院制定具体办法。

《机动车交通事故责任强制保险条例》作为规范机动车交通事故责任强制保险制度的具体措施，受到社会各界的广泛关注。国务院法制办、保监会经过反复研究和论证，并多次向社会各界征求意见。2004 年 12 月 2 日，国务院法制办征求以运输行业为主的北京市民代表对《机动车交通事故责任强制保险条例》草案的意见。2005 年 1 月 12 日，国务院法制办将《机动车交通事故责任强制保险条例》草案分别在《人民日报》、《法制日报》和中国政府法制信息网上全文公布，广泛听取社会公众的意见和建议。2005 年 2 月，保监会组织两次专题研讨会，听取国内外专家学者的意见。在征求意见的过程中，社会关注的焦点主要集中在赔偿原则、责任限额、保险条款和费率、救助基金来源以及税收政策等方面。针对这些问题，国务院法制办、保监会等有关部门经过深入的分析研究，在遵守《中华人民共和国道路交通安全法》有关规定的前提下，充分吸收了各方面的意见和建议，对《机动车交通事故责任强制保险条例》草案进一步予以修改和完善。2006 年 3 月 1 日，国务院常务会议审议通过了《机动车交通事故责任强制保险条例》，并于 2006 年 7 月 1 日起正式实施。

（资料来源：人民网，2006 - 03 - 29。）

【深度链接】

《机动车交通事故责任强制保险条例》的两次修订

	修订时间	实施时间	内容及修订
《机动车交通事故责任强制保险条例》		2006 年 7 月 1 日	第五条第一款："中资保险公司（以下称保险公司）经保监会批准，可以从事机动车交通事故责任强制保险业务。"
第一次修订	2012 年 3 月 30 日	2012 年 5 月 1 日	第五条第一款修改为："保险公司经保监会批准，可以从事机动车交通事故责任强制保险业务。"
第二次修订	2012 年 12 月 17 日	2013 年 5 月 1 日	增加一条，作为第四十三条："挂车不投保机动车交通事故责任强制保险。发生道路交通事故造成人身伤亡、财产损失的，由牵引车投保的保险公司在机动车交通事故责任强制保险责任限额范围内予以赔偿；不足的部分，由牵引车方和挂车方依照法律规定承担赔偿责任。"

资料来源：根据网上相关资料整理。

（2）交强险的实施

①最早实施：2006 年 7 月 1 日，通常称 2006 版交强险，2007 年全面彻底展开。

②第一次调整：经过一年多实施，交强险受到多方诟病，对 2006 版交强险在限额和费率方面都作了调整，推出 2008 版交强险，并从 2008 年 2 月 1 日开始实施。

③现行交强险：2013 年 3 月 1 日实施（依据最新《机动车交通事故责任强制保险条例》，见附录 5 - 1），费率又作了相应调整。

3. 交强险与机动车第三者责任险的区别

二者最大区别在于投保方式和理赔时的责任确定：

（1）交强险实行强制性投保和强制性承保，而商业三者险实行自愿投保和自愿承保。

（2）赔偿原则发生变化。

商业三者险是"有责赔付"，只在投保人有责任时才赔付。而交强险处于赔付最前沿，但凡发生交通事故，只要造成人身伤亡、财产损失，保险公司就要先行赔付，即使投保人无责。超过限额部分，再由相关人员承担。交强险的"无责赔付"：车主如在交通事故中无责任，保险公司按死亡伤残赔偿限额1.1万元，医疗费用赔偿限额1 000元，财产损失赔偿限额100元的标准进行赔付。

（3）保障范围宽。

出于有效控制风险的考虑，商业三者险规定了较多的责任免除事项和免赔率（额）。而交强险的保险责任几乎涵盖了所有道路交通风险，且不设免赔率和免赔额，其保障范围远远大于商业三者险。

（4）按不盈不亏原则制定保险费率。

商业三者险是以盈利为目的，属于商业保险业务。而交强险不以盈利为目的，各公司从事交强险业务将实行与其他商业保险业务分开管理、单独核算，无论盈亏，均不参与公司的利益分配，公司实际上起了一个代办的角色。

（5）实行分项责任限额。

死亡伤残赔偿限额为 11 万元，医疗费用赔偿限额 1 万元，财产损失赔偿限额 0.2 万元。商业三者险实行总的赔偿限额，不区分财产损失和人身伤亡的赔偿责任。

（6）实行统一的保险条款和基准费率。

（7）交强险有社会救助基金配套，体现了社会公益性。

（二）交强险的主要内容（根据 2012 年第二次修订的《机动车交通事故责任保险条例》内容介绍）

1. 保险责任和责任免除

被保险机动车发生道路交通事故造成本车人员、被保险人以外的受害人人身伤亡、财产损失的，由保险公司依法在机动车交通事故责任强制保险责任限额范围内予以赔偿。

道路交通事故的损失是由受害人故意造成的，保险公司不予赔偿。

2. 垫付与追偿

（1）有下列情形之一的，保险公司在机动车交通事故责任强制保险责任限额范围内垫付抢救费用，并有权向致害人追偿：

①驾驶人未取得驾驶资格或者醉酒的；

②被保险机动车被盗抢期间肇事的；

③被保险人故意制造道路交通事故的。

有前款所列情形之一，发生道路交通事故的，造成受害人的财产损失，保险公司不承担赔偿责任。

（2）国家设立道路交通事故社会救助基金（以下简称救助基金）。有下列情形之一时，道路交通事故中受害人人身伤亡的丧葬费用、部分或者全部抢救费用，由救助基金先行垫付，救助基金管理机构有权向道路交通事故责任人追偿：

①抢救费用超过机动车交通事故责任强制保险责任限额的；

②肇事机动车未参加机动车交通事故责任强制保险的；

③机动车肇事后逃逸的。

3. 交强险的责任限额

机动车交通事故责任强制保险在全国范围内实行统一的责任限额。责任限额分为死亡伤残赔偿限额、医疗费用赔偿限额、财产损失赔偿限额以及被保险人在道路交通事故中无责任的赔偿限额。

机动车交通事故责任强制保险责任限额由保监会会同国务院公安部门、国务院卫生主管部门、国务院农业主管部门规定。

根据 2008 版交强险条款规定，现行交强险的责任限额为 12.2 万元，分项限额为死亡伤残赔偿限额 11 万元、医疗费用赔偿限额 1 万元和财产损失赔偿限额 2 000 元。无责情况下，死亡伤残赔偿限额为 1.1 万元、医疗费用赔偿限额 1 000 元，财产损失赔偿限额 100 元。2008 版交强险与 2006 版交强险责任限额的比较，见表 5 - 6。

表 5 - 6　　　　2008 版交强险和 2006 版交强险在责任限额上的比较　　　　单位：元

	分项责任限额	2008 版	2006 版
有责的责任限额	死亡、伤残责任限额	110 000	50 000
	医疗费用	10 000	8 000
	财产损失	2 000	2 000
	总责任限额	122 000	60 000
无责的责任限额	死亡、伤残责任限额	11 000	10 000
	医疗费用	1 000	1 600
	财产损失	100	400
	总责任限额	12 100	12 000

【知识链接】

交强险的限额

交强险是我国首个由国家法律规定实行的强制保险制度。《机动车交通事故责任强制保险条例》（以下简称《条例》）规定：交强险是由保险公司对被保险机动车发生道路交通事故造成受害人（不包括本车人员和被保险人）的人身伤亡、财产损失，在责任限额内予以赔偿的强制性责任保险。

交强险责任限额是指被保险机动车在保险期间（通常为 1 年）发生交通事故，保险公司对每次保险事故所有受害人的人身伤亡和财产损失所承担的最高赔偿金额。保监会有关负责人介绍，确定赔偿责任限额主要是基于以下各方面的考虑：

1. 满足交通事故受害人基本保障需要。

2. 与国民经济发展水平和消费者支付能力相适应。

3. 参照了国内其他行业和一些地区赔偿标准的有关规定。

机动车交通事故责任强制保险责任限额（2008 年 2 月 1 日后）：

1. 机动车在道路交通事故中有责任的赔偿限额

死亡伤残赔偿限额：110 000 元人民币

医疗费用赔偿限额：10 000 元人民币

财产损失赔偿限额：2 000 元人民币

2. 机动车在道路交通事故中无责任的赔偿限额

死亡伤残赔偿限额：11 000 元人民币

医疗费用赔偿限额：1 000 元人民币

财产损失赔偿限额：100 元人民币

死亡伤残赔偿限额，是指被保险机动车发生交通事故，保险人对每次保险事故所有受害人的死亡伤残费用所承担的最高赔偿金额。死亡伤残费用包括丧葬费、死亡补偿费、受害人亲属办理丧葬事宜支出的交通费用、残疾赔偿金、残疾辅助器具

费、护理费、康复费、交通费、被抚养人生活费、住宿费、误工费，被保险人依照
法院判决或者调解承担的精神损害抚慰金。

医疗费用赔偿限额，是指被保险机动车发生交通事故，保险人对每次保险事故
所有受害人的医疗费用所承担的最高赔偿金额。医疗费用包括医药费、诊疗费、住
院费、住院伙食补助费，必要的、合理的后续治疗费、整容费、营养费。

财产损失赔偿限额，是指被保险机动车发生交通事故，保险人对每次保险事故
所有受害人的财产损失承担的最高赔偿金额。

4. 交强险的基础费率与浮动费率

交强险现行的基础费率共分42种，家庭自用车、非营业客车、营业客车、非营业
货车、营业货车、特种车、摩托车、拖拉机8大类42小类车型实行不同费率，如6座
以下家庭自用汽车全国统一的基础费率为每年950元。另外还规定了挂车的保险费率。
相同车型，交强险的保险费也相同。较2006版交强险作了调整，见表5-7。

表5-7　　　　　　机动车交通事故责任强制保险基准费率表（2008版）　　　单位：元

车辆大类	序号	车辆明细分类	保费	调整前保费
一、家庭自用汽车	1	家庭自用汽车6座以下	950	1 050
	2	家庭自用汽车6座及以上	1 100	1 100
二、非营业汽车	3	企业非营业汽车6座以下	1 000	1 000
	4	企业非营业汽车6~10座	1 130	1 190
	5	企业非营业汽车10~20座	1 220	1 300
	6	企业非营业汽车20座以上	1 270	1 580
	7	机关非营业汽车6座以下	950	950
	8	机关非营业汽车6~10座	1 070	1 070
	9	机关非营业汽车10~20座	1 140	1 140
	10	机关非营业汽车20座以上	1 320	1 320
三、营业客车	11	营业出租租赁6座以下	1 800	1 800
	12	营业出租租赁6~10座	2 360	2 360
	13	营业出租租赁10~20座	2 400	2 580
	14	营业出租租赁20~36座	2 560	3 730
	15	营业出租租赁36座以上	3 530	3 880
	16	营业城市公交6~10座	2 250	2 250
	17	营业城市公交10~20座	2 520	2 520
	18	营业城市公交20~36座	3 020	3 270
	19	营业城市公交36座以上	3 140	4 150
	20	营业公路客运6~10座	2 350	2 350
	21	营业公路客运10~20座	2 620	2 620
	22	营业公路客运20~36座	3 420	3 420
	23	营业公路客运36座以上	4 690	4 690

车辆大类	序号	车辆明细分类	保费	调整前保费
四、非营业货车	24	非营业货车2吨以下	1 200	1 200
	25	非营业货车2~5吨	1 470	1 630
	26	非营业货车5~10吨	1 650	1 750
	27	非营业货车10吨以上	2 220	2 220
五、营业货车	28	营业货车2吨以下	1 850	1 850
	29	营业货车2~5吨	3 070	3 070
	30	营业货车5~10吨	3 450	3 450
	31	营业货车10吨以上	4 480	4 480
六、特种车	32	特种车一	3 710	6 040
	33	特种车二	2 430	2 430
	34	特种车三	1 080	1 320
	35	特种车四	3 980	5 660
七、摩托车	36	摩托车50毫升及以下	80	120
	37	摩托车50~250毫升（含）	120	180
	38	摩托车250毫升以上	400	400
八、拖拉机	39	兼用型拖拉机14.7千瓦及以下	按保监产险〔2007〕53号文件实行地区差别费率待定	
	40	兼用型拖拉机14.7千瓦以上		
	41	运输型拖拉机14.7千瓦及以下		
	42	运输型拖拉机14.7千瓦以上		

注：1. 座位和吨位的分类都按照"含起点不含终点"的原则来解释。2. 特种车一：油罐车、汽罐车、液罐车；特种车二：专用净水车、特种车一以外的罐式货车，及用于清障、清扫、清洁、起重、装卸、升降、搅拌、挖掘、推土、冷藏、保温等各种专用机动车；特种车三：装有固定专用仪器设备从事专业工作的监测、消防、运钞、医疗、电视转播等的各种专用机动车；特种车四：集装箱拖头。3. 挂车根据实际的使用性质并按照对应吨位货车的30%计算。4. 低速载货汽车参照运输型拖拉机14.7千瓦以上的费率执行。

5. 交强险的保费计算

实行基准费率加浮动费率制度。浮动比例的规定见《机动车交通事故责任强制保险费率浮动暂行办法》。

【相关链接】

《机动车交通事故责任强制保险费率浮动暂行办法》

一、根据国务院《机动车交通事故责任强制保险条例》第八条的有关规定，制定本办法。

二、从2007年7月1日起签发的机动车交通事故责任强制保险（以下简称交强险）保单，按照本办法，实行交强险费率与道路交通事故相联系浮动。

三、交强险费率浮动因素及比率如下（见表5-8）。

四、交强险最终保险费计算方法是：交强险最终保险费 = 交强险基础保险费 × (1 + 与道路交通事故相联系的浮动比率A)。

五、交强险基础保险费根据中国保监会批复中国保险行业协会《关于中国保险行业协会制定机动交通事故责任强制保险行业协会条款费率的批复》（保监产险〔2006〕638号）执行。

六、交强险费率浮动标准根据被保险机动车所发生的道路交通事故计算。摩托车和拖拉机暂不浮动。

表5－8   浮动因素与浮动比率

浮动因素			浮动比率
与道路交通事故相联系的浮动比率A	A1	上一个年度未发生有责任道路交通事故	－10%
	A2	上两个年度未发生有责任道路交通事故	－20%
	A3	上三个及以上年度未发生有责任道路交通事故	－30%
	A4	上一个年度发生一次有责任不涉及死亡的道路交通事故	0
	A5	上一个年度发生两次及两次以上有责任道路交通事故	10%
	A6	上一个年度发生有责任道路交通死亡事故	30%

七、与道路交通事故相联系的浮动比率A为A1至A6其中之一，不累加。同时满足多个浮动因素的，按照向上浮动或者向下浮动比率的高者计算。

八、仅发生无责任道路交通事故的，交强险费率仍可享受向下浮动。

九、浮动因素计算区间为上期保单出单日至本期保单出单日之间。

十、与道路交通事故相联系浮动时，应根据上年度交强险已赔付的赔案浮动。上年度发生赔案但还未赔付的，本期交强险费率不浮动，直至赔付后的下一年度交强险费率向上浮动。

十一、几种特殊情况的交强险费率浮动方法。

（一）首次投保交强险的机动车费率不浮动。

（二）在保险期限内，被保险机动车所有权转移，应当办理交强险合同变更手续，且交强险费率不浮动。

（三）机动车临时上道路行驶或境外机动车临时入境投保短期交强险的，交强险费率不浮动。其他投保短期交强险的情况下，根据交强险短期基准保险费并按照上述标准浮动。

（四）被保险机动车经公安机关证实丢失后追回的，根据投保人提供的公安机关证明，在丢失期间发生道路交通事故的，交强险费率不向上浮动。

（五）机动车上一期交强险保单满期后未及时续保的，浮动因素计算区间仍为上期保单出单日至本期保单出单日之间。

（六）在全国车险信息平台联网或全国信息交换前，机动车跨省变更投保地时，如投保人能提供相关证明文件的，可享受交强险费率向下浮动。不能提供的，交强险费率不浮动。

十二、交强险保单出单日距离保单起期最长不能超过三个月。

十三、除投保人明确表示不需要的，保险公司应当在完成保险费计算后、出具保险单以前，向投保人出具《机动车交通事故责任强制保险费率浮动告知书》（附件），经投保人签章确认后，再出具交强险保单、保险标志。投保人有异议的，应告知其有关道路交通事故的查询方式。

十四、已经建立车险联合信息平台的地区，通过车险联合信息平台实现交强险费率浮动。除当地保险监管部门认可的特殊情形以外，《机动车交通事故责任强制保险费率浮动告知书》和交强险保单必须通过车险信息平台出具。

未建立车险信息平台的地区，通过保险公司之间相互报盘、简易理赔共享查询系统或者手工方式等，实现交强险费率浮动。

十五、本办法适用于从2007年7月1日起签发的交强险保单。2007年7月1日前已签发的交强险保单不适用本办法。

【相关链接】

"2013年交强险基础费率表"标准版

2013年1月8日，国务院决定对《机动车交通事故责任强制保险条例》进行修改。那么2013年的交强险费率有何变化呢？

2013年交强险费率浮动标准：

1. 连续三年或三年以上没有赔款记录（出险），费率为70%，即交强险打七折！

2. 连续两年没有赔款记录，费率为80%。

3. 上年没有赔款，费率为90%。

4. 其他优惠政策以当地保险公司为准。

2013年最新交强险计费公式

交强险最终保险费＝交强险基础保险费×（1＋与道路交通事故相联系的浮动比率A）×（1＋与道路交通安全违法行为相联系的浮动比率V）

与道路交通事故相联系的浮动比率A包括：

A1 上一个年度未发生有责任道路交通事故 −10%

A2 上两个年度未发生有责任道路交通事故 −15%

A3 上三个及以上年度未发生有责任道路交通事故 −20%

A4 上一个年度发生一次有责任不涉及死亡的道路交通事故 ±0%

A5 上一个年度发生两次及两次以上有责任道路交通事故 +15%

A6 上一个年度发生有责任道路交通死亡事故 +30%

与道路交通安全违法行为相联系的浮动比率V包括：

V1 上一个年度没有道路交通安全违法行为 −10%

V2 上两个年度没有道路交通安全违法行为 −20%

V3 上三个及以上年度没有道路交通安全违法行为 −30%

V4 上一个年度发生各类道路交通违法行为（除V5至V7）低于五次的 ±0%

V5 上一个年度每次违反道路交通信号灯通行的；逆向行驶的（最高不超过30%）+10%

V6 上一个年度发生驾驶与准驾车型不符的机动车的；发生机动车驾驶证被暂扣期间驾驶机动车的 +20%

V7 上一个年度发生饮酒（含醉酒）后驾驶机动车的 +30%

V8 上一个年度发生各类道路交通违法行为五次（含）以上的 +30%

（资料来源：盛大汽车网，2013 – 01 – 22。）

三、机动车辆商业保险（商业车险）

（一）机动车辆商业保险条款费率变化历程

随着保险业的改革开放，车险条款费率也发生了深刻变化，其变革路径折射出监管部门监管思路逐渐成熟。

第一阶段：2003 年之前的车险统颁条款。自 1980 年我国恢复保险业务后，车险条款费率均由保险监管部门统一制定、修改，因地区特殊情况，经各地保险监管机构审批，司以调整费率。车险产品种类相对简单，仅有 2 个基本险和 9 个附加险种；影响车险费率的风险因素主要是车辆使用性质，缺少对驾驶人、地区等因素的考量。这一时期监管的重点是治理不执行条款费率、"高手续费、高返还、低费率"等恶性竞争行为。

第二阶段：2003 年至 2006 年 6 月，车险条款费率市场化改革迈出了第一步。2001 年 10 月，车险条款费率管理制度改革工作在广东省试点；2003 年，在全国范围推开。这次改革主要包括：停止使用统颁条款；保险公司可自行制定、修改和调整车险条款费率，报保监会审批后使用；各保险公司分公司经总公司授权，可在经营区域内调整费率，并报当地监管部门审批；经审批后的条款费率须向社会公布后使用。

第三阶段：2006 年 7 月至今的行业基本条款时期。尽管车险条款费率管理制度改革迈出了可喜的第一步，但受市场扩容速度加快、经营主体不成熟、偿付能力约束力不强、监管措施未同时跟进等诸多因素影响，改革并未达到预期目标。2006 年 7 月 1 日，伴随机动车交通事故责任强制保险的实施，中国保险行业协会开发了与交强险相衔接的包括机动车辆损失保险和商业第三者责任险两个险种的 A、B 和 C 三套行业商业车险产品。

新《保险法》于 2009 年 10 月 1 日正式实施后，其最核心的三大变化是突出保护被保险人利益、突出加强监管和防范风险、突出拓宽保险服务领域，对保险公司业务经营提出了更高要求。2009 年 10 月 10 日后，中国保监会网站上陆续公布了各保险公司新版商业车险产品，经对比发现，新产品所作的修订主要根据新《保险法》的要求进行。新《保险法》对财产险理赔时限进行了明确规范，第二十二条规定了投保人、被保险人、受益人索赔时提供的证明、资料不完整的，保险人应当"及时一次性"通知被保险人补充提供；第二十三条对保险人接到请求后的核定期限作出了"30 日内"的一般规定；第二十四条对发出拒赔通知作出了"3 日内"的一般规定；第二十五条对保险人先予支付赔款作出了"60 日内"的一般规定。相应地，新版商业车险条款依据新《保险法》的规定进行修改，明确了各理赔环节的操作时限，有助于提高车险行业整体的理赔规范标准和理赔服务质量，也有助于广大消费者享受到更为高效、透明的车险理赔服务。

新《保险法》借鉴国外相关立法，将保险标的转让时受让人自动承继保险合同的权利义务作为一般原则，第四十九条第一款、第二款规定：保险标的转让的，保险标的的受让人承继被保险人的权利和义务。保险标的转让的，被保险人或者受让人应当及时通知保险人，但货物运输保险合同和另有约定的合同除外。新版商业车险条款进行了相应修改，仔细研读新版条款，以往条款中规定责任免除事项：被保险机动车转让他人，未向保险人办理批改手续的，将不再成为直接的拒赔理由，而仅当被保险机动车转让他人，被保险人、受让人未履行本保险合同规定的通知义务，且因转让导致被保险机动车危险程度显著增加而发生保险事故的，保险人才可拒赔。修订后的条款逻辑更为清晰，各方权利义务关系更为平衡，被保险人和受让人的利益得到了较为有效的保障。

新《保险法》第六十五条规定：保险人对责任保险的被保险人给第三者造成的损害，可以依照法律的规定或者合同的约定，直接向该第三者赔偿。责任保险的被保险人给第三者造成损害，被保险人对第三者应负的赔偿责任确定的，根据被保险人的请求，保险人应当直接向该第三者赔偿。被保险人怠于请求的，第三者有权就其应获赔偿部分直接向保险人请求赔偿。责任保险的被保险人给第三者造成损害，被保险人未向该第三者赔偿的，保险人不得向被保险人赔偿。商业三者险条款依据新《保险法》的规定，在赔偿处理中进行了相应修改。修订后的条款，赋予了第三者在一定情况下的直接求偿权，强化了对责任保险中第三者的保障；同时，限制了一定情况下保险人向被保险人的赔偿行为，切实督促被保险人及时履行对第三者的赔偿义务，使第三者的损失及时得到弥补。原车险条款各保险公司对于短期费率的规定不完全相同，有的规定实行短期月费率，有的规定实行日费率，虽然新《保险法》对财产保险短期费率的问题规定仍然不是很明确，但各保险公司的新版车险条款均取消了短期月费率，一律按照日费率计算保费，对于被保险人而言显然更加有利。

2012年3月14日，中国保险行业协会正式发布了《机动车辆保险示范条款》。

【知识链接】

2007版商业车险行业条款

2007版车险行业条款，是在2006版行业产品的基础上，经过修订和扩充，在中国保险行业协会的牵头下，由中国人保、中国平安、太平洋三家公司联合制定，开发完成了2007版车险行业条款，分A、B和C三款，于2007年4月1日正式启用。2007版机动车商业保险行业基本条款扩大了覆盖范围，除原有的机动车损失保险、机动车第三者责任保险外，又将机动车车上人员责任险、机动车辆全车盗抢险、玻璃单独破碎险、车身划痕损失保险、车损免赔额险、不计免赔率险六个险种也纳入了车险行业基本条款的范围，共计八个险种。这八个险种是投保率最高的险种，涵盖了车辆所面临的主要风险。同时，简化和规范了费率调节系数。除个别专业性保险公司外，其余公司均使用行业基本条款费率。与 2006 版行业产品的比较见表 5-9。

表 5-9　　　　　　　　2007 版车险行业条款与 2006 版行业产品的比较

	相同点	不同点（行业基本条款范围不同）
2006 版商业车险行业条款	分 A、B 和 C 三款	只有车损险和三者险两个险种。
2007 版商业车险行业条款	分 A、B 和 C 三款	包括车损险、三者险、车上人员责任险、全车盗抢险、玻璃单独破碎险、车身划痕损失险、车损免赔额险、不计免赔率险八个险种。

（二）机动车辆商业保险主要内容

下面结合 2012 版商业车险示范条款（见附录 5.2），介绍商业车险的险种及内容。

【相关链接】

中国保险行业协会发布《机动车辆商业保险示范条款》

2012 年 3 月 14 日，中国保险行业协会（以下简称协会）正式发布《机动车辆商业保险示范条款》（以下简称《示范条款》），为保险公司提供了商业车险条款行业范本。

协会相关负责人表示，《示范条款》的发布，旨在更好地维护保险消费者的合法权益，切实提升车险承保、理赔工作质量，突出解决理赔过程中服务不到位的问题，促进保险业的持续健康发展。《示范条款》由协会组织行业专业力量，依据相关法律、行政法规和保监会《关于加强机动车辆商业保险条款费率管理的通知》的要求，在广泛征求、充分沟通、反复论证的基础上，前后经过六次修订，历时近一年拟订而成。

为使《示范条款》达到依法合规、公平合理、诚实守信和通俗易懂的要求，在拟订过程中，协会广泛征求了行业内外和社会各界的意见和建议。包括当面和书面征求监管部门的意见；书面征求中国消费者协会、中国道路运输协会及中华全国律师协会征求意见；采取座谈的形式征求院校专家学者和部分地市保险协会的意见；以通知的形式征求保险公司的意见；通过协会网站公示的形式征求社会大众的意见等。其间，协会总共收到社会各界对《示范条款》的修订意见近 800 条，涵盖商业车险条款的方方面面，协会对这些意见进行了整理和归类，并对每条意见都进行了认真研究和反复斟酌，采纳合理化建议，并据此对《示范条款》进行了不断完善。

《示范条款》的发布，是国内商业车险产品发展进程中的一次重要创新，对国内车险市场的持续、健康发展意义重大、影响深远。《示范条款》立足于解决社会公众关心的重要问题、切实维护社会公众利益，对原有商业车险条款进行了全面梳理，认真筛查不利于保护被保险人权益、表述不清和容易产生歧义之处，并进行了合理修订，主要有四个突出特点。

一是调整车辆损失险承保、理赔方式，强化保护消费者利益。针对商业车险市场中广受关注的热点问题，《示范条款》明确规定，车辆损失保险的保险金额按投保时被保险机动车的实际价值确定。被保险机动车发生全部损失，保险公司按保险金额进行赔偿；发生部分损失，保险公司按实际修复费用在保险金额内计算赔偿。同时，《示范条款》还规定，因第三方对被保险机动车的损害而造成保险事故的，保险公司可以在保险金额内先行赔付被保险人，然后代位行使被保险人对第三方请求赔偿的权利。消费者在发生车辆损失保险事故后，除可以沿用过去的索赔方式外，还能直接向自身投保的保险公司进行索赔，免去了和第三方之间的沟通索赔之累。

二是扩大保险责任，减少免赔事项，提高车险保障能力。《示范条款》将原有商业车险中"教练车特约"、"租车人人车失踪"、"法律费用"、"倒车镜车灯单独损坏"、"车载货物掉落"附加险的保险责任直接纳入主险保险责任；删除了原有商业车险条款实践中存在一定争议的十余条责任免除，例如"驾驶证失效或审验未合格"、"发生保险事故时无公安机关交通管理部门核发的合法有效行驶证、号牌，或临时号牌或临时移动证"；免去了原有商业车险条款中的部分绝对免赔率。从而有效地扩大了商业车险的保险责任范围，使商业车险的保障更加满足广大消费者的需要。

三是强化如实告知，简化索赔资料，提升车险服务水平。《示范条款》根据实践经验和消费者反映，对原有商业车险条款中的概念、文字进行了修改和完善，尤其对消费者最为关心的保险责任、责任免除、赔偿处理等内容进行了针对性完善，使条款文字表述更加清晰准确、通俗易懂，强化了保险公司如实告知义务，便于广大消费者更好地理解车险条款。同时，《示范条款》对商业车险的索赔资料进行了简化，例如不再要求车辆损失保险索赔提供营运许可证或道路运输许可证复印件，不再要求盗抢保险索赔提供驾驶证复印件、行驶证正副本、全套原车钥匙等资料，便于广大消费者更快捷地办理索赔手续，提升车险理赔效率和服务水平。

四是简化产品体系，优化条款条例，便于车主阅读理解。《示范条款》简化了商业车险的产品体系，除对特种车，摩托车、拖拉机，单程提车单独设置条款外，其余机动车均采用统一的条款。每个条款分为总则、主险条款、通用条款、附加险条款、释义等部分。同时《示范条款》还对现有商业车险的附加险条款进行了大幅简化，把部分附加险纳入主险保障范围，仅保留玻璃单独破碎险、自燃损失险、车身划痕损失险等十个附加险，并新增了无法找到第三方不计免赔险。

（资料来源：新华网，2012 - 03 - 14。）

1. 商业车险的险种

2012 版商业车险分主险和附加险。主险包括机动车损失保险、机动车第三者责任保险、机动车车上人员责任保险、机动车全车盗抢保险共四个独立的险种，投保人可以选择投保全部险种，也可以选择投保其中部分险种。附加险十一个，不能独立投保。附加险条款与主险条款相抵触之处，以附加险条款为准，附加险条款未尽之处，以主险条款为准。所以，2012 版商业车险险种共十五个，其中主险四个，附加险十一个，如表 5 - 10 所示。

表 5 - 10　　　　　　2012 版商业车险示范条款中商业车险险种一览表

序号	主险	附加险	备注说明
1	机动车损失保险	玻璃单独破碎险（车损险的附加险）	2012 版商业车险条款中规定的商业车险共计十五个，其中主险四个，附加险十一个。附加险中，专属车损险的附加险有八个，专属三者险的附加险有一个，属于三者险和车上人员责任险的附加险有一个，属于所有主险及设有免赔率的附加险有一个。
2	机动车第三者责任保险	自燃损失险（车损险的附加险）	
3	机动车车上人员责任保险	新增设备损失险（车损险的附加险）	
4	机动车全车盗抢保险	车身划痕损失险（车损险的附加险）	
5		发动机涉水损失险（车损险的附加险）	
6		修理期间费用补偿险（车损险的附加险）	
7		车上货物责任险（三者险的附加险）	
8		精神损害抚慰金责任险（三者险和车上人员责任险的附加险）	
9		不计免赔险（主险和有免赔率规定的附加险）	
10		机动车损失保险无法找到第三方特约险（车损险的附加险）	
11		指定修理厂险（车损险的附加险）	

资料来源：根据 2012 版商业车险示范条款整理。

2. 商业车险的内容

2012 版商业车险示范条款分总则、第一章至第十六章以及释义三个大部分。

总则部分阐明了商业车险险种，并对"被保险机动车"、"第三者"和"车上人员"作出明确的界定和说明。

2012 版商业车险险种的具体内容通过第一章至第十六章进行了详细规定和说明。其中第一章至第四章规定了商业车损险、商业三者险、车上人员责任险和全车盗抢险等四个主险的主要内容，第五章为主险的通用条款。第六章至第十六章规定了玻璃单独破碎险、车身划痕险、车上货物责任险等十一个附加险的主要内容。

条款最后的释义部分对车险中涉及的一些重要概念，如暴风、暴雨等自然灾害，碰撞、倾覆等意外事故，某些附加险险种，以及饮酒、参考折旧系数、家庭成员等作了相应解释和说明。

【相关链接】

2012 版商业车险示范条款的亮点

车险条款：主险与附加险大幅调整

为了便于车主阅读理解，《示范条款》简化了车险的产品体系，除对特种车、摩托车、拖拉机、单程提车单独设置条款外，其余机动车均采用这一统一的示范条款。

《示范条款》对现有商业车险的三十八个附加险条款和特约条款进行了大幅简

化，可选免赔额特约条款、更换轮胎服务特约条款等二十三个附加险均被删除。

《示范条款》还新增了无法找到第三方不计免赔险。被保险车辆损失应当由第三方负责赔偿的，如果无法找到第三方，损失由保险公司负责赔偿。

赔付范围：新增十多项保险责任

为了提升车险的保障能力，《示范条款》删除了原有商业车险条款中存在一定争议的十余项责任免除条款，在车损险、三者险、车上人员责任险和盗抢险中均删除的有"驾驶证失效或审验未合格"、"其他依照法律法规或公安机关交通管理部门有关规定不允许驾驶保险机动车的其他情况下驾车"、"发生保险事故时公安机关交通管理部门尚未核发合法有效的行驶证、号牌或临时号牌或临时移动证"、"改变使用性质未如实告知"、"发动机车架号同时变更"、"诉讼费、仲裁费"等。

理赔流程：化解无责不赔难题

《示范条款》调整车辆损失险承保、理赔方式，强化保护消费者利益。《示范条款》明确规定，车损险的保险金额按投保时被保险机动车的实际价值确定。

针对高保低赔问题，《示范条款》规定，如被保险机动车发生全部损失，保险公司按保险金额进行赔偿；发生部分损失，保险公司按实际修复费用在保险金额内计算赔偿。

《示范条款》明确规定，因第三方对被保险机动车的损害而造成保险事故的，无责车主除可以沿用过去的索赔方式外，还能直接向自己投保的保险公司进行索赔。

索赔单证：30天内完成赔偿核定

《示范条款》对商业车险的索赔资料进行了简化，例如不再要求车辆损失保险索赔提供营运许可证或道路运输许可证复印件，不再要求盗抢保险索赔提供驾驶证复印件、行驶证正副本、全套原车钥匙等资料，便于广大消费者更快捷地办理索赔手续。

在被保险人义务中，将不影响赔偿处理的内容予以删除，为保险公司设置了明确的理赔时限。例如，保险公司收到车主的索赔请求后，应当在30日内做出核定；双方达成赔偿协议后10日内履行赔偿义务；不属于保险责任的，应当自作出核定之日起3日内向车主发出拒赔通知书。

（资料来源：和讯网。）

下面根据2012版商业车险示范条款内容，对商业车险主要内容进行详细介绍。

（1）主险

商业车险主险
（四种）
- 商业车损险
- 商业三者险
- 车上人员责任险
- 全车盗抢险

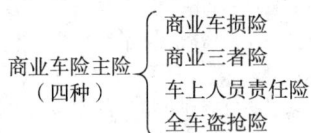

图5-3　商业车险的主险

①商业车损险（全称为机动车辆损失保险，主要内容见表5-11）

表 5－11　　　　　　　　　　　　　　商业车损险主要内容

（一）保险责任
1. 下列原因造成的机动车的直接损失： （1）碰撞、倾覆、坠落； （2）火灾、爆炸； （3）外界物体坠落、倒塌； （4）雷击、暴风、暴雨、洪水、龙卷风、冰雹、台风、热带风暴； （5）地陷、崖崩、滑坡、泥石流、雪崩、冰陷、暴雪、冰凌、沙尘暴； （6）受到被保险机动车所载货物、车上人员意外撞击； （7）载运被保险机动车的渡船遭受自然灾害（只限于驾驶人随船的情形）。 2. 施救费用（在被保险机动车损失赔偿金额外另行计算，最高不超过保险金额）。
（二）责任免除
1. 除外原因： （1）事故发生后，被保险人或其允许的驾驶人在未依法采取措施的情况下驾驶被保险机动车或者遗弃被保险机动车逃离事故现场，或故意破坏、伪造现场、毁灭证据； （2）驾驶人有下列情形之一者： ①饮酒、吸食或注射毒品、服用国家管制的精神药品或者麻醉药品； ②无驾驶证，驾驶证被依法扣留、暂扣、吊销、注销期间； ③驾驶与驾驶证载明的准驾车型不相符合的机动车； ④实习期内驾驶公共汽车、营运客车或者执行任务的警车、载有危险物品的机动车或牵引挂车的机动车； ⑤驾驶出租机动车或营业性机动车无交通运输管理部门核发的许可证书或其他必备证件； ⑥学习驾驶时无合法教练员随车指导； ⑦非被保险人允许的驾驶人； （3）被保险机动车有下列情形之一者： ①发生保险事故时被保险机动车行驶证、号牌被注销的，或未按规定检验或检验不合格； ②被扣押、收缴、没收、政府征用期间； ③在竞赛、测试期间，在营业性场所维修、保养、改装期间； ④被利用从事犯罪行为。 2. 除外损失和费用： (1) 地震及其次生灾害； (2) 战争、军事冲突、恐怖活动、暴乱、污染（含放射性污染）、核反应、核辐射； (3) 人工直接供油、高温烘烤、自燃、不明原因火灾； (4) 被保险机动车被转让、改装、加装或改变使用性质等，导致被保险机动车危险程度显著增加，且被保险人、受让人未及时通知保险人； (5) 被保险人或其允许的驾驶人的故意行为。 3. 下列损失和费用，保险人不负责赔偿： (1) 因市场价格变动造成的贬值、修理后因价值降低引起的减值损失； (2) 被保险机动车全车被盗窃、被抢劫、被抢夺、下落不明，以及在此期间受到的损坏，或被盗窃、被抢劫、被抢夺未遂受到的损坏，或车上零部件、附属设备丢失； (3) 自然磨损、锈蚀、腐蚀、故障、本身质量缺陷； (4) 车轮单独损坏，玻璃单独破碎，无明显碰撞痕迹的车身划痕，以及新增设备的损失； (5) 发动机进水后导致的发动机损坏； (6) 遭受保险责任范围内的损失后，未经必要修理并检验合格继续使用，致使损失扩大的部分； (7) 投保人、被保险人或其允许的驾驶人知道保险事故发生后，故意或者因重大过失未及时通知，致使保险事故的性质、原因、损失程度等难以确定的，保险人对无法确定的部分，不承担赔偿责任，但保险人通过其他途径已经及时知道或者应当及时知道保险事故发生的除外； (8) 因被保险人违反本条款第十六条规定，导致无法确定的损失。

（三）免赔规定
1. 事故责任免赔 被保险机动车一方负次要事故责任的，实行5%的事故责任免赔率；负同等事故责任的，实行10%的事故责任免赔率；负主要事故责任的，实行15%的事故责任免赔率；负全部事故责任或单方肇事事故的，实行20%的事故责任免赔率； 2. 被保险机动车的损失应当由第三方负责赔偿，无法找到第三方的，实行30%的绝对免赔率； 3. 因违反安全装载规定导致保险事故发生的，保险人不承担赔偿责任；违反安全装载规定，但不是事故发生的直接原因的，增加10%的绝对免赔率； 4. 投保时指定驾驶人，保险事故发生时为非指定驾驶人使用被保险机动车的，增加10%的绝对免赔率； 5. 投保时约定行驶区域，保险事故发生在约定行驶区域以外的，增加10%的绝对免赔率； 6. 对于投保人与保险人在投保时协商确定绝对免赔额的，本保险在实行免赔率的基础上增加每次事故绝对免赔额。

（四）保险金额
保险金额按投保时被保险机动车的实际价值确定。 投保时被保险机动车的实际价值由投保人与保险人根据投保时的新车购置价减去折旧金额后的价格协商确定或其他市场公允价值协商确定。折旧金额可根据本保险合同列明的参考折旧系数表确定。

（五）赔款计算
1. 全部损失 　赔款＝（保险金额－被保险人已从第三方获得的赔偿金额）×（1－事故责任免赔率）×（1－绝对免赔率之和）－绝对免赔额 2. 部分损失被保险机动车发生部分损失，保险人按实际修复费用在保险金额内计算赔偿： 　赔款＝（实际修复费用－被保险人已从第三方获得的赔偿金额）×（1－事故责任免赔率）×（1－绝对免赔率之和）－绝对免赔额

②商业三者险（全称为机动车辆第三者责任保险，主要内容见表 5 – 12）

表 5 – 12　　　　　　　　　　商业三者险主要内容

（一）保险责任
1. 保险期间内，被保险人或其允许的合法驾驶人在使用被保险机动车过程中发生意外事故，致使第三者遭受人身伤亡或财产直接损毁，依法应当对第三者承担的损害赔偿责任，保险人依照本保险合同的约定，对于超过机动车交通事故责任强制保险各分项赔偿限额的部分负责赔偿。 2. 保险人依据被保险机动车一方在事故中所负的事故责任比例，承担相应的赔偿责任。 　被保险人或被保险机动车一方根据有关法律法规规定选择自行协商或由公安机关交通管理部门处理事故未确定事故责任比例的，按照下列规定确定事故责任比例： 　被保险机动车一方负主要事故责任的，事故责任比例为70%； 　被保险机动车一方负同等事故责任的，事故责任比例为50%； 　被保险机动车一方负次要事故责任的，事故责任比例为30%。 　涉及司法或仲裁程序的，以法院或仲裁机构最终生效的法律文书为准。

（二）责任免除
1. 在上述保险责任范围内，下列情况下，不论任何原因造成的人身伤亡、财产损失和费用，保险人均不负责赔偿： （1）事故发生后，被保险人或其允许的驾驶人在未依法采取措施的情况下驾驶被保险机动车或者遗弃被保险机动车逃离事故现场，或故意破坏、伪造现场、毁灭证据。 （2）驾驶人有下列情形之一者： ①饮酒、吸食或注射毒品、服用国家管制的精神药品或者麻醉药品； ②无驾驶证，驾驶证被依法扣留、暂扣、吊销、注销期间； ③驾驶与驾驶证载明的准驾车型不相符合的机动车； ④实习期内驾驶公共汽车、营运客车或者执行任务的警车、载有危险物品的机动车或牵引挂车的机动车； ⑤驾驶出租机动车或营业性机动车无交通运输管理部门核发的许可证书或其他必备证件； ⑥学习驾驶时无合法教练员随车指导； ⑦非被保险人允许的驾驶人。 （3）被保险机动车有下列情形之一者： ①发生保险事故时被保险机动车行驶证、号牌被注销的，或未按规定检验或检验不合格； ②被扣押、收缴、没收、政府征用期间； ③在竞赛、测试期间，在营业性场所维修、保养、改装期间； ④全车被盗窃、被抢劫、被抢夺、下落不明期间。 2. 下列原因导致的人身伤亡、财产损失和费用，保险人不负责赔偿： （1）地震及其次生灾害、战争、军事冲突、恐怖活动、暴乱、污染（含放射性污染）、核反应、核辐射； （2）被保险机动车在行驶过程中翻斗突然升起，或没有放下翻斗，或自卸系统（含机件）失灵； （3）第三者、被保险人或其允许的驾驶人的故意行为、犯罪行为，第三者与被保险人或其他致害人恶意串通的行为； （4）被保险机动车被转让、改装、加装或改变使用性质等，导致被保险机动车危险程度显著增加，且被保险人、受让人未及时通知保险人。 3. 下列人身伤亡、财产损失和费用，保险人不负责赔偿： （1）被保险机动车发生意外事故，致使任何单位或个人停业、停驶、停电、停水、停气、停产、通讯或网络中断、电压变化、数据丢失造成的损失以及其他各种间接损失； （2）第三者财产因市场价格变动造成的贬值，修理后因价值降低引起的减值损失； （3）被保险人及其家庭成员、被保险人允许的驾驶人及其家庭成员所有、承租、使用、管理、运输或代管的财产的损失，以及本车上财产的损失； （4）被保险人及其家庭成员、被保险人允许的驾驶人及其家庭成员、本车车上人员的人身伤亡； （5）停车费、保管费、扣车费、罚款、罚金或惩罚性赔款； （6）超出《道路交通事故受伤人员临床诊疗指南》和国家基本医疗保险标准的医疗费用； （7）精神损害抚慰金； （8）律师费，未经保险人事先书面同意的诉讼费、仲裁费； （9）投保人、被保险人或其允许的驾驶人知道保险事故发生后，故意或者因重大过失未及时通知，致使保险事故的性质、原因、损失程度等难以确定的，保险人对无法确定的部分，不承担赔偿责任，但保险人通过其他途径已经及时知道或者应当及时知道保险事故发生的除外； （10）因被保险人违反本条款第三十四条规定，导致无法确定的损失； （11）应当由机动车交通事故责任强制保险赔偿的损失和费用。 保险事故发生时，被保险机动车未投保机动车交通事故责任强制保险或机动车交通事故责任强制保险合同已经失效的，对于机动车交通事故责任强制保险责任限额以内的损失和费用，保险人不负责赔偿。

（三）免赔规定
保险人在依据本保险合同约定计算赔款的基础上，在保险单载明的责任限额内，按照下列方式免赔： 1. 被保险机动车一方负次要事故责任的，实行5%的事故责任免赔率；负同等事故责任的，实行10%的事故责任免赔率；负主要事故责任的，实行15%的事故责任免赔率；负全部事故责任的，实行20%的事故责任免赔率； 2. 违反安全装载规定的，实行10%的绝对免赔率； 3. 投保时指定驾驶人，保险事故发生时为非指定驾驶人使用被保险机动车的，增加10%的绝对免赔率； 4. 投保时约定行驶区域，保险事故发生在约定行驶区域以外的，增加10%的绝对免赔率。
（四）责任限额
1. 每次事故的责任限额，由投保人和保险人在签订本保险合同时协商确定。 2. 主车和挂车连接使用时视为一体，发生保险事故时，在主车和挂车责任限额之和内承担赔偿责任。 3. 主车保险人和挂车保险人按照保险单上载明的机动车第三者责任保险责任限额的比例分摊赔款。
（五）赔款计算
1. 当"（依合同约定核定的第三者损失金额 – 机动车交通事故责任强制保险的分项赔偿限额）×事故责任比例"等于或高于每次事故赔偿限额时： 　　赔款 = 每次事故赔偿限额 ×（1 – 事故责任免赔率）×（1 – 绝对免赔率之和） 2. 当"（依合同约定核定的第三者损失金额 – 机动车交通事故责任强制保险的分项赔偿限额）×事故责任比例"低于每次事故赔偿限额时： 　　赔款 =（依合同约定核定的第三者损失金额 – 机动车交通事故责任强制保险的分项赔偿限额）×事故责任比例 ×（1 – 事故责任免赔率）×（1 – 绝对免赔率之和）

③车上人员责任险（见表5 – 13）

表5 – 13　　　　　　　　　　车上人员责任险的主要内容

（一）保险责任
1. 保险期间内，被保险人或其允许的合法驾驶人在使用被保险机动车过程中发生意外事故，致使车上人员遭受人身伤亡，依法应当对车上人员承担的损害赔偿责任，保险人负责赔偿。 2. 保险人依据被保险机动车一方在事故中所负的事故责任比例，承担相应的赔偿责任。 被保险人或被保险机动车一方根据有关法律法规规定选择自行协商或由公安机关交通管理部门处理事故未确定事故责任比例的，按照下列规定确定事故责任比例： 　　被保险机动车一方负主要事故责任的，事故责任比例为70%； 　　被保险机动车一方负同等事故责任的，事故责任比例为50%； 　　被保险机动车一方负次要事故责任的，事故责任比例为30%。 　　涉及司法或仲裁程序的，以法院或仲裁机构最终生效的法律文书为准。

续表

（二）责任免除

1. 在上述保险责任范围内，下列情况下，不论任何原因造成的人身伤亡、财产损失和费用，保险人均不负责赔偿：

（1）事故发生后，被保险人或其允许的驾驶人在未依法采取措施的情况下驾驶被保险机动车或者遗弃被保险机动车逃离事故现场，或故意破坏、伪造现场、毁灭证据。

（2）驾驶人有下列情形之一者：

①饮酒、吸食或注射毒品、服用国家管制的精神药品或者麻醉药品；

②无驾驶证，驾驶证被依法扣留、暂扣、吊销、注销期间；

③驾驶与驾驶证载明的准驾车型不相符合的机动车；

④实习期内驾驶公共汽车、营运客车或者执行任务的警车、载有危险物品的机动车或牵引挂车的机动车；

⑤驾驶出租机动车或营业性机动车无交通运输管理部门核发的许可证书或其他必备证书；

⑥学习驾驶时无合法教练员随车指导；

⑦非被保险人允许的驾驶人。

（3）被保险机动车有下列情形之一者：

①发生保险事故时被保险机动车行驶证、号牌被注销的，或未按规定检验或检验不合格；

②被扣押、收缴、没收、政府征用期间；

③在竞赛、测试期间，在营业性场所维修、保养、改装期间；

④全车被盗窃、被抢劫、被抢夺、下落不明期间。

（4）下列原因导致的人身伤亡，保险人不负责赔偿：

①地震及其次生灾害、战争、军事冲突、恐怖活动、暴乱、污染（含放射性污染）、核反应、核辐射；

②被保险机动车被转让、改装、加装或改变使用性质等，导致被保险机动车危险程度显著增加，且被保险人、受让人未及时通知保险人。

（5）下列人身伤亡、损失和费用，保险人不负责赔偿：

①被保险人或驾驶人的故意行为造成的人身伤亡；

②被保险人及驾驶人以外的其他车上人员的故意、重大过失行为造成的自身伤亡；

③车上人员因疾病、分娩、自残、斗殴、自杀、犯罪行为造成的自身伤亡；

④违法、违章搭乘人员的人身伤亡；

⑤罚款、罚金或惩罚性赔款；

⑥超出《道路交通事故受伤人员临床诊疗指南》和国家基本医疗保险标准的医疗费用；

⑦精神损害抚慰金；

⑧律师费，未经保险人事先书面同意的诉讼费、仲裁费；

⑨投保人、被保险人或其允许的驾驶人知道保险事故发生后，故意或者因重大过失未及时通知，致使保险事故的性质、原因、损失程度等难以确定的，保险人对无法确定的部分，不承担赔偿责任，但保险人通过其他途径已经及时知道或者应当及时知道保险事故发生的除外；

⑩应当由机动车交通事故责任强制保险赔付的损失和费用。

（三）免赔规定

保险人在依据本保险合同约定计算赔款的基础上，在保险单载明的责任限额内，按照下列方式免赔：

1. 被保险机动车一方负次要事故责任的，实行5%的事故责任免赔率；负同等事故责任的，实行10%的事故责任免赔率；负主要事故责任的，实行15%的事故责任免赔率；负全部事故责任或单方肇事事故的，实行20%的事故责任免赔率；

2. 投保时指定驾驶人，保险事故发生时为非指定驾驶人使用被保险机动车的，实行10%的绝对免赔率；

3. 投保时约定行驶区域，保险事故发生在约定行驶区域以外的，增加10%的绝对免赔率。

续表

（四）赔款计算
1. 对每座的受害人，当"（依合同约定核定的每座车上人员人身伤亡损失金额－应由机动车交通事故责任强制保险赔偿的金额）×事故责任比例"高于或等于每次事故每座赔偿限额时： 　　　赔款＝每次事故每座赔偿限额×（1－事故责任免赔率）×（1－绝对免赔率之和） 2. 对每座的受害人，当"（依合同约定核定的每座车上人员人身伤亡损失金额－应由机动车交通事故责任强制保险赔偿的金额）×事故责任比例"低于每次事故每座赔偿限额时： 　　　赔款＝（依合同约定核定的每座车上人员人身伤亡损失金额－应由机动车交通事故责任强制保险赔偿的金额）×事故责任比例×（1－事故责任免赔率）×（1－绝对免赔率之和）

④全车盗抢险（见表 5 – 14）

表 5 – 14　　　　　　　　　全车盗抢险的主要内容

（一）保险责任
保险期间内，被保险机动车的下列损失和费用，保险人依照本保险合同的约定负责赔偿： 1. 被保险机动车被盗窃、抢劫、抢夺，经出险当地县级以上公安刑侦部门立案证明，满 60 天未查明下落的全车损失； 2. 被保险机动车全车被盗窃、抢劫、抢夺后，受到损坏或车上零部件、附属设备丢失需要修复的合理费用； 3. 被保险机动车在被抢劫、抢夺过程中，受到损坏需要修复的合理费用。
（二）责任免除
1. 下列情况下，不论任何原因造成被保险机动车的任何损失和费用，保险人均不负责赔偿： （1）被保险人索赔时未能提供出险地县级以上公安刑侦部门出具的盗抢立案证明； （2）驾驶人、被保险人、投保人故意破坏现场、伪造现场、毁灭证据； （3）被保险机动车被扣押、罚没、查封、政府征用期间； （4）被保险机动车在竞赛、测试期间，在营业性场所维修、保养、改装期间，被运输期间。 2. 下列损失和费用，保险人不负责赔偿： （1）地震及其次生灾害导致的损失和费用； （2）战争、军事冲突、恐怖活动、暴乱导致的损失和费用； （3）因诈骗引起的任何损失；因投保人、被保险人与他人的民事、经济纠纷导致的任何损失； （4）被保险人或其允许的驾驶人的故意行为、犯罪行为导致的损失和费用； （5）非全车遭盗窃，仅车上零部件或附属设备被盗窃或损坏； （6）新增设备的损失； （7）遭受保险责任范围内的损失后，未经必要修理并检验合格继续使用，致使损失扩大的部分； （8）被保险机动车被转让、改装、加装或改变使用性质等，导致被保险机动车危险程度显著增加而发生保险事故，且被保险人、受让人未及时通知保险人； （9）投保人、被保险人或其允许的驾驶人知道保险事故发生后，故意或者因重大过失未及时通知，致使保险事故的性质、原因、损失程度等难以确定的，保险人对无法确定的部分，不承担赔偿责任，但保险人通过其他途径已经及时知道或者应当及时知道保险事故发生的除外； （10）因被保险人违反本条款第五十八条规定，导致无法确定的损失。

（三）免赔规定
保险人在依据本保险合同约定计算赔款的基础上，按照下列方式免赔： 1. 发生全车损失的，绝对免赔率为20%； 2. 发生全车损失，被保险人未能提供"机动车登记证书"、机动车来历凭证的，每缺少一项，增加1%的绝对免赔率； 3. 投保时约定行驶区域，保险事故发生在约定行驶区域以外的，增加10%的绝对免赔率。
（四）保险金额
保险金额在投保时被保险机动车的实际价值内协商确定。 投保时被保险机动车的实际价值由投保人与保险人根据投保时的新车购置价减去折旧金额后的价格协商确定或其他市场公允价值协商确定。折旧金额可根据本保险合同列明的参考折旧系数表确定。
（五）赔款计算
保险人按下列方式赔偿： 1. 被保险机动车全车被盗抢的，按以下方法计算赔款： 　　赔款 = 保险金额 × （1 − 绝对免赔率之和） 2. 被保险机动车发生本条款第五十一条第（二）款、第（三）款列明的损失，保险人按实际修复费用在保险金额内计算赔偿： 　　赔款 = 实际修复费用 × （1 − 绝对免赔率）

（2）商业车险的附加险

附加险条款的法律效力优于主险条款。附加险条款未尽事宜，以主险条款为准。除附加险条款另有约定外，主险中的责任免除、免赔规则、双方义务同样适用于附加险。

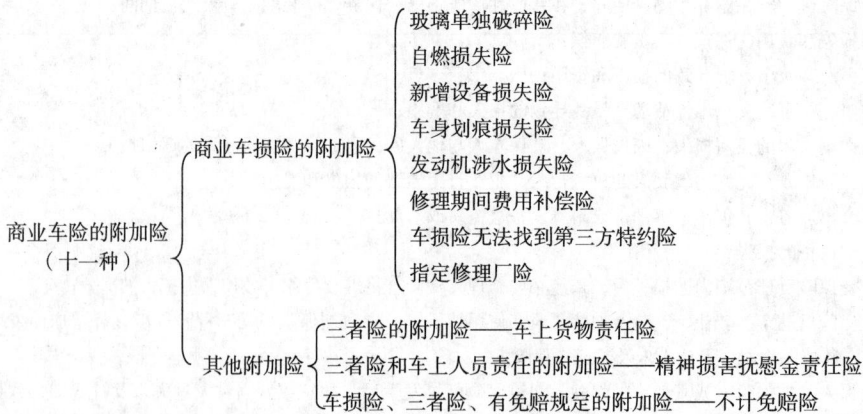

商业车险的附加险（十一种）
- 商业车损险的附加险
  - 玻璃单独破碎险
  - 自燃损失险
  - 新增设备损失险
  - 车身划痕损失险
  - 发动机涉水损失险
  - 修理期间费用补偿险
  - 车损险无法找到第三方特约险
  - 指定修理厂险
- 其他附加险
  - 三者险的附加险——车上货物责任险
  - 三者险和车上人员责任的附加险——精神损害抚慰金责任险
  - 车损险、三者险、有免赔规定的附加险——不计免赔险

图5－4　商业车险的附加险

①商业车损险的附加险

如图5-4所示，只属于车损险的附加险有八个，即玻璃单独破碎险、自燃损失险、新增设备损失险、车身划痕损失险、发动机涉水损失险、修理期间费用补偿险、车损险无法找到第三方特约险和指定修理厂险。这八个附加险的主要内容见表5-15。

②其他附加险

如图5-4所示，只属于商业三者险的附加险只有一个，即车上货物责任险；属于商业三者险和车上人员险的附加险只有一个，即精神损害抚慰金责任险；属于共同（主险、有免赔规定的附加险）附加险的有一个，即不计免赔险。其他附加险的主要内容见表5-16。

表5-15　　　　　　　只属于商业车损险的附加险的主要内容

1. 玻璃单独破碎险
（1）保险责任：保险期间内，被保险机动车风挡玻璃或车窗玻璃的单独破碎，保险人按实际损失金额赔偿。
（2）责任免除：安装、维修机动车过程中造成的玻璃单独破碎。
（3）免赔规定：本附加险不适用主险中的各项免赔规定。
2. 自燃损失险
（1）保险责任： ①保险期间内，指在没有外界火源的情况下，由于本车电器、线路、供油系统、供气系统等被保险机动车自身原因或所载货物自身原因起火燃烧造成本车的损失； ②发生保险事故时，被保险人为防止或者减少被保险机动车的损失所支付的必要的、合理的施救费用，由保险人承担；施救费用数额在被保险机动车损失赔偿金额以外另行计算，最高不超过本附加险保险金额的数额。 （2）责任免除： ①自燃仅造成电器、线路、油路、供油系统、供气系统的损失； ②由于擅自改装、加装电器及设备导致被保险机动车起火造成的损失； ③被保险人在使用被保险机动车过程中，因人工直接供油、高温烘烤等违反车辆安全操作规则造成的损失； （3）免赔规定：每次赔偿实行20%的绝对免赔率，不适用主险中的各项免赔规定。 （4）保险金额：保险金额由投保人和保险人在投保时被保险机动车的实际价值内协商确定。 （5）赔偿处理：全部损失，在保险金额内计算赔偿；部分损失，在保险金额内按实际修理费用计算赔偿。
3. 新增设备损失险
（1）保险责任：保险期间内，被保险机动车因发生车损险责任范围内的事故，造成车上新增加设备的直接损毁，保险人在保险单载明的保险金额内，按照实际损失计算赔偿。 （2）责任免除：每次赔偿的免赔规定以机动车损失保险条款规定为准。 （3）保险金额：保险金额根据新增设备投保时的实际价值确定。新增加设备的实际价值是指新增加设备的购置价减去折旧金额后的金额。

4. 车身划痕损失险
（1）保险责任：保险期间内，在被保险人或其允许的合法驾驶人使用过程中，发生无明显碰撞痕迹的车身划痕损失，保险人按照约定负责赔偿。 （2）责任免除： ①被保险人及其家庭成员、驾驶人及其家庭成员的故意行为造成的损失； ②因投保人、被保险人与他人的民事、经济纠纷导致的任何损失； ③车身表面自然老化、损坏，腐蚀造成的任何损失； （3）免赔规定：每次赔偿实行15%的绝对免赔率，不适用主险中的各项免赔规定。 （4）保险金额：有2 000元、5 000元、10 000元或20 000元四档可供选择，由投保人和保险人在投保时协商确定。 （5）赔偿处理：①在保险金额内按实际修理费用计算赔偿；②在保险期间内，累计赔款金额达到保险金额，保险责任终止。
5. 发动机涉水损失险（仅适用于家用、非营业用机动车辆投保）
（1）保险责任：保险期间内，投保了本附加险的被保险机动车在使用过程中，因发动机进水后导致的发动机的直接损毁，保险人负责赔偿；承担施救费用。 （2）责任免除：每次赔偿均实行15%的绝对免赔率，不适用主险中的各项免赔规定。 （3）赔偿处理：在发生保险事故时被保险机动车的实际价值内计算赔偿。
6. 修理期间费用补偿险
（1）保险责任：保险期间内，机动车在使用过程中，发生车损险责任范围内的事故，造成车身损毁，致使被保险机动车停驶，保险人按保险合同约定，在保险金额内向被保险人补偿修理期间费用，作为代步车费用或弥补停驶损失。 （2）责任免除： 下列情况下，保险人不承担修理期间费用补偿： ①因机动车损失保险责任范围以外的事故而致被保险机动车的损毁或修理； ②非在保险人指定的修理厂修理时，因车辆修理质量不合要求造成返修； ③被保险人或驾驶人拖延车辆送修期间 （3）免赔规定：每次事故的绝对免赔额为1天的赔偿金额，不适用主险中的各项免赔规定。 （4）保险金额： 保险金额＝补偿天数×日补偿金额。补偿天数及日补偿金额由投保人与保险人协商确定并在保险合同中载明，保险期间内约定的补偿天数最高不超过90天。 （5）赔偿处理：全车损失，按保险单载明的保险金额计算赔偿；部分损失，在保险金额内按约定的日赔偿金额乘以从送修之日起至修复之日止的实际天数计算赔偿，实际天数超过双方约定修理天数的，以双方约定的修理天数为准。 保险期间内，累计赔款金额达到保险单载明的保险金额，保险责任终止。
7. 车损险无法找到第三方特约险
保险责任：被保险机动车损失应当由第三方负责赔偿，但因无法找到第三方而增加的由被保险人自行承担的免赔金额，保险人负责赔偿。
8. 指定修理厂险
保险责任：投保人在投保时选择本附加险，并增加支付保险费的，车损险事故发生后，被保险人可指定修理厂进行修理。

表 5－16	商业车险的其他附加险的主要内容

1. 车上货物责任险（只属于商业三者险的附加险）

（1）保险责任：保险期间内，发生意外事故致使被保险机动车所载货物遭受直接损毁，依法应由被保险人承担的损害赔偿责任，保险人负责赔偿。

（2）责任免除：

①偷盗、哄抢、自然损耗、本身缺陷、短少、死亡、腐烂、变质、串味、生锈，动物走失、飞失、货物自身起火燃烧或爆炸造成的货物损失；

②违法、违章载运造成的损失；

③因包装、紧固不善，装载、遮盖不当导致的任何损失；

④车上人员携带的私人物品的损失；

⑤保险事故导致的货物减值、运输延迟、营业损失及其他各种间接损失；

⑥法律、行政法规禁止运输的货物的损失；

（3）免赔规定：每次赔偿实行 20% 的绝对免赔率，不适用主险中的各项免赔规定。

（4）责任限额：责任限额由投保人和保险人在投保时协商确定。

（5）赔偿处理：被保险人索赔时，应提供运单、起运地货物价格证明等相关单据。保险人在责任限额内按起运地价格计算赔偿。

2. 精神损害抚慰金责任险（三者险和车上人员责任险的附加险）

（1）保险责任：保险期间内，被保险人或其允许的合法驾驶人在使用被保险机动车的过程中，发生投保的主险约定的保险责任内的事故，造成第三者或车上人员的人身伤亡，受害人据此提出精神损害赔偿请求，保险人依据法院判决及保险合同约定，对应由被保险人或被保险机动车驾驶人支付的精神损害抚慰金，在扣除机动车交通事故责任强制保险应当支付的赔款后，在保险赔偿限额内负责赔偿。

（2）责任免除

①根据被保险人与他人的合同协议，应由他人承担的精神损害抚慰金；

②未发生交通事故，仅因第三者或本车人员的惊恐而引起的损害；

③怀孕妇女的流产发生在交通事故发生之日起 30 天以外的；

（3）免赔规定：每次赔偿实行 20% 的绝对免赔率，不适用主险中的各项免赔规定。

（4）赔偿限额：每次事故赔偿限额由保险人和投保人在投保时协商确定。

（5）赔偿处理：赔偿金额依据人民法院的判决在赔偿限额内计算赔偿。

3. 不计免赔险（主险及设免赔率的附加险）

（1）保险责任：经特别约定，保险事故发生后，按照对应投保的险种规定的免赔率计算的、应当由被保险人自行承担的免赔金额部分，保险人负责赔偿。

（2）责任免除：

下列情况下，应当由被保险人自行承担的免赔金额，保险人不负责赔偿：

①机动车损失保险中应当由第三方负责赔偿而无法找到第三方的；

②因违反安全装载规定而增加的；

③投保时指定驾驶人，保险事故发生时为非指定驾驶人使用被保险机动车而增加的；

④投保时约定行驶区域，保险事故发生在约定行驶区域以外而增加的；

⑤发生机动车全车盗抢保险规定的全车损失保险事故时，被保险人未能提供"机动车登记证书"、机动车来历凭证的，每缺少一项而增加的；

⑥机动车损失保险中约定的每次事故绝对免赔额；

⑦可附加本条款但未选择附加本条款的险种规定的；

⑧不可附加本条款的险种规定的。

四、机动车辆保险的投保与理赔

（一）投保

$$投保\begin{cases}投保条件\\投保单的填写\\保险费的计算\end{cases}$$

1. 投保条件（一牌两证）

（1）有公安交通管理部门核发的车辆号牌。对于新车投保，在车辆上牌照的同时办理保险业务。购买的新车要开往异地时，投单程提车保险需有公安交通管理部门核发的临时车辆号牌。

（2）有公安交通管理部门填发的机动车辆行驶证。

（3）有车辆检验合格证。新车需有出厂前的检验合格证；旧车行驶证上需有年检合格章。投保车辆必须达到国家标准《机动车辆安全运行技术条件》（GB 7258—2004）的要求。否则，即视为质量不合格或报废车辆，也就无投保资格。

2. 投保单的填写

（1）投保人情况

投保人是指与保险人订立保险合同，并按照保险合同负有支付保险费义务的人。投保人可以与被保险人不同，但投保人对被保险机动车必须具有保险利益。

①投保人名称/姓名：投保人为"法人或其他组织"时，填写其全称（与公章名称一致）；投保人为"自然人"时，填写个人姓名（与投保人有效身份证明一致）。投保人名称一律填写全称，必须完整、准确，不得使用简称。例如，"中国人寿财产保险股份有限公司"不得写作"国寿"、"国寿财"等。

②国籍/注册地（注：有些保险单可能不需填写此项）：当投保人是自然人时，请填写投保人的国籍，持有港澳台地区护照的请填写香港、澳门、台湾地区，其余国家或地区请据实填写。当投保人为法人组织时，请填写其注册地所在国家或地区。

③投保机动车数：填写该投保人本次投保的所有机动车的辆数，用阿拉伯数字填写。

④联系人姓名：填写投保人或投保经办人的姓名。

⑤固定电话：填写投保人或投保经办人的固定电话号码；投保人为"法人或其他组织"时，应填写其常用联系电话，严禁用代理人的电话代替。

⑥移动电话：填写投保人或投保经办人的手机号码。

⑦投保人住所：投保人为"法人或其他组织"时填写其主要办事机构所在地，投保人为"自然人"时填写投保人常住地址，需要精确到门牌号码。

⑧邮政编码：填写投保人住所的邮政编码。

（2）被保险人情况

被保险人是指其财产或者人身受保险合同保障，享有保险金请求权的人，被保险人可以为投保人。

①"法人或其他组织"和"自然人"选项：只可选择一项，被保险人是单位时选择"法人或其他组织"，被保险人是个人时选择"自然人"。

法人是指具有民事权利能力和民事行为能力，并依法享有民事权利和承担民事义务的组织，包括企业法人、机关法人和社会团体法人。

其他组织，指不具备法人条件的组织。主要包括：法人的分支机构；企业之间或企业、事业单位之间联营，不具备法人条件的组织；合伙组织；个体工商户等。

选择"法人或其他组织"时，在其后的"名称"后，填写其全称（与公章名称一致）；选择"自然人"时，在其后的"姓名"后，填写个人姓名（与被保险人有效身份证明一致）。被保险人名称一律填写全称，必须完整、准确，不得使用简称。例如，"中国人寿保险股份有限公司"不得写作"人寿"、"中国人寿"、"CLIC"等。

② "组织机构代码"和"身份证号码"：被保险人为"法人或其他组织"时填写被保险人的组织机构代码。组织机构代码由国家质量监督局颁发，是对中华人民共和国境内依法注册、依法登记的机关、企业单位、事业单位、社会团体和民办企业单位颁发的一个在全国范围内唯一的、始终不变的代码标识。

该代码为九位数字字母码。组织机构代码的结构是由八位数字（或大写拉丁字母）本体代码和一位数字（或大写拉丁字母）校验码组成，本体代码与校验码用连字符分隔。

被保险人为"自然人"时填写被保险人的居民身份证号码。被保险人无居民身份证时，如被保险人为军官、外国籍人员，应在投保单特别约定栏内注明被保险人的有效身份证明名称、证件号码及被保险人性别、年龄。

③被保险人单位性质：被保险人为"法人或其他组织"时，投保人要选择填写被保险人的单位性质，只可选择其中一项。

【知识链接】

被保险人单位性质

1. 党政机关、单位：包括国家机关、党政机关、社会团体、基层群众自治组织。公安、司法系统。

2. 事业单位：包括卫生事业、体育事业、社会事业、教育事业、文化艺术业、广播电影电视业、科学研究业、综合技术服务业等单位。

3. 个体、私营企业：指由自然人投资设立或由自然人控股，以雇用劳动为基础的营利性经济组织。包括按照《公司法》、《合伙企业法》、《私营企业暂行条例》规定登记注册的私营有限责任公司、私营股份有限公司、私营合伙企业和私营独资企业。

4. 其他企业：指除个体、私营企业以外的企业，包括内资企业、港澳台商投资企业和外商投资企业三大类企业。

5. 军队（武警）：是指中国人民解放军或中国人民武装警察部队。

6. 使（领）馆。

7. 其他：指其他无法归入上面六类的单位，如外国常驻新闻机构、境外会计师事务所常驻代表机构、外国政府旅游部门在中国设立常驻代表机构、外国企业在中国设立旅游常驻代表机构等。

（资料来源：王健康，周灿．机动车辆保险实务操作（第二版）［M］．北京：电子工业出版社，2013：70.）

④联系人姓名：为便于保险人与被保险人及时取得联系，被保险人为"法人或其他组织"时，填写被保险人指定的联系人姓名；被保险人为"自然人"时，填写被保险人姓名。

⑤固定电话：填写被保险人常用固定电话号码，严禁用代理人电话代替。

⑥移动电话：被保险人为"法人或其他组织"时，填写被保险人指定联系人的手机号码；被保险人为"自然人"时，填写被保险人手机号码。

⑦被保险人住所：被保险人为"法人或其他组织"时填写其主要办事机构所在地，被保险人为"自然人"时填写投保人常住地址，填写至门牌号码。

⑧邮政编码：填写被保险人住所的邮政编码。

（3）投保机动车情况

投保机动车的情况应请投保人根据车辆行驶证登记的相应项目进行填写，若车辆未完成登记手续的，则以车辆出厂合格证明或者进口凭证相应的项目所载数额为准。

①被保险人与机动车的关系：被保险人与投保机动车"机动车行驶证"上载明的车主相同时，选择"所有"；被保险人与车主不相符时，根据实际情况选择"使用"或"管理"。例如，租赁机动车的承租人投保所租赁机动车，被保险人也为承租人时，其投保机动车车主为租赁公司，此时被保险人与机动车的关系应选择"使用"；集团公司为其下属公司的机动车统一投保并交付保费时，投保机动车的车主为其下属公司，此种情况下被保险人与机动车的关系则应选择"管理"。

②车主：被保险人与机动车关系为"所有"时，本项可省略不填写；被保险人不是车主时，需填写投保机动车"机动车行驶证"上载明的车主名称或姓名。

③号牌号码：填写机动车管理机关核发的号牌号码，按照投保机动车"机动车行驶证"录入。

未上牌的机动车填写发动机号后六位字母或数字，部分地区保监局或同业信息平台有明确约定的，按约定执行。

④号牌底色：根据投保机动车号牌的底色，在五种颜色中选择一种，不可多选。

⑤厂牌型号：投保机动车的厂牌名称和机动车型号，应与其"机动车行驶证"一致，"机动车行驶证"上的厂牌型号不详细的，应在厂牌型号后注明具体型号。进口车按商品检验单、国产车按合格证填写，应尽量写出具体配置说明，特别是同一型号多种配置。

⑥发动机号：是机动车的身份证明之一，是生产厂家在汽车发动机缸体上打印的号码。此栏可根据投保机动车的"机动车行驶证"填写。

⑦车架号：是机动车的身份证明之一，是生产厂家在车架上打印的号码。此栏可根据投保机动车的"机动车行驶证"填写。无 VIN 码的机动车必须填写车架号。

⑧VIN 码：即机动车识别代号。VIN 码是表明机动车身份的代码。VIN 码由 17

位字符（包括英文字母和数字）组成，俗称 17 位码。有 VIN 码的机动车必须填写 VIN 码。9 座或 9 座以下的机动车和最大总质量小于或等于 3 500 千克载货汽车的 VIN 码一般应位于仪表板上；也可能固定在机动车门铰链柱、门锁柱或与门锁柱结合的门边之一的柱子上，接近驾驶人员座位的地方；大型客车、货车则可能在整车底盘等地方。

对于有 VIN 码的车辆，应以 VIN 码代替车架号。

⑨核定载客：按投保机动车的"机动车行驶证"上载明的核定载客人数填写。

⑩核定载质量：按投保机动车的"机动车行驶证"上载明的核定载质量填写，单位：千克（kg）。1 吨 = 1 000 千克。

除了上述各项以外，对于投保车辆还要填写下列各项：

①排量/功率：排量是指发动机各个汽缸活塞从上止点移至下止点之间的工作容积总和。排量的单位为升（L）或毫升（ML 或 CC），在投保单上统一换算为升（L）填写，换算公式为：1 000ml =1L，1 000CC =1L。例如，摩托车排量为 125 毫升的应填写 0.125 升。拖拉机填写功率，功率的单位一般为千瓦（kW）或马力（HP），投保单上统一换算为千瓦（kW）填写，换算公式为 1HP =0.75kW。

②初次登记日期：填写投保机动车在机动车管理部门进行初次登记的日期，可参照"机动车行驶证"上的"登记日期"填写。如果行驶证上的"登记日期"与初次登记日期不相符，此栏要追溯到真正的初次登记日期填写，如果确实无法提供初次登记日期，则要如实填写"已使用年限"。

③已使用年限：指机动车自上路行驶到保险期限起期时已使用的年数。不足一年的不计算。例如，某车初次登记日期为 2001 年 5 月 1 日，如果保险期限起期为 2003 年 4 月 20 日，按一年计算；如果保险期限起期为 2003 年 5 月 5 日，按两年计算。

④年平均行驶里程 = 投保机动车自出厂到投保单填写日的实际已行驶的总里程/已使用年份，不足一年按照一年计算。

⑤车身颜色：按照投保机动车车身颜色的主色系在"黑、白、红、灰、蓝、黄、绿、紫、粉、棕"这十种颜色中归类选择一种颜色；多颜色机动车，应选择面积较大的一种颜色；有"机动车登记证书"的机动车，按照登记证书中的"车身颜色"栏目填写。如果实在无法归入上述色系中，才可选择"其他"颜色。

⑥机动车种类：可从下面介绍的几种中选择一项。

【知识链接】

机动车的种类

1. 客车：包括各类客车。

2. 货车：包括各种载货汽车、自卸车、邮电车等。

3. 客货两用车：指既具有载客性能又有载货性能的汽车，如皮卡车。

4. 挂车：是指就其设计和技术特征须汽车牵引才能正常使用的一种无动力的道路机动车。

5. 摩托车及侧三轮：是指以燃料或电瓶为动力的各种两轮、三轮摩托车，电动车和残疾人专用车。

费率表中的摩托车分成三类：50毫升及以下，50~250毫升（含），250毫升以上及侧三轮。但考虑侧三轮和排气量无关，在投保单设计时，把其单列出来。

6. 拖拉机：拖拉机按其使用性质分为兼用型拖拉机和运输型拖拉机。

兼用型拖拉机是指以田间作业为主，通过铰链连接牵引挂车可进行运输作业的拖拉机。兼用型拖拉机分为兼用型拖拉机14.7千瓦及以下、兼用型拖拉机14.7千瓦以上两种。兼用型拖拉机包括各种收割机。

运输型拖拉机是指货箱与底盘一体，不通过牵引挂车可运输作业的拖拉机。运输型拖拉机分为运输型拖拉机14.7千瓦及以下、运输型拖拉机14.7千瓦以上两种。

拖拉机费率表中运输型拖拉机是指农机部门核发号牌的拖拉机。

7. 低速载货汽车：原农用运输车已更名为低速载货汽车。由公安交管部门核发号牌的运输型拖拉机为低速载货汽车，变形拖拉机归入低速载货汽车。

8. 特种车：又称专用车，是一种不同于上述汽车类型并具有特种结构，主要用于各类装载油料、气体、液体等专用罐车，或适用于装有冷冻或加温设备的厢式机动车；或用于牵引（非集装箱箍头或货车牵引）、清障、清扫、起重、装卸、升降、搅拌、挖掘、推土、压路等的各种轮式专用机动车；或车内装有固定专用仪器设备，从事专业工作的监测、消防、清洁、医疗、电视转播、雷达、X光检查等机动车；或专门用于牵引集装箱箱体（货柜）的集装箱拖头等特殊用途，选择特种车时需注明机动车的具体用途。

特种车按其用途共分为四类，不同类型机动车采用不同收费标准：

特种车一：油罐车、汽罐车、液罐车、冷藏车。

特种车二：用于牵引、清障、清扫、清洁、起重、装卸、升降、搅拌、挖掘、推土等的各种轮式专用机动车。

特种车三：装有固定专用仪器设备从事专业工作的监测、消防、医疗、电视转播的各种轮式专用机动车。

特种车四：集装箱拖头。

（资料来源：王健康，周灿. 机动车辆保险实务操作（第二版）[M]. 北京：电子工业出版社，2013：75.）

⑦机动车使用性质：根据机动车的具体使用情况选择其中一项，如果兼有两种使用性质的机动车，按照费率高的性质选择。

【知识链接】

机动车使用性质

1. 家庭自用：指家庭或个人所有且不以获取运输利润为目的使用的机动车。

2. 非营业自用（不含家庭自用）：指法人或其他组织不以获取运输利润为目的使用的机动车。

3. 出租、租赁：出租客运指以行驶里程和时间计费，将乘客运载至指定地点的、以获取利润为目的的机动车。租赁机动车指专门租赁给其他单位或个人使用，以租用时间或租用里程计费、以获取利润为目的的机动车。

4. 城市公交：指城市内专门从事公共交通客运的、以获取利润为目的的机动车。

5. 公路客运：指专门从事公路旅客运输的、以获取利润为目的的机动车。

6. 营业性货运：指专门从事货物运输的、以获取利润为目的的机动车。

（资料来源：王健康，周灿．机动车辆保险实务操作（第二版）［M］．北京：电子工业出版社，2013：76．）

（4）保险合同争议解决方式

由投保人和保险人协商约定一种方式，当该保险公司当事人发生争议且协商不成的，按照约定的方式解决争议。如果选择"提交_____仲裁委员会仲裁"时，必须要在投保单和保险单上约定仲裁委员会的名称。

（5）投保人签名/签章

投保人对投保单各项内容核对无误并对投保险种对应的保险条款（包括责任免除和投保人义务、被保险人义务）明白理解后需在"投保人签名/签章"处签名或签章。投保人为自然人时必须由投保人亲笔签字；投保人为法人或其他组织时必须加盖公章，有委托书的可不必签章，投保人签章必须与投保人名称一致。

多车业务投保单填写时可以使用附表形式，投保人情况、被保险人情况、投保机动车种类、投保机动车使用性质及投保主险条款名称等共性的内容在投保单主页上填写，个性的内容填写"机动车保险投保单附表"，但填写规范与一车一单相同。

如果上述共性的内容有一项有差别，均要另外启用一份投保单填写共性内容及其附表。例如，某企业投保二十辆客车，投保人情况、被保险人情况、投保机动车种类、机动车使用性质均相同，但其中十五辆车选择交强险、《非营业用汽车损失保险条款》和《机动车第三者责任保险条款》投保，另外五辆车只选择交强险、《机动车第三者责任保险条款》投保，此时投保主险条款名称不同，要启用两份投保单，分别填写投保单主页和附表。

因投保单信息量较大，业务人员要对投保人或投保经办人进行详细的说明和解释。人工填写投保单时，投保单无阴影的内容由投保人填写，阴影部分的内容由业务人员填写。

3. 保险费的计算

下面主要介绍四种主险保费的计算公式。

（1）车辆损失保险的保费计算。车辆投保车辆损失保险时，应根据车辆使用性质、所属性质、车辆种类和车龄，选择相应的车辆损失保险基准保费费率表中对应的档次，确定固定保费和基准费率，按下列公式计算车辆损失保险基准保费：

车辆损失保险基准保费 = 固定保费 + 车辆损失保险金额 × 基准费率

（2）商业第三者责任险的保费计算。车辆投保商业第三者责任险时，应根据车辆使用性质、所属性质和车辆种类，选择相应的商业第三者责任险基准保费费率表中对应的档次，确定商业第三者责任险的基准保费。

机动车辆商业第三者责任险的基准保费是指按照投保车辆的使用性质和车辆种类对应的商业第三者责任险每次事故最高赔偿限额为 5 万元、10 万元、15 万元、20 万元、30 万元、50 万元、100 万元及 100 万元以上时的保险费。

商业第三者责任险 100 万元以上限额保费计算公式 = （N-2）×（A-50 万元限额保费）×（1-N×0.005）+A

式中，A 指同档次限额为 100 万元时的三者险保费；N = 限额/50 万元，限额必须是 50 万元的整倍数。

（3）全车盗抢险的保费计算。车辆投保全车盗抢险时，应根据车辆使用性质、所属性质和车辆种类，选择相应的全车盗抢险基准保费费率表中对应的档次，确定固定保费和基准费率，按下列公式计算全车盗抢险基准保费：

全车盗抢险基准保费 = 固定保费 + 全车盗抢险保险金额 × 基准费率

（4）车上人员责任险保费 = 司机责任限额 × 司机保险费率 + 乘客责任限额 × 乘客座位数 × 乘客保险费率

（二）理赔

1. 交强险的赔偿处理

交强险的赔偿按照有责和无责来进行赔偿，在各分项赔偿责任限额内进行。

（1）基本计算公式

总赔款 = ∑ 各分项损失赔款 = 受害人死亡伤残 + 受害人医疗费用赔款 + 受害人财产损失赔款

案例：

被保险机动车甲发生有责交通事故，导致骑车人王某受伤，事故造成伤者王某医疗费 12 000 元，护理费 800 元，误工费 4 500 元，自行车损失 200 元。则甲车交强险赔款为

赔款 = 死亡伤残费用赔款 + 医疗费用赔款 + 财产损失赔款

= （800 + 4 500）+ 10 000 + 200 = 15 500

（2）交强险的互碰自赔

【知识链接】

交强险的"互碰自赔"

2009 年 2 月 1 日起，国内保险行业将在全国范围正式实施"交强险财产损失互碰自赔处理机制"。有交强险的车辆互碰如果只有不超 2 000 元车损、各方都有责任并同意采取"互碰自赔"的，就可以适用这一理赔处理机制。

"互碰自赔"，即当机动车之间发生轻微互碰的交通事故时，如果满足一定条件，各方车主可以直接到自己的保险公司办理索赔手续，无须再到对方的保险公司往返奔波。

目前，"互碰自赔"机制限定在交强险的理赔范围之内，中国保险行业协会昨

天称，对于商业车险投保率较高的地区，鼓励试点扩大"互碰自赔"的适用范围。

权威解读

异地出险适用"互碰自赔"

昨天，中国保险行业协会针对"交强险财产损失互碰自赔处理机制"中一些大众关心的具体问题进行了解读。

问："互碰自赔"需满足什么条件？

答：投保交强险而且未到期的两车或多车互碰；事故只导致各方不超过 2 000 元车辆损失，没有发生人员伤亡和车外的财产损失；事故各方自行协商或交通警察裁定确定为各方都有责任（同等或主次责任均可）；事故各方都同意采用"互碰自赔"。其他情形均要按一般的理赔方式处理。

问："互碰自赔"金额为何限制在 2 000 元内？

答：因为交强险有责财产损失赔偿限额最高 2 000 元，交强险是强制投保，上路行驶的车辆都要有，而商业车险自主投保，发生碰撞的车辆不一定都有商业险。因此超过 2 000 元的损失不便实行"自赔"，交强险采用"无过错"赔偿方式，商业车险按照"按责赔偿"方式，两种赔偿方式不同，商业车险不便"自赔"。

问："互碰自赔"应注意什么？

答：及时报案。报案时要向保险公司说明出险时间、地点、事故双方当事人、损失情况、责任划分等情况。遵守出险当地交通事故快速处理的相关规定。特殊情况及时报警。事故任何一方如果存在无证驾驶、酒后驾驶、没有有效交强险等情况的，请及时通知交警处理。

问：异地出险是否适用"互碰自赔"？

答：适用。被保险机动车在异地出险，也适用"互碰自赔"方式，具体操作程序按出险地保险行业协会、公安机关交通管理部门出台的相关规定办理。例如，北京投保的车辆开到河北，与一河北车辆发生碰撞，双方在向保险公司报案的同时，应向当地交通警察报案，由交通警察参与处理事故。双方车辆损失都在 2 000 元以内的，可以采用"互碰自赔"方式，凭交通警察出具的"道路交通事故认定书"，到各自的保险公司进行索赔。

问：如果难以判断损失是否在 2 000 元以下怎么办？

答：首先就近查勘。如事故当事人不能判断各方损失是否在 2 000 元以下，可就近共同到任何一方的保险公司，由保险公司进行查勘估损。其次，一方保险公司认定，其他公司无条件认可。最后，行业集中定损的，共同到就近定损中心查勘定损。

2. 商业车险的赔偿处理

（1）商业车损险的赔偿计算公式：

①全部损失

赔款 =（保险金额 – 被保险人已从第三方获得的赔偿金额）×（1 – 事故责任免赔率）×（1 – 绝对免赔率之和）– 绝对免赔额

②部分损失

被保险机动车发生部分损失，保险人按实际修复费用在保险金额内计算赔偿：

赔款 =（实际修复费用 − 被保险人已从第三方获得的赔偿金额）×（1 − 事故责任免赔率）×（1 − 绝对免赔率之和）− 绝对免赔额

（2）商业三者险赔偿计算公式：

①当"（依合同约定核定的第三者损失金额 − 机动车交通事故责任强制保险的分项赔偿限额）× 事故责任比例"等于或高于每次事故赔偿限额时：

赔款 = 每次事故赔偿限额 ×（1 − 事故责任免赔率）×（1 − 绝对免赔率之和）

②当"（依合同约定核定的第三者损失金额 − 机动车交通事故责任强制保险的分项赔偿限额）× 事故责任比例"低于每次事故赔偿限额时：

赔款 =（依合同约定核定的第三者损失金额 − 机动车交通事故责任强制保险的分项赔偿限额）× 事故责任比例 ×（1 − 事故责任免赔率）×（1 − 绝对免赔率之和）

（3）车上人员责任险赔偿计算公式：

①对每座的受害人，当"（依合同约定核定的每座车上人员人身伤亡损失金额 − 应由机动车交通事故责任强制保险赔偿的金额）× 事故责任比例"高于或等于每次事故每座赔偿限额时：

赔款 = 每次事故每座赔偿限额 ×（1 − 事故责任免赔率）×（1 − 绝对免赔率之和）

②对每座的受害人，当"（依合同约定核定的每座车上人员人身伤亡损失金额 − 应由机动车交通事故责任强制保险赔偿的金额）× 事故责任比例"低于每次事故每座赔偿限额时：

赔款 =（依合同约定核定的每座车上人员人身伤亡损失金额 − 应由机动车交通事故责任强制保险赔偿的金额）× 事故责任比例 ×（1 − 事故责任免赔率）×（1 − 绝对免赔率之和）

（4）全车盗抢险的赔偿计算公式：

①被保险机动车全车被盗抢的，按以下方法计算赔款：

赔款 = 保险金额 ×（1 − 绝对免赔率之和）

②被保险机动车发生本条款第五十一条第（二）款、第（三）款列明的损失，保险人按实际修复费用在保险金额内计算赔偿：

赔款 = 实际修复费用 ×（1 − 绝对免赔率）

第三节　国内船舶保险

一、船舶保险概述

（一）船舶保险的概念和保障范围

船舶保险（Block Insurance）是以各种类型船舶为保险标的，承保其在海上航行或者在港内停泊时遭到的因自然灾害和意外事故所造成的全部或部分损失及可能引起的责任赔偿。船舶保险采用定期保险单或航程保险单，其特点是保险责任仅以水上为限，这与货物运输保险可将责任扩展至内陆的某一仓库不同。

船舶保险的保障范围包括损失赔偿和对第三者责任，故又可分为对财产的保险、费用的保障及责任的保障。

1. 财产的保障

这里的财产主要是指船舶的物质损失，即船壳、机器（包括主机、副机、发电机）、导航设备、燃料、给养等。凡属于船舶本身以及附属于船上的财产，而且为船东所有的，均可以承保。对财产的保障，是船舶保险保障的主要内容。

2. 费用的保障

这里的费用是指船舶的财产损失以外的利益损失。当船舶发生事故，除了船只本身遭致部分或全部损失外，还因船只停航、修理而使船东遭受到各种利益损失，如运费、营运费用、贷款利息、利润、保险费损失等，这些利益损失有相当一部分是作为费用保险来加保的。

3. 责任的保障

这里的责任根据它们产生的原因和性质又可进一步分为碰撞责任、法律责任和契约责任。

（1）碰撞责任。碰撞责任作为船舶保险的基本承保责任是由各国保险公司规定的，但国际上的碰撞责任只负责船舶发生碰撞事故后造成对他船以及包括货物的船上财产损失的赔偿责任。我国的碰撞责任除了同国际上一样负责船舶发生碰撞事故后造成对他船以及包括货物的船上财产损失的赔偿责任外，还包括船舶碰撞码头、船坞及其他固定建筑物的损失、延迟、丧失使用和救助费用负责，同时，我国对碰撞责任负全责。

（2）法律责任。船舶失事后引起法律上应承担的义务，其中包括侵权行为应负的损失赔偿责任。例如，船只沉在航道要隘，港口当局要求船东清除航道将沉船打捞起来。又如，船只触礁引起油柜漏油，燃油污及海面，按照领海国的海上法规要求船东赔偿油污造成的损失。

（3）契约责任。即运输契约规定船东对货主或者租船人对出租人应负的赔偿责任，如海洋运输提单都毫无例外地规定船东对托运人应负的货损货差责任。

以上三项责任属于保险公司保障的是碰撞责任，而法律责任和契约责任主要是由船东保赔协会承担，保险公司只承保这类责任中的很小一部分，如货损货差责任。

（二）船舶保险的分类

船舶保险按照不同的分类方法可分为不同的类别。

1. 按船舶航行的区域不同分类

按船舶航行的区域不同分类，船舶保险分为远洋船舶保险、内河船舶保险。

（1）远洋船舶保险。远洋船舶保险是指以从事国际远洋运输的各种船舶作为保险标的的保险。

（2）内河船舶保险。内河船舶保险是指以从事沿海、江河、湖泊运输的各种船舶作为保险标的的保险。

2. 按可保利益的不同分类

按可保利益的不同分类，船舶保险分为船舶一切险、船舶全损险。

（1）船舶一切险。船舶一切险又称船舶综合险，是指保险船舶在发生保险事故造成损失后，不论是发生全部损失，还是部分损失以及保险船舶碰撞、触碰他船、码头、栈桥等，造成直接损失，依法应由被保险人承担的赔偿责任，保险人均按照保险合同约定予以负责赔偿的一种船舶保险。

（2）船舶全损险。船舶全损险是指保险船舶在发生保险事故造成损失后，保险人仅对船舶的全部损失负责赔偿的一种船舶保险，即对船舶的部分损失不予负责。

3. 按船舶保险的期限不同分类

按船舶保险的期限不同分类，船舶保险分为船舶定期保险、船舶航次保险。

（1）船舶定期保险。船舶定期保险是指船舶保险的期限确定为一个固定时期，通常为一年，大多数船舶险为定期保险。

（2）船舶航次保险。船舶航次保险是指船舶保险的期限以一个航次计算。有些不经常从事运输的船舶可投保航次保险。

4. 按承担的赔偿责任或保险对象不同分类

按承担的赔偿责任或保险对象不同分类，船舶保险分为船舶建造保险、船舶修理保险、船舶修理费用保险、木船保险、渔帆船保险。

（1）船舶建造保险。船舶建造保险是指以建造中的船舶为保险标的的保险。它是集财产险、工程险、船舶险和责任险等综合性保险。

（2）船舶修理保险。船舶修理保险是指以船舶在修理或改造工程作业期间，由于陆上或海上的危险，致使船舶造成损失，由保险人负责赔偿的一种保险。

（3）船舶修理费用保险。船舶修理费用保险是指以船舶在修理或改造工程作业期间，船舶或船舶的修理材料因陆上或海上危险，致使修船厂或造船厂遭受损失，由保险人负责赔偿事故发生时的修理材料费、施工人员的工资以及其他有关费用损失的一种保险。

（4）木船保险。木船保险是相对于铁壳船的船舶损失险。

（5）渔帆船保险。渔帆船保险是相对于机动船的船舶损失险。

二、国内船舶保险实务

（一）国内船舶保险的概念和适用范围

国内船舶保险就是保险公司承保对船舶有保险利益的人，由于船舶的国内运输过程中遇到自然灾害和意外事故所致的损失和费用。对船舶有保险利益的人可以是所有人、租船人或代管人。投保这项保险的船舶必须具有港航监督部门签发的适航证明和按规定配备持有职务证书的船员，从事客货业运输的船舶必须持有工商行政管理部门核发的营业执照。

试航的船舶、石油钻探船、失去航行能力的船舶、建造或修理中的船舶，以及从事捕捞作业的渔船，都不属于国内船舶保险的范围。

（二）国内船舶保险的险种

下面以国内最大财险公司——人保财险经办的国内船舶保险为例，介绍国内船舶保险的险种，人保财险的 2009 版国内船舶保险将被保险船舶区分为沿海船舶、内河船舶和沿海内河船舶。针对每种船舶开办了多种保险，包括基本险和附加险。

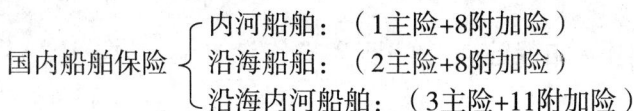

国内船舶保险 ｛
内河船舶：（1主险+8附加险）
沿海船舶：（2主险+8附加险）
沿海内河船舶：（3主险+11附加险）

1. 针对内河船舶开办了 1 个主险和 8 个附加险，共计 9 个险种（见图 5-5）

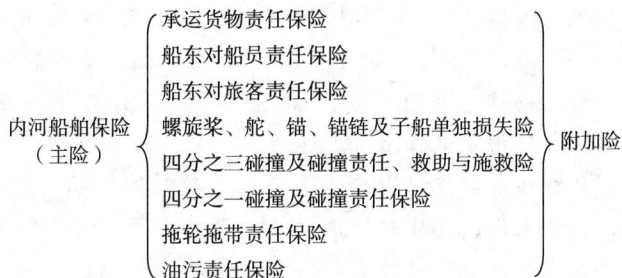

内河船舶保险（主险）

附加险：
承运货物责任保险
船东对船员责任保险
船东对旅客责任保险
螺旋桨、舵、锚、锚链及子船单独损失险
四分之三碰撞及碰撞责任、救助与施救险
四分之一碰撞及碰撞责任保险
拖轮拖带责任保险
油污责任保险

图 5-5 内河船舶保险及其附加险

2. 针对沿海船舶开办了 2 个主险和 8 个附加险（见图 5-6）

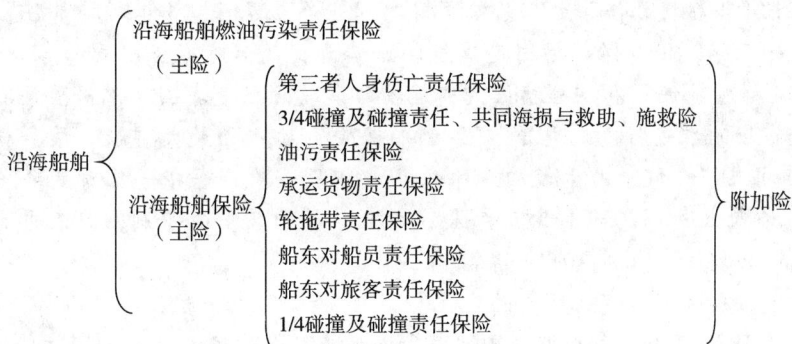

沿海船舶 ｛
沿海船舶燃油污染责任保险（主险）
沿海船舶保险（主险）

附加险：
第三者人身伤亡责任保险
3/4碰撞及碰撞责任、共同海损与救助、施救险
油污责任保险
承运货物责任保险
轮拖带责任保险
船东对船员责任保险
船东对旅客责任保险
1/4碰撞及碰撞责任保险

图 5-6 针对沿海船舶开办的主险及附加险

3. 针对沿海内河船舶开办了 3 个主险和 11 个附加险（见图 5-7）

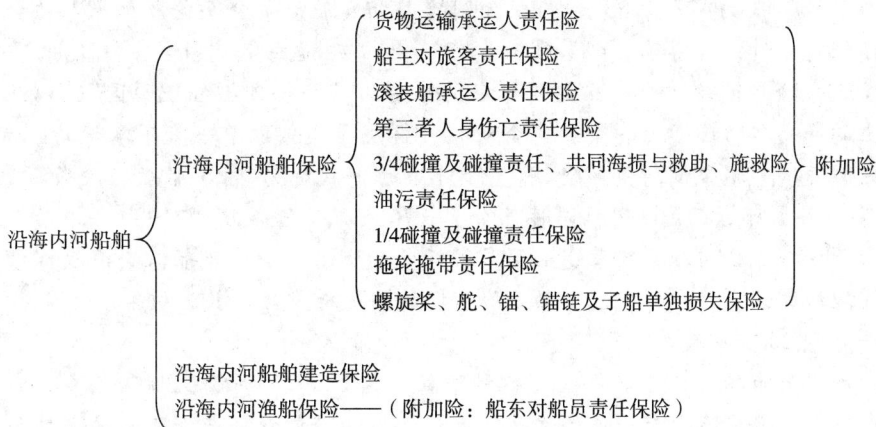

沿海内河船舶 ｛
沿海内河船舶保险

附加险：
货物运输承运人责任险
船主对旅客责任保险
滚装船承运人责任保险
第三者人身伤亡责任保险
3/4碰撞及碰撞责任、共同海损与救助、施救险
油污责任保险
1/4碰撞及碰撞责任保险
拖轮拖带责任保险
螺旋桨、舵、锚、锚链及子船单独损失保险

沿海内河船舶建造保险
沿海内河渔船保险——（附加险：船东对船员责任保险）

图 5-7 沿海内河船舶开办的国内船舶保险险种及其附加险

【相关链接】

我国船舶保险条款的诞生与修订

一、远洋船舶保险条款

1972 年以前，人保公司没有自己的船舶保险条款，承保时所用的条款是冠以人保公司名义的伦敦保险人协会的条款。1972 年以后，人保公司决定走自己的路，制定了 1972 年《远洋船舶保险条款》（以下简称《72 船舶保险条款》）。该条款的出台标志着我国有了自己的船舶保险条款，该条款摒弃了 S.G. 保单的烦琐问题，但该条款又过于简单，而且由于当时的历史环境，"文化大革命"极左思想还在影响着人们的思维，因此，该条款中的战争、罢工险条款对国际间所认定的"五大国"交战风险要自动终止的主张，也从政治角度给予删掉，致使该条款受到国际再保险市场的抵触，仅得到少数保险公司的认可，使公司的分保渠道受到了一定限制。但该条款所界定我国船险承保的"4/4 碰撞责任"和"碰撞固定建筑物"引起的赔偿责任得到国际市场的普遍认可，改变了英国长期以来仅承保"3/4 碰撞责任"和不承保"碰撞固定建筑物"赔偿责任的习惯做法，使人保公司成为亚洲保险市场上唯一能承保"4/4 碰撞责任"的保险公司。当时世界上承保"4/4 碰撞责任"的保险公司只有一两家，但承保碰撞固定建筑物赔偿责任的只有人保公司一家。可以说，承保"4/4 碰撞责任"和"碰撞固定建筑物"赔偿责任是我国船舶保险条款有别于国际船险市场的唯一特色，也是《72 船舶保险条款》的最大贡献。该条款实行了 14 年，期间未作修订，由于最初几年每年都印刷一次，每印一次都变年份，截至 1976 年，条款出现 1976 年修订的字样，之后，尽管又多次印刷，但未再有修订的字样，因此出现了《76 船舶保险条款》。

鉴于国际船舶保险市场环境的变化与《76 船舶保险条款》中存在的一些问题，人保公司于 1985 年初，参照联合国贸易和发展委员会制定的《统一国际船舶保险条款》、英国《83 协会条款》、挪威《海上保险计划》和美国《船舶条款》等，对《76 船舶保险条款》进行了全面删改、增补和修订。在"险别"的称谓上，将原来的"综合险"改为"一切险"，与联合国贸易和发展委员会及伦敦承保人协会的条款称谓保持一致；保留了"4/4 碰撞责任"和"碰撞固定建筑物"引起的赔偿责任；将战争险自动终止的"五大国"定义修订为"联合国常任理事国"，以此摆脱政治上的问题，与国际上的条款完全对接，解决了我国以前一直不承认是"大国"而引起再保险市场对此条款的抵触。修订后的条款称为《86 船舶保险条款》，于 1986 年 1 月 1 日起正式使用，同时废除了《76 船舶保险条款》。1989 年以后，中国保险市场由人保公司独家经营走上了多家经营的道路，《86 船舶保险条款》经国家保险管理机构认定，成为我国船舶保险市场的法定标准性条款。该条款共使用了 23 年，一直到 2009 年底。

中国保险市场现行船舶保险的各种条款均为 2009 版条款。2009 版条款对原来的各条款在承保风险上未作任何改动，仅就保险的除外责任与保险人义务的条款作了统一修订或部分改动。《09 远洋船舶保险条款》与《86 船舶保险条款》的条文相对照，没有重大改动。所改动的地方主要是结合 2009 年修订的《保险法》和 1995 年英国修订的协会条款内容，在《86 船舶保险条款》的一些条文中增添了新规定。

《09 远洋船舶保险条款》经保监会审核备案后开始启用，但大面积在市场使用是在 2010 年 1 月 1 日以后。由于保监会要求其他各家产险公司所报备的船险条款均要求以人保公司的《09 远洋船舶保险条款》为蓝本修订，因此，目前市场上通用的条款是以《09 远洋船舶保险条款》为代表的 2009 版的各种条款。

二、沿海、内河船舶保险条款

1979 年，人保公司恢复办理国内船舶保险业务。同年 4 月，人保公司国内业务部参照远洋《76 船舶保险条款》制定了《81 国内船舶保险条款》。国内船舶保险条款的第一次修订是在 1988 年，是在《81 国内船舶保险条款》基础上修订的，并报经中国人民银行批准为《88 国内船舶保险条款》。国内船舶保险条款的第二次修订是在 1996 年，为《96 沿海内河船舶保险条款》。1995 年，当时市场上有人保、太平洋、平安三家公司经营国内船舶保险业务，人保公司在修订条款时，应当时主管保险市场的监管部门——中国人民银行保险司要求，希望最后修订稿要由三家保险公司论证通过，成为行业标准统一条款，因此，该条款的起草、修订工作主要由人保公司负责，而后，在中国人民银行保险司的组织下，经过三家公司的两次论证，最后修订稿于 1996 年 7 月 25 日经中国人民银行批准颁发为《96 沿海内河船舶保险条款》，与此同时，还附带颁发了《费率规章》和《条款解释》，并明确自 1996 年 11 月 1 日起统一在全国范围内实施。

《96 沿海内河船舶保险条款》使用了 12 年的时间，相比前两次条款的使用时间较长，但由于《96 沿海内河船舶保险条款》的修订是针对经营亏损的船舶所有人，因此，当时在人保公司内部起草修订时，很难统一思想，不得不在一些条款上采取现实主义，造成条款中一些条文与理论相悖和不规范。2008 年，人保公司再次对《96 沿海内河船舶保险条款》进行修订。此次修订的特点，首先是将沿海和内河分拆开来，制定了沿海船舶使用的《09 沿海船舶保险条款》和内河船舶使用的《09 内河船舶保险条款》；其次是将条款中存在的理论与条款相背离的瑕疵加以修正。

目前，我国保险市场所使用的船舶保险项下的各种条款基本满足了国内航运界的风险需求，为了全方位地向远洋船队提供保险服务，对中国船东与国外船东在国内经营的合资船队、在海外经营的独资与合资船队如有特殊保险需求，也可以按照英国承保人协会的相应条款给予承保。

（资料来源：王海明．船舶保险［M］．北京：首都经济贸易大学出版社，2012：14 - 16.）

（三）国内船舶保险的主要内容

1. 国内船舶保险的保险标的

作为保险标的的船舶有各种各样的船舶，按结构分为铁壳轮船、木壳轮船、机帆船、水泥船、木船等；按用途分为客船、货船、渡船、趸船、起重船、游艇、工作船（包括测量船、挖泥船、救护船、消防船、打捞船）。

国内船舶保险的保险标的具体规定为：

（1）船体

船体即船舶骨架，主要包括船底、船壳、甲板、上层建筑及有关骨架等。

（2）机器、仪器及用船舶航行的设备

机器是指用于船舶航行的动力机械，包括有主机、辅机、锅炉、轴系、动力管系、电动机及油、水、风泵等。仪器是指用于船舶航行、通讯、测量的仪表和器械。设备是指船舶安装的各类装置，包括电气、消防、救生等设备。还包括舵、桅、锚、橹、子船等。

（3）特别约定的船舶附属设备

它是指船舶承保后新增添的附属设备，如录像设备以及测试仪器等。

船上的燃料、物料、给养、淡水和船员的衣物、行李不属于本保险的保险标的范围。

2. 国内船舶保险的保险责任范围包括下列几项造成的船舶全部损失

（1）八级以上（含八级）大风、洪水、海啸、地震、崖崩、滑坡、泥石流、冰凌、雷击。

（2）火灾、爆炸。

（3）碰撞、搁浅、触礁、倾覆、沉没。

（4）船舶航行中失踪 6 个月以上。

此外，保险人还承保以下责任和费用：

（1）保险船舶在发生保险责任范围内的灾害或事故时，为了抢救船舶，采取必要的施救、保护措施而造成的损失，以及由此而支出的合理的施救费用或救助费用、救助报酬，保险人均负赔偿责任，但最高赔偿额以不超过保险船舶的保险金额为限。

（2）碰撞、触碰责任是指被保险机动船舶或由拖带的被保险船舶在航行中与他船、他物发生直接碰撞责任事故，致使被碰撞的船舶及所载货物，或者被触碰的码头、港口设备、航标、桥墩、固定建筑物遭受损失以及被碰撞船舶上的人员伤亡，依法向被保险人承担的赔偿责任。在投保国内船舶保险的情况下，这种责任可转由保险人负责，每次碰撞、触碰责任仅负责赔偿金额的 3/4，但最高赔偿额以不超过被保险船舶的保险金额为限。因碰撞引起的被保险船舶上的人员伤亡或货物损失不在碰撞责任范围内。

碰撞与碰撞责任的含义不同，但二者有联系。一般来说，碰撞责任一定是由碰撞引起的，但发生碰撞不会必然导致碰撞责任。若被保险船舶与他船、他物发生碰撞，被碰撞物体未发生损失，被保险船舶自身却遭受损失，这种情况则仅构成碰撞损失；相反，若被碰撞物体发生损失，被保险船舶则应负碰撞责任。两船相撞，大都会涉及碰撞责任，碰撞的原因则有：单方面过失；双方共有过失；不可抗力。只要船舶已经投保，保险人将对碰撞损失和碰撞责任都负责赔偿。

（3）共同海损分摊额是依照国家法律或规定应当由被保险船舶摊负的共同海损和费用，保险人可负责赔偿。除合同另有约定外，共同海损的理算办法应按《北京理算规则》办理。

3. 国内船舶保险的责任免除

保险人对于被保险船舶因下列原因而造成的损失或费用不予承担：

（1）战争、军事行动和政府征用。

（2）船舶不适航，具体包括：

①船体及其他机器设备不适航；

②人员配备、易耗物品不适航；

③被保险船舶装运运输合同中指定货物的能力。

（3）被保险及其他代表的故意行为或违法犯罪行为，例如故意碰撞、损坏船体、丢弃船舶、纵火焚烧。

（4）船体和机件的正常维修、油漆费用和自然磨损、锈蚀、机器本身发生的故障。

（5）因保险事故引起本船及第三者间接损失和费用以及人员伤亡或由此引起的责任和费用。

（6）清理航道和清除油污的费用。

（7）超载、浪损、搁浅引起的事故损失。

超载是指船舶实际载重量超过该船吨位丈量规范计算的载重量吨位。任何用作载客、载货运输的船舶，都应该按规定的载客人数或载货吨位从事运输，否则作违章航行处理。

浪损是指风力小于八级时所形成的浪或船舶航行时掀起的余浪所造成的船舶损失。例如，被保险船在航行中或泊靠中因他船掀起的余浪而翻沉、碰撞、触礁等造成的损失。

搁浅是指船舶在港内、码头、岸边或其他浅水区停泊吃水而自然坐落在江河床上或海底上的现象。一般情况下，搁浅不会有危险或损失，船舶会在涨潮时自动浮起并能够继续航行。

（8）其他不属于保险的保险金额。

4. 国内船舶保险的保险金额

凡符合国内船舶保险承保条件的船舶在投保时保险金额的确定方法为：

（1）新船按出厂造价或原值确定。在规定使用年限内的船可视为新船，如水泥船两年内可视同新船。

（2）旧船可以按其实际价值确定。在投保时，可以参照以上方法确定保险船舶的保险金额，也可以由被保险人和保险人协商确定。

5. 国内船舶保险的保险费率

国内船舶保险的保险期限通常为一年，船舶费率表中的费率为年费率。在制定船舶保险费率时，要根据被保险船舶发生损失的可能性大小及损失发生后的损害程度来确定。主要应考虑以下几点：

物的因素：包括船舶种类、船龄、船质结构、设备、性能等。

人的因素：包括船舶经营、管理人员的业务素质、技术水平。

船舶用途：船舶所从事工作及其危险性大小。

航行区域：船舶所行驶的区域及其航道、水流的情况，如水急道窄，其危险性则大，费用就应调高。

除此之外，还应考虑以下几点：

（1）若船舶航行超出某一类区域时，以其中较高档次的费率计算。

（2）若船舶使用年限超过国家规定，费率按规定增加20%。

（3）各种工程船、港务船、渡船或游船可在各类船舶费率的基础上降低20%。

（4）从事拖航作业的拖船，按年费率增加20%。

（5）各种油轮、液化燃气船、运输化学产品的专用船等均在相应费率的基础上加费50%。

（6）保险期限不足一年的，按短期费率计算，不满一个月的，按一个月计算。

总之，在厘定费率时，既要充分掌握以上要点，又要借鉴以往损失经验，及时进行相应调整，制定合理的费率。

（四）国内船舶保险的赔偿处理

1. 确定致损原因和事故责任

保险人在收到被保险人在出险报告后，应派人到出险地点进行查勘，以确定损失原因。在现场查勘的基础上，保险人为了迅速作出判断，需要进行调查核实。保险人可以要求被保险人及时提供与事故的原因、经过、责任、处理等有关的证明材料，以及损失清单、费用单据和保险单。

保险人在对事故进行现场查勘检验和调查核实后，确定致损原因，导致损失的原因有很多，但主要可归纳为以下三种：（1）不可抗力和意外事故；（2）第三方的过失；（3）被保险人的故意行为，保险人判断损失原因是否属于保险责任范围内的损失原因，如果属于，保险人有责任予以赔偿；反之，就可以拒绝。总之，损失原因是保险人是否理赔的重要依据。

2. 核定损失

保险人在核定损失时，要严格区分三个不同方面的损失项目：（1）被保险船舶本身的损失；（2）碰撞责任所致的损失；（3）共同的海损及施救、救助费用，计算赔偿要选择不同项目下的适用保险金额。

3. 被保险船舶本身的损失

这种损失又分为两种情况：

（1）全部损失

不论发生实际全损还是推定全损，按保险金额赔偿。其出险时船舶的实际价值或新船造价低于保险金额，则按出险船舶的实际价值或同类型新船的造价赔付。在未构成全损前被保险人已经支付的施救费用，可以在另一个保险金额限度内赔付，如果保险金额低于船舶的约定价值，施救费用应按保险价值的比例赔偿。若被保险船舶在航行中失踪达6个月以上，作为全损处理。

（2）部分损失

发生部分损失时，保险人按以下规定进行赔偿。

①新船投保时，按出厂造价确定保险的金额的，按被保险船舶实际部位的修理费用赔偿。

②被保险船舶按照估价或实际价值以及实际价值的成数确定保险金额的，根据保险金额与同类型新船造价的比例赔偿。

在实际工作中，由保险人、被保险人和修船厂三方确定发生部分损失的被保船舶的修理项目和估算修理费用，共同协商签订修理协议书。被保险人和修船长修理被保险舰艇时，要按照修船协议进行，不能随意变更。若修理费用超出约定修理项目和范围，超出部分则由被保险人自己承担。

4. 碰撞责任的损失赔偿

发生碰撞事故，若港监和航政部门裁定被保险船舶负有碰撞责任，则保险人负责赔偿，但最高赔偿金额以不超过保险金额为限。具体遵循的原则是："全过失全赔、无过失不赔、有过失分摊"。即若碰撞是因方面的过失所致，过失船舶的保险人要在被保险船舶的保险金额限度内对无过失方的船舶损失、人员伤亡及其财产的损失进行补偿。若碰撞中两船互有过失，保险人则按各方应承担的责任比例赔偿对方所遭受的损失。

5. 共同海损和施救、救助费用的赔偿

按照我国有关规定或惯例，应当由被保险船舶担负的共同海损和施救、救助费用，可转由保险人承担。在被保险船舶发生单独海损的情况下，保险人对施救、救助费用的赔偿是：只负责获救的船舶价值与获救的船、货总价值的比例分摊部分。计算公式如下：

保险赔款 = 施救和救助费用 × 获救的船舶价值 / （获救的船舶价值 + 获救的货物价值）

【行业动态】

国内船舶保险需要新出路

"尽管国内船舶保险条款在过去二三十年的使用过程中进行过修改，但随着时间的推移，条款出台的时代背景发生了很大的变化，国内船舶保险条款越来越不适应国内航运业和国内船舶保险的发展。"上海环亚保险经纪公司副总经理王成宝于昨日在 2007 年船舶保险国际研讨会上如是说。

王成宝认为，需要再进行修改或使用比较规范的国内远洋船舶保险条款，以使国内船舶保险的规定、做法与市场通行的做法接轨，为我国国内航运业的发展提供更好的保障。

在 20 世纪 70 年代末，从事国内船舶保险人员对国际上船舶保险的通常、成熟做法不熟悉、不了解，受当时国内财产保险条款的影响较大，因此当时的国内财产保险条款的设计制定以防范自然灾害为主。

王成宝指出："这就是通常说的以火险为主，主要承保火灾、地震等自然灾害，而对意外事故造成的机器损坏不予负责。受此影响，国内船舶保险也局限在一般的自然灾害，比如火灾、地震、海啸、大风等，保障范围停留在国外船舶保险的发展初期。对于单独海损，船舶保险条款沿用国内财产保险的做法要进行扣减，不适用国际上对船舶保险自动恢复原则。"

保障有限、难以化解风险是我国目前船舶保险发展速度缓慢的另一表现。"不仅保险标的保障不足，出险后的赔偿责任更加不足。船舶保险条款对保险期限内每次和累计碰撞、触碰责任只负责一个船舶保险金额。对共同海损、救助及施救三项费用之和的累计最高赔偿限额也不得超过一个船舶保险金额。随着我国沿海内河船舶朝大型化发展，这种保障显然不能满足实际需要，也使操作更加困难，使经营国内外船舶的船公司面临一个船队两种船舶保障的尴尬局面。"王成宝分析认为。

针对国内众多中、小船公司纷纷被大公司兼并，或归并大公司管理的实际情况，这使得对原来那些国内船舶保险条款的修改显得非常迫切和必要。因此，王成宝建议，在修改国内船舶保险条款的同时，制定船舶增值保险条款；对一些专用船舶，因它们的用途、标的、航行范围等与一般货船不同，在参照国外成熟条款的基础上制定游艇船舶保险条款、渔船保险条款，修改、完善现有集装箱保险条款，修改的主要是箱体保险部分，增加的主要是责任保险部分。

（资料来源：《中国水运报》，2008 - 05 - 14。）

第四节　飞机保险

一、飞机保险概述

（一）飞机保险的概念

飞机保险是以飞机及其相关责任、利益为保险标的的保险，它是随着飞机制造业的发展，在海运险和人身意外伤害险的基础上发展起来的一个保险领域。

早期，飞机保险又称为航空保险，但随着航空事业的发展，航空器的种类不断出新，飞机保险与航空保险已不能作为一个险种称谓，只能说飞机保险是航空保险中的一个分支。

英国和美国在 1914 年至 1918 年期间首先开办了飞机保险。因当时的飞机发动机易着火，所以最初的飞机保险单主要是承保火灾造成的损失。

中国的航空保险于 1974 年 9 月 18 日经国务院批准开办，当时只对国际航线的班机和包机办理机身险、飞机旅客法定责任险、飞机第三者责任险、航空货物法定责任险、飞机战争、劫持险，后来扩大到国内航班。1986 年国务院颁布《关于通用航空管理的暂行规定》，要求经营通用航空业务的企业向中国人民保险公司投保机身险和飞机第三者责任险。

（二）飞机保险的特征

1. 必须分保或共保

飞机价值昂贵，20 世纪七八十年代一架波音 747 - 200 型价值 4 000 多万美元，如今，一架波音 747 - 400 型飞机价值 1.45 亿美元。一旦发生空难，标的损失及责任赔偿总额高达数亿美元，因此必须采取分保或共保方式承保，转嫁保险人的巨大风险，加强航空保险经营稳定性。

2. 采用定值保险方式承保

我国飞机机身险最初为不定值保险。但由于国际市场改进型飞机价格不断上涨，不定值保险方式满足不了空运人的需要，而且一旦发生赔案，赔款计算麻烦费时，于是保险人对飞机保险采用了定值保险方式承保，赔偿采取"分摊条款"加以改造，对飞机保险的费率也作了调整，适应飞机保险市场需要。

3. 法定责任保险覆盖面宽

机动车辆法定责任保险范围仅限于对机动车辆因保险事故造成的对第三者责任及财产损失进行赔偿，而飞机保险的法定责任保险除飞机造成对第三者责任及财产损失之外还包括空难对本飞机航班上乘客的人身伤亡及财产损失赔偿。

（三）飞机保险的险种

1. 飞机保险基本险

（1）飞机机身及零备件保险。主要承保飞机机身及其零备件的损坏、灭失、失踪，飞机发生碰撞、跌落、爆炸、失火等造成的飞机的全部或部分损失。此外，保险人还负责因自然灾害和意外事故引起的飞机拆卸、重装和清除残骸的费用。

（2）第三者责任保险。主要承保飞机遭受意外事故造成的第三者的人身伤亡或财产损失在法律上应负的赔偿责任，在规定的限额内不论金额多少均由保险公司负责赔偿。

（3）旅客法定责任保险。主要承保航空公司对被保险飞机所载的旅客和行李，在旅客乘坐飞机或上下飞机时，因意外事故造成的人身伤亡和行李损坏、丢失或延迟送还所造成的损失在法律上应负的赔偿责任。

2. 飞机保险附加险

（1）飞机战争、劫持险。凡由于战争、敌对行为或武装冲突、拘留、扣押、没收、保险飞机被劫持和被第三者破坏等原因造成的保险飞机的损坏或费用，以及引起的被保险人对第三者或旅客应负的法律责任或费用，由保险人负责赔偿。

（2）飞机承运货物责任保险。凡办好托运手续装载在保险飞机上的货物，如在运输过程中发生损失，根据法律、合同规定应由承运人负责的，由保险人给予赔偿。

在经营实务中，飞机保险还包括以下险别：机场经营人责任保险、飞机产品责任保险、机组人员人身意外伤害保险、飞机旅客人身意外伤害保险、丧失执照保险等。

【相关链接】

太保拓荒　通用飞机保险杭州起步

2007年7月底，国内首家通用飞机（包括直升机、警用飞机、农用飞机和私人飞机）4S店在浙江杭州挂牌，近期即将对外营业。其背后，一个有待开垦的通用飞机保险市场已经显山露水。虽然目前这个市场尚小，但它仍然是未来我们希望开拓的业务领域之一。"部分保险公司在接受采访时表示。实际上，在经营通用飞机4S店之前，该店总经理、西安西捷飞机有限公司董事长许伟杰已经取得了销售十几架私人飞机的战绩。而且我还为飞机的买主介绍各地的保险公司。目前我们又已获得了23份飞机签单意向，相信未来通用飞机保险市场应该会红火起来。"许伟杰称。

那么，与为市场所熟悉的运输飞机保险（用于载货或载客的亚、超音速飞机）相比，尚属新生事物的通用飞机保险，在保单设计上又有何特殊之处？

四大险种

在险种设计上，记者获得的一份中国太平洋财产保险股份有限公司（以下简称太保财险）的"航空器综合险保单"显示，通用飞机保单险种主要有四种：机身险、第三者责任险、乘客法定责任险，以及机组人员责任险。而对于运输飞机保险涉及的一些附加险，如承运货物责任险，飞机战争、劫持险，该保单并未将其列入。

除了险种减少，即使是二者都承保的险种，也有所区别。以比较突出的第三者责任险为例，航联保险经纪有限公司（以下简称航联）业务一部副经理赵强解释说，根据《中华人民共和国民用航空法》第一百六十六条，"民用航空器的经营人应当投保地面第三人责任险或者取得相应的责任担保"，这就是说运输飞机保险在第三者责任险上是强制的，而通用飞机则没有此方面的规定。

"其实，因为（两种保险）性质类似，目前一些保险公司的通用飞机保险单几乎都套用了运输飞机保单（的模式），因此两者大同小异。但是在选择险种上，通用飞机保险投保人更为灵活。"赵强称。

但赵强同时也指出，像动力滑翔机这样的通用飞机，由于操作风险更多地受到飞行员个人因素的影响，因此在保险公司看来，评估此类风险比较麻烦，而且许多保险公司也可能缺乏风险评估的专业人员。

"如果保险公司有足够的评估水平，那么就能够开出一个合理的费率来。"赵强称。

中国人民财产保险股份有限公司（以下简称人保财险）北京分公司相关负责人则认为，通用飞机保险费率取决于不同机型、不同航线，以及气候等因素。

对此，太保财险浙江分公司一内部人士估测，一般而言，通用飞机的机身险费率在3%～4%，而其他险种的费率则是千分之几。

记者从太保财险温州中心支公司获得的一份动力悬挂滑翔机保单显示，该滑翔机的协议价值为25万元人民币，保险期限为一年，自2006年8月25日起至2007年8月24日；险种分为三大类，即机身一切险、第三者责任险以及机上人员责任险，并且总承保金额分别为25.2万元、40万元和20万元，合计85.2万元；该年度保费总额则为1.182万元。由此，前述保单中的总体费率为1.39%。对此，太保财险浙江分公司内部人士表示，虽然费率依据通用飞机以私人名义购买还是公司名义购买、飞机机型等不同因素而有所区别，但1.39%确实很低。该保单还规定，机身一切险的免赔范围为每架航空器在每次事件中机身协议价值的5%，即1.25万元；而对于另外两个险种，则没有规定免赔额。

"停多飞少"双刃剑

"通用飞机保险市场应该是一个高风险、高收益的市场。"许伟杰称。在其看来，虽然通用飞机容易出险，甚至坠落，从而导致大额赔付，但与其他交通工具相比较，又相对比较安全，可为保险公司带来稳定的保费收益。

即使具有一定吸引力，但是业内人士仍表示，目前国内通用飞机保险市场的发展受到了通用飞机政策束缚的影响。

主要就是，目前国内对通用飞机上天的限制比较多，《通用航空飞行管理条例》对私用轻型飞机适航的审批程序烦琐，在一定程度上抑制了私人购买飞机的需求。

而那些已经购买了通用飞机者也是停多飞少。这虽然降低了出险率，但亦导致保单短期化现象严重。赵强透露，目前通过其所在的航联销售的通用飞机保单，很多都是"第一年投保之后,第二年就不保了,其理由是不飞了"。

同样,前述年度保费为1.182万元的动力悬挂滑翔机保单经手人也称,2007年8月底保单到期后,投保人是否将继续投保很难判断。

目前,国内涉足通用飞机保险领域的保险公司主要有太保财险和人保财险等。上述太保财险温州中心支公司人士透露,太保财险虽然比较有特色,但也是起步不久,其他很多保险公司甚至连这方面的合同都没有。

尽管航联在航空保险经纪领域占很大的市场份额,但通用飞机保险经纪业务亦非其主要业务。赵强称,咨询的人居多,尤其是私人飞机买主,他们比较关注投保成本。因为时飞时停,因此其提出的费率会与保险公司相冲突。

对于市场的前景,复旦大学保险系副主任徐培华预计,未来几年内,通用飞机保险市场不会很大,但像这样新的保险产品不断涌现的趋势无疑可喜。对于保险公司而言,关键在于如何做好风险控制和价值评估。

(资料来源:《21世纪经济报道》,2007-08-15。)

二、飞机保险的主要内容

(一)保险责任

1. 飞机机身及零备件保险的保险责任

飞机机身及零备件保险承保各种类型的客机、货机、客货两用机以及从事各种专业用途的飞机。该保险中"飞机机身"的概念包括机壳以及其他使飞机飞行的零备件和发动机。飞机机身及零备件保险承保一切险责任。

(1)由被保险人拥有、使用的飞机不论何种原因(不包括保险单列明的除外责任)造成的损毁和灭失;由于维修或修理时从飞机上拆卸下来且又未将同类型的零备件装配在飞机上,而由被保险人负责保管的零备件的损毁或灭失,因为该零备件或发动机尽管被拆下离开了机身,但仍属于机身的一部分,如发生损失仍由保险人负责赔偿。

(2)由被保险人拥有或使用的从被保险飞机上替换下来的零备件和设备的损毁或灭失(通常上述零备件的保险金额应在保险单上另行列明)。

(3)被保险飞机起飞后失踪,并且在15日之内未得到任何行踪消息所构成的损失。

(4)扩展、附加责任。第一,承保由于人力不可抗拒原因或者由于判断错误致使飞机降落某地,并且无法再次起飞而必须拆机而引起的拆机费用、运送到最近的合适的停机场的运输费用和最后重新安装费用;第二,承保由于被保险人或其代表因对飞机进行防护、安装、保障而引起的救助、施救和旅行费用等。

(5)修理费用。第一,飞机发生损失后所支付的修理费用,包括了为了修理需往返于飞机停放地或修理地点之间运送修理人员、零备件、工具设备的运输费用;第二,飞机修理后的试飞费用或重新取得适航证的费用。

2. 旅客、行李、货物、邮件法定责任保险和第三者责任保险的保险责任

旅客、行李、货物、邮件法定责任保险和第三者责任保险,保险人负责由以下原因引起的被保险人依法承担的人身伤害和财产损失赔偿责任。

（1）由于使用或拥有飞机、飞机部件造成的责任事故；

（2）在被保险人经营业务的机场内发生的事故；

（3）其他与被保险人从事空中运送旅客或货物业务有关的地方发生的事故；

（4）由于使用或经营飞机或由于从事空中运输事业而提供货物、服务而发生的事故。

凡因飞机或从飞机上坠人、坠物所造成的第三者人身伤亡或财产损失依法应由被保险人所负的经济赔偿责任，以及涉及被保险人的赔偿责任所引起的诉讼费用，均可由保险人负责赔偿，且诉讼费用不受保险单上载明的最高赔偿额的限制。

此外，旅客、行李、货物、邮件法定责任保险还承保以下损失及费用：根据邮政当局的合同规定，空运邮件的损失责任、移动残骸费用；发生事故后，被保险人因移动、吊起而损坏飞机或者由于疏忽或者移动吊起飞机失败而引起的责任和费用；由于寻找、救护工作而引起的费用；为了减少被保险飞机的损失或为了避免事故扩大而使用灭火剂后引起的费用，以及依据法律规定应由被保险人支付的费用等。

（二）除外责任

1. 飞机机身及零备件保险的除外责任

飞机机身及零备件保险的除外责任除了战争、军事行动、飞机不符合适航条件飞行和被保险人的故意行为等之外，还包括机械失灵、自然磨损、内在缺陷；由于发动机吸入石子、灰尘、沙土、冰块等而造成发动机的损失；存仓零备件及设备无法解释为何减少、丢失或者在清仓时发现短少等。

2. 旅客、行李、货物、邮件法定责任保险和第三者责任保险对下列责任不负责赔偿：

（1）房屋或由被保险人占用的建筑物的损失；

（2）有营运牌照的机动车辆的责任及损失，但在机场范围内被保险人使用的车辆除外；

（3）由被保险人分配、提供、销售、处理、服务、修理、改装、建筑、生产的不合格产品和货物进行的修理或换置费用；

（4）由于错误或不按规定而进行工作、设计、生产而造成的损失。

（三）保险金额

1. 飞机机身及零备件保险金额的确定

飞机保险是定值保险，其保险金额与保险价值相等。保险金额可以按三种方式确定：

（1）账面价值，即按购买飞机时的实际价值或按年度账面逐年扣除减折旧后的价值；

（2）重置价值，即按照市场同样类型、同样机龄飞机的市场价值；

（3）双方协定价值，即由保险人与被保险人共同协商确定的价值。

2. 旅客法定责任保险和第三者责任保险责任限额的确定

旅客法定责任保险内容包括旅客、旅客的行李、货物、邮件。旅客法定责任保险和第三者责任保险的责任限额是按每一次事故来确定的。确定责任限额主要考虑的因素有：飞机的飞行路线、飞机的型号、有关国家对人身伤亡赔偿限额的规定、旅客的构成等。如果是以机队形式投保的，还要考虑机队飞机的构成。

（四）保险费

1. 飞机机身及零备件保险费率的确定

飞机机身及零备件保险的保险费率通常考虑的因素有飞机类型、航空公司的损失记录、飞行员及机组人员的保险情况、飞机的飞行小时及飞机的机龄、飞行范围及飞机用途、免赔额的高低、机队规模的大小以及国际保险市场的行情等。飞机保险的保险费率分为年费率和短期费率。短期费率一般为年费率的一定比例，例如，承保 1 个月，费率为年费率的 15% 左右。

2. 旅客法定责任保险和第三者责任保险的保险费计算

旅客法定责任保险的保险费一般按飞行客公里来计算，收取保险费的办法是在年初按全年预计保险费的 75% 预收（也称为预收保险费或最低保险费），到保险期限届满时，再根据时间完成数进行调整。如果是单架飞机投保，保险人则按旅客座位数收取一定的保险费。第三者责任保险的保险费可以按机队规模或者按机型一次收取。货物法定责任保险的保险费则是按航空公司每年货物运输营业收入收取。

（五）赔偿处理

1. 飞机全部损失及部分损失的赔偿

飞机发生全损，保险人按飞机的保险金额全部赔付，如有特别约定可不扣免赔额。此外，保险人还负责赔偿清理飞机残骸的费用。如果被保险人宣布推定全损，保险人可不接受委付。保险人按保险金额扣减残值方式计算赔款。飞机发生失踪，保险人按全损赔付。飞机发生部分损失，保险人按实际修理费用扣除免赔额后计算赔款。

无论飞机是全损还是部分损失，保险人均负责赔偿施救费用（通常按保险金额的 10% 支付）、运输费用（将飞机从出事地点运往修理厂的费用）和抢救费用（为抢救飞机而实施的灭火或其他抢救措施所支付的费用）等。

2. 旅客法定责任保险的赔偿

旅客伤亡原则上按有关法规或国际公约规定的责任限额予以赔偿，如按照《华沙公约》和《海牙议定书》的规定，每位旅客的最高赔偿限额为 25 万金法郎，约合 2 万美元；行李为每公斤 250 金法郎，约合 20 美元。

3. 第三者责任险的赔偿

第三者责任的损失赔偿一般可分为三类：

（1）空中碰撞造成的其他飞机损失、人身伤亡及财产损失。对于碰撞责任通常采用分摊责任制来确定，如甲航空公司负责 60%，乙航空公司负责 10%，空中交通指挥负责 30%。保险人按自己所承担的责任比例负责赔偿。

（2）飞机在地面上造成第三者的人身伤亡和财产损失。飞机造成地面上任何人员、设备、飞机等损失，一般按照当地机场的规定或有关合同来确定赔偿责任。

（3）飞机在空中造成地面上的第三者的任何损失（如从飞机上坠人或坠物）。一般按当地法律来处理，也可以参照有关国际公约的规定处理。

【相关链接】

多家保险启动韩亚航空救援程序　失事飞机保险总额达23亿美元

2013年7月6日韩亚航空失事后，多家保险公司立刻紧急排查客户，并启动了海外救援程序。

多家保险公司已经启动海外救援程序

韩国航班在美国旧金山国际机场降落过程中发生事故后，多家保险立即成立应急工作领导小组，启动救援理赔应急机制。由于目前已公布的空难伤亡人员名单只有名字，没有其他信息，这对乘客投保信息的排查造成了很大的困难。目前，中国平安立即成立应急工作领导小组，启动救援理赔应急机制，推出25项海外紧急援助服务，无论是否其客户都可提供如协助安排就医住院、紧急医疗转送、护照遗失援助、亲友探病及住宿等帮助。

太平洋保险公布韩亚航空旧金山坠机事故最新客户排查情况，失事航班上确定没有太平洋保险客户的学平险与旅游意外险投保记录。目前，太平洋保险正根据陆续公布的名单进行缜密的系统筛查，对于大量重名的情况，公司正提取联系方式进行电话呼出核实。

泰康人寿启动海外救援，将提供安排就医、转院治疗、转运回国、遗体或骨灰运送回国和安葬等七项客户海外救援服务。

总保险额23亿美元

韩联社报道，这架波音777总保险金额大约23亿美元，其中1.3亿美元是机身理赔，300万美元是机组责任理赔，其余大约22亿美元将用于就设施损害和人身伤害作出理赔。一名不愿公开姓名的保险从业人员说："最大理赔金额依据合同而定，计算确切赔偿金额需要花费数月。"

（资料来源：北晚新视觉网，2013-07-08。）

【附录5.1】

最新《机动车交通事故责任强制保险条例》

（2013年3月1日起实施）

（2006年3月21日中华人民共和国国务院令第462号公布；根据2012年3月30日《国务院关于修改〈机动车交通事故责任强制保险条例〉的决定》第一次修订；根据2012年12月17日《国务院关于修改〈机动车交通事故责任强制保险条例〉的决定》第二次修订）

第一章　总则

第一条　为了保障机动车道路交通事故受害人依法得到赔偿，促进道路交通安全，根据《中华人民共和国道路交通安全法》、《中华人民共和国保险法》，制定本条例。

第二条　在中华人民共和国境内道路上行驶的机动车的所有人或者管理人，应当依照《中华人民共和国道路交通安全法》的规定投保机动车交通事故责任强制保险。

机动车交通事故责任强制保险的投保、赔偿和监督管理，适用本条例。

第三条　本条例所称机动车交通事故责任强制保险，是指由保险公司对被保险机动车发生道路交通事故造成本车人员、被保险人以外的受害人的人身伤亡、财产损失，在责任限额内予以赔偿的强制性责任保险。

第四条　国务院保险监督管理机构（以下称保监会）依法对保险公司的机动车交通事故责任强制保险业务实施监督管理。

公安机关交通管理部门、农业（农业机械）主管部门（以下统称机动车管理部门）应当依法对机动车参加机动车交通事故责任强制保险的情况实施监督检查。对未参加机动车交通事故责任强制保险的机动车，机动车管理部门不得予以登记，机动车安全技术检验机构不得予以检验。

公安机关交通管理部门及其交通警察在调查处理道路交通安全违法行为和道路交通事故时，应当依法检查机动车交通事故责任强制保险的保险标志。

第二章　投保

第五条　保险公司经保监会批准，可以从事机动车交通事故责任强制保险业务。

为了保证机动车交通事故责任强制保险制度的实行，保监会有权要求保险公司从事机动车交通事故责任强制保险业务。

未经保监会批准，任何单位或者个人不得从事机动车交通事故责任强制保险业务。

第六条　机动车交通事故责任强制保险实行统一的保险条款和基础保险费率。保监会按照机动车交通事故责任强制保险业务总体上不盈利不亏损的原则审批保险费率。

保监会在审批保险费率时，可以聘请有关专业机构进行评估，可以举行听证会听取公众意见。

第七条　保险公司的机动车交通事故责任强制保险业务，应当与其他保险业务分开管理，单独核算。

保监会应当每年对保险公司的机动车交通事故责任强制保险业务情况进行核查，并向社会公布；根据保险公司机动车交通事故责任强制保险业务的总体盈利或者亏损情况，可以要求或者允许保险公司相应调整保险费率。

调整保险费率的幅度较大的，保监会应当进行听证。

第八条　被保险机动车没有发生道路交通安全违法行为和道路交通事故的，保险公司应当在下一年度降低其保险费率。在此后的年度内，被保险机动车仍然没有发生道路交通安全违法行为和道路交通事故的，保险公司应当继续降低其保险费率，直至最低标准。被保险机动车发生道路交通安全违法行为或者道路交通事故的，保险公司应当在下一年度提高其保险费率。多次发生道路交通安全违法行为、道路交通事故，或者发生重大道路交通事故的，保险公司应当加大提高其保险费率的幅度。在道路交通事故中被保险人没有过错的，不提高其保险费率。降低或者提高保险费率的标准，由保监会会同国务院公安部门制定。

第九条 保监会、国务院公安部门、国务院农业主管部门以及其他有关部门应当逐步建立有关机动车交通事故责任强制保险、道路交通安全违法行为和道路交通事故的信息共享机制。

第十条 投保人在投保时应当选择具备从事机动车交通事故责任强制保险业务资格的保险公司，被选择的保险公司不得拒绝或者拖延承保。

保监会应当将具备从事机动车交通事故责任强制保险业务资格的保险公司向社会公示。

第十一条 投保人投保时，应当向保险公司如实告知重要事项。

重要事项包括机动车的种类、厂牌型号、识别代码、牌照号码、使用性质和机动车所有人或者管理人的姓名（名称）、性别、年龄、住所、身份证或者驾驶证号码（组织机构代码）、续保前该机动车发生事故的情况以及保监会规定的其他事项。

第十二条 签订机动车交通事故责任强制保险合同时，投保人应当一次支付全部保险费；保险公司应当向投保人签发保险单、保险标志。保险单、保险标志应当注明保险单号码、车牌号码、保险期限、保险公司的名称、地址和理赔电话号码。

被保险人应当在被保险机动车上放置保险标志。

保险标志式样全国统一。保险单、保险标志由保监会监制。任何单位或者个人不得伪造、变造或者使用伪造、变造的保险单、保险标志。

第十三条 签订机动车交通事故责任强制保险合同时，投保人不得在保险条款和保险费率之外，向保险公司提出附加其他条件的要求。

签订机动车交通事故责任强制保险合同时，保险公司不得强制投保人订立商业保险合同以及提出附加其他条件的要求。

第十四条 保险公司不得解除机动车交通事故责任强制保险合同；但是，投保人对重要事项未履行如实告知义务的除外。

投保人对重要事项未履行如实告知义务，保险公司解除合同前，应当书面通知投保人，投保人应当自收到通知之日起5日内履行如实告知义务；投保人在上述期限内履行如实告知义务的，保险公司不得解除合同。

第十五条 保险公司解除机动车交通事故责任强制保险合同的，应当收回保险单和保险标志，并书面通知机动车管理部门。

第十六条 投保人不得解除机动车交通事故责任强制保险合同，但有下列情形之一的除外：

（一）被保险机动车被依法注销登记的；

（二）被保险机动车办理停驶的；

（三）被保险机动车经公安机关证实丢失的。

第十七条 机动车交通事故责任强制保险合同解除前，保险公司应当按照合同承担保险责任。

合同解除时，保险公司可以收取自保险责任开始之日起至合同解除之日止的保险费，剩余部分的保险费退还投保人。

第十八条　被保险机动车所有权转移的，应当办理机动车交通事故责任强制保险合同变更手续。

第十九条　机动车交通事故责任强制保险合同期满，投保人应当及时续保，并提供上一年度的保险单。

第二十条　机动车交通事故责任强制保险的保险期间为 1 年，但有下列情形之一的，投保人可以投保短期机动车交通事故责任强制保险：

（一）境外机动车临时入境的；

（二）机动车临时上道路行驶的；

（三）机动车距规定的报废期限不足 1 年的；

（四）保监会规定的其他情形。

第三章　赔偿

第二十一条　被保险机动车发生道路交通事故造成本车人员、被保险人以外的受害人人身伤亡、财产损失的，由保险公司依法在机动车交通事故责任强制保险责任限额范围内予以赔偿。

道路交通事故的损失是由受害人故意造成的，保险公司不予赔偿。

第二十二条　有下列情形之一的，保险公司在机动车交通事故责任强制保险责任限额范围内垫付抢救费用，并有权向致害人追偿：

（一）驾驶人未取得驾驶资格或者醉酒的；

（二）被保险机动车被盗抢期间肇事的；

（三）被保险人故意制造道路交通事故的。

有前款所列情形之一，发生道路交通事故的，造成受害人的财产损失，保险公司不承担赔偿责任。

第二十三条　机动车交通事故责任强制保险在全国范围内实行统一的责任限额。责任限额分为死亡伤残赔偿限额、医疗费用赔偿限额、财产损失赔偿限额以及被保险人在道路交通事故中无责任的赔偿限额。

机动车交通事故责任强制保险责任限额由保监会会同国务院公安部门、国务院卫生主管部门、国务院农业主管部门规定。

第二十四条　国家设立道路交通事故社会救助基金（以下简称救助基金）。有下列情形之一时，道路交通事故中受害人人身伤亡的丧葬费用、部分或者全部抢救费用，由救助基金先行垫付，救助基金管理机构有权向道路交通事故责任人追偿：

（一）抢救费用超过机动车交通事故责任强制保险责任限额的；

（二）肇事机动车未参加机动车交通事故责任强制保险的；

（三）机动车肇事后逃逸的。

第二十五条　救助基金的来源包括：

（一）按照机动车交通事故责任强制保险的保险费的一定比例提取的资金；

（二）对未按照规定投保机动车交通事故责任强制保险的机动车的所有人、管理人的罚款；

（三）救助基金管理机构依法向道路交通事故责任人追偿的资金；

（四）救助基金孳息；

（五）其他资金。

第二十六条 救助基金的具体管理办法，由国务院财政部门会同保监会、国务院公安部门、国务院卫生主管部门、国务院农业主管部门制定试行。

第二十七条 被保险机动车发生道路交通事故，被保险人或者受害人通知保险公司的，保险公司应当立即给予答复，告知被保险人或者受害人具体的赔偿程序等有关事项。

第二十八条 被保险机动车发生道路交通事故的，由被保险人向保险公司申请赔偿保险金。保险公司应当自收到赔偿申请之日起 1 日内，书面告知被保险人需要向保险公司提供的与赔偿有关的证明和资料。

第二十九条 保险公司应当自收到被保险人提供的证明和资料之日起 5 日内，对是否属于保险责任作出核定，并将结果通知被保险人；对不属于保险责任的，应当书面说明理由；对属于保险责任的，在与被保险人达成赔偿保险金的协议后 10 日内，赔偿保险金。

第三十条 被保险人与保险公司对赔偿有争议的，可以依法申请仲裁或者向人民法院提起诉讼。

第三十一条 保险公司可以向被保险人赔偿保险金，也可以直接向受害人赔偿保险金。但是，因抢救受伤人员需要保险公司支付或者垫付抢救费用的，保险公司在接到公安机关交通管理部门通知后，经核对应当及时向医疗机构支付或者垫付抢救费用。

因抢救受伤人员需要救助基金管理机构垫付抢救费用的，救助基金管理机构在接到公安机关交通管理部门通知后，经核对应当及时向医疗机构垫付抢救费用。

第三十二条 医疗机构应当参照国务院卫生主管部门组织制定的有关临床诊疗指南，抢救、治疗道路交通事故中的受伤人员。

第三十三条 保险公司赔偿保险金或者垫付抢救费用，救助基金管理机构垫付抢救费用，需要向有关部门、医疗机构核实有关情况的，有关部门、医疗机构应当予以配合。

第三十四条 保险公司、救助基金管理机构的工作人员对当事人的个人隐私应当保密。

第三十五条 道路交通事故损害赔偿项目和标准依照有关法律的规定执行。

第四章 罚则

第三十六条 未经保监会批准，非法从事机动车交通事故责任强制保险业务的，由保监会予以取缔；构成犯罪的，依法追究刑事责任；尚不构成犯罪的，由保监会没收违法所得，违法所得 20 万元以上的，并处违法所得 1 倍以上 5 倍以下罚款；没有违法所得或者违法所得不足 20 万元的，处 20 万元以上 100 万元以下罚款。

第三十七条 保险公司未经保监会批准从事机动车交通事故责任强制保险业务的，由保监会责令改正，责令退还收取的保险费，没收违法所得，违法所得 10 万元以上的，并处违法所得 1 倍以上 5 倍以下罚款；没有违法所得或者违法所得不足 10 万元的，处 10 万元以上 50 万元以下罚款；逾期不改正或者造成严重后果的，责令停业整顿或者吊销经营保险业务许可证。

第三十八条　保险公司违反本条例规定，有下列行为之一的，由保监会责令改正，处 5 万元以上 30 万元以下罚款；情节严重的，可以限制业务范围、责令停止接受新业务或者吊销经营保险业务许可证：

（一）拒绝或者拖延承保机动车交通事故责任强制保险的；

（二）未按照统一的保险条款和基础保险费率从事机动车交通事故责任强制保险业务的；

（三）未将机动车交通事故责任强制保险业务和其他保险业务分开管理，单独核算的；

（四）强制投保人订立商业保险合同的；

（五）违反规定解除机动车交通事故责任强制保险合同的；

（六）拒不履行约定的赔偿保险金义务的；

（七）未按照规定及时支付或者垫付抢救费用的。

第三十九条　机动车所有人、管理人未按照规定投保机动车交通事故责任强制保险的，由公安机关交通管理部门扣留机动车，通知机动车所有人、管理人依照规定投保，处依照规定投保最低责任限额应缴纳的保险费的 2 倍罚款。

机动车所有人、管理人依照规定补办机动车交通事故责任强制保险的，应当及时退还机动车。

第四十条　上道路行驶的机动车未放置保险标志的，公安机关交通管理部门应当扣留机动车，通知当事人提供保险标志或者补办相应手续，可以处警告或者 20 元以上 200 元以下罚款。

当事人提供保险标志或者补办相应手续的，应当及时退还机动车。

第四十一条　伪造、变造或者使用伪造、变造的保险标志，或者使用其他机动车的保险标志，由公安机关交通管理部门予以收缴，扣留该机动车，处 200 元以上 2 000 元以下罚款；构成犯罪的，依法追究刑事责任。

当事人提供相应的合法证明或者补办相应手续的，应当及时退还机动车。

第五章　附　则

第四十二条　本条例下列用语的含义：

（一）投保人，是指与保险公司订立机动车交通事故责任强制保险合同，并按照合同负有支付保险费义务的机动车的所有人、管理人。

（二）被保险人，是指投保人及其允许的合法驾驶人。

（三）抢救费用，是指机动车发生道路交通事故导致人员受伤时，医疗机构参照国务院卫生主管部门组织制定的有关临床诊疗指南，对生命体征不平稳和虽然生命体征平稳但如果不采取处理措施会产生生命危险，或者导致残疾、器官功能障碍，或者导致病程明显延长的受伤人员，采取必要的处理措施所发生的医疗费用。

第四十三条　挂车不投保机动车交通事故责任强制保险。发生道路交通事故造成人身伤亡、财产损失的，由牵引车投保的保险公司在机动车交通事故责任强制保险责任限额范围内予以赔偿；不足的部分，由牵引车方和挂车方依照法律规定承担赔偿责任。

第四十四条 机动车在道路以外的地方通行时发生事故，造成人身伤亡、财产损失的赔偿，比照适用本条例。

第四十五条 中国人民解放军和中国人民武装警察部队在编机动车参加机动车交通事故责任强制保险的办法，由中国人民解放军和中国人民武装警察部队另行规定。

第四十六条 机动车所有人、管理人自本条例施行之日起 3 个月内投保机动车交通事故责任强制保险；本条例施行前已经投保商业性机动车第三者责任保险的，保险期满，应当投保机动车交通事故责任强制保险。

第四十七条 本条例自 2006 年 7 月 1 日起施行。

【附录5.2】

2012 版机动车辆商业保险示范条款

总　则

第一条 本保险条款分为主险、附加险。

主险包括机动车损失保险、机动车第三者责任保险、机动车车上人员责任保险、机动车全车盗抢保险共四个独立的险种，投保人可以选择投保全部险种，也可以选择投保其中部分险种。

附加险不能独立投保。附加险条款与主险条款相抵触之处，以附加险条款为准，附加险条款未尽之处，以主险条款为准。

保险人按照承保险种分别承担保险责任。

第二条 本保险合同中的被保险机动车是指在中华人民共和国境内（不含港、澳、台地区）行驶，以动力装置驱动或者牵引，上道路行驶的供人员乘用或者用于运送物品以及进行专项作业的轮式车辆（含挂车）、履带式车辆和其他运载工具，但不包括摩托车、拖拉机、特种车。

第三条 本保险合同中的第三者是指因被保险机动车发生意外事故遭受人身伤亡或者财产损失的人，但不包括被保险机动车本车车上人员、被保险人。

第四条 本保险合同中的车上人员是指发生意外事故的瞬间，在被保险机动车车体内或车体上的人员，包括正在上下车的人员。

第五条 除本保险合同另有约定外，投保人应在保险合同成立时一次交清保险费。保险费未交清前，本保险合同不生效。

第一章　机动车损失保险

保险责任

第六条 保险期间内，被保险人或其允许的合法驾驶人在使用被保险机动车过程中，因下列原因造成被保险机动车的直接损失，保险人依照本保险合同的约定负责赔偿：

（一）碰撞、倾覆、坠落；

（二）火灾、爆炸；

（三）外界物体坠落、倒塌；

（四）雷击、暴风、暴雨、洪水、龙卷风、冰雹、台风、热带风暴；

（五）地陷、崖崩、滑坡、泥石流、雪崩、冰陷、暴雪、冰凌、沙尘暴；

（六）受到被保险机动车所载货物、车上人员意外撞击；

（七）载运被保险机动车的渡船遭受自然灾害（只限于驾驶人随船的情形）。

第七条 发生保险事故时，被保险人或其允许的合法驾驶人为防止或者减少被保险机动车的损失所支付的必要的、合理的施救费用，由保险人承担；施救费用数额在被保险机动车损失赔偿金额以外另行计算，最高不超过保险金额的数额。

责任免除

第八条 在上述保险责任范围内，下列情况下，不论任何原因造成被保险机动车的任何损失和费用，保险人均不负责赔偿：

（一）事故发生后，被保险人或其允许的驾驶人在未依法采取措施的情况下驾驶被保险机动车或者遗弃被保险机动车逃离事故现场，或故意破坏、伪造现场、毁灭证据；

（二）驾驶人有下列情形之一者：

1. 饮酒、吸食或注射毒品、服用国家管制的精神药品或者麻醉药品；

2. 无驾驶证，驾驶证被依法扣留、暂扣、吊销、注销期间；

3. 驾驶与驾驶证载明的准驾车型不相符合的机动车；

4. 实习期内驾驶公共汽车、营运客车或者执行任务的警车、载有危险物品的机动车或牵引挂车的机动车；

5. 驾驶出租机动车或营业性机动车无交通运输管理部门核发的许可证书或其他必备证书；

6. 学习驾驶时无合法教练员随车指导；

7. 非被保险人允许的驾驶人。

（三）被保险机动车有下列情形之一者：

1. 发生保险事故时被保险机动车行驶证、号牌被注销的，或未按规定检验或检验不合格；

2. 被扣押、收缴、没收、政府征用期间；

3. 在竞赛、测试期间，在营业性场所维修、保养、改装期间；

4. 被利用从事犯罪行为。

第九条 下列原因导致的被保险机动车的损失和费用，保险人不负责赔偿：

（一）地震及其次生灾害；

（二）战争、军事冲突、恐怖活动、暴乱、污染（含放射性污染）、核反应、核辐射；

（三）人工直接供油、高温烘烤、自燃、不明原因火灾；

（四）被保险机动车被转让、改装、加装或改变使用性质等，导致被保险机动车危险程度显著增加，且被保险人、受让人未及时通知保险人；

（五）被保险人或其允许的驾驶人的故意行为。

第十条 下列损失和费用，保险人不负责赔偿：

（一）因市场价格变动造成的贬值、修理后因价值降低引起的减值损失；

（二）被保险机动车全车被盗窃、被抢劫、被抢夺、下落不明，以及在此期间受到的损坏，或被盗窃、被抢劫、被抢夺未遂受到的损坏，或车上零部件、附属设备丢失；

（三）自然磨损、锈蚀、腐蚀、故障、本身质量缺陷；

（四）车轮单独损坏，玻璃单独破碎，无明显碰撞痕迹的车身划痕，以及新增设备的损失；

（五）发动机进水后导致的发动机损坏；

（六）遭受保险责任范围内的损失后，未经必要修理并检验合格继续使用，致使损失扩大的部分；

（七）投保人、被保险人或其允许的驾驶人知道保险事故发生后，故意或者因重大过失未及时通知，致使保险事故的性质、原因、损失程度等难以确定的，保险人对无法确定的部分，不承担赔偿责任，但保险人通过其他途径已经及时知道或者应当及时知道保险事故发生的除外；

（八）因被保险人违反本条款第十六条规定，导致无法确定的损失。

第十一条 保险人在依据本保险合同约定计算赔款的基础上，按照下列方式免赔：

（一）被保险机动车一方负次要事故责任的，实行 5% 的事故责任免赔率；负同等事故责任的，实行 10% 的事故责任免赔率；负主要事故责任的，实行 15% 的事故责任免赔率；负全部事故责任或单方肇事事故的，实行 20% 的事故责任免赔率；

（二）被保险机动车的损失应当由第三方负责赔偿，无法找到第三方的，实行 30% 的绝对免赔率；

（三）因违反安全装载规定导致保险事故发生的，保险人不承担赔偿责任；违反安全装载规定、但不是事故发生的直接原因的，增加 10% 的绝对免赔率；

（四）投保时指定驾驶人，保险事故发生时为非指定驾驶人使用被保险机动车的，增加 10% 的绝对免赔率；

（五）投保时约定行驶区域，保险事故发生在约定行驶区域以外的，增加 10% 的绝对免赔率；

（六）对于投保人与保险人在投保时协商确定绝对免赔额的，本保险在实行免赔率的基础上增加每次事故绝对免赔额。

保险金额

第十二条 保险金额按投保时被保险机动车的实际价值确定。

投保时被保险机动车的实际价值由投保人与保险人根据投保时的新车购置价减去折旧金额后的价格协商确定或其他市场公允价值协商确定。

折旧金额可根据本保险合同列明的参考折旧系数表确定。

赔偿处理

第十三条　发生保险事故时，被保险人或其允许的合法驾驶人应当及时采取合理的、必要的施救和保护措施，防止或者减少损失，并在保险事故发生后 48 小时内通知保险人。被保险人或其允许的合法驾驶人根据有关法律法规规定选择自行协商方式处理交通事故的，应当立即通知保险人。

第十四条　被保险人或其允许的合法驾驶人根据有关法律法规规定选择自行协商方式处理交通事故的，应当协助保险人勘验事故各方车辆、核实事故责任，并依照《道路交通事故处理程序规定》签订记录交通事故情况的协议书。

第十五条　被保险人索赔时，应当向保险人提供与确认保险事故的性质、原因、损失程度等有关的证明和资料。

被保险人应当提供保险单、损失清单、有关费用单据、被保险机动车行驶证和发生事故时驾驶人的驾驶证。

属于道路交通事故的，被保险人应当提供公安机关交通管理部门或法院等机构出具的事故证明、有关的法律文书（判决书、调解书、裁定书、裁决书等）及其他证明。被保险人或其允许的合法驾驶人根据有关法律法规规定选择自行协商方式处理交通事故的，被保险人应当提供依照《道路交通事故处理程序规定》签订记录交通事故情况的协议书。

第十六条　因保险事故损坏的被保险机动车，应当尽量修复。修理前被保险人应当会同保险人检验，协商确定修理项目、方式和费用。对未协商确定的，保险人可以重新核定。

第十七条　被保险机动车遭受损失后的残余部分由保险人、被保险人协商处理。如折归被保险人的，由双方协商确定其价值并在赔款中扣除。

第十八条　因第三方对被保险机动车的损害而造成保险事故，被保险人向第三方索赔的，保险人应积极协助；被保险人也可以直接向本保险人索赔，保险人在保险金额内先行赔付被保险人，并在赔偿金额内代位行使被保险人对第三方请求赔偿的权利。

被保险人已经从第三方取得损害赔偿的，保险人进行赔偿时，相应扣减被保险人从第三方已取得的赔偿金额。

保险人未赔偿之前，被保险人放弃对第三方请求赔偿的权利的，保险人不承担赔偿责任。

被保险人故意或者因重大过失致使保险人不能行使代位请求赔偿的权利的，保险人可以扣减或者要求返还相应的赔款。

保险人向被保险人先行赔付的，保险人向第三方行使代位请求赔偿的权利时，被保险人应当向保险人提供必要的文件和所知道的有关情况。

第十九条　机动车损失赔款按以下方法计算：

（一）全部损失

赔款 =（保险金额 - 被保险人已从第三方获得的赔偿金额）×（1 - 事故责任免赔率）×（1 - 绝对免赔率之和）- 绝对免赔额

（二）部分损失

被保险机动车发生部分损失，保险人按实际修复费用在保险金额内计算赔偿：

赔款 =（实际修复费用 – 被保险人已从第三方获得的赔偿金额）×（1 – 事故责任免赔率）×（1 – 绝对免赔率之和）– 绝对免赔额

（三）施救费

施救的财产中，含有本保险合同未保险的财产，应按本保险合同保险财产的实际价值占总施救财产的实际价值比例分摊施救费用。

第二十条 保险人受理报案、现场查勘、核定损失、参与诉讼、进行抗辩、要求被保险人提供证明和资料、向被保险人提供专业建议等行为，均不构成保险人对赔偿责任的承诺。

第二十一条 被保险机动车发生本保险事故，导致全部损失，或一次赔款金额与免赔金额之和（不含施救费）达到保险金额，保险人按本保险合同约定支付赔款后，本保险责任终止，保险人不退还机动车损失保险及其附加险的保险费。

第二章 机动车第三者责任保险

保险责任

第二十二条 保险期间内，被保险人或其允许的合法驾驶人在使用被保险机动车过程中发生意外事故，致使第三者遭受人身伤亡或财产直接损毁，依法应当对第三者承担的损害赔偿责任，保险人依照本保险合同的约定，对于超过机动车交通事故责任强制保险各分项赔偿限额的部分负责赔偿。

第二十三条 保险人依据被保险机动车一方在事故中所负的事故责任比例，承担相应的赔偿责任。

被保险人或被保险机动车一方根据有关法律法规规定选择自行协商或由公安机关交通管理部门处理事故未确定事故责任比例的，按照下列规定确定事故责任比例：

被保险机动车一方负主要事故责任的，事故责任比例为70%；

被保险机动车一方负同等事故责任的，事故责任比例为50%；

被保险机动车一方负次要事故责任的，事故责任比例为30%。

涉及司法或仲裁程序的，以法院或仲裁机构最终生效的法律文书为准。

责任免除

第二十四条 在上述保险责任范围内，下列情况下，不论任何原因造成的人身伤亡、财产损失和费用，保险人均不负责赔偿：

（一）事故发生后，被保险人或其允许的驾驶人在未依法采取措施的情况下驾驶被保险机动车或者遗弃被保险机动车逃离事故现场，或故意破坏、伪造现场、毁灭证据。

（二）驾驶人有下列情形之一者：

1. 饮酒、吸食或注射毒品、服用国家管制的精神药品或者麻醉药品；

2. 无驾驶证，驾驶证被依法扣留、暂扣、吊销、注销期间；

3. 驾驶与驾驶证载明的准驾车型不相符合的机动车；

4. 实习期内驾驶公共汽车、营运客车或者执行任务的警车、载有危险物品的机动车或牵引挂车的机动车；

5. 驾驶出租机动车或营业性机动车无交通运输管理部门核发的许可证书或其他必备证书；

6. 学习驾驶时无合法教练员随车指导；

7. 非被保险人允许的驾驶人。

（三）被保险机动车有下列情形之一者：

1. 发生保险事故时被保险机动车行驶证、号牌被注销的，或未按规定检验或检验不合格；

2. 被扣押、收缴、没收、政府征用期间；

3. 在竞赛、测试期间，在营业性场所维修、保养、改装期间；

4. 全车被盗窃、被抢劫、被抢夺、下落不明期间。

第二十五条　下列原因导致的人身伤亡、财产损失和费用，保险人不负责赔偿：

（一）地震及其次生灾害、战争、军事冲突、恐怖活动、暴乱、污染（含放射性污染）、核反应、核辐射；

（二）被保险机动车在行驶过程中翻斗突然升起，或没有放下翻斗，或自卸系统（含机件）失灵；

（三）第三者、被保险人或其允许的驾驶人的故意行为、犯罪行为，第三者与被保险人或其他致害人恶意串通的行为；

（四）被保险机动车被转让、改装、加装或改变使用性质等，导致被保险机动车危险程度显著增加，且被保险人、受让人未及时通知保险人。

第二十六条　下列人身伤亡、财产损失和费用，保险人不负责赔偿：

（一）被保险机动车发生意外事故，致使任何单位或个人停业、停驶、停电、停水、停气、停产、通讯或网络中断、电压变化、数据丢失造成的损失以及其他各种间接损失；

（二）第三者财产因市场价格变动造成的贬值，修理后因价值降低引起的减值损失；

（三）被保险人及其家庭成员、被保险人允许的驾驶人及其家庭成员所有、承租、使用、管理、运输或代管的财产的损失，以及本车上财产的损失；

（四）被保险人及其家庭成员、被保险人允许的驾驶人及其家庭成员、本车车上人员的人身伤亡；

（五）停车费、保管费、扣车费、罚款、罚金或惩罚性赔款；

（六）超出《道路交通事故受伤人员临床诊疗指南》和国家基本医疗保险标准的医疗费用；

（七）精神损害抚慰金；

（八）律师费，未经保险人事先书面同意的诉讼费、仲裁费；

（九）投保人、被保险人或其允许的驾驶人知道保险事故发生后，故意或者因重大过失未及时通知，致使保险事故的性质、原因、损失程度等难以确定的，保险人对无法确定的部分，不承担赔偿责任，但保险人通过其他途径已经及时知道或者应当及时知道保险事故发生的除外；

（十）因被保险人违反本条款第三十四条规定，导致无法确定的损失。

（十一）应当由机动车交通事故责任强制保险赔偿的损失和费用；

保险事故发生时，被保险机动车未投保机动车交通事故责任强制保险或机动车交通事故责任强制保险合同已经失效的，对于机动车交通事故责任强制保险责任限额以内的损失和费用，保险人不负责赔偿。

第二十七条 保险人在依据本保险合同约定计算赔款的基础上，在保险单载明的责任限额内，按照下列方式免赔：

（一）被保险机动车一方负次要事故责任的，实行5%的事故责任免赔率；负同等事故责任的，实行10%的事故责任免赔率；负主要事故责任的，实行15%的事故责任免赔率；负全部事故责任的，实行20%的事故责任免赔率；

（二）违反安全装载规定的，实行10%的绝对免赔率；

（三）投保时指定驾驶人，保险事故发生时为非指定驾驶人使用被保险机动车的，增加10%的绝对免赔率；

（四）投保时约定行驶区域，保险事故发生在约定行驶区域以外的，增加10%的绝对免赔率。

责任限额

第二十八条 每次事故的责任限额，由投保人和保险人在签订本保险合同时协商确定。

第二十九条 主车和挂车连接使用时视为一体，发生保险事故时，在主车和挂车责任限额之和内承担赔偿责任。

主车保险人和挂车保险人按照保险单上载明的机动车第三者责任保险责任限额的比例分摊赔款。

赔偿处理

第三十条 发生保险事故时，被保险人或其允许的合法驾驶人应当及时采取合理的、必要的施救和保护措施，防止或者减少损失，并在保险事故发生后48小时内通知保险人。被保险人或其允许的合法驾驶人根据有关法律法规规定选择自行协商方式处理交通事故的，应当立即通知保险人。

第三十一条 被保险人或其允许的合法驾驶人根据有关法律法规规定选择自行协商方式处理交通事故的，应当协助保险人勘验事故各方车辆、核实事故责任，并依照《道路交通事故处理程序规定》签订记录交通事故情况的协议书。

第三十二条 被保险人索赔时，应当向保险人提供与确认保险事故的性质、原因、损失程度等有关的证明和资料。

被保险人应当提供保险单、损失清单、有关费用单据、被保险机动车行驶证和发生事故时驾驶人的驾驶证。

属于道路交通事故的，被保险人应当提供公安机关交通管理部门或法院等机构出具的事故证明、有关的法律文书（判决书、调解书、裁定书、裁决书等）及其他证明。被保险人或其允许的合法驾驶人根据有关法律法规规定选择自行协商方式处理交通事故的，被保险人应当提供依照《道路交通事故处理程序规定》签订记录交通事故情况的协议书。

第三十三条　保险人对被保险人给第三者造成的损害，可以直接向该第三者赔偿。

被保险人给第三者造成损害，被保险人对第三者应负的赔偿责任确定的，根据被保险人的请求，保险人应当直接向该第三者赔偿。被保险人怠于请求的，第三者有权就其应获赔偿部分直接向保险人请求赔偿。

被保险人给第三者造成损害，被保险人未向该第三者赔偿的，保险人不得向被保险人赔偿。

第三十四条　因保险事故损坏的第三者财产，应当尽量修复。修理前被保险人应当会同保险人检验，协商确定修理项目、方式和费用。对未协商确定的，保险人可以重新核定。

第三十五条　赔款计算

1. 当（依合同约定核定的第三者损失金额－机动车交通事故责任强制保险的分项赔偿限额）×事故责任比例 等于或高于每次事故赔偿限额时：

赔款＝每次事故赔偿限额×（1－事故责任免赔率）×（1－绝对免赔率之和）

2. 当（依合同约定核定的第三者损失金额－机动车交通事故责任强制保险的分项赔偿限额）×事故责任比例 低于每次事故赔偿限额时：

赔款＝（依合同约定核定的第三者损失金额－机动车交通事故责任强制保险的分项赔偿限额）×事故责任比例×（1－事故责任免赔率）×（1－绝对免赔率之和）

第三十六条　保险人按照《道路交通事故受伤人员临床诊疗指南》和国家基本医疗保险的同类医疗费用标准核定医疗费用的赔偿金额。

未经保险人书面同意，被保险人自行承诺或支付的赔偿金额，保险人有权重新核定。不属于保险人赔偿范围或超出保险人应赔偿金额的，保险人不承担赔偿责任。

第三十七条　保险人受理报案、现场查勘、核定损失、参与诉讼、进行抗辩、要求被保险人提供证明和资料、向被保险人提供专业建议等行为，均不构成保险人对赔偿责任的承诺。

第三章　机动车车上人员责任保险

保险责任

第三十八条　保险期间内，被保险人或其允许的合法驾驶人在使用被保险机动车过程中发生意外事故，致使车上人员遭受人身伤亡，依法应当对车上人员承担的损害赔偿责任，保险人依照本保险合同的约定负责赔偿。

第三十九条　保险人依据被保险机动车一方在事故中所负的事故责任比例，承担相应的赔偿责任。

被保险人或被保险机动车一方根据有关法律法规规定选择自行协商或由公安机关交通管理部门处理事故未确定事故责任比例的，按照下列规定确定事故责任比例：

被保险机动车一方负主要事故责任的，事故责任比例为70%；

被保险机动车一方负同等事故责任的，事故责任比例为50%；

被保险机动车一方负次要事故责任的，事故责任比例为30%。

涉及司法或仲裁程序的，以法院或仲裁机构最终生效的法律文书为准。

责任免除

第四十条 在上述保险责任范围内，下列情况下，不论任何原因造成的人身伤亡，保险人均不负责赔偿：

（一）事故发生后，被保险人或其允许的驾驶人在未依法采取措施的情况下驾驶被保险机动车或者遗弃被保险机动车逃离事故现场，或故意破坏、伪造现场、毁灭证据；

（二）驾驶人有下列情形之一者：

1. 饮酒、吸食或注射毒品、服用国家管制的精神药品或者麻醉药品；

2. 无驾驶证，驾驶证被依法扣留、暂扣、吊销、注销期间；

3. 驾驶与驾驶证载明的准驾车型不相符合的机动车；

4. 实习期内驾驶公共汽车、营运客车或者执行任务的警车、载有危险物品的机动车或牵引挂车的机动车；

5. 驾驶出租机动车或营业性机动车无交通运输管理部门核发的许可证书或其他必备证书；

6. 学习驾驶时无合法教练员随车指导；

7. 非被保险人允许的驾驶人。

（三）被保险机动车有下列情形之一者：

1. 发生保险事故时被保险机动车行驶证、号牌被注销的，或未按规定检验或检验不合格；

2. 被扣押、收缴、没收、政府征用期间；

3. 在竞赛、测试期间，在营业性场所维修、保养、改装期间；

4. 全车被盗窃、被抢劫、被抢夺、下落不明期间。

第四十一条 下列原因导致的人身伤亡，保险人不负责赔偿：

（一）地震及其次生灾害、战争、军事冲突、恐怖活动、暴乱、污染（含放射性污染）、核反应、核辐射；

（二）被保险机动车被转让、改装、加装或改变使用性质等，导致被保险机动车危险程度显著增加，且被保险人、受让人未及时通知保险人。

第四十二条 下列人身伤亡、损失和费用，保险人不负责赔偿：

（一）被保险人或驾驶人的故意行为造成的人身伤亡；

（二）被保险人及驾驶人以外的其他车上人员的故意、重大过失行为造成的自身伤亡；

（三）车上人员因疾病、分娩、自残、斗殴、自杀、犯罪行为造成的自身伤亡；

（四）违法、违章搭乘人员的人身伤亡；

（五）罚款、罚金或惩罚性赔款；

（六）超出《道路交通事故受伤人员临床诊疗指南》和国家基本医疗保险标准的医疗费用；

（七）精神损害抚慰金；

（八）律师费，未经保险人事先书面同意的诉讼费、仲裁费；

（九）投保人、被保险人或其允许的驾驶人知道保险事故发生后，故意或者因重大过失未及时通知，致使保险事故的性质、原因、损失程度等难以确定的，保险人对无法确定的部分，不承担赔偿责任，但保险人通过其他途径已经及时知道或者应当及时知道保险事故发生的除外；

（十）应当由机动车交通事故责任强制保险赔付的损失和费用。

第四十三条 保险人在依据本保险合同约定计算赔款的基础上，在保险单载明的责任限额内，按照下列方式免赔：

（一）被保险机动车一方负次要事故责任的，实行 5% 的事故责任免赔率；负同等事故责任的，实行 10% 的事故责任免赔率；负主要事故责任的，实行 15% 的事故责任免赔率；负全部事故责任或单方肇事事故的，实行 20% 的事故责任免赔率；

（二）投保时指定驾驶人，保险事故发生时为非指定驾驶人使用被保险机动车的，实行 10% 的绝对免赔率；

（三）投保时约定行驶区域，保险事故发生在约定行驶区域以外的，增加 10% 的绝对免赔率。

责任限额

第四十四条 驾驶人每次事故责任限额和乘客每次事故每人责任限额由投保人和保险人在投保时协商确定。投保乘客座位数按照被保险机动车的核定载客数（驾驶人座位除外）确定。

赔偿处理

第四十五条 发生保险事故时，被保险人或其允许的合法驾驶人应当及时采取合理的、必要的施救和保护措施，防止或者减少损失，并在保险事故发生后 48 小时内通知保险人。被保险人或其允许的合法驾驶人根据有关法律法规规定选择自行协商方式处理交通事故的，应当立即通知保险人。

第四十六条 被保险人或其允许的合法驾驶人根据有关法律法规规定选择自行协商方式处理交通事故的，应当协助保险人勘验事故各方车辆、核实事故责任，并依照《道路交通事故处理程序规定》签订记录交通事故情况的协议书。

第四十七条 被保险人索赔时，应当向保险人提供与确认保险事故的性质、原因、损失程度等有关的证明和资料。

被保险人应当提供保险单、损失清单、有关费用单据、被保险机动车行驶证和发生事故时驾驶人的驾驶证。

属于道路交通事故的，被保险人应当提供公安机关交通管理部门或法院等机构出具的事故证明、有关的法律文书（判决书、调解书、裁定书、裁决书等）和通过机动车交通事故责任强制保险获得赔偿金额的证明材料。被保险人或其允许的合法驾驶人根据有关法律法规规定选择自行协商方式处理交通事故的，被保险人应当提供依照《道路交通事故处理程序规定》签订记录交通事故情况的协议书和通过机动车交通事故责任强制保险获得赔偿金额的证明材料。

第四十八条 赔款计算

（一）对每座的受害人，当（依合同约定核定的每座车上人员人身伤亡损失金额－应由机动车交通事故责任强制保险赔偿的金额）×事故责任比例 高于或等于每次事故每座赔偿限额时：

赔款＝每次事故每座赔偿限额×（1－事故责任免赔率）×（1－绝对免赔率之和）

（二）对每座的受害人，当（依合同约定核定的每座车上人员人身伤亡损失金额－应由机动车交通事故责任强制保险赔偿的金额）×事故责任比例 低于每次事故每座赔偿限额时：

赔款＝（依合同约定核定的每座车上人员人身伤亡损失金额－应由机动车交通事故责任强制保险赔偿的金额）×事故责任比例×（1－事故责任免赔率）×（1－绝对免赔率之和）

第四十九条 保险人按照《道路交通事故受伤人员临床诊疗指南》和国家基本医疗保险的同类医疗费用标准核定医疗费用的赔偿金额。

未经保险人书面同意，被保险人自行承诺或支付的赔偿金额，保险人有权重新核定。因被保险人原因导致损失金额无法确定的，保险人有权拒绝赔偿。

第五十条 保险人受理报案、现场查勘、核定损失、参与诉讼、进行抗辩、要求被保险人提供证明和资料、向被保险人提供专业建议等行为，均不构成保险人对赔偿责任的承诺。

第四章 机动车全车盗抢保险

保险责任

第五十一条 保险期间内，被保险机动车的下列损失和费用，保险人依照本保险合同的约定负责赔偿：

（一）被保险机动车被盗窃、抢劫、抢夺，经出险当地县级以上公安刑侦部门立案证明，满60天未查明下落的全车损失；

（二）被保险机动车全车被盗窃、抢劫、抢夺后，受到损坏或车上零部件、附属设备丢失需要修复的合理费用；

（三）被保险机动车在被抢劫、抢夺过程中，受到损坏需要修复的合理费用。

责任免除

第五十二条 在上述保险责任范围内，下列情况下，不论任何原因造成被保险机动车的任何损失和费用，保险人均不负责赔偿：

（一）被保险人索赔时未能提供出险地县级以上公安刑侦部门出具的盗抢立案证明；

（二）驾驶人、被保险人、投保人故意破坏现场、伪造现场、毁灭证据；

（三）被保险机动车被扣押、罚没、查封、政府征用期间；

（四）被保险机动车在竞赛、测试期间，在营业性场所维修、保养、改装期间，被运输期间。

第五十三条 下列损失和费用，保险人不负责赔偿：

（一）地震及其次生灾害导致的损失和费用；

（二）战争、军事冲突、恐怖活动、暴乱导致的损失和费用；

（三）因诈骗引起的任何损失；因投保人、被保险人与他人的民事、经济纠纷导致的任何损失；

（四）被保险人或其允许的驾驶人的故意行为、犯罪行为导致的损失和费用；

（五）非全车遭盗窃，仅车上零部件或附属设备被盗窃或损坏；

（六）新增设备的损失；

（七）遭受保险责任范围内的损失后，未经必要修理并检验合格继续使用，致使损失扩大的部分；

（八）被保险机动车被转让、改装、加装或改变使用性质等，导致被保险机动车危险程度显著增加而发生保险事故，且被保险人、受让人未及时通知保险人；

（九）投保人、被保险人或其允许的驾驶人知道保险事故发生后，故意或者因重大过失未及时通知，致使保险事故的性质、原因、损失程度等难以确定的，保险人对无法确定的部分，不承担赔偿责任，但保险人通过其他途径已经及时知道或者应当及时知道保险事故发生的除外；

（十）因被保险人违反本条款第五十八条规定，导致无法确定的损失。

第五十四条　保险人在依据本保险合同约定计算赔款的基础上，按照下列方式免赔：

（一）发生全车损失的，绝对免赔率为20%；

（二）发生全车损失，被保险人未能提供"机动车登记证书"、机动车来历凭证的，每缺少一项，增加1%的绝对免赔率；

（三）投保时约定行驶区域，保险事故发生在约定行驶区域以外的，增加10%的绝对免赔率。

保险金额

第五十五条　保险金额在投保时被保险机动车的实际价值内协商确定。

投保时被保险机动车的实际价值由投保人与保险人根据投保时的新车购置价减去折旧金额后的价格协商确定或其他市场公允价值协商确定。

折旧金额可根据本保险合同列明的参考折旧系数表确定。

赔偿处理

第五十六条　被保险机动车全车被盗抢的，被保险人知道保险事故发生后，应在24小时内向出险当地公安刑侦部门报案，并通知保险人。

第五十七条　被保险人索赔时，须提供保险单、损失清单、有关费用单据、"机动车登记证书"、机动车来历凭证以及出险当地县级以上公安刑侦部门出具的盗抢立案证明。

第五十八条　因保险事故损坏的被保险机动车，应当尽量修复。修理前被保险人应当会同保险人检验，协商确定修理项目、方式和费用。对未协商确定的，保险人可以重新核定。

第五十九条　保险人按下列方式赔偿：

（一）被保险机动车全车被盗抢的，按以下方法计算赔款：

赔款＝保险金额×（1－绝对免赔率之和）

（二）被保险机动车发生本条款第五十一条第（二）款、第（三）款列明的损失，保险人按实际修复费用在保险金额内计算赔偿；

赔款 = 实际修复费用 × （1 − 绝对免赔率）

第六十条 保险人确认索赔单证齐全、有效后，被保险人签具权益转让书，保险人赔付结案。

第六十一条 被保险机动车发生本保险事故，导致全部损失，或一次赔款金额与免赔金额之和达到保险金额，保险人按本保险合同约定支付赔款后，本保险责任终止，保险人不退还机动车全车盗抢保险及其附加险的保险费。

第五章　通用条款

保险期间

第六十二条 除另有约定外，保险期间为一年，以保险单载明的起讫时间为准。

其他事项

第六十三条 保险人按照本保险合同的约定，认为被保险人索赔提供的有关证明和资料不完整的，应当及时一次性通知被保险人补充提供。

第六十四条 保险人收到被保险人的赔偿请求后，应当及时作出核定；情形复杂的，应当在三十日内作出核定。保险人应当将核定结果通知被保险人；对属于保险责任的，在与被保险人达成赔偿协议后十日内，履行赔偿义务。保险合同对赔偿期限另有约定的，保险人应当按照约定履行赔偿义务。

保险人未及时履行前款规定义务的，除支付赔款外，应当赔偿被保险人因此受到的损失。

第六十五条 保险人依照本条款第六十四条的规定作出核定后，对不属于保险责任的，应当自作出核定之日起三日内向被保险人发出拒绝赔偿通知书，并说明理由。

第六十六条 保险人自收到赔偿请求和有关证明、资料之日起六十日内，对其赔偿数额不能确定的，应当根据已有证明和资料可以确定的数额先予支付；保险人最终确定赔偿数额后，应当支付相应的差额。

第六十七条 在保险期间内，被保险机动车转让他人的，受让人承继被保险人的权利和义务。被保险人或者受让人应当及时书面通知保险人。

因被保险机动车转让导致被保险机动车危险程度发生显著变化的，保险人自收到前款规定的通知之日起三十日内，可以相应调整保险费或者解除本保险合同。

第六十八条 保险责任开始前，投保人要求解除本保险合同的，应当向保险人支付应交保险费金额3%的退保手续费，保险人应当退还保险费。

保险责任开始后，投保人要求解除本保险合同的，自通知保险人之日起，本保险合同解除。保险人按日收取自保险责任开始之日起至合同解除之日止期间的保险费，并退还剩余部分保险费。

第六十九条 保险双方有关本保险合同的争议可通过协商进行解决。协商不成的，提交保险单载明的仲裁机构仲裁。保险单未载明仲裁机构且争议发生后未达成仲裁协议的，可向人民法院起诉。发生与保险赔偿有关的仲裁或者诉讼时，被保险人应当及时书面通知保险人。

本保险合同适用中华人民共和国（不含港、澳、台地区）法律。

附加险

附加险条款的法律效力优于主险条款。附加险条款未尽事宜，以主险条款为准。除附加险条款另有约定外，主险中的责任免除、免赔规则、双方义务同样适用于附加险。

1. 玻璃单独破碎险
2. 自燃损失险
3. 新增设备损失险
4. 车身划痕损失险
5. 发动机涉水损失险
6. 修理期间费用补偿险
7. 车上货物责任险
8. 精神损害抚慰金责任险
9. 不计免赔险
10. 机动车损失保险无法找到第三方特约险
11. 指定修理厂险

第六章 玻璃单独破碎险（车损险的附加险）

投保了机动车损失保险的机动车，可投保本附加险。

第一条 保险责任

保险期间内，被保险机动车风挡玻璃或车窗玻璃的单独破碎，保险人按实际损失金额赔偿。

第二条 投保方式

投保人与保险人可协商选择按进口或国产玻璃投保。保险人根据协商选择的投保方式承担相应的赔偿责任。

第三条 责任免除

安装、维修机动车过程中造成的玻璃单独破碎。

第四条 本附加险不适用主险中的各项免赔规定。

第七章 自燃损失险（车损险的附加险）

投保了机动车损失保险的机动车，可投保本附加险。

第一条 保险责任

（一）保险期间内，指在没有外界火源的情况下，由于本车电器、线路、供油系统、供气系统等被保险机动车自身原因或所载货物自身原因起火燃烧造成本车的损失；

（二）发生保险事故时，被保险人为防止或者减少被保险机动车的损失所支付的必要的、合理的施救费用，由保险人承担；施救费用数额在被保险机动车损失赔偿金额以外另行计算，最高不超过本附加险保险金额的数额。

第二条 责任免除

（一）自燃仅造成电器、线路、油路、供油系统、供气系统的损失；

（二）由于擅自改装、加装电器及设备导致被保险机动车起火造成的损失；

（三）被保险人在使用被保险机动车过程中，因人工直接供油、高温烘烤等违反车辆安全操作规则造成的损失；

（四）本附加险每次赔偿实行20%的绝对免赔率，不适用主险中的各项免赔规定。

第三条 保险金额

保险金额由投保人和保险人在投保时被保险机动车的实际价值内协商确定。

第四条 赔偿处理

全部损失，在保险金额内计算赔偿；部分损失，在保险金额内按实际修理费用计算赔偿。

第八章 新增加设备损失险（车损险的附加险）

投保了机动车损失保险的机动车，可投保本附加险。

第一条 保险责任

保险期间内，投保了本附加险的被保险机动车因发生机动车损失保险责任范围内的事故，造成车上新增加设备的直接损毁，保险人在保险单载明的本附加险的保险金额内，按照实际损失计算赔偿。

第二条 责任免除

本附加险每次赔偿的免赔规定以机动车损失保险条款规定为准。

第三条 保险金额

保险金额根据新增加设备投保时的实际价值确定。新增加设备的实际价值是指新增加设备的购置价减去折旧金额后的金额。

第九章 车身划痕损失险（车损险的附加险）

投保了机动车损失保险的机动车，可投保本附加险。

第一条 保险责任

保险期间内，投保了本附加险的机动车在被保险人或其允许的合法驾驶人使用过程中，发生无明显碰撞痕迹的车身划痕损失，保险人按照保险合同约定负责赔偿。

第二条 责任免除

（一）被保险人及其家庭成员、驾驶人及其家庭成员的故意行为造成的损失；

（二）因投保人、被保险人与他人的民事、经济纠纷导致的任何损失；

（三）车身表面自然老化、损坏，腐蚀造成的任何损失；

（四）本附加险每次赔偿实行15%的绝对免赔率，不适用主险中的各项免赔规定。

第三条 保险金额

保险金额为2 000元、5 000元、10 000元或20 000元，由投保人和保险人在投保时协商确定。

第四条 赔偿处理

（一）在保险金额内按实际修理费用计算赔偿。

（二）在保险期间内，累计赔款金额达到保险金额，本附加险保险责任终止。

第十章　发动机涉水损失险（车损险附加险，仅适用于家用、非营业用）

本附加险仅适用于家庭自用汽车、党政机关、事业团体用车、企业非营业用车，且只有在投保了机动车损失保险后，方可投保本附加险。

第一条　保险责任

保险期间内，投保了本附加险的被保险机动车在使用过程中，因发动机进水后导致的发动机的直接损毁，保险人负责赔偿：

发生保险事故时，被保险人为防止或者减少被保险机动车的损失所支付的必要的、合理的施救费用，由保险人承担；施救费用数额在被保险机动车损失赔偿金额以外另行计算，最高不超过保险金额的数额。

第二条　责任免除

本附加险每次赔偿均实行15%的绝对免赔率，不适用主险中的各项免赔规定。

第三条　赔偿处理

在发生保险事故时被保险机动车的实际价值内计算赔偿。

第十一章　修理期间费用补偿险（车损险的附加险）

只有在投保了机动车损失保险的基础上方可特约本条款，机动车损失保险责任终止时，本保险责任同时终止。

第一条　保险责任

保险期间内，特约了本条款的机动车在使用过程中，发生机动车损失保险责任范围内的事故，造成车身损毁，致使被保险机动车停驶，保险人按保险合同约定，在保险金额内在向被保险人补偿修理期间费用，作为代步车费用或弥补停驶损失。

第二条　责任免除

下列情况下，保险人不承担修理期间费用补偿：

1. 因机动车损失保险责任范围以外的事故而致被保险机动车的损毁或修理；

2. 非在保险人指定的修理厂修理时，因车辆修理质量不合要求造成返修；

3. 被保险人或驾驶人拖延车辆送修期间；

4. 本保险每次事故的绝对免赔额为1天的赔偿金额，不适用主险中的各项免赔规定。

第三条　保险金额

本附加险保险金额＝补偿天数×日补偿金额。补偿天数及日补偿金额由投保人与保险人协商确定并在保险合同中载明，保险期间内约定的补偿天数最高不超过90天。

第四条　赔偿处理

全车损失，按保险单载明的保险金额计算赔偿；部分损失，在保险金额内按约定的日赔偿金额乘以从送修之日起至修复之日止的实际天数计算赔偿，实际天数超过双方约定修理天数的，以双方约定的修理天数为准。

保险期间内，累计赔款金额达到保险单载明的保险金额，本附加险保险责任终止。

第十二章　车上货物责任险（三者险的附加险）

投保了机动车第三者责任保险的机动车，可投保本附加险。

第一条　保险责任

保险期间内，发生意外事故致使被保险机动车所载货物遭受直接损毁，依法应由被保险人承担的损害赔偿责任，保险人负责赔偿。

第二条　责任免除

（一）偷盗、哄抢、自然损耗、本身缺陷、短少、死亡、腐烂、变质、串味、生锈，动物走失、飞失、货物自身起火燃烧或爆炸造成的货物损失；

（二）违法、违章载运造成的损失；

（三）因包装、紧固不善，装载、遮盖不当导致的任何损失；

（四）车上人员携带的私人物品的损失；

（五）保险事故导致的货物减值、运输延迟、营业损失及其他各种间接损失；

（六）法律、行政法规禁止运输的货物的损失；

（七）本附加险每次赔偿实行 20% 的绝对免赔率，不适用主险中的各项免赔规定。

第三条　责任限额

责任限额由投保人和保险人在投保时协商确定。

第四条　赔偿处理

被保险人索赔时，应提供运单、起运地货物价格证明等相关单据。保险人在责任限额内按起运地价格计算赔偿。

第十三章　精神损害抚慰金责任险（三者险和车上人员责任险的附加险）

只有在投保了机动车第三者责任保险或机动车车上人员责任保险的基础上方可投保本附加险。

在投保人仅投保机动车第三者责任保险的基础上附加本附加险时，保险人只负责赔偿第三者的精神损害抚慰金；在投保人仅投保机动车车上人员责任保险的基础上附加本附加险时，保险人只负责赔偿车上人员的精神损害抚慰金。

第一条　保险责任

保险期间内，被保险人或其允许的合法驾驶人在使用被保险机动车的过程中，发生投保的主险约定的保险责任内的事故，造成第三者或车上人员的人身伤亡，受害人据此提出精神损害赔偿请求，保险人依据法院判决及保险合同约定，对应由被保险人或被保险机动车驾驶人支付的精神损害抚慰金，在扣除机动车交通事故责任强制保险应当支付的赔款后，在本保险赔偿限额内负责赔偿。

第二条　责任免除

（一）根据被保险人与他人的合同协议，应由他人承担的精神损害抚慰金；

（二）未发生交通事故，仅因第三者或本车人员的惊恐而引起的损害；

（三）怀孕妇女的流产发生在交通事故发生之日起 30 天以外的；

（四）本附加险每次赔偿实行 20% 的绝对免赔率，不适用主险中的各项免赔规定。

第三条 赔偿限额

本保险每次事故赔偿限额由保险人和投保人在投保时协商确定。

第四条 赔偿处理

本附加险赔偿金额依据人民法院的判决在保险单所载明的赔偿限额内计算赔偿。

第十四章　不计免赔险（主险及设免赔率的附加险）

投保了任一主险及其他设置了免赔率的附加险后，均可投保本附加险。

第一条 保险责任

经特别约定，保险事故发生后，按照对应投保的险种规定的免赔率计算的、应当由被保险人自行承担的免赔金额部分，保险人负责赔偿。

第二条 责任免除

下列情况下，应当由被保险人自行承担的免赔金额，保险人不负责赔偿：

一、机动车损失保险中应当由第三方负责赔偿而无法找到第三方的；

二、因违反安全装载规定而增加的；

三、投保时指定驾驶人，保险事故发生时为非指定驾驶人使用被保险机动车而增加的；

四、投保时约定行驶区域，保险事故发生在约定行驶区域以外而增加的；

五、发生机动车全车盗抢保险规定的全车损失保险事故时，被保险人未能提供"机动车登记证书"、机动车来历凭证的，每缺少一项而增加的；

六、机动车损失保险中约定的每次事故绝对免赔额；

七、可附加本条款但未选择附加本条款的险种规定的；

八、不可附加本条款的险种规定的。

第十五章　机动车损失保险无法找到第三方特约险（车损险的附加险）

投保了机动车损失保险后，可投保本附加险。

投保了本附加险后，对于机动车损失保险第十一条第（三）款列明的，被保险机动车损失应当由第三方负责赔偿，但因无法找到第三方而增加的由被保险人自行承担的免赔金额，保险人负责赔偿。

第十六章　指定修理厂险（车损险的附加险）

投保了机动车损失保险的机动车，可投保本附加险。

投保人在投保时选择本附加险，并增加支付本附加险的保险费的，机动车损失保险事故发生后，被保险人可指定修理厂进行修理。

释　义

1.【碰撞】指被保险机动车或其符合装载规定的货物与外界固态物体之间发生的、产生撞击痕迹的意外撞击。

2.【倾覆】指被保险机动车由于自然灾害或意外事故，造成本被保险机动车翻倒，车体触地，失去正常状态和行驶能力，不经施救不能恢复行驶。

3.【坠落】指被保险机动车在行驶中发生意外事故，整车腾空后下落，造成本车损失的情况。非整车腾空，仅由于颠簸造成被保险机动车损失的，不属于坠落。

4.【外界物体倒塌】指被保险机动车自身以外的物体倒下或陷下。

5.【自燃】指在没有外界火源的情况下，由于本车电器、线路、供油系统、供气系统等被保险机动车自身原因或所载货物自身原因起火燃烧。

6.【火灾】指被保险机动车本身以外的火源引起的、在时间或空间上失去控制的燃烧（即有热、有光、有火焰的剧烈的氧化反应）所造成的灾害。

7.【次生灾害】指地震造成工程结构、设施和自然环境破坏而引发的火灾、爆炸、瘟疫、有毒有害物质污染、海啸、水灾、泥石流、滑坡等灾害。

8.【暴风】指风速在 28.5 米/秒（相当于 11 级大风）以上的大风。风速以气象部门公布的数据为准。

9.【暴雨】指每小时降雨量达 16 毫米以上，或连续 12 小时降雨量达 30 毫米以上，或连续 24 小时降雨量达 50 毫米以上。

10.【洪水】指山洪暴发、江河泛滥、潮水上岸及倒灌。但规律性的涨潮、自动灭火设施漏水以及在常年水位以下或地下渗水、水管爆裂不属于洪水责任。

11.【玻璃单独破碎】指未发生被保险机动车其他部位的损坏，仅发生被保险机动车前后风挡玻璃和左右车窗玻璃的损坏。

12.【车轮单独损坏】指未发生被保险机动车其他部位的损坏，仅发生轮胎、轮辋、轮毂罩的分别单独损坏，或上述三者之中任意二者的共同损坏，或三者的共同损坏。

13.【车身划痕损失】仅发生被保险机动车车身表面油漆的损坏，且无明显碰撞痕迹。

14.【新增设备】指被保险机动车出厂时原有设备以外的，另外加装的设备和设施。

15.【新车购置价】指本保险合同签订地购置与被保险机动车同类型新车的价格，无同类型新车市场销售价格的，由投保人与保险人协商确定。

16.【单方肇事事故】指不涉及与第三者有关的损害赔偿的事故，但不包括自然灾害引起的事故。

17.【家庭成员】指配偶、子女、父母。

18.【市场公允价值】指熟悉市场情况的买卖双方在公平交易的条件下和自愿的情况下所确定的价格，或无关联的双方在公平交易的条件下一项资产可以被买卖或者一项负债可以被清偿的成交价格。

参考折旧系数表 单位：%

车辆种类	月折旧系数			
	家庭自用	非营业	营业	
			出租	其他
9 座以下客车	0.60	0.60	1.10	0.90

续表

车辆种类	月折旧系数			
	家庭自用	非营业	营业	
			出租	其他
10 座以上客车	0.90	0.90	1.10	0.90
微型载货汽车	—	0.90	1.10	1.10
带拖挂的载货汽车	—	0.90	1.10	1.10
低速货车和三轮汽车	—	1.10	1.40	1.40
其他车辆		0.90	1.10	0.90

折旧按月计算,不足一个月的部分,不计折旧。最高折旧金额不超过投保时被保险机动车新车购置价的 80%。

折旧金额 = 新车购置价 × 被保险机动车已使用月数 × 月折旧系数

19. 【饮酒】指驾驶人饮用含有酒精的饮料,驾驶机动车时血液中的酒精含量大于等于 20 毫克/100 毫升的。

20. 【全部损失】指被保险机动车发生事故后灭失,或者受到严重损坏完全失去原有形体、效用,或者不能再归被保险人所拥有的,为实际全损;或被保险机动车发生事故后,认为实际全损已经不可避免,或者为避免发生实际全损所需支付的费用超过实际价值的,为推定全损。

【附录 5.3】

机动车辆保险理赔管理指引

第一章 总 则

第一条 为维护被保险人合法权益,规范财产保险公司(以下简称公司)机动车辆保险(以下简称车险)经营行为,控制经营风险,提升行业理赔管理服务水平,促进行业诚信建设,根据《中华人民共和国保险法》及相关法律法规制定《机动车辆保险理赔管理指引》(以下简称《指引》)。

第二条 本《指引》所称公司,是指在中华人民共和国境内依法经营车险的财产保险公司,包括中资保险公司、中外合资保险公司、外商独资保险公司以及外资保险公司在华设立的分公司。

第三条 本《指引》中的车险理赔是指公司收到被保险人出险通知后,依据法律法规和保险合同,对有关事故损失事实调查核实,核定保险责任并赔偿保险金的行为,是保险人履行保险合同义务的体现。

第四条 车险理赔一般应包括报案受理、调度、查勘、立案、定损(估损)、人身伤亡跟踪(调查)、报核价、核损、医疗审核、资料收集、理算、核赔、结销案、赔款支付、追偿及损余物资处理、客户回访、投诉处理以及特殊案件处理等环节。

第五条　公司应制定完整统一的车险理赔组织管理、赔案管理、数据管理、运行保障管理等制度，搭建与业务规模、风险控制、客户服务相适应的理赔管理、流程控制、运行管理及服务体系。

第六条　公司车险理赔管理及服务应遵循以下原则：

（一）强化总公司集中统一的管理、控制和监督；

（二）逐步实现全过程流程化、信息化、规范化、标准化、一致性的理赔管理服务模式；

（三）建立健全符合合规管理及风险防范控制措施的理赔管理、风险控制、客户服务信息管理系统；

（四）确保各级理赔机构人员合理分工、职责明确、责任清晰、监督到位、考核落实；

（五）理赔资源配置要兼顾成本控制、风险防范、服务质量和效率。

第七条　本《指引》明确了公司在车险理赔管理中应达到的管理与服务的基本要求。公司与客户之间的权利义务关系应以《保险法》及相关法律法规和保险合同条款为准。

第八条　中国保险监督管理委员会及其派出机构依法对公司车险理赔实施监督检查，并可向社会公开《指引》的有关执行情况。

第二章　理赔管理

第一节　组织管理和资源配置

第九条　公司应建立健全车险理赔组织管理制度。明确理赔管理架构、管理机制、工作流程及各环节操作规范，明确各类理赔机构和人员的工作职责及权限、考核指标、标准及办法。明确理赔关键环节管理机制、关键岗位人员管理方式。明确理赔岗位各相关人员资格条件，建立理赔人员培训考试及考核评级制度，制定与业务规模、理赔管理和客户服务需要相适应的理赔资源配置办法等。

第十条　公司应按照车险理赔集中统一管理原则，建立完整合理的车险理赔组织架构，有效满足业务发展、理赔管理及客户服务需要。

（一）集中统一管理原则是指总公司统一制定理赔管理制度、规范理赔服务流程及标准，完善监督考核机制，应实现全国或区域接报案集中，以及对核损、核价、医疗审核、核赔等理赔流程关键环节和关键数据修改的总公司集中管控。

（二）完整合理的理赔组织架构，应将理赔管理职能、理赔操作职能以及客户服务职能分开设置，形成相互协作、相互监督的有效管理机制。

鼓励总公司对理赔线实行人、财、物全部垂直化管理。

第十一条　公司应制定严格管控措施和 IT 系统管控手段，强化关键岗位和关键环节的集中统一管理、监督和控制。

对核损、核价、医疗审核、核赔等关键岗位人员，应逐步实行总公司自上而下垂直管理，统一负责聘用、下派、任命、考核、薪酬发放、职务变动以及理赔审核管理权限授予等。

第十二条　对分支机构实行分类授权理赔管理，应充分考虑公司业务规模、经营效益、管理水平、区域条件等，可以选择"从人授权"和"从机构授权"方式。从机构授权只限于总公司对省级分公司的授权。

"从人授权"应根据理赔人员专业技能、考试评级结果授予不同金额、不同类型案件的审核权限；"从机构授权"应根据分支机构的经营管理水平、风险控制能力、经营效益以及服务需求授予不同理赔环节和内容的管理权限。

鼓励公司采取"从人授权"方式，加强专业化管理。

第十三条 公司应针对不同理赔岗位风险特性，制定严格岗位互掣制度。

核保岗位不得与核损、核价、核赔岗位兼任。同一赔案中，查勘、定损与核赔岗位，核损与核赔岗位之间不得兼任。在一定授权金额内，查勘、定损与核损岗位，理算与核赔岗位可兼任，但应制定严格有效的事中、事后抽查监督机制。

第十四条 公司应根据理赔管理、客户服务和业务发展需要，充分考虑业务规模、发展速度及地域特点，拟定理赔资源配置方案，明确理赔资源和业务资源配比。保证理赔服务场所、理赔服务工具、理赔信息系统、理赔人员等资源配备充足。

（一）在设有营销服务部以上经营机构地区

1. 应设立固定理赔服务场所或在营业场所内设立相对独立理赔服务区域，接受客户上门查勘定损、提交索赔材料。理赔服务场所数量应根据业务规模、案件数量以及服务半径合理设置、科学布局。理赔服务场所应保证交通便利、标识醒目。公司应对外公布理赔服务场所地址、电话。

2. 各地保险行业协会应根据本地区地域、自然环境、道路交通情况等因素确定各理赔环节的基本服务效率标准，各公司应保证各岗位理赔人员、理赔服务工具的配备满足上述标准要求。

（二）在未设分支机构地区

公司应制定切实可行的理赔服务方案，保证报案电话畅通，采取委托第三方等便捷方式为客户提供及时查勘、定损和救援等服务。在承保时，应向客户明确说明上述情况，并告知理赔服务流程。

不能满足上述要求的，公司应暂缓业务发展速度，控制业务规模。

第十五条 公司应建立各理赔岗位职责、上岗条件、培训、考核、评级、监督等管理制度和机制，建立理赔人员技术培训档案及服务投诉档案，如实记录理赔人员技能等级、培训考核情况和服务标准执行情况。

鼓励保险行业协会逐步探索实施行业统一的理赔人员从业资格、培训考试、考核评级等制度，建立理赔人员信息库。

第十六条 公司应对理赔人员进行岗前、岗中、晋级培训并考试。制定详实可行的培训计划和考核方案，保证基本培训时间、质量和效果。

（一）岗前培训：各岗位人员上岗前应参加岗前培训和考核，培训时间不应少于60小时，考试合格后可上岗工作；

（二）岗中培训：公司应通过集中面对面授课、视频授课等形式，对各岗位人员进行培训。核损、核价、医疗审核、核赔人员每年参加培训时间不应少于100小时，其他岗位人员每年参加培训时间不应少于50小时；

（三）晋级培训：各岗位人员晋级或非核损、核价、医疗审核、核赔岗位人员拟从事核损、核价、医疗审核、核赔岗位的,应经过统一培训和考试,合格后可晋级。

第二节 赔案管理

第十七条 公司应制定覆盖车险理赔全过程的管理制度和操作规范。按照精简高效原则,对接报案、调度、查勘、立案、定损(估损)、人身伤亡跟踪(调查)、报核价、核损、医疗审核、资料收集、理算、核赔、结销案、赔款支付、追偿及损余物资处理、客户回访、投诉处理以及特殊案件处理等各环节的工作流程和操作办法进行统一规范,逐步实现标准化、一致性的理赔管理和客户服务。

为防范风险,提高工作质量和效率,理赔处理各环节衔接点要严格规范,前后各环节间应形成必要的相互监督控制机制。

第十八条 公司应建立严格的未决赔案管理制度。规范未决赔案管理流程,准确掌握未决赔案数量及处理进度;监督促进提升理赔处理时效。根据未决赔案估损及估损调整管理规则确定估损金额,确保未决赔款准备金准确计提,真实反映负债和经营结果。

第十九条 公司应制定报核价管理制度。建立或采用科学合理的汽车零配件价格标准,做好零配件价格信息维护和本地化工作。

行业协会应积极推动保险行业与汽车产业链相关行业共同研究建立科学、合理的维修配件和工时系数标准化体系。

第二十条 公司应建立特殊案件管理制度。对案件注销、注销恢复、重开赔案、通融赔案、拒赔案件、预付赔款、规定范围内的诉讼案件、追偿赔案及其他特殊案件的审核和流程进行规范,并将审批权限上收到总公司。

第二十一条 公司应建立反欺诈管理制度。总公司及分支机构应建立自上而下、内外部合作、信息共享的反欺诈专职团队。对重点领域和环节通过在理赔信息系统中设立欺诈案件和可疑赔案筛查功能加大反欺诈预防查处力度。建立投诉、举报、信访处理机制和反欺诈奖励制度,向社会公布理赔投诉电话。

有条件的地区应建立本地区保险行业内联合反欺诈处理(或信息共享)机制或保险行业与当地公安机关联合反欺诈处理(或信息共享)机制。

第二十二条 公司应建立异地理赔管理制度和考核奖惩办法。按照"异地出险,就地理赔"原则,建立信息管理系统和网络,搭建省间代查勘、代定损、代赔付操作平台,规范实务流程和操作规则,做好跨省间客户投诉管理工作,确保全国理赔服务标准规范统一。

第三节 数据管理

第二十三条 公司应建立支撑车险理赔管理、风险控制及客户服务全流程化业务处理及信息管理系统。系统间实现无缝连接,无人工干预,实时数据传送处理,避免数据漏失、人工调整及时滞差异。

第二十四条 公司应制定数据质量管理制度。加强理赔与承保、财务间数据规范性、准确性和及时性的管理监督,使业务、财务数据归集、统计口径保持一致。公司应对数据质量定期监控与考评,对疑问数据及时通报。

第二十五条 公司应规范理赔各环节间数据管理。明确数据间勾稽关系,做到历史数据可追溯，对日常数据日清日结。应确定数据维护流程、使用性质和查询范围。应制定数据标准化推行制度。对异常（风险）数据设立基础考察观测项目，根据管理控制的重点适时调整考察观测项目。

疑问数据修改应依法合规，严格修改规范。疑问数据应及时整改，整改时应充分考虑整改方案是否合理以及是否会引发其他数据质量问题，严禁随意修改。

第二十六条　公司应建立内部各部门、各地区间必要的信息交流沟通机制。根据理赔数据管理情况，实现理赔部门与产品、承保、财务、精算、法律和客户服务等相关部门间沟通及信息反馈。

建立信息平台地区，公司应及时向信息平台上传理赔信息，确保上传信息与核心业务系统信息完整一致。

第四节　运行保障

第二十七条　公司应建立理赔费用管理制度，严格按照会计制度规定，规范直接理赔费用和间接理赔费用管理。理赔费用分摊应科学、合理并符合相关规定。

直接理赔费用要严格按照列支项目和原始凭证、材料，如实列支，审批权应集中到省级或以上机构，并按照直接理赔费用占赔款的一定比例监控；间接理赔费用要制定严格的间接理赔费用预算管理、计提标准、列支项目、列支审核以及执行监督制度，间接理赔费用的列支项目和单笔大额支出应规定严格的审批流程等。

公司应将理赔费用纳入考核政策，对各级机构形成约束。

第二十八条　公司应制定未决赔款准备金管理制度。根据未决赔款数据准确估算未决赔款准备金，建立理赔与精算的联合估算规则，要真实、准确、及时反映车险经营状况，有效预警经营风险，保证经营稳定。

第二十九条　公司应加强对合作单位管理，包括合作修理厂、合作医疗机构、医疗评残机构、公估机构以及其他保险中介机构的管理。

（一）公司在选择合作单位时，应保证公正、公平、公开原则，维护被保险人、受害人以及保险人的合法权益，依法选择，严格管理，建立准入、考核、监督及退出机制。

（二）公司应保证客户自由选择维修单位的权利，不得强制指定或变相强制指定车辆维修单位。

公司选择合作修理厂，应与经过规定程序产生的车辆维修单位签订维修合作协议。承修方要保证维修质量、维修时间达到客户满意，保险公司应协助客户跟踪维修质量与进度。

保险行业协会应积极协调组织公司就保险理赔服务有关工作与汽车修理厂、医疗机构、医疗评残机构、公估机构等相关单位沟通协调，加强行业间协作。

（三）严格理赔权限管理

1. 公司严禁将核损、核价、医疗审核、核赔等关键岗位理赔权限授予合作单位等非本公司系统内的各类机构或人员。

2. 原则上不允许合作单位代客户报案，代保险公司查勘、定损（专业公估机构除外），代客户领取赔款。

第三十条　公司应制定防灾防损制度，包括控制保险标的风险，抗御灾害及应对突发事件办法，降低保险事故发生频率和减少事故损失程度技能，增强为客户服务能力。

第三十一条 公司应建立客户投诉管理制度。对客户投诉渠道、投诉信息、投诉受理人、建议解决措施、投诉结果反馈、投诉结果归档、投诉处理的监督考核等规范管理。

第三十二条 公司应建立客户回访制度，对出险客户回访量、回访类型、回访内容、问题处置流程、解决问题比率、回访统计分析与反馈、回访结果归档，回访质量监督考核办法等进行规范管理。

第三十三条 公司应建立绩效考核机制。科学设计理赔质量指标体系，制定绩效考核管理办法。

理赔质量指标体系应包括客户服务满意度、投诉率、投诉处理满意度等客户服务类指标，案均结案时长、结案率等理赔效率类指标，估损偏差率、限时立案率、未决发展偏差率、服务质量、数据质量等理赔管理类指标以及赔付率、案均赔款、理赔费用等理赔成本类指标。公司应加强对理赔质量整体考核监管，不得单纯考核赔付率，不合理压低赔偿金额，损害消费者权益，影响理赔服务质量。

第三十四条 公司应定期或不定期开展理赔质量现场或非现场专项检查，包括对理赔服务、理赔关键举措、赔案质量、特殊案件处理、理赔费用列支等问题专项检查或评估。在日常赔案管理中，总公司应加强对分支机构理赔质量的常规检查和远程非现场检查监督，必要时可进行理赔效能专项检查。

第三十五条 公司应严格遵守各项法律法规，忠实履行保险合同义务。诚实守信、合法经营，禁止下列行为：

（一）理赔人员"吃、拿、卡、要"、故意刁难客户，或利用权力谋取个人私利；

（二）利用赔案强制被保险人提前续保；

（三）冒用被保险人名义缮制虚假赔案；

（四）无正当理由注销赔案；

（五）错赔、惜赔、拖赔、滥赔；

（六）理赔人员与客户内外勾结采取人为扩大损失等非法手段骗取赔款，损害公司利益的行为；

（七）其他侵犯客户合法权益的失信或违法违规行为。

第三章 流程控制

第一节 理赔信息系统

第三十六条 公司应以支持公司理赔全过程、流程化、规范化、标准化运行管控为目标，统一规划、开发、管理和维护理赔信息系统。

第三十七条 理赔流程中关键风险点的合规管控要求，应内嵌入理赔信息系统，并通过信息系统控制得以实现。

理赔信息系统操作应与理赔实务相一致，并严格规范指导实际操作。

第三十八条 公司应保证所有理赔案件处理通过理赔信息系统，实现全流程运行管控。严禁系统外处理赔案。

第三十九条 理赔信息系统数据库应建立在总公司。总公司不得授权省级分公司程序修改权和数据修改权。所有程序、数据的修改应保存审批及操作记录。

严禁将理赔信息系统数据库建立在省级及省级以下分支机构。

第四十条 公司理赔信息系统的功能设置应满足内控制度各项要求，至少应包括以下内容：

（一）理赔信息系统应与接报案系统、承保系统、再保险系统、财务系统数据实现集成管理，无缝对接。通过公司行政审批系统审批的案件信息应该自动对接到理赔系统，如果不能自动对接，应将行政审批意见扫描并上传至理赔系统中。

（二）理赔信息系统应实现理赔全流程管控，至少包括接报案、调度、查勘、立案、定损（估损）、人身伤亡跟踪（调查）、报核价、核损、医疗审核、资料收集、理算、核赔、结销案、赔款支付、追偿及损余物资处理、客户回访、投诉处理以及特殊案件处理等必要环节及完整的业务处理信息。理赔信息系统应实时准确反映各理赔环节、岗位的工作时效。

（三）理赔信息系统应能对核损、报核价、医疗审核、核赔等重要环节实现分级授权设置，系统按照授权规则自动提交上级审核；未经最终核损人审核同意，理赔系统不能打印损失确认书。未经最终核赔人审核同意，理赔系统不得核赔通过，财务系统不得支付赔款。

（四）理赔信息系统应按法律法规及条款约定设定理算标准及公式。

（五）理赔信息系统中不得单方面强制设置保险条款以外的责任免除、赔款扣除等内容。

（六）理赔信息系统数据应保证完整、真实并不能篡改。

（七）理赔信息系统应设置反欺诈识别提醒功能，对出险时间与起保或终止时间接近、保险年度内索赔次数异常等情况进行提示。

（八）理赔信息系统可在各环节对采集到的客户信息进行补充修正，确保客户信息真实、准确、详实。

（九）理赔信息系统应具备影像存储传输功能，逐步实现全程电子化单证，推行无纸化操作；鼓励公司使用远程视频传输系统功能。

（十）理赔信息系统可对符合快速处理条件的赔案适当简化流程。

（十一）理赔信息系统应加强对一人多岗的监控，严禁使用他人工号。

第四十一条 公司应制定应急处理机制，保证系统故障时接报案等理赔服务工作及时有序进行。

第二节 接报案

第四十二条 公司应实行接报案全国或区域统一管理模式，不得将接报案统一集中到省级或以下机构管理。所有车险理赔案件必须通过系统接报案环节录入并生成编号后方可继续下一流程。

第四十三条 公司应建立有效报案甄别机制，通过接报案人员采用标准话术详细询问、接报案受理后及时回访等方法，逐步减少无效报案。

第四十四条 报案时间超过出险时间48小时的，公司应在理赔信息系统中设定警示标志，并应录入具体原因。公司应对报案时间超过出险时间 15 天的案件建立监督审核机制。

第四十五条 接报案时，理赔信息系统应自动查询并提示同一保单项下或同一车辆的以往报案记录，包括标的车辆作为第三者车辆的案件记录。对 30 天内多次报案的应设警示标志，防止重复报案并降低道德风险。

第四十六条 公司应积极引导被保险人或肇事司机直接向保险公司报案。对由修理单位等机构或个人代被保险人报案的，公司应要求其提供被保险人真实联系方式，并向被保险人核实。同时，公司应在后续理赔环节中通过查验被保险人有效身份证件或与被保险人见面方式对案件进行核实。

第四十七条 公司接报案受理人员应仔细询问并记录报案信息，报案记录应尽可能详尽，至少应包括以下内容：保单信息、出险车辆信息、被保险人信息、报案人信息、驾驶员信息、出险情况、损失情况、事故处理及施救等情况。

完成报案记录后，接报案人员或查勘人员要及时向报案人或被保险人详细明确说明理赔处理流程和所需证明材料等有关事项。

为方便客户了解赔偿程序和索赔要领，公司应向客户提供多渠道、多方式解释说明。

第三节　调度

第四十八条 公司应建立完善、科学的调度体系，利用信息化手段准确调度，提高效率。

第四十九条 公司应通过调度系统实时掌握理赔人员、理赔车辆、理赔任务的工作状态。

第四节　查勘

第五十条 公司应通过移动终端、远程控制或双人查勘等方式确保现场查勘信息真实。对重大、可疑赔案，应双人、多人查勘。

公司应加大对疑难重大案件复勘力度，并对第一现场、复勘现场、无现场查勘方式进行统计。

公司应建立查勘应急处理机制，防范并妥善处理突发大案或案件高峰期可能出现的查勘资源配置不到位。

第五十一条 理赔案件查勘报告应真实客观反映查勘情况，查勘报告重要项目应填写完整规范。重要项目至少应包括：出险车辆信息、驾驶员信息、事故成因、经过和性质、查勘时间、地点、内容、人员伤亡情况、事故车辆损失部位、程度等情况、查勘人员签名等。

现场照片应清楚反映事故全貌和损失情况。公司应采取技术手段防止或识别数码相片的修改。

查勘信息应及时录入理赔系统，超过规定时限的，应提交上级管理人员，对查勘人员进行考核处罚。

第五十二条 查勘人员应详细记录客户信息，了解事故情况，进行调查取证。

查勘人员应向客户递交书面"索赔须知"，并进行必要讲解，提示客户及时提出索赔申请。"索赔须知"至少应包括：索赔程序指引、索赔需提供的资料、理赔时效承诺、理赔投诉电话、理赔人员信息、理赔信息客户自主查询方式方法以及其他注意事项等。

第五十三条 公司查勘人员应在查勘环节收集真实完整的客户信息，并在后续环节中不断完善补充。

第五十四条 公司应对委托外部机构查勘严格管理。公司应制定外部合作机构资质标准，并与委托查勘机构签订合作协议。分支机构委托外部机构查勘的，应经总公司审批授权。

第五十五条 鼓励公司印制防伪易碎贴或防伪易碎封签（标签），加贴于特定部位，防止损坏配件被恶意替换，并加强配件残值管理处置。主要用于以下方面：

（一）第一现场估损符合自动核价条件的，对需要回收残值的配件加贴。

（二）第一现场不能估损的案件，对外表损坏配件加贴，对易产生替换和可能损坏的配件加贴；对需监督拆解车辆，在拆解关键点加贴。

（三）水损事故中对损失与否不能确认的配件，如电脑板等加贴。

第五十六条 公司应严格按照《保险法》及相关法律法规和保险合同的约定，在法律规定时限内，核定事故是否属于保险责任。情形复杂的，应在 30 日内作出核定，但合同另有约定的除外。不属于保险责任的，应自作出核定之日起 3 日内向被保险人发出拒绝赔偿通知书并说明理由，将索赔单证扫描存入系统后，退还相关索赔单证，并办理签收手续。

第五节 立 案

第五十七条 公司应加强立案过程管理，确保立案时估损金额尽量准确。公司原则上应实行报案即立案。接到报案后应及时在理赔信息系统中进行立案处理。系统应设置超过 3 日尚未立案则强制自动立案功能。

第五十八条 公司应及时充足准确录入估损金额，对自动立案并通过理赔系统对案件进行自动估损赋值的，应本着充分原则，赋值金额参考历史同类案件的案均赔款或其他合理统计量确定。公司应根据险别、有无人伤等不同情况明确赋值规则。

第六节 定损（估损）

第五十九条 公司定损人员应准确记录损失部位和项目，提出修理、更换建议，及时录入理赔信息系统。并请客户签字确认损失部位和项目。

第六十条 定损人员应及时向客户说明损失情况，并就定损项目、修复方式、配件类型、维修金额等向客户耐心细致解释。核损通过后的损失确认书，应由客户签字确认。对客户自行承担的损失，应明确告知客户并做好解释说明。

定损项目和金额需要调整的，定损人员应征得客户同意并签字确认。

第六十一条 公司应对委托外部机构定损严格管控。

第七节 报核价

第六十二条 公司应建立专业报核价队伍，在理赔信息系统中设置报核价模块，逐步实现常用配件自动报价。

第六十三条 公司应维护更新零部件价格信息，推行价格信息本地化，保证价格信息与区域市场匹配。

公司应采用经国家有关部门批准和认证的正规配件企业生产、符合原厂技术规范和配件性能标准、有合法商标、质量检验合格的配件。

第八节 核 损

第六十四条 公司应高度重视核损环节管理，加强核损队伍建设，提高核损人员专业技能。

第六十五条 核损人员应认真核对查勘、定损人员提交的事故现场查勘情况，与客户填报的事故经过是否一致，确定事故真伪及是否属于保险责任。

鼓励公司核损人员对拟提供给客户的"索赔须知"内容进行审核，确保对需提供的索赔材料说明准确。

第六十六条 核损人员应对定损人员提交的标的损失项目、修复方式、估损金额，根据报核价环节提供的配件价格信息进行远程在线审核或现场审核，并提出审核意见。

第六十七条 理赔信息系统应自动按照核损通过数值调整未决赔款金额。对于未决赔款金额波动较大的，应在系统中设置提醒标志。

第九节 人伤跟踪和医疗审核

第六十八条 总公司应建立人身伤亡案件（以下简称为人伤）审核专业管理团队，省级及以下理赔部门设置专职人伤跟踪（调查）和医疗审核团队或岗位，参与人伤损失的事故查勘、损伤调查、处理跟踪、协助和解、参与诉讼、资料收集、单证审核和费用核定等工作。公司应制定人伤跟踪、审核实务，应实现提前介入、过程跟踪、全程协助、加强管控的目标。

公司原则上应设置专线电话，安排人伤专业人员，为被保险人或受害人提供人伤处理全程咨询服务。

公司应加大人伤调查力度，制定人伤调查要求、具体内容和调查时效。

人伤审核人员应主动参与被保险人与事故受害人之间的损害赔偿和解工作，促成双方达成满意的和解结果。

在被保险人与受害人之间发生诉讼纠纷时，公司应积极主动协助被保险人做好诉讼案件处理工作。

第六十九条 公司在人伤跟踪过程中，应及时就诊疗方案、用药标准、后续治疗费用、残疾器具使用等问题向医疗单位、被保险人或受害人进行了解，并及时修正未决赔案估损金额。

第七十条 公司应根据相关法律法规和保险合同，按照以人为本和有利及时救治原则，进行人伤费用审核和支付。

第七十一条 公司对需进行伤残鉴定的人伤案件，应优先推荐和引导伤者到当地公信力较高的伤残鉴定机构进行评定，确保评残公正、客观。公司应跟踪评残过程及鉴定结果，发现疑义的应及时向鉴定机构反馈或要求复评。

公司应将"低残高评"、"疑义伤残"等记录在案，向有关主管部门反馈。

第十节 资料收集

第七十二条 公司接收、记录客户送达的索赔资料时，应按照"索赔须知"当场查验索赔资料是否齐全，及时出具接收回执。回执上应注明公司接收人、接收时间和公司咨询电话。

第七十三条　公司认为有关证明和资料不完整的，应当及时一次性书面通知投保人、被保险人或者受益人补充提供。

第十一节　理　算

第七十四条　公司对索赔资料齐全、无异议的案件，应及时完成理算工作。

第十二节　核　赔

第七十五条　公司理赔时效标准不得低于法律法规以及行业关于理赔时效的规定。

公司自收到索赔请求和有关证明、资料之日起60日内，对其赔偿数额不能确定的，应根据已有证明和资料可以确定的数额先予支付。最终确定赔偿数额后，支付相应差额。

第七十六条　公司应对疑难案件会商，在充分尊重事实，准确适用法律，综合评定各方利益，并与客户有效沟通后，做出最终结论，并将结果及时反馈。

第十三节　结销案

第七十七条　公司应当在全部损失标的核赔通过后自动或人工结案。结案后的重开赔案权限应通过理赔信息系统上收至总公司。

第七十八条　公司应明确规定赔案注销、零结案和拒赔条件，严格注销案件、零结案和拒赔管理。

注销恢复案件处理权限应通过理赔信息系统上收至总公司。

第十四节　赔款支付

第七十九条　公司应在与客户达成赔偿协议后10日内赔付。公司应及时通知客户领取保险赔款，定期清理已决未支付赔案。不得通过预付赔款方式支付已达成协议的赔款。

鼓励公司建立快速理赔机制。

第八十条　公司应在理赔信息系统中设定赔款收款人姓名、账号和开户银行名称，赔款支付时应遵守反洗钱的相关规定。

在赔款成功支付后，公司应通过电话、短信或书面等方式告知客户。

鼓励公司在客户投保时，积极引导客户约定赔款支付方式、明确赔款支付对象、开户行、账号等信息。

第八十一条　被保险人为个人的，公司应积极引导被保险人通过银行转账方式领取保险赔款。保险赔款金额超过一定金额的，要通过非现金方式支付，且支付到与被保险人、道路交通事故受害人等符合法律法规规定的人员名称相一致的银行账户。

各地区、各公司可根据实际情况，制定现金支付的最高限额。

第八十二条　被保险人为单位的，公司应严格按照有关支付结算规定，对1 000元以上的保险赔款要通过非现金方式支付，且支付到与被保险人、道路交通事故受害人等符合法律法规规定的人员名称相一致的银行账户。

各地区、各公司可根据实际情况，进一步限定采取汇款、网上银行等无背书功能的转账支付方式。

鼓励公司采取无现金支付方式支付赔款。

第八十三条 公司应严格管控代领保险赔款风险。

（一）严格"直赔"修理厂管理

公司对签订"直赔"协议的修理单位（以下简称直赔厂），必须严格管理监督。

1. 不得将代报案、代查勘权限授予直赔厂。

2. 直赔厂在代客户索赔时，应提供维修发票、维修清单以及被保险人出具的授权书原件、身份证明等材料。

3. 公司应通过银行采用无背书功能的转账支付方式将保险赔款划入以承修事故车辆的修理单位为户名的银行账户，并通过电话回访或书面方式告知被保险人。

4. 对于不能提供被保险人真实联系方式、授权书的修理单位，公司不应与其签订或续签"直赔"协议。

（二）严格管控其他单位或个人代领保险赔款

对于直赔厂之外的其他单位或个人代被保险人或道路交通事故受害人领取保险赔款的，必须提供被保险人或道路交通事故受害人有效身份证明原件、授权书原件以及代领赔款人身份证明原件。

赔款支付方式按照第八十一条和第八十二条的规定执行。

第八十四条 被保险人给第三者造成损害，被保险人对第三者应负的赔偿责任确定的，根据被保险人的请求，公司应直接向该第三者赔偿保险金。被保险人怠于请求的，第三者有权就其应获赔偿部分直接向公司请求赔偿，公司应受理。

第十五节　追偿及损余物资处理

第八十五条 公司应加强代位追偿案件管理，制定制度规范以及追偿案件的业务、财务处理方式及流程。

第八十六条 公司应制定损余物资管理办法。损余物资折归被保险人的，应与被保险人协商同意，确保公平合理。

公司回收损余物资的，应在理赔信息系统中准确录入损余物资管理信息和处置情况，统计损余物资处置金额。处理款项应及时冲减赔款。

对于盗抢险追回车辆、推定全损车辆的损余处理，应上收到省级或以上机构统一处理。

第四章　理赔服务

第一节　服务标准

第八十七条 理赔服务应贯彻于理赔全过程，包括风险管理、客户回访、投诉处理等内容。

第八十八条 公司应制定理赔服务规范，确保流程控制中各环节理赔手续简便、服务时效明确、服务标准一致。

第八十九条 公司应建立"首问负责制"，保证流程顺畅，不互相推诿。

最先受理客户咨询、投诉的人员作为首问责任人，负责处理或督促相关部门解决客户提出的各类问题，并跟踪至问题解决。

第九十条 公司应设立全国统一的服务电话号码，并向社会公示，24 小时 ×365 天接受报案和咨询。公司应保证报案电话畅通，接通率不低于85%。

公司应提供 24 小时×365 天查勘定损服务。

各地保险行业协会应根据本地实际情况，规定理赔人员到达事故现场时限，并向社会公布。

第九十一条　公司应建立理赔服务指标体系。理赔服务指标至少应包括：报案电话接通率、到达现场时长、平均结案周期、小额赔案结案周期、赔付时效、客户有效投诉率等。

各地保险行业协会应根据本地实际情况，制定理赔服务指标参考标准，并向社会公布。

第九十二条　公司应统一查勘定损员服装样式，统一制作并悬挂胸牌，按照公司视觉识别标识统一进行查勘车辆的外观喷涂和编号，便于各级理赔服务工作管理监督，提升理赔服务形象。

第九十三条　公司应制定理赔标准用语规范，涵盖理赔全流程。理赔人员在服务过程中应体现出良好的保险职业道德和精神风貌，主动迅速准确为客户提供优质服务。

第九十四条　异地理赔服务、委托外部机构理赔服务不得低于规定的理赔服务时效、理赔标准。

第二节　服务内容

第九十五条　公司应高度重视车险理赔服务工作，进一步强化理赔服务意识、增强理赔服务能力、提高理赔服务质量。

公司应积极协助被保险人向责任对方（责任对方是指在事故中对被保险人负有赔偿责任的当事人）进行索赔；当被保险人选择直接向投保保险公司索赔，并将向责任对方请求赔偿的权利转让给保险公司时，保险公司应该认真履行赔付义务。

各公司之间应进一步加强沟通协调。对于涉及多家保险公司的赔案，各公司均应积极参与处理，不得推诿。

为提高运行效率，各省级行业协会应逐步依托行业车险信息平台尽快实现数据及时传递和共享，应组织保险公司逐步建立行业间定损标准、赔付标准和追偿实务标准，积极解决保险理赔服务问题，提高客户满意度。

第九十六条　公司应根据赔案类型、客户分类和赔付数据建立差异化理赔服务机制。

公司应建立小额赔案理赔快速处理机制，不断提高小额案件理赔时效和服务质量。小额赔案的标准和赔付时限由各省级行业协会根据情况确定。

第九十七条　公司可在合理成本范围内为客户提供车辆救援、风险管理等增值服务。

第九十八条　公司应提供多渠道的理赔信息反馈服务。公司应按照相关规定，提供理赔信息自助查询服务。公司应在与理赔相关的营业场所或服务场所，张贴统一印制的索赔指引或索赔流程图，在保险凭证和保险宣传资料上明示服务电话，制定并对外公布理赔服务承诺。

公司应逐步实施电话、短信通知提醒、网络平台上传资料等服务内容。

第三节 服务保证

第九十九条 公司应建立客户回访制度，应设专职人员在赔款支付 15 个工作日内进行客户回访，各公司应根据案件量确保一定回访比例。

建立客户回访台账或留存回访电话录音，内容至少应包括：案件情况真实性、理赔服务质量、赔款领取情况等。回访记录应妥善保存，自保险合同终止之日起计算，保管期限不得少于 5 年。

第一百条 公司应建立投诉信访处理机制，设立客户服务部门或者咨询投诉岗位，向社会公布理赔投诉电话，接受社会监督。

（一）公司应设专职人员负责受理客户理赔投诉工作。建立客户投诉登记台账，台账内容至少应包括：投诉编号、投诉日期、投诉人及联系方式、被投诉人、涉及保单或赔案号、投诉原因、投诉具体内容、处理结果、答复客户日期等。

（二）对保险监管部门按照规定转办的涉及理赔服务方面的信访事项，不得推诿、敷衍、拖延、弄虚作假，由公司分管领导负责并按照监管部门要求报告受理情况和办理结果。

（三）上门投诉的客户，有专人负责接待，尽最大努力即时解决。无法即时解决的，明确答复时限。其他形式（如电话、传真、信访和电子邮件等）的一般性投诉，承办部门应在 3 个工作日内答复；重大、疑难类投诉，应在 5 个工作日内答复。

对信访投诉情况定期分析，并采取改进措施。

第一百零一条 公司应建立并不断完善重大突发性事件、群体性投诉和媒体曝光事件的应急机制。

第一百零二条 公司应建立对理赔服务的内部稽核检查机制。

公司应通过客户服务暗访、客户满意度调查制度等多种方式对理赔服务质量监督检查，确保理赔服务水平。

第一百零三条 公司在加强理赔管理的同时，应不断提升理赔服务水平，落实理赔服务承诺，不得以打击车险骗赔等各种理由为名，降低车险理赔服务质量。

第五章 附 则

第一百零四条 车险电销专用产品业务的理赔及后续管理等原则上在保险标的所在地进行，并实行属地管理。

第一百零五条 交强险案件的理赔，应严格遵照监管部门及行业协会的有关规定执行。

第一百零六条 公司在与保险公估机构建立业务合作关系时，双方签订的合作协议中应明确规定保险公估机构提供的相关服务不低于本《指引》要求的管理与服务质量水平。

第一百零七条 本《指引》自下发之日起实施。

（资料来源：中国保险监督管理委员会网站，2012 - 02 - 29。）

【本章小结】

<table>
<tr>
<td rowspan="5">运输工具保险</td>
<td>运输工具保险概述</td>
<td>运输工具保险（Vehicle Insurance）是以各种运输工具及其有关利益、责任为保险标的的保险。保险人承保被保险人由于运输工具在保险期间遭遇自然灾害和意外事故造成的各种损失和费用以及因意外事故应负的民事赔偿责任。具体包括机动车商业保险、机动车交强险、船舶保险和飞机保险等。</td>
</tr>
<tr>
<td>机动车辆保险</td>
<td>机动车辆保险是以机动车辆本身及其第三者责任等为保险标的的一种运输工具保险。保险客户主要是拥有各种机动交通工具的法人团体和个人；保险标的主要是各种类型的汽车，也包括电车、电瓶车等专用车辆及摩托车等。机动车辆是指汽车、电车、电瓶车、摩托车、拖拉机、各种专用机械车、特种车。国外通常称为汽车保险。
机动车辆保险已成为我国财产保险业务中最大的险种。
机动车辆保险开办的业务主要有两大类：交强险和商业车险。
现行交强险是2008版交强险，有责赔偿限额为12.2万元，其中，死亡、伤残为11万元，医疗费用为1万元，财产损失为2 000元；无责赔偿限额为1.21万元，其中，死亡伤残为1.1万元，医疗费用为1 000元，财产损失为100元。2013年3月14日，中国保险行业协会推出了2012年商业车险示范条款，其中主险四个，即商业车损险、商业三者险、车上人员责任险和全车盗抢险，另外还有包括玻璃单独破碎险、车身划痕险等十一个附加险。</td>
</tr>
<tr>
<td>国内船舶保险</td>
<td>船舶保险是以各种类型船舶为保险标的，承保其在海上航行或者在港内停泊时遭到的因自然灾害和意外事故所造成的全部或部分损失及可能引起的责任赔偿。我国国内船舶保险主要包括沿海船舶、内河船舶以及沿海内河船舶相关的主险和附加险，主要承保全损险和一切险。我国国内船舶保险条款经历了一个缓慢的变化进程。</td>
</tr>
<tr>
<td>飞机保险</td>
<td>飞机保险是以飞机及其相关责任、利益为保险标的的保险，它是随着飞机制造业的发展，在海运险和人身意外伤害险的基础上发展起来的一个保险领域。飞机保险有基本险和附加险之分，其中基本险有三个，即飞机机身及零备件保险、第三者责任保险、旅客法定责任保险；附加险有两个，分别是飞机战争、劫持险，飞机承运货物责任保险。</td>
</tr>
</table>

【课后习题】

一、单选题

1. 机动车辆第三者责任保险属于（　　）保险。

A. 信用保险　　　　B. 保证保险　　　　C. 责任保险　　　　D. 人身意外伤害

2. 船舶保险的险种有（　　）和一切险两种。

A. 全损险　　　　　B. 综合险　　　　　C. 平安险　　　　　D. 水渍险

3. 我国通常将（　　）作为强制保险。

A. 机动车辆保险　　B. 交强险　　　　　C. 责任保险　　　　D. 出口信用保险

二、多选题

1. 2012年商业车险示范条款中的主险有（　　）。

A. 车损险   B. 三者险

C. 车上人员责任险   D. 全车盗抢险

2. 飞机保险的附加险有（　　　）。

A. 战争、劫持险   B. 航空旅客法定责任保险

C. 飞机承运货物责任险   D. 机身险

3. 船舶保险和飞机机身险一样通常采取（　　　）方式。

A. 定值保险   B. 不定值保险   C. 足额保险   D. 不足额保险

三、判断题

1. 运输工具保险的保险标的处于流动状态，所以风险小。   （　　　）

2. 交强险最早是 2006 年 5 月 1 日开始实施的。   （　　　）

3. 2012 年商业车险示范条款是 2013 年 3 月 15 日推出的。   （　　　）

四、简答题

1. 飞机保险有哪些种类？

2. 简述 2012 年商业车险示范条款的险种结构。

3. 2008 版交强险的责任限额是如何规定的？

4. 简述机动车辆保险的特点。

5. 比较交强险与三者险的异同。

第六章

国内货物运输保险

【学习目标】

通过本章内容的学习，学生应了解国内货物运输保险的概念、特点及分类，熟悉国内水路、陆路货物运输保险和国内航空货物运输保险的诸如保险责任和除外责任、保险期限、保险金额、保险费率等相关实务内容。

【学习重点与难点】

货物运输保险的概念、特征、种类；国内水路、陆路货物运输保险的险种及其保险责任、除外责任、保险价值及保险金额、保险期限、保险费率影响因素、赔偿处理等主要内容；国内航空货物运输保险的保险标的、保险责任、除外责任、保险期限、保险费率等主要内容。

【关键术语】

货物运输保险　　"仓至仓"条款　　定值保险

【本章知识结构】

国内货物运输保险

- 国内货物运输保险概述
  - 国内货物运输保险的概念和特征
  - 国内货物运输保险的种类
    - 按运输方式划分
      - 直运货物运输保险
      - 联运货物运输保险
      - 集装箱货物运输保险
    - 按运输工具划分
      - 水路货物运输保险
      - 陆路货物运输保险
      - 航空货物运输保险
- 国内水路、陆路货物运输保险
  - 国内水路、陆路货物运输保险的保险标的
  - 国内水路、陆路货物运输保险的险别及其保险责任
    - 基本险
    - 综合险
  - 国内水路、陆路货物运输保险的除外责任
  - 国内水路、陆路货物运输保险的保险期限
  - 国内水路、陆路货物运输保险的保险价值与保险金额确定
    - 保险价值
    - 保险金额
  - 国内水路、陆路货物运输保险费率的影响因素
  - 国内水路、陆路货物运输保险的赔偿处理
- 国内航空货物运输保险
  - 国内航空货物运输保险的保险标的
  - 国内航空货物运输保险的保险责任
  - 国内航空货物运输保险的除外责任
  - 国内航空货物运输保险的保险期限
  - 国内航空货物运输保险的保险费率

【案例导入】

保险公司拒赔合理吗？

发洋工贸公司将一批泰国进口聚酯切片销售给某市新港化纤原料总公司，委托永泰港务公司将货物从汕头港运往张家港。2000 年 10 月 1 日，发洋工贸公司的货物 585 包计 468 吨装上"闽连运 9××××"船。装船后，船方在货物交接清单上批注"大破 14 袋，小破 20 袋，另计收包散装料织包 74 个，另收原装改装袋 3 个"。同日，发洋工贸公司向保险公司设于永泰港务公司的保险代理处投保国内水路货物运输综合险，保险单记载：货物重量 468 吨计 585 包，保险金额 5 054 000 元。12 月 5 日，"闽连运 9××××"船在张家港卸货，张家港港务公司东港装卸公司在货物交接清单上另注"另外在卸货过程中发现有 5 包外包装底部受潮"。后又书面补充证明货物"大破 14 袋、小破 20 袋，另破损使调包 20 包，扫舱包 6 包，另外在卸货过程中发现有 5 包外包装底部受潮"。保险公司提供两张照片，证实货物装船时有破漏，部分货物装在甲板上。

该批货物由收货人化纤公司自行验收，没有港务部门制作的货运记录，未向有关部门申请公证检验，发洋工贸公司、保险公司及收货人亦未会同检验。2001 年 1 月 14 日，化纤公司单方面确定货物受损情况为"落地料 4.8 吨，破包 63.2 吨，混杂料 12 吨，短缺 3.78 吨"，经济损失为 342 424 元。2 月 23 日，保险公司以货物装船时存在破损，包装不善，半成品与成品混装，以及装载甲板货为由，认为货损不属保险责任而拒赔。

发洋工贸公司遂向海事法院起诉，认为装船时发现有少量包装破损，已由码头工人重新加工包装并封固后全部装船，卸货后已报告保险公司，保险公司没有马上派人调查，货物已被收货人售完，保险公司拒赔不当，请求判令保险公司赔偿损失 34 万元。

保险公司认为，货物包装存在严重缺陷，不能满足本次运输安全的要求。同时，发洋工贸公司未将部分货物装在甲板上的情况向保险公司申报。托运人和收货人没有向当地保险机构申请检验，自行处理了货物，发洋工贸公司不能提供有效索赔单证，请求驳回其诉讼请求。

保险人拒赔成立吗？

（资料来源：孙阿凡，张建深，王臣. 保险学案例分析 [M]. 北京：中国社会科学出版社，2013.）

第一节　国内货物运输保险概述

一、国内货物运输保险的概念和特征

（一）国内货物运输保险的概念

货物运输保险（Cargo Transportation Insurance）简称货运险，是以运输过程中的货物作为保险标的，当被保险货物因合同约定的自然灾害或意外事故致损时，由保险人承担赔偿责任的一种财产保险。作为货物运输保险保险标的的货物，通常是那些具有商品性质的贸易货物，一般不包括个人行李或随运输所消耗的各种供应和储备物品。

货物运输保险是现代国际贸易活动不可缺少的重要组成部分，在国内，随着商品经济的发展，各种货物运输保险业务也得到了迅速的发展。

我国各财产保险公司承保的货物运输保险主要有两大类，即涉外货物运输保险和国内货物运输保险，前者主要承保国际贸易物资，后者则主要承保内贸物资。

国内货物运输保险，则是以国内运输过程中的货物作为保险标的，承保其在运输过程中因自然灾害、意外事故而遭受的损失。

（二）国内货物运输保险的特征

1. 保险标的具有较大流动性

国内货物运输保险的保险标的是从一地运到另一地的内贸货物，经常处于运动状态中，因而具有较大的流动性，风险也必然较静止状态更多。

2. 保险保障范围较广泛

国内货物运输保险的保险人除承担保险事故造成的被保险货物的直接损失及施救费用外，还承担货物在运输过程中因破碎、渗漏、包装破裂、偷窃提货不着引起的损失，以及按一般惯例应分摊的共同海损和救助费用。

3. 保险期限有特殊规定

保险期限也称保险责任起讫，国内货物运输保险和其他财产保险不同，属于运程保险，保险责任起讫不是按照时间计算来确定，而是从被保险货物运离起运地发货人仓库开始，直至运达目的地收货人仓库或储存处所为止，即采用"仓至仓"条款。

4. 采取定值保险方式加以承保

国内货物运输保险的承保采用定值保险方式，即在订立合同时就约定好货物的保险价值，并载明于保单中，并依据约定的保险价值确定保险金额，出险时根据约定的保险价值按损失程度计赔，而与货物价格变动无关。这是由被保险货物的流动性、出险地点的不确定性以及货物在运输途中的不同地点价格的差异性决定的。

5. 被保险人的多变性

在国内货物运输保险中，大多数情况下被保险人是在变化的。这是因为，货物运输保险的保险标的是运输过程中的货物，货物由卖方运送到买方，有时甚至已经运送的货物还会经过多次转卖，而随着货主的变更，被保险人也随之发生变更，因此，往往最终受保险合同保障的人不是保险单上注明的被保险人，而是保单合法持有人（Policy Holder）。

6. 保险合同解除的严格性

对于保险合同的解除，《保险法》第十五条规定：除本法另有规定或者保险合同另有约定外，保险合同成立后，投保人可以解除合同，保险人不得解除。但货物运输保险属于航次保险，《保险法》第五十条和《海商法》第二百二十八条对其解除都作了明确规定，即货物运输保险合同保险责任开始后，合同当事人不得解除合同。

7. 保险单可背书转让

国内货物运输保险是以国内贸易货物作为保险标的，伴随货物的买卖转让及风险交割，保险利益发生转移，保险合同也自然从卖方转向买方。与其他大多数财产保险合同不同的是，国内货物运输保险的保险合同通常随保险标的、保险利益的转移而转移，无须通知保险人，也无须征得保险人的同意，只需被保险人背书即可完成保险单的转让。

8. 大多涉及代位追偿

在国内货物运输保险中，往往存在对货物损失负有责任的第三方，如承运人或负责装卸作业的港方等，因而在保险人对保险损失承担赔偿责任后，大多涉及对第三方行使代位追偿权的情形。在货物运输保险实务中，代位追偿现象较为普遍，法律体系也较为完善。

【资料链接】

2012 年我国货物运输保险经营状况

根据中国保险行业协会网站提供的 2012 年各财产保险公司年度信息披露报告显示，2012 年财产保险公司中，货物运输保险在保费收入中占前五位的中资保险公司有 11 家，外资保险公司有 16 家。货运险在财产保险公司保费收入排名情况见表 6 - 1。

表 6 - 1　　　　　　2012 年货物运输保险在各保险公司经营状况

中资财产保险公司		外资财产保险公司	
公司名称	货运险保费排名	公司名称	货运险保费排名
中国人民财产保险公司	4	美亚财产保险有限公司	3
太平洋财产保险公司	5	东京海上日动火灾保险	1
中华联合财产保险公司	5	太阳联合保险公司	3
阳光财产保险公司	5	丘博保险有限公司	3
太平财产保险公司	5	三井住友海上保险公司	2
华泰财产保险公司	4	三星财产保险有限公司	1
大众保险股份有限公司	4	安联财产保险公司	4
永安财产保险公司	5	日本财产保险有限公司	2
安邦财产保险公司	5	苏黎世保险公司	4
都邦财产保险公司	5	日本兴亚财产保险公司	1
鑫安汽车保险公司	2	乐爱金财产保险公司	2
		中意财产保险有限公司	4
		爱和谊日生同和财产保险公司	3
		现代财产保险公司	3
		国泰财产保险公司	4
		富邦财产保险公司	2

二、国内货物运输保险的种类

国内货物运输保险有两种较为普遍的分类方法：一种是按照运输方式的不同划分为直运货物运输保险、联运货物运输保险和集装箱货物运输保险；另一种是按照运输工具的不同可分为水路货物运输保险、陆路货物运输保险（又可细分为铁路货物运输保险和公路货物运输保险）和航空货物运输保险三大类，而后一种分类方法最为常见。

（一）按照运输方式分类

1. 直运货物运输保险

直运是指货物从起运至运抵目的地只使用一种运输工具的运输方式，即使中途货物需要转运，转运所使用的运输工具也与前段运输所用工具同属一个种类。直运货物运输保险负责货物在直运过程中因保险责任事故造成的损失。

2. 联运货物运输保险

联运是使用同一张运输单据，使用两种或两种以上不同的主要运输工具运送货物的运输方式，通常有水陆联运、江海联运、陆空联运等。联运货物运输保险负责货物在联运过程中因保险责任事故遭受的损失。联运货物运输保险的费率高于直运货物运输保险的费率。

3. 集装箱货物运输保险

集装箱货物运输也称为货柜运输，是 20 世纪 50 年代在美国首先出现的一种运输方式。美国国内公路运输和铁路运输最先采用了这种运输方式。基于集装箱运输的多种优点，其在六七十年代得到了迅速的发展。集装箱货物运输保险负责货物在以集装箱方式运输过程中因保险责任事故遭受的损失。集装箱货物运输保险的费率低于其他方式的货物运输保险的费率。

（二）按照运输工具分类

1. 水路货物运输保险

承保利用水上运输工具（如轮船、驳船、机帆船、木船、水泥船等）运送货物过程中因保险责任事故的发生造成的货物损失。货物的损失通常与运输工具在水上航行过程中发生的各种意外事故有关，如碰撞、搁浅、倾覆、沉没等。

2. 陆路货物运输保险

承保除水上运输工具和飞机以外的所有其他运输工具或手段运送货物的运输保险，如火车、汽车、驿运等。

3. 航空货物运输保险

承保以飞机作为运输工具运送货物的运输保险。货物的损失通常与飞机的各种意外事故有关，如坠毁、爆炸、失踪、空中抛弃等。

货物运输保险条款是货物运输保险合同的重要组成部分，它以条款的形式订明保险人与被保险人的权利义务关系以及其他有关的保险事项，是保险公司对所承保的保险标的履行保险责任的主要依据。

【资料链接】

我国现行的国内货物运输保险条款

我国现行的国内货物运输保险条款是由全国各家保险公司向保监会报批和报备的，但基本上是以中国人民财产保险股份有限公司的相关条款作为基本范本。中国人民财产保险股份有限公司为使相关条款和产品符合新《保险法》的规定，于2009年9月18日重新报备了《国内水路、陆路货物运输保险条款（2009版）》、《国内航空货物运输保险条款（2009版）》、《铁路货物运输保险条款（2009版）》、《公路货物运输保险条款及保险责任（2009版）》、《水路货物运输保险条款（2009版）》、《物流保险条款（2009版）》、《国内鲜活货物运输保险条款（2009版）》等全国性及地方性货物运输保险条款。

按照国家保险监管部门目前的规定，各家全国性保险公司的地方分支机构和地方性保险公司可拟订地方性的货物运输保险条款，报国家保险监管部门备案后，在本地区执行。

（资料来源：韦松. 货物运输保险［M］. 北京：首都经济贸易大学出版社，2012. ）

第二节　国内水路、陆路货物运输保险

国内水路、陆路货物运输保险是指以轮船、驳船、木船、水泥船、趸船等水上运输工具，或以火车、汽车等陆上运输工具所运输的货物作为保险标的，保险人对保险标的因约定自然灾害或意外事故遭受的损失承担赔偿责任的一种国内货物运输保险。

目前国内水路、陆路货物运输保险使用的现行条款是2009年经保监会备案或报批的条款，即《国内水路、陆路货物运输保险条款（2009版）》，下面以中国人民财产保险股份有限公司于2009年9月18日报备的《国内水路、陆路货物运输保险条款（2009版）》为例，将国内水路、陆路货物运输保险的实务知识加以论述。

一、国内水路、陆路货物运输保险的保险标的

国内水路、陆路货物运输保险的保险标的为水路、铁路、公路和联运运输中的货物。即凡属于国家有关部门规定的合法运输货物，经由以上运输方式进行运输时，原则上均可投保。

二、国内水路、陆路货物运输保险的险别及其保险责任

国内水路、陆路货物运输保险分为基本险和综合险两种。保险货物遭受损失时，保险人按承保险别的责任范围负赔偿责任。

（一）基本险的保险责任

1. 因火灾、爆炸、雷电、冰雹、暴风、暴雨、洪水、地震、海啸、地陷、崖

崩、滑坡、泥石流所造成的保险货物的损失。

需要说明两点：

（1）保险人负责的火灾包括意外失火（如押运员用火不慎等）、货物自燃成灾、他人纵火、因救火所致保险标的的损失（如货物遭水渍损毁等）、毗邻火灾波及被保险货物所造成的损失。

（2）对未直接遭受洪水浸泡，但因受潮而变质的被保险货物，保险人不予赔偿。但对某些特殊货物，如棉花等，底层被水淹没，上层货物虽未受水浸泡，但货物因此受潮变质的情况，应区别对待。

2. 由于运输工具发生碰撞、搁浅、触礁、倾覆、沉没、出轨或隧道、码头坍塌所造成的损失。

这里也有几点需要说明：

（1）关于碰撞责任：运输工具所载货物装载面积超出运输工具，在不违反交通运输或航行规定并符合装载惯例的条件下，可按碰撞责任负责。但运输工具本身与所载货物的碰撞，运输工具所载货物与外界物体的碰撞及货物之间的碰撞，均不属于该项保险责任。

（2）关于搁浅：搁浅是指船舶搁置在浅滩上造成停航 12 小时以上或受损从而造成保险货物的损失。

（3）船舶碰撞岸壁、码头、航标、桥墩、站台等固定物或沉船等水下障碍物造成的损失可参照触礁责任。

（4）未构成船身沉没，但大大超过吃水标准，使应浮于水面的部分浸入水中无法继续航行而造成的保险货物损失也属于沉没责任。

（5）明洞、桥梁坍塌可参照隧道坍塌责任，塘坝、岸坍塌可参照码头坍塌责任。

3. 在装货、卸货或转载时因遭受不属于包装质量不善或装卸人员违反操作规程所造成的、损失。

4. 按国家规定或一般惯例应分摊的共同海损的费用。

5. 在发生上述灾害、事故时，因纷乱而造成货物的散失及因施救或保护货物所支付的直接合理的费用。

其中施救费用是指为了减少或避免被保险货物的损失所进行的抢救、救助等行为所支付的费用，如沉船打捞被保险货物的打捞费等。保护费用是指为了减轻保险货物的损失程度或为了防止损失继续扩大和趋于严重，或为了恢复其价值所进行的整理、加工、复制、翻晒、烘干等所支付的诸如运杂费、加工费、包装费、保管费等各项费用。

（二）综合险的保险责任

综合险的保险责任较基本险大，其除了承担基本险的保险责任外，还承担以下四项责任：

1. 因受震动、碰撞、挤压而造成货物破碎、弯曲、凹瘪、折断、开裂或包装破裂致使货物散失的损失。

本项责任中的"碰撞"不同于基本责任中的"碰撞"，这里是指运输工具中所载货物或存放在车站、码头上的货物与其他物体碰撞造成的损失，如货物与运输工具、货物与货物之间的碰撞。

包装破裂致使货物散失的损失是指按照国家有关规定包装的货物，在运输工程中因包装破裂而散失所造成的损失。需要对包装进行修补或调换支出的费用，可记做施救费用。

2. 液体货物因受震动、碰撞或挤压致使所用容器（包括封口）损坏而渗漏的损失，或用液体保藏的货物因液体渗漏而造成保藏货物腐烂变质的损失。

3. 遭受盗窃或承运人责任造成的整件提货不着的损失。

这里的"盗窃"不限于整件货物的被盗，只要有明显痕迹能够证明货物的一部分或整件被盗（包括抢劫），保险人就予以负责。"整件"是指按照运输部门的货物运输有关规定进行包装的、完整的一件货物，即货物运输单上所列明的一个完整的包装件（集装箱除外）。

4. 符合安全运输规定而遭受雨淋所致的损失。

这是指货物在包装、堆放、苫盖等符合安全运输有关规定的情况下，遭受雨水（包括人工降雨、雪融等）而导致的湿损。在实务处理过程中，只要被保险货物有雨水湿损的痕迹，并有承运部门的货运记录证明或其他相关单位的证明，保险人即可按照雨淋责任赔偿。

三、国内水路、陆路货物运输保险的除外责任

由于下列原因造成保险货物的损失，保险人不负赔偿责任：

1. 战争或军事行动。

2. 核事件或核爆炸。

核事件是指核设施内的核燃烧、放射性产物、废料或运入运出核设施的核材料所发生的放射性、毒性、爆炸性或其他危害性事故。

3. 被保险货物本身的缺陷或自然损耗，以及由于包装不善。

货物本身的缺陷是指货物内在原有的缺陷，如发霉、生锈、腐蚀、变味、褪色、冷爆及玻璃或陶瓷制品的瑕疵、裂纹等。

自然损耗是指货物在运输过程中发生的非事故性必然损耗，如自然蒸发、液体贴附容器及衡量公差等造成的损失。

包装不善则是指货物包装不符合国家有关规定，在运输过程中其包装不能对货物起到有效的保护作用。

4. 被保险人的故意行为或过失。

5. 全程是公路货物运输的，盗窃和整件提货不着的损失。

6. 其他不属于保险责任范围内的损失。

四、国内水路、陆路货物运输保险的保险期限

保险期限也称责任起讫，是保险合同中的一项重要内容。保险责任自签发保险凭证和保险货物运离起运地发货人的最后一个仓库或储运处所时起，至该保险凭证上注明的目的地的收货人在当地的第一个仓库或储存处所时终止。但保险货物运抵目的地后，如果收货人未及时提货，则保险责任的终止期最多延长至以收货人接到

"到货通知单"后的 15 天为限（以邮戳日期为准）。所以，国内水路、陆路货物运输保险的保险期限可简单概括为"仓至仓"条款外加 15 天限制。

1. 保险责任的开始

国内水路、陆路货物运输保险保险责任的开始必须同时具备两个要件，缺一不可。即保险人或其代理人向投保人签发保险凭证以及被保险货物运离起运地发货人的最后一个仓库或储运处所。

这里必须明确两点：

（1）运离：是指被保险货物从起运地发货人的最后一个仓库或储运处所，被装载于主要运输工具或辅助运输工具的过程。因此，当一件货物被装运上运输工具，这件货物即可视为"运离"，货物虽未被装运上运输工具，但已经开始搬动，也应视为"运离"，保险人同样要承担责任。"运离"一件负责一件，"运离"一批负责一批。所以，在货物运输保险中，保险人承担的风险是逐渐增大的，直至货物全部"运离"时风险达到最大。

（2）起运地发货人的最后一个仓库或储运处所：是指被保险人或其发货人将保险货物于起运地用运输工具（包括辅助性运输工具）外运前，或交付水路、陆路运输机构前，存放被保险货物的任何一个被保险人或其发货人所有、占有或租用的仓库或储存处所。

2. 中转

中转是指自保险责任开始后，被保险货物从一地运往另一地的过程，属于正常的中途转运，保险人对此仍应予以负责，被保险货物在中转地承运部门的车站、码头以及代办托运部门的仓库或储存处所停留候运期间发生的保险责任范围内的损失都可以得到保险人的赔偿，停留时间长短不受限制。但对于非无法控制的情况引起的不合理绕道及改道，以及由此导致的货物中转停留期间所遭受的损失，保险人不承担赔偿责任。

3. 保险责任的终止

保险责任于被保险货物运抵合同载明的目的地、卸离运输工具、经过搬运存放于目的地收货人在当地的第一个仓库或储存处所时即告终止。

对于保险责任终止，要明确三个关键问题：

（1）收货人当地：是指货物运输的目的地车站、码头所在地，按国家行政区域划分的市、县境范围。

（2）第一个仓库或储存处所：是指被保险人或其收货人在当地自有的、租用的、借用的或寄存性质的仓储处所。如果被保险人或其收货人在当地没有仓库或储存处所，保险人的责任应从被保险货物被运出该行政区域范围时终止；如果被保险人或其收货人在当地虽有仓储处所，但被保险货物运抵目的地车站、码头后，并未立即提入该仓储处所，而是就地调拨给其他单位或再转运到其他地区，则只要被保险货物从车站、码头的仓储处所一经提出，保险责任即行终止。

（3）搬运进入仓储处所：是指被保险货物运到收货人的第一个仓储处所后，从运输工具上卸下，被搬运入库并放好。在仓储处所内，某件货物被放好，保险人对这件货物所承担的保险责任才终止。

4. 保险责任的延长

（1）被保险货物运抵目的地车站、码头后，收货人未及时前来提货，那么从被保险人或收货人接到"到货通知单"（以邮戳日期为准）之日起算满 15 天，保险责任即行终止。

（2）被保险货物运抵目的地车站、码头后，被保险人或其收货人前来提货，但仅提走部分货物，在这种情况下，保险人对其余未提的货物也只承担 15 天的责任。

五、国内水路、陆路货物运输保险的保险价值与保险金额确定

（一）保险价值

国内货物运输保险由于保险标的的流动性、出险地点的不确定性以及货物在运输途中不同地点间的差异性，一般采用定值保险方式加以承保，即在订立合同时，保险双方就将保险货物的保险价值约定好并载明于合同中。被保险货物的保险价值通常可以按照以下方式中的任意一种来确定。

1. 货价

货价，即货物本身价值，又称起运地成本价，是指货物在起运地的购进价格，如出厂价、调拨价，可以凭借购货发票或调拨单上所列价格计算。无单据证明价格的，可由保险双方按起运地货物实际价值商定货价。

2. 货价加运杂费

货价加运杂费，又称目的地成本价，是指货物运抵目的地的实际成本，也就是货物在起运地的购进价或调拨价，加上运杂费。其中运杂费又包括运输费、包装费、搬运费、保险费等。这些费用的实际金额如果计算起来有困难的话，也可以在货物购进价的基础上加上一个估计的比例。

（二）保险金额

国内货物运输保险的保险金额由投保人参照保险价值自行确定，经保险人同意后在保险合同中载明。保险金额不得超过保险价值。超过保险价值的，超过部分无效，保险人应当退还相应的保险费。

六、国内水路、陆路货物运输保险费率的影响因素

影响国内水路、陆路货物运输保险费率的因素最主要包括以下几项：

1. 运输方式

货物运输方式有直运、联运和集装箱运输三种。运输方式不同，货物在运输过程中遇到的风险也会不同，相应地，保险费率也应有所差别。

直运所使用的运输工具只有一种，中途即使转运所用运输工具保持不变，风险相对较小，故费率较联运低；联运由于在中途要变更运输工具，因而增加了卸载、重载等环节，势必造成运输过程中的风险程度增加，所以还要另加一定比例的保费。在实际操作中，是按照联运所使用的运输工具中费率最高的一种运输工具在加收 0.05% 来确定；集装箱运输方式可减少货物残损短少，风险相对较小，因此，保险费率通常按费率表规定费率减收 50% 确定。例如，一批服装（3 类货物）投保国内水路、陆路货物运输保险综合险，公路运输里程 320 公里（费率 0.3%），再转沿海

运输，船舶吨位3 000公吨（费率0.4%），联运加费0.05%，按费率规章，总保险费率为0.45%。

2. 运输工具

不同运输工具，使货物在运输过程中面临风险亦不相同，相应地，费率也会有差异，如火车发生事故概率要小于汽车。即使对于同种运输工具，因载重量不同，费率也会有所不同，吨位小的船舶费率要高于吨位大的船舶。对于水运工具的费率来说，除了会因船舶种类不同而不同外，航行区域的不同，也会造成费率不同，如江河和沿海两种航行区域费率也是有区别的。

3. 运输途程

运输途程长短关系到运输时间的长短，一般来说，货物运输途中时间越长，受损机会也会越大，费率相应地自然越高。并且，运输途中的风险还与运输区域的自然条件、气候条件、地形地貌有关，如果货物运输途径区域地形复杂、地势险峻，且常发生山体滑坡、泥石流等，运输风险就会增大很多，所以费率也要提高。例如，凡在长江上游（宜昌以上）及其他水流湍急的江河运输货物，一律按费率表规定另加1%。

4. 货物性质

运输货物性质不同，在运输过程中受损的机会和程度也会不同。例如，易燃、易爆、易腐、易碎货物发生损失的可能性远大于一般货物，因而保险费率自然会更高。我国水路、陆路货物运输保险费率规章根据货物特性，将其划分为五大类，类别越高风险程度越大，费率相应越高。

5. 保险险别

根据货物的特性和被保险人的投保要求，国内水路、陆路货物运输保险有基本险和综合险两种险别。基本险责任范围小于综合险，主要适用于不易损坏的物资，如钢材、砂石、矿砂、圆木等；综合险在基本险的基础上扩大了保险责任范围，除上述物资外，大多数货物为获充分保障都投保综合险。综合险费率高于基本险费率（见表6-2）。

表6-2　　　　　　　　国内水路、陆路货物运输保险费率表

运输方式			直达运输					联运
			水运江河		沿海			陆运火车	
			201吨以上船舶	200吨以下船舶	3 001吨以上船舶	201~3 000吨船舶	200吨以下船舶		
基本险	一类货物	省内	0.30	0.50	0.50	1.00	1.50	0.20	按第一种主要运输工具确定费率并另加5%。
		省外	0.60	0.80	0.80	1.50	2.50	0.40	
综合险	二类货物		1	2	1	2	5	1	
	三类货物		3	4	3	4	7	2	
	四类货物		5	6	5	6	10	4	
	五类货物		7	8	7	8	12	6	
	六类货物		10	12	10	12	15	8	

注：按保险金额每千元计算。

资料来源：牛新中. 财产保险 ［M］. 上海：立信会计出版社，2013.

七、国内水路、陆路货物运输保险的赔偿处理

（一）申请检验

当被保险货物运抵目的地后，收货人发现货损货短，应及时向保险人或其在当地的查勘理赔代理人申请货物检验，并由其对受损货物进行验收工作，以便查明事故原因、货损性质、范围及程度，为保险人最终定损提供较为公正的依据。

收货人应在货物运抵保险凭证载明的目的地收货人在当地的第一个仓库或储存处所时起 10 天内，向当地保险机构申请，并会同检验受损货物。而具体检验时间可另行商定，不受上述 10 天的时间限制。超过 10 天或 10 天后发现货物受损，保险人不予受理。此外对于提货不着的货物检验应从承运人宣布提货不着之日起 10 天内提出申请。

（二）索赔单证与索赔时效

被保险人提出索赔时，必须向保险公司提供以下单证：

1. 保险凭证、运单（货票）、提货单、发货票；

2. 承运部门签发的货运记录、普通记录、交接验收记录、鉴定书；

3. 收货单位的入库记录、检验报告、损失清单及救护货物所支付的直接费用的单据。

保险公司接到上述单证后，审核是否属于赔偿责任范围，并根据现场查勘情况定责、定损。

当被保险货物发生保险事故遭受损失后，被保险人向保险人提出索赔的时效，即申请赔款或领取赔款的有效期限，应为被保险人获悉或应当获悉货物遭受损失的次日起算 180 天。

（三）赔偿计算方式

若被保险货物发生保险责任范围内的损失，国内水路、陆路货物运输保险的保险人按下列方式进行赔偿：

1. 按货价确定保险金额的，视为足额保险。其赔偿计算原则为：按货价确定保险金额的，保险人根据实际损失按起运地货价计算赔偿；按货价加运杂费确定保险金额的，保险人根据实际损失按起运地货价加运杂费计算。但两者最高赔偿金额均以保险金额为限。

2. 当保险金额低于货价时，视为不足额保险。保险人对货物的损失及支付的施救费用，均应按照保险金额与货价的比例计算赔偿金额。

（1）货物损失的计算公式为

$$赔偿金额 = 损失金额 \times \frac{保险金额}{起运地货价}$$

或：赔偿金额 = 保险金额 × 损失程度（%）

（2）施救费用的计算公式为

$$应赔偿的施救费用 = 施救费用 \times \frac{保险金额}{起运地货价}$$

（四）赔偿处理中应注意的问题

1. 保险人对货物损失的赔偿金额，以及因施救或保护货物所支付的直接、合理

的费用，应分别计算，并各以不超过保险金额为限。

2. 代位追偿：货物发生保险责任范围内的损失，如果根据法律规定或者有关约定，应当由承运人或其他第三者负责赔偿部分或全部的，被保险人应首先向承运人或其他第三者索赔。如被保险人提出要求，保险人也可以先予赔偿，但被保险人应签发权益转让书给保险人，并协助保险人向责任方追偿。

3. 残值处理：经双方协商同意，保险人可将其享有的保险财产残余部分的权益作价折归被保险人，并可在保险赔偿金中直接扣除。

【知识链接】

我国的货物运输保险代查勘、代理赔制度

由于保险标的具有流动性强的特点，出险地点通常在异地，为加快理赔速度，保障被保险人利益，同时减少承保公司费用，国内货物运输保险实行在全国范围内各级保险公司之间的代查勘、代理赔制度。

当出险地代查勘、代理赔公司接到被保险人的报案并填写"出险通知书"后，应立案登记，同时迅速派业务人员赶赴现场，对受损货物进行检验，经办人员还必须填写"代理赔案件登记簿"，以备事后查考。

现场查勘须由两人共同完成，并做好以下工作：

1. 做好受损货物现场取证工作。

2. 了解受损货物基本情况，如向有关方面了解出险时间、地点、原因和经过，核实损失是否属于保险责任范围。

3. 清点受损货物，确定损失范围、数量、程度，做好损失记录，编写检验报告，必要时聘请专业技术人员协助进行损失鉴定。

代理赔公司经承保公司授权，一般对估损金额在一定范围内的赔案，可全权代为赔付。但对于估损超过一定金额的赔案，必须及时将查勘定损情况通知承保公司，在取得对方同意后方可赔付。承保公司如不同意代理赔，则由承保公司派业务人员亲自前来处理赔案，若承保公司在规定时间内未答复，视为同意代理赔公司代赔付。赔案结束后，代理赔公司应尽快把出险通知书、检验报告、赔款计算书等有关资料寄往承保公司，承保公司在规定日期内划付赔款及代查勘费给代理赔公司。

（资料来源：兰虹. 财产与责任保险［M］. 成都：西南财经大学出版社，2010.）

第三节 国内航空货物运输保险

国内航空货物运输保险是以国内航空运输过程中的各类货物为保险标的，当被保险货物在运输过程中因保险责任造成损失时，由保险公司承担赔偿责任的一种保险业务。

国内航空货物运输保险的保险价值与保险金额确定、赔偿处理与国内水路、陆路货物运输保险都是一致的，因而不再赘述，只针对与水路、陆路货物运输保险不

同的部分，即保险标的、保险责任和除外责任、保险期限、保险费率进行介绍。

一、国内航空货物运输保险的保险标的

根据中国人民财产保险股份有限公司《国内航空货物运输保险条款（2009版）》规定：凡在国内经航空运输的货物均可作为国内航空货物运输保险的保险标的，但蔬菜、水果、活牲畜、禽鱼类和其他动物除外。另外对于金银、珠宝、钻石、玉器、首饰、古币、古玩、古书、古画、邮票、艺术品、稀有金属等珍贵财物，须经投保人与保险人特别约定，并在保险单（凭证）上载明，方可予以承保。

二、国内航空货物运输保险的保险责任

国内航空货物运输保险没有基本险和综合险的险别之分，但从其保险责任范围来看，类似于国内水路、陆路货物运输保险的综合险。其保险责任包括：

1. 火灾、爆炸、雷电、冰雹、暴风、暴雨、洪水、海啸、地陷、崖崩；

2. 因飞机遭受碰撞、倾覆、坠落、失踪（在三个月以上），在危难中发生卸载以及遭受恶劣气候或其他危难事故发生抛弃行为所造成的损失；

3. 因受震动、碰撞或压力而造成破碎、弯曲、凹瘪、折断、开裂的损失；

4. 因包装破裂致使货物散失的损失；

5. 凡属液体、半流体或者需要用液体保藏的保险货物，在运输途中因受震动、碰撞或压力致使所装容器（包括封口）损坏发生渗漏而造成的损失，或用液体保藏的货物因液体渗漏而致保藏货物腐烂的损失；

6. 遭受盗窃或者提货不着的损失；

7. 在装货、卸货时和港内地面运输过程中，因遭受不可抗力的意外事故及雨淋所造成的损失；

8. 在发生责任范围内的灾害事故时，因施救或保护保险货物而支付的直接合理费用。

三、国内航空货物运输保险的除外责任

由于下列原因造成保险货物的损失，保险人不负责赔偿：

1. 战争、军事行动、扣押、罢工、哄抢和暴动；

2. 核反应、核子辐射和放射性污染；

3. 保险货物自然损耗，本质缺陷、特性所引起的污染、变质、损坏，以及货物包装不善；

4. 在保险责任开始前，保险货物已存在的品质不良或数量短差所造成的损失；

5. 市价跌落、运输延迟所引起的损失；

6. 属于发货人责任引起的损失；

7. 被保险人或投保人的故意行为或违法犯罪行为；

8. 由于行政行为或执法行为所致的损失，保险人不负责赔偿；

9. 其他不属于保险责任范围内的损失，保险人不负责赔偿。

四、国内航空货物运输保险的保险期限

《中国人民财产保险股份有限公司国内航空货物运输保险条款（2009 版）》规定，国内航空货物运输保险的保险期限是：自保险货物经承运人收讫并签发保险单（凭证）时起，至该保险单（凭证）上的目的地的收货人在当地的第一个仓库或储存处所时终止。但保险货物运抵目的地后，如果收货人未及时提货，则保险责任的终止期最多延长至以收货人接到"到货通知单"以后的 15 天为限（以邮戳日期为准）。

可见，国内航空货物运输保险的保险责任起讫与国内水路、陆路货物运输保险不同，它不是采用"仓至仓"条款，而是以"承运人收讫并签发保险单（凭证）时"作为保险责任的开始，以"被保险货物空运抵目的地的收货人在当地的第一个仓库或储存处所时"作为保险责任的终止。

另外，还有以下规定：

1. 保险责任的延长。如果被保险货物被运抵目的地后，被保险人或其收货人未及时前来提货，则保险责任最多延长至收货人接到"到货通知单"以后的 15 天为限（以邮戳日期为准）。

2. 由于被保险人无法控制的运输延迟、绕道、被迫卸货、重新装载、转载或承运人运用运输契约赋予的权限所作的任何航行上的变更或终止运输契约，致使保险货物运输到非保险单所载目的地时，在被保险人及时将获知的情况通知保险人，并在必要时加交保险费的情况下，保险仍继续有效。保险责任按下述规定终止：

（1）保险货物如在非保险单所载目的地出售，保险责任至交货时为止。但不论任何情况，均以保险货物在卸载地卸离飞机后满 15 天为止。

（2）保险货物在卸离飞机 15 天内继续运往保险单所载原目的地或其他目的地时，保险责任仍至运抵保险单（凭证）上的目的地的收货人在当地的第一个仓库或储存处所时终止，不及时提货最多延至收到"到货通知单"后 15 天。

五、国内航空货物运输保险的保险费率

民航部门承运的货物与国内水路、陆路运输机构承运的货物相比，具有批量小、单位价值高的特点，而且相对更安全。国内航空货物运输保险按被保险货物性质将货物分为一般货物、易损货物和特别易损货物三大类，并规定了相应的费率档次为 1‰、4‰和 8‰。

但对于空运物资数量大的投保单位，如果其经营管理较好，注意安全运输，并同意预约投保的，保险费率可按照规定费率在 50% 幅度范围内予以减收。

【资料链接】

国内货物运输保险费率

国内货物运输保险费率按不同的分类货物（共 24 类，7 个档次）、不同的运输方式和不同的保险条款而制定，具体分为铁路运输、水路运输、公路运输、航空运

输和联运五种。

费率的组成包括：

（1）铁路运输：费率按基本险、综合险分类。

（2）公路运输：费率不分险别，按运输里程分，即为300公里以下和301公里以上两类。

（3）水路运输：费率按基本险、综合险分类，并按着航程区域、运载船舶吨位分别厘定。

（4）航空运输：费率不分险别，一个标准。

（5）联运：费率按运输工具中费率最高的一种确定，并另加0.05%。

（6）集装箱运输：按费率表相对应和档次的50%计收（不分运输工具）。

（7）每单最低收费标准：2元。

（8）退保手续费：已办理投保手续，但尚未起运，如投保人要求退保的，收取退保手续费2元。

（9）费率浮动标准：+30%。

（资料来源：韦松．货物运输保险［M］．北京：首都经济贸易大学出版社，2012.）

【附录6.1】

中国人民财产保险股份有限公司国内水路、陆路货物运输保险条款（2009版）

总　则

第一条　为使保险货物在水路、铁路、公路和联运运输中，因遭受保险责任范围内的自然灾害或意外事故所造成的损失能够得到经济补偿，并加强货物的安全防损工作，以利商品生产和商品流通，特举办保险。

保险责任

第二条　本保险分为基本险和综合险两种。保险货物遭受损失时，保险人按承保险别的责任范围负赔偿责任。

（一）基本险

1. 因火灾、爆炸、雷电、冰雹、暴风、暴雨、洪水、地震、海啸、地陷、崖崩、滑坡、泥石流所造成的损失；

2. 由于运输工具发生碰撞、搁浅、触礁、倾覆、沉没、出轨或隧道、码头坍塌所造成的损失；

3. 在装货、卸货或转载时因遭受不属于包装质量不善或装卸人员违反操作规程所造成的损失；

4. 按国家规定或一般惯例应分摊的共同海损的费用；

5. 在发生上述灾害、事故时，因纷乱而造成货物的散失及因施救或保护货物所支付的直接合理的费用。

（二）综合险

本保险除包括基本险责任外，保险人还负责赔偿：

1. 因受震动、碰撞、挤压而造成货物破碎、弯曲、凹瘪、折断、开裂或包装破裂致使货物散失的损失；

2. 液体货物因受震动、碰撞或挤压致使所用容器（包括封口）损坏而渗漏的损失，或用液体保藏的货物因液体渗漏而造成保藏货物腐烂变质的损失；

3. 遭受盗窃或整件提货不着的损失；

4. 符合安全运输规定而遭受雨淋所致的损失。

除外责任

第三条　由于下列原因造成保险货物的损失，保险人不负赔偿责任：

1. 战争或军事行动；

2. 核事件或核爆炸；

3. 保险货物本身的缺陷或自然损耗，以及由于包装不善；

4. 被保险人的故意行为或过失；

5. 全程是公路货物运输的，盗窃和整件提货不着的损失；

6. 其他不属于保险责任范围内的损失。

责任起讫

第四条　保险责任自签发保险凭证和保险货物离起运地发货人的最后一个仓库或储运处所时起，至该保险凭证上注明的目的地的收货人在当地的第一个仓库或储存处所时终止。但保险货物运抵目的地后，如果收货人未及时提货，则保险责任的终止期最多延长至以收货人接到"到货通知单"后的 15 天为限（以邮戳日期为准）。

保险金额

第五条　保险价值为货物的实际价值，按货物的实际价值或货物的实际价值加运杂费确定。保险金额由投保人参照保险价值自行确定，并在保险合同中载明。保险金额不得超过保险价值。超过保险价值的，超过部分无效，保险人应当退还相应的保险费。

投保人、被保险人的义务

第六条　投保人应履行如实告知义务，如实回答保险人就保险标的或被保险人的有关情况提出的询问。

投保人故意或者因重大过失未履行前款规定的如实告知义务，足以影响保险人决定是否同意承保或者提高保险费率的，保险人有权解除合同。保险合同自保险人的解约通知书到达投保人或被保险人时解除。

投保人故意不履行如实告知义务的，保险人对于保险合同解除前发生的保险事故，不承担赔偿责任，并不退还保险费。

投保人因重大过失未履行如实告知义务，对保险事故的发生有严重影响的；保险人对于保险合同解除前发生的保险事故，不承担赔偿责任，但应当退还保险费。

第七条 投保人在保险人签发保险凭证的同时，应按照保险费率，一次交清应付的保险费。若投保人未按照约定交付保险费，保险费交付前发生的保险事故，保险人不承担赔偿责任。

第八条 被保险人应严格遵守国家及交通运输部门关于安全运输的各项规定。还应当接受并协助保险人对保险货物进行的查验防损工作，货物包装必须符合国家和主管部门规定的标准。对于因被保险人未遵守上述约定而导致保险事故的，保险人不负赔偿责任；对于因被保险人未遵守上述约定而导致损失扩大的，保险人对扩大的损失不负赔偿责任。

第九条 货物如果发生保险责任范围内的损失时，被保险人获悉后，应立即通知保险人的当地保险机构并应迅速采取施救和保护措施防止或减少货物损失。

故意或者因重大过失未及时通知，致使保险事故的性质、原因、损失程度等难以确定的，保险人对无法确定的部分，不承担赔偿责任，但保险人通过其他途径已经及时知道或者应当及时知道保险事故发生的除外。

赔偿处理

第十条 被保险人向保险人申请索赔时，必须提供下列有关单证：

1. 保险凭证、运单（货票）、提货单、发货票；

2. 承运部门签发的货运记录、普通记录、交接验收记录、鉴定书；

3. 收货单位的入库记录、检验报告、损失清单及救护货物所支付的直接费用的单据。

收到被保险人的赔偿请求后，应当及时就是否属于保险责任作出核定，并将核定结果通知被保险人。情形复杂的，保险人在收到被保险人的赔偿请求并提供理赔所需资料后三十日内未能核定保险责任的，保险人与被保险人根据实际情形商议合理期间，保险人在商定的期间内作出核定结果并通知被保险人。对属于保险责任的，在与被保险人达成有关赔偿金额的协议后十日内，履行赔偿义务。

第十一条 货物发生保险责任范围内的损失时，按货价确定保险金额的，保险人根据实际损失按起运地货价计算赔偿；按货价加运杂费确定保险金额的，保险人根据实际损失按起运地货价加运杂费计算。但最高赔偿金额以保险金额为限。

第十二条 如果被保险人投保不足，保险金额低于货价时，保险人对其损失金额及支付的施救保护费用按保险金额与货价的比例计算赔偿。保险人对货物损失的赔偿金额，以及因施救或保护货物所支付的直接、合理的费用，应分别计算，并各以不超过保险金额为限。

第十三条 货物发生保险责任范围内的损失，如果根据法律规定或者有关约定，应当由承运人或其他第三者负责赔偿部分或全部的，被保险人应首先向承运人或其他第三者索赔。如被保险人提出要求，保险人也可以先予赔偿，但被保险人应签发权益转让书给保险人，并协助保险人向责任方追偿。

第十四条　经双方协商同意，保险人可将其享有的保险财产残余部分的权益作价折归被保险人，并可在保险赔偿金中直接扣除。

第十五条　被保险人与保险人发生争议时，应当实事求是，协商解决，双方不能达成协议时，可以提交仲裁机关或法院处理。

本保险合同适用中华人民共和国法律（不包括港澳台地区法律）。

【附录 6.2】

中国人民财产保险股份有限公司国内航空货物运输保险条款
（2009 版）

保险标的范围

第一条　凡在国内经航空运输的货物均可为本保险之标的。

第二条　下列货物非经投保人与保险人特别约定，并在保险单（凭证）上载明，不在保险标的范围以内：金银、珠宝、钻石、玉器、首饰、古币、古玩、古书、古画、邮票、艺术品、稀有金属等珍贵财物。

第三条　下列货物不在保险标的范围以内：蔬菜、水果、活牲畜、禽鱼类和其他动物。

保险责任

第四条　由于下列保险事故造成保险货物的损失，保险人负赔偿责任：

（一）火灾、爆炸、雷电、冰雹、暴风、暴雨、洪水、海啸、地陷、崖崩；

（二）因飞机遭受碰撞、倾覆、坠落、失踪（在三个月以上），在危难中发生卸载以及遭受恶劣气候或其他危难事故发生抛弃行为所造成的损失；

（三）因受震动、碰撞或压力而造成破碎、弯曲、凹瘪、折断、开裂的损失；

（四）因包装破裂致使货物散失的损失；

（五）凡属液体、半流体或者需要用液体保藏的保险货物，在运输途中因受震动、碰撞或压力致使所装容器（包括封口）损坏发生渗漏而造成的损失，或用液体保藏的货物因液体渗漏而致保藏货物腐烂的损失；

（六）遭受盗窃或者提货不着的损失；

（七）在装货、卸货时和港内地面运输过程中，因遭受不可抗力的意外事故及雨淋所造成的损失。

第五条　在发生责任范围内的灾害事故时，因施救或保护保险货物而支付的直接合理费用。

责任免除

第六条　由于下列原因造成保险货物的损失，保险人不负责赔偿：

（一）战争、军事行动、扣押、罢工、哄抢和暴动；

（二）核反应、核子辐射和放射性污染；

（三）保险货物自然损耗，本质缺陷、特性所引起的污染、变质、损坏，以及货物包装不善；

（四）在保险责任开始前，保险货物已存在的品质不良或数量短差所造成的损失；

（五）市价跌落、运输延迟所引起的损失；

（六）属于发货人责任引起的损失；

（七）被保险人或投保人的故意行为或违法犯罪行为。

第七条 由于行政行为或执法行为所致的损失，保险人不负责赔偿。

第八条 其他不属于保险责任范围内的损失，保险人不负责赔偿。

责任起讫

第九条 保险责任自保险货物经承运人收讫并签发保险单（凭证）时起，至该保险单（凭证）上的目的地的收货人在当地的第一个仓库或储存处所时终止。但保险货物运抵目的地后，如果收货人未及时提货，则保险责任的终止期最多延长至以收货人接到"到货通知单"以后的 15 天为限（以邮戳日期为准）。

第十条 由于被保险人无法控制的运输延迟、绕道、被迫卸货、重新装载、转载或承运人运用运输契约赋予的权限所作的任何航行上的变更或终止运输契约，致使保险货物运输到非保险单所载目的地时，在被保险人及时将获知的情况通知保险人，并在必要时加交保险费的情况下，本保险仍继续有效。保险责任按下述规定终止：

（一）保险货物如在非保险单所载目的地出售，保险责任至交货时为止。但不论任何情况，均以保险货物在卸载地卸离飞机后满 15 天为止。

（二）保险货物在上述 15 天期限内继续运往保险单所载原目的地或其他目的地时，保险责任仍按上述第（一）款的规定终止。

保险价值和保险金额

第十一条 保险价值为货物的实际价值，按货物的实际价值或货物的实际价值加运杂费确定。保险金额由投保人参照保险价值自行确定，并在保险合同中载明。保险金额不得超过保险价值。超过保险价值的，超过部分无效，保险人应当退还相应的保险费。

投保人、被保险人义务

第十二条 投保人应履行如实告知义务，如实回答保险人就保险标的或者被保险人的有关情况提出的询问。

投保人故意或者因重大过失未履行前款规定的如实告知义务，足以影响保险人决定是否同意承保或者提高保险费率的，保险人有权解除合同。保险合同自保险人的解约通知书到达投保人或被保险人时解除。

投保人故意不履行如实告知义务的，保险人对于保险合同解除前发生的保险事故，不承担赔偿或者给付保险金的责任，并不退还保险费。

投保人因重大过失未履行如实告知义务，对保险事故的发生有严重影响的，保险人对于保险合同解除前发生的保险事故，不承担赔偿责任，但应当退还保险费。

第十三条　投保人在保险人或其代理人签发保险单（凭证）的同时，应一次交清应付的保险费。若投保人未按照约定交付保险费，保险费交付前发生的保险事故，保险人不承担赔偿责任。

第十四条　投保人应当严格遵守国家及交通运输部门关于安全运输的各项规定，还应当接受并协助保险人对保险货物进行的查验防损工作，货物运输包装必须符合国家和主管部门规定的标准。

对于因被保险人未遵守上述约定而导致保险事故的，保险人不负赔偿责任；对于因被保险人未遵守上述约定而导致损失扩大的，保险人对扩大的损失不负赔偿责任。

第十五条　在合同有效期内，保险标的危险程度显著增加的，被保险人应当按照合同约定及时通知保险人，保险人有权要求增加保险费或者解除合同。

被保险人未履行前款规定的通知义务的，因保险标的危险程度显著增加而发生的保险事故，保险人不承担赔偿责任。

第十六条　保险货物如果发生保险责任范围内的损失时，投保人或被保险人获悉后，应迅速采取施救和保护措施并立即通知保险人的当地机构（最迟不超过 10 天）。

故意或者因重大过失未及时通知，致使保险事故的性质、原因、损失程度等难以确定的，保险人对无法确定的部分，不承担赔偿责任，但保险人通过其他途径已经及时知道或者应当及时知道保险事故发生的除外。

赔偿处理

第十七条　被保险人向保险人申请索赔时，必须提供下列有关单证：

（一）保险单（凭证）、运单（货票）、提货单、发票（货价证明）；

（二）承运部门签发的事故签证、交接验收记录、鉴定书；

（三）收货单位的入库记录、检验报告、损失清单及救护货物所支付的直接合理费用的单据；

（四）被保险人所能提供的其他与确认保险事故的性质、原因、损失程度等有关的证明和资料。

保险人收到被保险人的赔偿请求后，应当及时就是否属于保险责任作出核定，并将核定结果通知被保险人。情形复杂的，保险人在收到被保险人的赔偿请求并提供理赔所需资料后 30 日内未能核定保险责任的，保险人与被保险人根据实际情形商议合理期间，保险人在商定的期间内作出核定结果并通知被保险人。对属于保险责任的，在与被保险人达成有关赔偿金额的协议后 10 日内，履行赔偿义务。

第十八条　保险货物发生保险责任范围内的损失时，保险金额等于或高于保险价值时，保险人应根据实际损失计算赔偿，但最高赔偿金额以保险金额为限；保险金额低于保险价值的，保险人对其损失金额及支付的施救保护费用按保险金额与保险价值的比例计算赔偿。保险人对货物损失的赔偿金额，以及因施救或保护货物所支付的直接合理的费用，应分别计算，并各以不超过保险金额为限。

第十九条　保险货物发生保险责任范围内的损失，如果根据法律规定或有关约定，应当由承运人或其他第三者负责赔偿部分或全部的，被保险人应首先向承运人或其他第三者提出书面索赔，直至诉讼。保险事故发生后，保险人未履行赔偿保险金义务之前，被保险人放弃对有关责任方请求赔偿的权利的，保险人不承担赔偿责任；如被保险人要求保险人先予赔偿，被保险人应签发权益转让书和应将向承运人或第三者提出索赔的诉讼书及有关材料移交给保险人，并协助保险人向责任方追偿。

由于被保险人的故意或重大过失致使保险人不能行使代位请求赔偿权利的，保险人可以相应扣减保险赔偿金。

第二十条 保险货物遭受损失后的残值，双方应当协商处理。

第二十一条 被保险人与保险人发生争议时，应协商解决，双方不能达成协议时，可以提交仲裁机关或法院处理。

本保险合同适用中华人民共和国法律（不包括港澳台地区法律）。

其他事项

第二十二条 凡经航空与其他运输方式联合运输的保险货物，在运输过程中分别适用本条款及《公路货物运输保险条款（2009 版）》、《水路货物运输保险条款（2009 版）》、《铁路货物运输保险条款（2009 版）》。

第二十三条 凡涉及本保险的约定均采用书面形式。

【本章小结】

国内货物运输保险	国内货物运输保险概述	货物运输保险（Cargo Transportation Insurance）简称货运险，是以运输过程中的货物作为保险标的，当被保险货物因合同约定的自然灾害或意外事故致损时，由保险人承担赔偿责任的一种财产保险。国内货物运输保险，则是以国内运输过程中的货物作为保险标的，承保其在运输过程中因自然灾害、意外事故而遭受的损失。 国内货物运输保险的特征包括：保险标的具有较大流动性；保险保障范围较广泛；保险期限有特殊规定；采用定值保险方式加以承保；被保险人的多变性；保险合同解除的严格性；保险单可背书转让；大多涉及代位追偿。 国内货物运输保险按照运输方式划分，可分为直运货物运输保险、联运货物运输保险、集装箱运输货物保险三种；按照运输工具不同可划分为水路货物运输保险、陆路货物运输保险和航空货物运输保险。
	国内水路、陆路货物运输保险	国内水路、陆路货物运输保险是指以轮船、驳船、木船、水泥船、趸船等水上运输工具，或以火车、汽车等陆上运输工具所运输的货物作为保险标的，保险人对保险标的因约定自然灾害或意外事故遭受的损失承担赔偿责任的一种国内货物运输保险。有基本险和综合险别之分，综合险责任范围大于基本险。 国内水路、陆路货物运输保险的保险期限采用"仓至仓"条款，即保险责任自签发保险凭证和保险货物离起运地发货人的最后一个仓库或储运处所时起，至该保险凭证上注明的目的地的收货人在当地的第一个仓库或储存处所时终止。但保险货物运抵目的地后，如果收货人未及时提货，则保险责任的终止期最多延长至以收货人接到"到货通知单"后的 15 天为限（以邮戳日期为准）。 采用定值保险，保险价值可以按照货价或货价加运杂费确定。保险金额由投保人根据保险价值自行确定。 影响国内水路、陆路货物运输保险费率的因素包括运输方式、运输工具、运输途程、货物性质及保险险别。 货物受损后应在 10 天内申请检验，索赔有效期为 180 天。

续表

国内货物运输保险	国内航空货物运输保险	国内航空货物运输保险是以国内航空运输过程中的各类货物为保险标的，当被保险货物在运输过程中因保险责任造成损失时，由保险公司承担赔偿责任的一种保险业务。 国内航空货物运输保险没有基本险和综合险险别之分，其保险责任范围与国内水路、陆路货物运输保险综合险类似。 国内航空货物运输保险的保险期限不采用"仓至仓"条款，保险责任是自保险货物经承运人收讫并签发保险单（凭证）时起，至该保险单（凭证）上的目的地的收货人在当地的第一个仓库或储存处所时终止。但保险货物运抵目的地后，如果收货人未及时提货，则保险责任的终止期最多延长至以收货人接到"到货通知单"以后的15天为限（以邮戳日期为准）。 国内航空货物运输保险的保险费率分三类：一般货物为1‰、易损货物为4‰、特别易损货物为8‰。

【课后习题】

一、单选题

1. 国内货物运输保险采用（　　）方式承保。
A. 定值保险　　　B. 定额保险　　　C. 不定值保险　　　D. 足额保险

2. 国内水路、陆路货物运输保险的保险价值可以按照货价或货价加（　　）确定。
A. 保险费　　　B. 搬运费　　　C. 运输费　　　D. 运杂费

3. 国内货物运输保险的保险期限可延长至被保险人或收货人接到"到货通知书"起（　　）天。
A. 10　　　B. 15　　　C. 30　　　D. 60

二、多选题

1. 国内水路、陆路货物运输保险的保险费率影响因素包括（　　）。
A. 运输工具　　　B. 运输方式　　　C. 保险险别　　　D. 货物性质

2. 国内运输货物保险按照运输方式可以划分为（　　）。
A. 直运　　　B. 联运　　　C. 集装箱　　　D. 管道运输

3. 国内货物运输保险的特点包括（　　）。
A. 被保险人的多变性　　　　　B. 保险标的的流动性
C. 保障范围广泛性　　　　　　D. 采用不定值保险

三、判断题

1. 国内航空货物运输保险的保险期限采用"仓至仓"条款。　　　　　　（　　）
2. 国内货物运输保险的保险费率与运输运输工具、运输途程有关，但与运输方式无关。　　　　　　（　　）
3. 国内货物运输保险的索赔时效为180天。　　　　　　（　　）

四、简答题

1. 国内货物运输保险的特征有哪些?

2. 国内水路、陆路货物运输保险与国内航空货物运输保险在保险责任起讫上是一致的吗?

3. 国内货物运输保险的保险价值、保险金额是如何确定的?

4. 国内水路、陆路货物运输保险的保险费率影响因素有哪些?

5. 简述国内水路、陆路货物运输保险与国内航空货物运输保险的保险责任。

第七章

工程保险

【学习目标】

通过本章内容的学习，学生应掌握工程保险的概念、特点及分类，了解建筑工程保险、安装工程保险以及机器损坏保险等工程保险业务的相关内容。

【学习重点与难点】

工程保险的概念、特点；建筑工程保险的概念、特点、保险标的、保险金额、保险费率、保险期限等主要内容；安装工程保险的概念、特点、保险标的、保险金额、保险费率、保险期限等主要内容；建筑工程保险与安装工程保险的区别；机器损坏保险的概念、特点、保险责任、保险金额、停机退费规定等。

【关键术语】

工程保险　建筑工程保险　安装工程保险　机器损坏保险　停机退费

【本章知识结构】

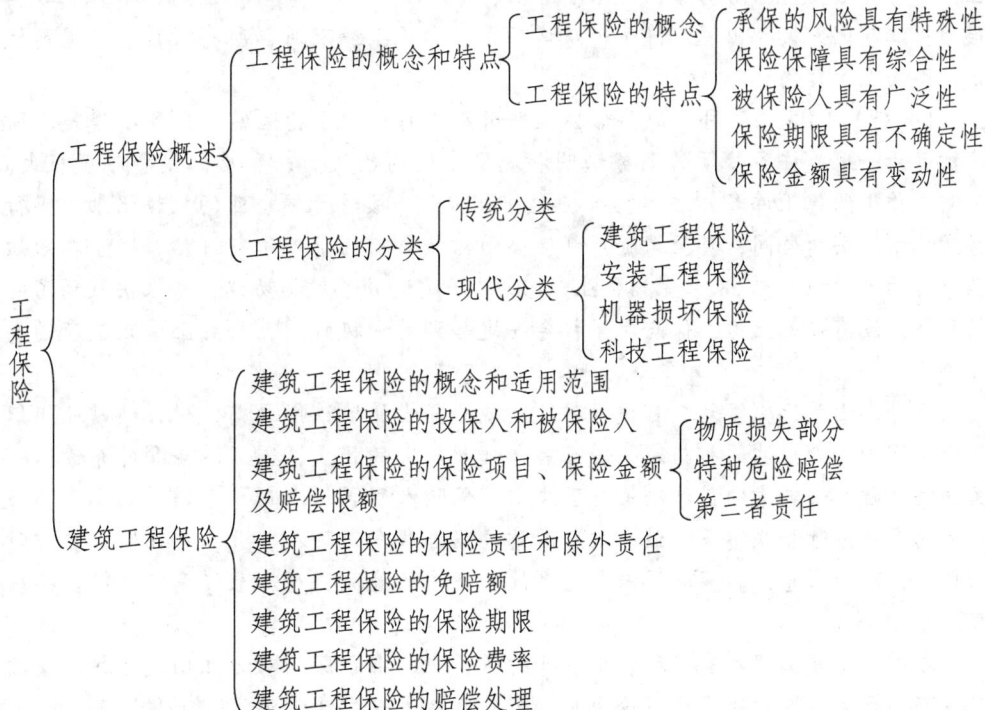

```
                                                    ┌ 工程保险的概念    ┌ 承保的风险具有特殊性
                              ┌ 工程保险的概念和特点 ┤                  │ 保险保障具有综合性
                              │                     └ 工程保险的特点 ──┤ 被保险人具有广泛性
            ┌ 工程保险概述 ──┤                                        │ 保险期限具有不确定性
            │                 │                                        └ 保险金额具有变动性
            │                 │                     ┌ 传统分类
            │                 └ 工程保险的分类 ──────┤              ┌ 建筑工程保险
            │                                       └ 现代分类 ────┤ 安装工程保险
工程                                                              │ 机器损坏保险
保险 ──────┤                                                       └ 科技工程保险
            │                 ┌ 建筑工程保险的概念和适用范围
            │                 │ 建筑工程保险的投保人和被保险人
            │                 │                                  ┌ 物质损失部分
            │                 │ 建筑工程保险的保险项目、保险金额 ┤ 特种危险赔偿
            │                 │ 及赔偿限额                        └ 第三者责任
            └ 建筑工程保险 ──┤ 建筑工程保险的保险责任和除外责任
                              │ 建筑工程保险的免赔额
                              │ 建筑工程保险的保险期限
                              │ 建筑工程保险的保险费率
                              └ 建筑工程保险的赔偿处理
```

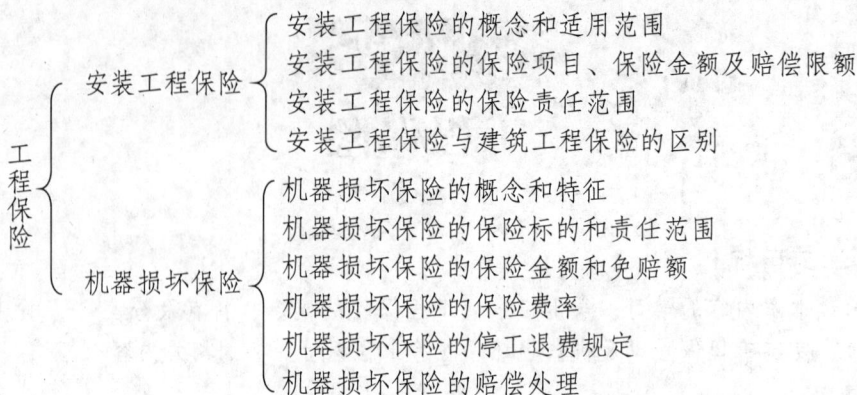

```
            ┌ 安装工程保险的概念和适用范围
            │ 安装工程保险的保险项目、保险金额及赔偿限额
    ┌ 安装工程保险┤ 安装工程保险的保险责任范围
工   │         └ 安装工程保险与建筑工程保险的区别
程   │
保   │         ┌ 机器损坏保险的概念和特征
险  ─┤         │ 机器损坏保险的保险标的和责任范围
    │         │ 机器损坏保险的保险金额和免赔额
    └ 机器损坏保险┤ 机器损坏保险的保险费率
              │ 机器损坏保险的停工退费规定
              └ 机器损坏保险的赔偿处理
```

【案例引入】

上海轨道交通 4 号线工程保险赔付案

【案情】上海轨道交通 4 号线由平安、太平洋、人保等四家保险公司共保，首席承保人为平安保险公司，该公司承担了整个保单 40% 的份额，险种涉及建工险和第三方责任险。

2005 年 7 月 1 日凌晨 4 时许，上海轨道交通 4 号线浦东南路至南浦大桥区间隧道在用一种叫"冻结法"的工艺进行上、下行隧道的联络通道施工时，突然出现渗水，隧道内的施工人员不得不紧急撤离。瞬时，大量流沙涌入隧道，内外压力失衡导致隧道部分塌陷，地面也随之出现"漏斗型"沉降。突发的险情还出现连锁反应：一幢 8 层楼房裙房坍塌；防汛墙沉陷、开裂、轰然倒塌；靠近事故现场的 20 多层的临江花园大楼也出现沉降……庆幸的是，由于报警及时，所有人员都已提前撤出，因而无人员伤亡。

【分析】2005 年 7 月下旬共保体理赔开展工作。由于抢险需要，现场建筑及财产被夷为平地，许多必须的财务证明和现场痕迹均已灭失，事后的定损难度极大。理赔工作小组想了许多办法，包括在政府协助下，核对受损企业的报税记录、银行存款记录、买卖合同，甚至请资产评估公司对损失前的资产进行评估。终于在短短两个月的时间内，与 68 家受损企业、146 户居民达成了定损协议，并很快做到了赔款到位，没有一家上访，保险对于社会安定起到的积极作用，得到上海市政府的高度评价。

此外，由于此次修复工程技术难度及规模居世界地铁修复前三位，项目还组织了大量国内外专家共同参与。一般而言，如此巨大的损失，国家不会向外界透露有关决策过程，而本案的科学决策与否决定了保险人和再保人对整个赔案的态度。在平安的多次呼吁和联络下，最终政府同意决策过程向保险人公开，并在制订方案时听取了保险专家意见。国际再保人对事故处理中的开放程度深表满意，并很快确认了保单责任成立。

在围绕修复工程各项目和费用展开的讨论中，由于保险双方立场的差异以及涉及金额的巨大，展开的激烈讨论历时 1 个月有余。双方常常为了一项原则甚至一段文字的表达激烈讨论。理赔过程中共形成了 20 份会议纪要，370 份单证材料，理算文件多达数万页。

2005 年 7 月，本着"客观公正、友好协作"的精神，双方终于就最终理赔方案达成了一致，并迅速得到了包括再保人在内的有关各方的正式确认，在最短时间内认定了保单责任成立，并派出多名资深理赔专家组成定损小组。2005 年 10 月 12 日，理赔结案会议由平安产险上海分公司副总经理李洁主持召开。

业内分析人士认为，4 号线事故是一次严重的工程事故，造成了重大经济损失。但通过迅速、准确、合理的保险理赔，弥补了被保险人资金上的巨大缺口，充分体现了保险业"经济补偿"的基本职能。同时，本次事故理赔也对保险业产生了深远的影响。一片更大的保险市场随之打开，保险同业逐渐形成了合作拓展市场的良性竞争关系，国际再保险市场对中国保险业的看法也有了显著提升。

（资料来源：《中国经营报》，2005 - 12 - 18。）

第一节　工程保险概述

一、工程保险的概念和特点

（一）工程保险的概念

工程保险是指以各种工程项目为主要承保对象的一种综合性的财产保险。一般而言，传统的工程保险仅指建筑工程保险和安装工程保险，但进入 20 世纪后，各种科技工程发展迅速，也成为工程保险市场日益重要的业务来源。

（二）工程保险的特点

尽管工程保险属于财产保险领域，但是它与普通的财产保险相比有显著的特点。

1. 承保的风险具有特殊性

工程保险承保的风险具有特殊性，表现在：第一，工程保险既承保被保险人财产损失的风险，同时还承保被保险人的责任风险；第二，承保的风险标的中大部分裸露于风险中，抵御风险的能力大大低于普通财产保险的标的；第三，工程在施工过程中始终处于一种动态的过程，各种风险因素错综复杂，使风险程度加大。

2. 保险保障具有综合性

工程保险针对承保风险的特殊性提供的保障具有综合性，工程保险的主要责任范围一般由物质损失部分和第三者责任部分构成。同时，工程保险还可以针对工程项目风险的具体情况提供运输过程中、工地外储存过程中、保证期过程中等各类风险的专门保障。

3. 被保险人具有广泛性

普通财产保险的被保险人的情况较为单一，但是，由于工程建设过程中的复杂性，可能涉及的当事人和关系方较多，包括业主、主承包商、分包商、设备供应商、设计商、技术顾问、工程监理等，他们均可能对工程项目拥有保险利益，从而成为被保险人。

4. 保险期限具有不确定性

普通财产保险的保险期限是相对固定的，通常是一年。而工程保险的保险期限一般是根据工期确定的，往往是几年，甚至十几年。与普通财产保险不同的是，工程保险保险期限的起止点也不是确定的具体日期，而是根据保险单的规定和工程的具体情况确定的。为此，工程保险采用的是工期费率，而不是年度费率。

5. 保险金额具有变动性

工程保险与普通财产保险不同的另一个特点是：财产保险的保险金额在保险期限内是相对固定不变的，但是，工程保险的保险金额，在保险期限内是随着工程建设的进度不断增长的。所以，在保险期限内的任何一个时点，保险金额是不同的。

二、工程保险的分类

传统的工程保险业务主要有两种，即建筑工程保险和安装工程保险。机器损坏保险原来是作为企业财产保险的附加险，在投保企业财产保险的基础上附加投保，但现在国内外保险学者倾向于将其放入工程保险的范畴。另外，过去保险公司承保的航天保险、核电站保险、海上石油开发保险等特殊风险保险，现在也作为科技工程保险归入工程保险的范畴。因此，工程保险业务包括以下四类：

1. 建筑工程保险；
2. 安装工程保险；
3. 机器损坏保险；
4. 科技工程保险。

【知识链接】

国外工程保险的分类

国际工程保险人协会将工程保险业务分为四大类：建筑、安装工程保险及其工程保证保险；机器损坏保险、锅炉爆炸保险和其他；电气设备保险；利润损失保险。通常将这四大类称为广义工程保险，而将其中的建筑、安装工程保险及其工程保证保险称为狭义工程保险。

（资料来源：王和．工程保险［M］．北京：中国金融出版社，2005．）

第二节　建筑工程保险

一、建筑工程保险的概念和适用范围

建筑工程保险是指以土木建筑为主体的工程项目，如楼房、码头、公路、隧道、大桥、水库等在建筑或改造过程中因自然灾害和意外事故造成的物质损失以及被保险人对第三者依法应承担的赔偿责任为保险标的的保险。

建筑工程保险适用于一切民用、工业用和公用事业用的建筑工程项目，包括道路、水坝、桥梁、港埠码头、住宅、旅馆、商店、工厂、仓库、水库、管道、学校、

娱乐场所等。

二、建筑工程保险的投保人和被保险人

建筑工程保险的投保人可以是业主，也可以是承包人。我国的《建设工程施工合同（示范文本）》规定，工程开工前，业主应当为建设工程办理保险，支付保险费用。在实务中，由于建筑工程的承包方式不同，所以其投保人也就各异，主要有以下四种情况。

（一）全部承包方式

工程所有人将工程全部承包给某一施工单位，该施工单位作为承包人（或主承包人）负责设计、供料、施工等全部工程环节，最后以钥匙交货方式将完工的建筑物交给所有人。在此方式中，由于承包人承担了工程的主要风险责任，故而一般由承包人（施工单位）作为投保人。

（二）部分承包方式

工程所有人负责设计并提供部分建筑材料，施工单位负责施工并提供部分建筑材料，双方各承担部分风险责任，此时可由双方协商，推举一方为投保人，并在合同中写明。

（三）分段承包方式

工程所有人将一项工程分成几个阶段或几部分分别向外发包，承包人之间是相互独立的，没有契约关系。此时，为避免分别投保造成的时间差和责任差，应由工程所有人出面投保建筑工程险。

（四）施工单位只提供服务的承包方式

工程所有人负责设计、供料和工程技术指导，施工单位只提供劳务，进行施工，不承担工程的风险责任，此时应由工程所有人投保。

建筑工程保险的被保险人范围较宽，所有在工程进行期间，对该项工程承担一定风险的有关各方（即具有可保利益的各方）均可作为被保险人。如果被保险人不止一家，则各家接受赔偿的权利以不超过其对保险标的的可保利益为限。被保险人具体包括：

1. 业主或工程所有人；
2. 承包人或者分包人；
3. 技术顾问，包括业主聘用的建筑师、工程师及其他专业顾问；
4. 其他关系方，如贷款银行及其他债权人等。

三、建筑工程保险的保险项目、保险金额及赔偿限额

建筑工程保险的保险标的主要是物质财产本身和第三者责任两类，在建筑工程保险单中列出的保险项目通常包括物质损失、特种危险赔偿和第三者责任三个部分。

（一）物质损失部分

1. 建筑工程

这是建筑工程保险的主要保险项目，包括建筑工程合同内规定建筑的建筑物主体，建筑物内的装修设备，配套的道路、桥梁、水电设施、供暖取暖等土木建筑项

目，存放在工地上的建筑材料、设备和为完成主体工程的建设而必须修建的，主体工程完工后即拆除或废弃不用的临时工程，如脚手架、工棚、围堰等。建筑工程的保险金额为承包工程合同的总金额，即建成该项工程的实际造价，包括设计费、材料设备费、运杂费、施工费、保险费、税款及其他有关费用。

2. 业主提供的物料及项目

业主提供的物料及项目是指未包括在建筑工程合同金额之中的业主提供的物料及负责建筑的项目。该项保险金额应按这一部分的重置价值确定。

3. 施工机具设备

施工机具设备是指配置在施工场地，作为施工用的机具设备，如吊车、叉车、挖掘机、压路机、搅拌机等。建筑工程的施工机具一般为承包人所有，不包括在承包工程合同价格之内，应列入施工机具设备项目下投保。有时，业主会提供一部分施工机器设备，此时，可在业主提供的物料及项目一项中投保。承包合同价或工程概算中包括有购置工程施工所必需的施工机具的费用时，可在建筑工程项目中投保。无论是上述哪一种情形，都要在施工机具设备一栏中予以说明，并附清单。其保险金额按重置价值确定，即重置同原来相同或相近的机器设备的价格，包括出厂价、运费、保险费、关税、安装费及其他必要的费用。

4. 安装工程项目

安装工程项目是指未包括在承包工程合同金额内的机器设备的安装工程项目。如饭店、办公楼的供电、供水、空调等机器设备的安装项目。若设备安装工程已包括在第1项内，无需另行投保，但应该在投保单中予以说明。该项目的保险金额按重置价值计算，应不超过整个工程项目保险金额的20%；若超过20%，则按安装工程保险费率计收保费；若超过50%，则应单独投保安装工程保险。

5. 工地内现成的建筑物

工地内现成的建筑物是指不在承保工程范围内的，归工程所有人或承包人所有的或其保管的工地内已有的建筑物。该项保险金额可由保险双方当事人协商确定，但最高不得超过其实际价值。

6. 清除残骸费用

清除残骸费用是指发生保险事故并造成损失后，为拆除受损标的、清理灾害现场和运走废弃物等，以便进行修复工程所发生的费用。此项费用未包括在工程造价之中。国际上的通行做法是将此项费用单独列出，须在投保人与保险人商定赔偿限额投保并交付相应的保险费后，保险人才予以负责。对于大工程，该项限额一般不超过合同价格的5%；对于小工程，一般不超过合同价格的10%。本项费用按第一危险赔偿方式承保，即发生损失时，在赔偿限额内按实际支出数额赔付。

7. 所有人或承包人在工地上的其他财产

其他财产是指不能包括在以上六项范围之内的其他可保财产。如需投保，应列明名称或附清单于投保单上。其保险金额可参照以上六项的标准由保险双方协商确定。

要注意的是，如果投保人足额投保的话，工程标的保险金额应是完工价值，不是概算价值。但在投保时当然无法确切知道完工价值，所以是按概算价值预估保险金额的，但工程完工后，必须根据完工价值调整保险金额和保险费。为了解决工程投资小额变动的问题，简化管理，保险人一般附加一个约定，即在概算价值与完工价值差别小于一定的比例（如5%）时，保险费不进行多退少补的调整。但如果在施工过程中，工程造价变动过大，投保人必须向保险人申报工程保险金额。

（二）特种危险赔偿部分

特种危险赔偿是指保单明细表中列明的地震、洪水、海啸、暴雨、风暴等特种危险造成的上述各项物质财产损失的赔偿。对于不同的工程或不同的地理环境，特种危险包括的风险种类可以有一定的差别，原则上就是指巨灾性风险，即一次风险事故能够造成多个危险单位同时发生损失的风险，特种危险赔偿限额的确定一般考虑工地所处的自然地理条件、该地区以往发生此类灾害事故的记录以及工程项目本身具有的抗御灾害能力的大小等因素，该限额一般占物质损失总保险金额的60%～85%。不论发生一次或多次赔偿，均不能超过这个限额。特种危险赔偿限额的设定，是对保险人责任的一种限制，对保险费率的厘定产生直接影响。

（三）第三者责任部分

建筑工程保险的第三者责任是指被保险人在工程保险期限内因意外事故造成工地以及工地附近的第三者人身伤亡或财产损失，依法应承担的赔偿责任。

第三者责任保险的赔偿限额通常由被保险人根据其承担损失能力的大小、意愿及支付保险费的多少来决定。保险人再根据工程的性质、施工方法、施工现场所处的位置、施工现场周围的环境条件及保险人以往承保理赔的经验与被保险人共同商定，并在保险单内列明保险人对同一原因发生的一次或多次事故引起的财产损失和人身伤亡的赔偿限额。该项赔偿限额共分四类：

1. 每次事故中每个人的人身伤亡赔偿限额。

2. 每次事故中人身伤亡总的赔偿限额。可按每次事故可能造成的第三者人身伤亡的总人数，结合每人限额来确定。

3. 每次事故造成第三者的财产损失的赔偿限额。此项限额可根据工程具体情况估定。

4. 上述人身和财产责任事故在保险期限内总的赔偿限额。应在每次事故的基础上估计保险期限内保险事故次数确定总限额，它是计收保费的基础。

【资料链接】

2000—2012年我国工程保险与财产保险保费状况

单位：亿元、%

年份	财产保险保费	工程保险保费	工程保险保费占财产保险保费比例
2000	608	6	1.0
2001	685	6	0.9
2002	780	8	1.0

续表

年份	财产保险保费	工程保险保费	工程保险保费占财产保险保费比例
2003	869	12	1.4
2004	1 125	16	1.4
2005	1 283	23	1.8
2006	1 579	25	1.6
2007	2 087	32	1.5
2008	2 446	39	1.6
2009	2 876	51	1.8
2010	3 896	76	2.0
2011	4 618	74	1.6
2012	5 331	63	1.2

注：表中 2010—2012 年数据来自《中国保险年鉴》（2011—2013）。

资料来源：杨波．财产保险原理与实务［M］．南京：南京大学出版社，2010：233．

四、建筑工程保险的保险责任和除外责任

（一）物质损失部分的保险责任

保险人可以承保或有条件承保的风险可分为以下四类：

1. 自然灾害风险，包括地震、海啸、雷电、飓风、台风、龙卷风、风暴、暴雨、洪水、水灾、冻灾、冰雹、地崩、山崩、雪崩、火山爆发、地面下陷下沉及其他人力不可抗拒的破坏力强大的自然现象导致的损失。

2. 意外事故风险，是指不可预料的以及被保险人无法控制并造成物质损失或人身伤亡的突发性事件，包括火灾和爆炸导致的损失。

3. 技术风险，是指工人经验不足、施工工艺不善、材料缺陷、设计错误、新型设计、新型材料等导致的损失。

4. 道德风险，是指管理不善、安全生产措施不落实、劳资关系恶化、工地社会环境恶劣等导致的损失。

工程保险有两种承保方式：一是列明风险责任，即在保单中将保险人所要承担的风险一一列明，凡是未列明的风险均不属于保险责任；二是以一切险的方式承保，即在保单中将保险人不予负责的风险一一列明，未列明的均属于保险责任。所以，以列明风险方式承保的保险单需要将承保风险准确、清楚地进行描述和定义；按一切险方式承保的保险单需要将不予承保的风险准确、清楚地进行描述和定义。

（二）第三者责任险的保险责任

第三者责任险的保险责任是指在保险期限内，因发生与保险单所承保的工程直接相关的意外事故，引起工地内及邻近区域的第三者人身伤亡、疾病或财产损失，依法应由被保险人承担的民事损害赔偿责任，保险人可以按照保险条款的规定予以赔偿。

对于被保险人因上述原因而支付的诉讼费用以及事先经保险人书面同意的其他费用，保险人也可以负责赔偿。

（三）总的责任免除

1. 战争、类似战争行为、敌对行为、武装冲突、恐怖活动、谋反、政变引起的任何损失、费用和责任；政府命令或任何公共当局的没收、征用、销毁或毁坏；罢工、暴动、民众骚乱引起的任何损失、费用或责任。

2. 被保险人及其代表的故意行为和重大过失引起的损失、费用或责任。

3. 核裂变、核聚变、核武器、核材料、核辐射及放射性污染引起的损失、费用和责任。

4. 大气、土地、水污染及其他各种污染引起的任何损失、费用和责任。

5. 工程部分停工或全部停工引起的任何损失、费用和责任。

6. 罚金、延误、丧失合同及其他后果损失。

7. 保险单明细表或有关条款中规定的应由被保险人自行负担的免赔额。

（四）物质损失部分的责任免除

建筑工程保险采用一切险方式承保时，其除外责任如下：

1. 设计错误引起的损失和费用。

2. 自然磨损、内在或潜在缺陷、物质本身变化、自燃、自热、氧化、锈蚀、渗漏、鼠咬、虫蛀、大气变化、正常水位变化或其他渐变原因造成的保险项目自身的损失和费用。

3. 因原材料缺陷或工艺不善引起的保险项目本身的损失以及为换置、修理或矫正这些缺点错误所支付的费用。

4. 非外力引起的机械或电气装置的本身损失，或施工用机具、设备、机械装置失灵造成的本身损失。

5. 维修保养或正常检修的费用。

6. 档案、文件、账簿、票据、现金、各种有价证券、图表资料及包装物料的损失。

7. 盘点时发现的短缺。

8. 领有公共运输行驶执照的或已由其他保险予以保障的车辆、船舶和飞机的损失。

9. 除非另有约定，在被保险工程开始以前已经存在或形成的位于工地范围内或其周围的属于被保险人的财产的损失。

10. 除非另有约定，在保险单规定的保险期限终止以前，保险项目中已由工程所有人签发完工验收证书或验收合格或实际占有或使用或接收的部分。

建筑工程保险如果以列明风险的方式承保，除外责任包括以上事项外，通常还有"其他不属于保险责任范围内的损失"这一项。

（五）第三者责任险的责任免除

1. 在保险单物质损失保险责任项下或应该在该项下予以负责的损失及各种费用。

2. 由于震动、移动或减弱支撑而造成的任何财产、土地、建筑物的损失以及由此造成的任何人身伤害和物质损失。

3. 工程所有人、承包人或其他关系方或他们所雇用的在工地现场从事与工程有关工作的职员、工人以及他们的家庭成员的人身伤亡或疾病。

4. 工程所有人、承包人或其他关系方或他们所雇用的职员、工人所有的或由其照管、控制的财产发生的损失。

5. 领有公共运输行驶执照的车辆、船舶和飞机造成的事故。

6. 被保险人根据与他人的协议应支付的赔款或其他款项。

五、建筑工程保险的免赔额

由于建筑工程保险是以建造过程中的工程为承保对象，在施工过程中，工程往往会因为自然灾害以及工人、技术人员的疏忽、过失等造成或大或小的损失。这类损失有些是承包商计算标价时需考虑在成本内的，有些则可以通过谨慎施工或采取预防措施加以避免。这些损失如果全部通过保险来获得补偿并不合理。因为即使损失金额很少也要保险人赔偿，那么保险人必然要增加许多理赔费用，这些费用最终将反映到费率上去，必然增加被保险人的负担，为赔偿小额损失而增加双方的负担无疑很不经济。规定免赔额后，既可以通过费率上的优惠减轻被保险人的保费负担，同时在工程发生免赔额以下的损失时，保险人也不需派人员去理赔，从而减少了保险人的费用开支。特别是还有利于提高被保险人施工时的警惕性，从而谨慎施工，减少灾害的发生。

按照建工险保险项目的种类，主要有以下几种免赔额：

1. 建筑工程免赔额。该项免赔额一般为保险金额的 0.5% ~ 2% 或 2 000 ~ 50 000 元，对自然灾害的免赔额大一些，其他危险则小一些。

2. 建筑用机器装置及设备。免赔额为保险金额的 5% 或 500 ~ 1 000 元，或规定为损失金额的 15% ~ 20%，以高者为准。

3. 清除残骸费用一般不设免赔额。

4. 其他项目的免赔额。一般为保险金额的 2% 或 500 ~ 2 000 元。

5. 第三者责任保险免赔额。第三者责任保险中仅对财产损失部分规定免赔额，按每次事故赔偿限额的 1% ~ 2% 计算，具体由被保险人和保险人协商确定。

除非另有规定，第三者责任保险一般对人身伤亡不规定免赔额。

6. 特种危险免赔额。应视项目风险大小而定，保险人只对每次事故超过免赔部分的损失予以赔偿，低于免赔额的部分不予赔偿。

六、建筑工程保险的保险期限

（一）保险期限的确定

一般来说，保险人确定建筑工程保险的保险期限原则上是根据施工周期确定的。保险期限的开始可以有三个时间点：

1. 被保险人的施工队伍进入工地，工程破土动工为起点；

2. 用于保险工程的材料、设备运抵工地，由承运人交付给被保险人为起点；

3. 由投保人与保险人商定的保险单生效日为起点。

保险期限的终止日，可根据以下情况确定：

1. 业主或指定的代表签发工程完工证书或工程验收合格日；

2. 业主实际占有、使用或接收工程项目日；

3. 投保人与保险人约定的保险期限终止日。

保险期限终止之后，若投保工程仍未完工，被保险人应在保险单终止日之前向保险人提出书面申请，保险人出具批单对原约定的保险期限予以延展后，该保险方可继续有效。

建筑工程项目中如果有安装项目，一般都有试车和考核期，这是机器设备在安装完毕后、投入生产性使用前，为了保证正式运行的可靠性、准确性所进行的试运转期间。试车和考核期是包含在工期内的。不论安装的保险设备的有关合同中对试车和考核期如何规定，保险人仅对保险单明细表中列明的试车和考核期限内对试车和考核所引发的损失、费用和责任负责赔偿；若保险设备本身是在安装前已被使用过的设备或转手设备，则自其试车之时起，保险人对该项设备的保险责任即告终止。

【知识链接】

工程保险的保险期限认定

某工程合同规定 2007 年 10 月 30 日竣工，在实际施工过程中，先后因下列原因导致关键线路中的工程延误 93 天。

(1) 2007 年 5 月 10 日至 5 月 19 日，因设计变更等候图纸停工 10 天；

(2) 2007 年 5 月 15 日至 5 月 25 日，因正常阴雨气候影响施工质量，监理工程师下令停工 11 天；

(3) 2007 年 5 月 20 日至 7 月 20 日，因承包商设备故障而停工 61 天；

(4) 2007 年 7 月 15 日至 7 月 25 日，发生了合同规定的不可抗力事件而停工 11 天。

试分析以下问题：

(1) 承包商因工期延长应向保险人索赔多少天？为什么？

(2) 监理工程师应批准承包商延展工期多少天？为什么？

(3) 如果业主仍要求承包商在原定的工期内竣工，监理工程师应如何处理？

本案例中因设计变更等候图纸停工 10 天，监理工程师下令停工 11 天，因不可抗力事件停工 11 天，总计 32 天。以上 32 天可在工期中顺延，在合同约定中，这属于甲方（业主）的责任范围；承包商（乙方）由于自己设备故障而停工 61 天，属于乙方责任范围，无工期顺延理由。

合同规定 2007 年 10 月 30 日竣工，承包商只能在此日期顺延 32 天交工，否则即为违约，应按合同约定中的处罚条款执行。

（资料来源：杨波．财产保险原理与实务 [M]．南京：南京大学出版社，2010：231．）

（二）保证期的确定

工程项目移交完毕后，一般还有一个保证期。保证期是指根据工程合同的规定，承包商对于所承建的工程项目在工程验收并交付使用之后的一定期限内，如果建筑物或被安装的机器设备存在建筑或安装的质量问题，甚至造成损失的，承包商对这些质量问题和损失应承担修复或赔偿的责任。因此，如投保人需要，并交付规定的保险费，可以加保保证期的物质损失保险。工程保证期一般为 12 个月，大型项目为 24 个月。保证期物质损失保险的保险期限一般与工程合同中规定的保证期一致，从工程所有人对部分或全部工程签发完工验收证书或验收合格，或工程所有人实际占有或使用或接收该部分或全部工程时起算，以先发生者为准。可见，保证期物质损失保险的保险期限的起点是一个相对不确定的时间点。

七、建筑工程保险的保险费率

（一）费率制定要考虑的因素

建筑工程保险制定费率时，要考虑如下因素：

1. 承保责任的范围大小。

2. 工程本身的危险程度。

3. 承包商和其他工程方的资信情况，技术人员的经验、经营管理水平和安全条件。

4. 工地环境，如治安、人口密度、当地生活水平等。

5. 工程地质及水文、气象环境。

6. 同类工程以往的损失记录。

7. 工程免赔额的高低、特种危险赔偿限额及第三者责任限额的大小。

8. 被保险人的组成，被保险关系方越多，越容易丧失追偿机会，如被保险人包括供应商、制造商会丧失向产品质量责任方追索的权利。

9. 国际再保险市场费率。

（二）建筑工程保险的费率项目

1. 建筑工程、业主提供的物料及项目、安装工程项目、场地清理费、工地内已有的建筑物等各项为一个总费率，整个工期实行一次性费率。

2. 建筑用机器装置、工具及设备为单独的年度费率，如保险期限不足一年，则按短期费率收取保费。

3. 第三者责任险部分实行整个工期一次性费率。

4. 保证期实行整个保证期一次性费率。

5. 各种附加保障增加费率实行整个工期一次性费率。

八、建筑工程保险的赔偿处理

（一）赔偿方式

对保险财产遭受的损失，保险人可选择以支付赔款或以修复、重置所损项目的方式予以赔偿。

（二）物质损失的赔偿处理

1. 可以修复的部分损失。以将保险财产修复至其基本恢复受损前状态的费用扣除残值后的金额为准，但若修复费用等于或超过保险财产损失前的价值时，采取推定全损的处理方式。

2. 全部损失或推定全损。以保险财产损失前的实际价值扣除残值后的金额为准，保险人一般不接收被保险人的委付申请。

3. 施救费用。被保险人为减少损失而采取必要措施所产生的合理费用，由保险人在保险金额限度内予以负责。

（三）第三者责任损失的赔偿处理

在发生第三者责任项下的索赔时，未经保险人书面同意，被保险人或其代表对索赔方不得作出任何责任承诺或拒绝、出价、约定、付款或赔偿。在必要时，保险人有权以被保险人的名义接办对任何诉讼的抗辩或索赔的处理。保险人有权以被保险人的名义，为保险人的利益自付费用向任何责任方提出索赔的要求。未经保险人书面同意，被保险人不得接受责任方就有关损失作出的付款或赔偿安排或放弃对责任方的索赔权利，否则，由此引起的后果将由被保险人承担；在诉讼或处理索赔过程中，保险人有权自行处理任何诉讼或解决任何索赔案件，被保险人有义务向本公司提供一切所需的资料和协助。

建筑工程保险的第三者是指除保险人和所有被保险人以外的单位及人员，不包括被保险人和其他承包人所雇用的在现场从事施工的人员。如果一项工程有数个被保险人，为了避免被保险人之间相互追究第三者责任，经保险人同意，被保险人可申请加贴交叉责任条款。根据这一条款，保险人对保险单所载每一个被保险人均视为单独保险的被保险人，对他们之间的相互责任所引起的索赔，保险人均视为第三者责任赔偿，不再向负有赔偿责任的被保险人进行追偿。

第三节 安装工程保险

一、安装工程保险的概念和适用范围

安装工程保险是指以各种大型机器设备的安装工程项目在安装期间因自然灾害和意外事故造成的物质损失以及被保险人对第三者依法应承担的赔偿责任为保险标的的保险。

安装工程保险主要适用于安装各种工厂使用的机器、设备、储油罐、钢结构工程、起重机、吊车以及包含机械工程因素的任何建造工程。

所有对保险标的具有保险利益的人都可成为安装工程保险的被保险人。安装工程保险的被保险人主要包括以下几方：

1. 工程的所有人；

2. 承包人和分承包人；

3. 供货人，即提供被安装机器设备的一方；

4. 制造商，即被安装机器设备的制造人；

5. 技术顾问；

6. 其他关系方，如贷款银行等。

二、安装工程保险的保险项目、保险金额及赔偿限额

安装工程保险的保险项目通常包括物质损失和第三者责任两个部分。

（一）物质损失部分

1. 安装工程部分

安装工程是安装工程保险的主要保险项目，包括被安装的机器、设备、装置、物料、基础工程（如地基、座基等）以及工程所需要的各种临时设施（如水、电、照明、通信设备）等。安装工程主要有三类：（1）新建工厂、矿山或某一车间生产线安装的成套设备；（2）单独的大型机构装置，如发电机组、锅炉、巨型吊车等组装工程；（3）各种钢结构建筑物，如储油罐、桥梁、电视发射塔之类的安装管道、电缆的铺设工程等。安装工程部分的保险金额，一般按安装合同总金额确定，待工程完毕后再根据完毕的实际价值进行调整。当采用完全承包方式时，安装项目为合同承包价；当订货人对引进设备投保时，其保险金额为 CIF 合同价、国内运费及保险费以及关税和安装费的总和。

2. 土建项目

土建项目是指厂房、仓库、办公楼、宿舍、码头、桥梁等。这些项目一般不在安装工程合同以内，但可以在安装工程保险内附带投保。本项的保险金额不能超过安装工程保额的 20%，超过 20% 时，则按建筑工程保险费计收保费；超过 50%，则需单独投保建筑工程保险。这部分的保险金额是根据工程项目建成后的价格来确定的。

3. 工程所有人或承包人在工地上的其他财产

工程所有人或承包人在工地上的其他财产由投保人与保险人商定保险金额。

4. 施工用机具及设备

施工用机具及设备的保险金额按重置价值来确定。

5. 清除残骸费用

此项费用一般单独列出，须在投保人与保险人商定赔偿限额投保并交付相应的保险费后，保险人才予以负责。大工程的该项限额一般不超过合同价格的 5%，小工程一般不超过合同价格的 10%。

（二）第三者责任部分

第三者责任部分包含的内容以及第三者责任险的责任限额的确定与建筑工程保险基本相同，此处不再重复。

三、安装工程保险的保险责任范围

我国安装工程保险物质损失部分的责任范围与建筑工程保险略有不同。首先，安装工程保险的责任免除比建筑工程保险的责任免除增加了一项：由于超荷、超电压、碰线、电弧、漏电、短路、大气放电及其他电气原因造成电气设备或电气用具本身的损失。也就是说，安装工程保险只负责由于上述电气事故造成的其他财产的损失，而不包括电器用具本身的损失，但建筑工程保险是都负责的。其次，安装工程保险不负责"因设计错误、铸造或原材料缺陷或工艺不善引起的被保险财产本身

的损失以及换置、修理或矫正这些缺点错误所支付的费用"。但建筑工程保险不负责"设计错误引发的损失和费用"。也就是说，建筑工程保险对错误设计造成的损失一般除外，而安装工程保险对错误设计"引起的本身损失"除外，对由此引起的其他保险财产的损失予以赔偿。最后，建筑工程保险的除外责任中有"非外力机械或装置本身的损失"，但安装工程保险没有这项除外责任。

安装工程保险第三者责任险的责任范围与建筑工程保险也略有不同。建筑工程保险的第三者责任险除外责任中有以下内容："由于震动、移动或减弱支撑而造成的任何财产、土地、建筑物的损失以及由此造成的任何人身伤害和物质损失"，在安装工程保险中这项除外责任删除了。

四、安装工程保险与建筑工程保险的区别

由于安装工程保险的保险期限、保险费率、免赔额、赔偿处理、被保险人义务等方面与建筑工程保险大致相同，这里不再赘述。下面分析两者之间的主要区别。

（一）保险标的的变化不同

建筑工程保险的保险标的的价值自开工之后逐步增加，风险责任也随着保险标的价值的增加而增加，致使危险越来越集中；而安装工程保险的保险标的的价值在整个保险期限内基本没有发生变化，危险程度变动不大。

（二）面临风险因素不同

建筑工程保险与安装工程保险的保险标的所处的环境及性质不同，建筑工程保险的保险标的多处于暴露状态下，遭受自然灾害破坏的可能性较大；安装工程保险的保险标的多半在建筑物内，自然危险较小，但由于机器设备安装的技术性较强，遭受人为事故损失的可能性较大。

（三）受试车风险影响的程度不同

安装工程在交接前必须经过试车考核，而在试车期内，任何潜在的因素都可能造成损失，损失率要占安装工期内总损失的一半以上。由于风险集中，试车期的安装工程保险的保险费率通常占整个工期保费的1/3，而且对旧机器设备不承担赔付责任。虽然建筑工程保险的保险标的一般也包含安装工程，但毕竟不占主体地位，试车风险对建筑工程保险的影响要比安装工程保险小很多。

（四）保险责任范围不同

关于建筑工程保险和安装工程保险的保险责任范围的差异，在本节的第三部分已作出分析，此处不再重复。

第四节　机器损坏保险

一、机器损坏保险的概念和特征

（一）概念

机器损坏保险是以各类已安装完毕并投入运行的机器设备为保险标的，承保被保险机器在保险期限内工作、闲置或检修保养时，因人为的、意外的或物理性原因

造成的物质损失的一种保险。如果一台机器同时投保了火灾保险和机器损坏保险，就能获得完全的保障，因此机器损坏保险还可以作为团体火灾保险的附加险来承保。

（二）特征

1. 承保的风险主要是人为事故。机器损坏险与其他财产险不同，不负责自然灾害造成的损失，只对事故所致的损失负责，所以发生事故，往往与人为因素有关，例如设计、制造或安装错误，铸造和原材料缺陷，工人、技术人员操作错误，疏忽、过失、恶意行为等造成的损失。这些是企业财产保险所不承保的风险。

2. 按重置价值确定保额。其他财产保险的保额，通常按投保时的实际价值确定，并按市价进行赔偿；而机损险承保的机器设备，不论新旧，均按重置价值确定保额。

3. 有停工退费的规定。机器损坏保险承保的是运行中的损失，而有些季节使用的机器设备，如制冷机等往往有停工期。在停工期间风险大大减少，故应退还一定的保险费。

4. 一般要求一个工厂、一个车间的机器全部投保。机器损坏险因机器运行期间的事故多，风险大，费率高于普通财产保险。

5. 通常规定一定的免赔额。

二、机器损坏保险的保险标的和责任范围

（一）机器损坏保险的保险标的

机器损坏保险的保险标的包括各类机器、工厂设备、机器装置，如发电机组（锅炉、滑轮发电组）、电力输送设备（变压器和高低压设备）、生产机器和附属设备（机器工具、造纸机、织布机、抽水机），但主要是各类工厂、矿山的大型机械设备和机具。

（二）机器损坏保险的保险责任

保险人对下列原因引起的意外事故造成的物质损坏或灭失负赔偿责任：

1. 设计、制造或安装错误，铸造和原材料缺陷。

2. 工人和技术人员操作错误、缺乏经验、技术不善、疏忽、过失、恶意行为。

3. 离心力引起的断裂。

4. 超负荷、超电压、碰线、电弧、漏电、短路、大气放电、感应电及其他电气原因。

5. 责任免除项目规定以外的其他原因。

（三）机器损坏保险的除外责任

保险人对于下列原因直接或间接引起的损失、费用和责任不负责赔偿：

1. 机器设备运行必然引起的后果，如自然磨损、氧化、腐蚀、锈蚀、孔蚀、锅垢等物理性变化或化学反应。

2. 各种传送带、缆绳、金属线、链条、轮胎、可调换或替代的钻头、钻杆、刀具、印刷滚筒、套筒、活动管道、玻璃、磁、陶及钢筛、网筛、毛毡制品、一切操作中的媒介物（如润滑油、燃料、催化剂等）及其他各种易损易耗品。

3. 被保险人及其代表已经知道或应该知道的被保险机器及其附属设备在保险单

生效前已经存在的缺点或缺陷。

4. 根据法律或契约应由供货方、制造人、安装人或修理人负责的损失或费用。

5. 由于公共设施部门的限制性供应及故意行为或非意外事故引起的停电、停气、停水。

6. 火灾、爆炸。

7. 地震、海啸、雷电、飓风、台风、龙卷风、风暴、暴雨、洪水、冰雹、地崩、山崩、雪崩、火山爆发、地面下陷下沉及其他自然灾害。

8. 飞机坠毁、飞机部件或飞行物体坠落。

9. 机动车碰撞。

10. 水箱、水管爆裂。

11. 被保险人及其代表的故意行为或重大过失。

12. 战争、类似战争行为、敌对行为、武装冲突、恐怖活动、谋反、政变、罢工、暴动、民众骚乱。

13. 政府命令或任何公共当局没收、征用、销毁或毁坏。

14. 核裂变、核聚变、核武器、核材料、核辐射及放射性污染。

15. 保险事故发生后引起的各种间接损失或责任。

16. 保险单规定的应由被保险人自行负担的免赔额。

【补充阅读】

机器损坏险的责任认定

被保险人：某电力有限公司

保险险别：机器损坏险

保险期限：2002 年 1 月 1 日至 2002 年 12 月 31 日

投保方式：以重置价值投保

出险时间：2002 年 12 月 16 日

受损财产：发电机主机、主变压器、厂变压器

索赔金额：5 969 767.74 元

核损金额：4 793 842.50 元

公估人：某公估公司

2002 年 12 月 16 日凌晨，某电厂工作人员如常对各发电机组进行巡查。发现有水从冷却器顶端排氧管漏出。在检查漏水原因的过程中，突然一声巨响，发电机骤停。

根据电气专家、公估公司专业人员及该电厂安全委员会共同分析，事故原因是3 号机组的发电机氢气冷却器的排空气管因腐蚀、漏水等原因导致排空气门门杆断裂，引起线路短路，产生爆炸和强电弧，从而导致相关设备损坏。

焦点问题：

1. 事故险种的界定。因为事故现场发生"爆炸"，有观点认为这是一次财产险项下的事故，也有观点认为这是机器损坏险项下的事故。因主要损失都是由于短路

产生强电弧引起的，所以都归结为机器损坏险项下的事故，应该扣除机器损坏险项下的免赔额。

2. 责任范围的界定。从各方的意见看，事故直接与排空气管的腐蚀和排空气门门杆的断裂有关。按保险条款"除外责任"规定，腐蚀导致的直接或间接损失都是除外责任，但腐蚀不是排空气门门杆断裂的唯一原因。按要求，排空气门门杆是活动部件，有一定使用寿命，需要定期更换，但这个门杆没有到规定的使用寿命，出现断裂是材质问题，属于保险条款"原材料缺陷"的责任范围。所以，本案被认定属于保险责任。

在处理案件中，对事故责任的认定是比较复杂的，需要仔细分析各种因素，特别应该查对元部件的设计使用寿命。以上案例说明，大多数设备元件在使用过程中必然有磨损或腐蚀，所以都有设计寿命。如果简单地判断事故原因是腐蚀，都予拒赔，被保险人会非常反感，觉得保险公司拒赔大部分赔案，参加保险没有意义。设备元器件使用过程中没有到使用寿命就出现问题，证明元器件没能有效对抗本该可以承受的腐蚀和磨损强度，在设计或材质上存在缺陷，应属于保险责任范围，反之，如果该部件已经到了使用年限而出现事故，磨损或腐蚀就是损失的直接原因，是必然的后果，不属于保险责任范围。

（资料来源：曹晓兰. 财产保险［M］. 北京：中国金融出版社，2007：222－223.）

三、机器损坏保险的保险金额和免赔额

机器损坏保险的保险金额，应为机器设备的重置价值，即重新换置同一厂牌或相类似的型号、规模、性能的新机器设备的价格，包括出厂价格、运费、保险费、税款、可能支付的关税以及安装费用等。不论机器及其附属设备新旧程度，保险金额均按重置价值确定。如果被保险机器不止一项时，应分别列明保险金额。如果机器设备的底座、附件需要保险，应在保单中注明，并增加保险金额。

为了加强被保险人的安全生产责任心，保险人可根据机器的性质、大小、新旧、保养和使用情况与被保险人商定一个每项事故的免赔额（率）。同一保单中各种机器的情况不同，免赔额可以不同。如果在一次事故中有多个项目发生损失，被保险人只承担这些项目中最高的一个免赔额。

四、机器损坏保险的保险费率

机器损坏保险费率的主要影响因素有机器的类型和用途。当然，被保险人的管理水平和技术水平、防损和安全措施、近年来的损失和修理费用情况、免赔额的高低等，对费率也有重要影响。由于机器损坏的频率较高，保险费率一般都较高。

五、机器损坏保险的停工退费规定

如果机器损坏保险承保的锅炉、汽轮机、蒸汽机、发电机或柴油机连续停工超过3个月时（包括修理，但不包括由于发生保险责任范围内损失后的修理），则停工期间的保险费按下列比例退还给被保险人：

连续停工 3~5 个月　　　　退还保险费的 15%；

连续停工 6~8 个月　　　　退还保险费的 25%；

连续停工 9~11 个月　　　退还保险费的 35%；

连续停工 12 个月　　　　退还保险费的 50%。

但关于停工退费的规定不适用于季节性的工厂使用的机器。

六、机器损坏保险的赔偿处理

（一）赔偿方式

对被保险机器设备遭受的损失，保险人可选择以支付赔款或以修复、重置受损项目的方式予以赔偿，但对被保险机器设备在修复或重置过程中发生的任何变更、性能增加或改进所产生的额外费用，保险人不负责赔偿。

（二）赔偿金额的确定

1. 可以修复的部分损失：以将被保险机器设备修复至其基本恢复受损前状态的费用扣除残值后的金额为准，修理时需更换零部件的，可不扣除折旧。

2. 全部损失或推定全损：以被保险机器设备损失前的实际价值扣除残值后的金额为准，但保险人有权不接受被保险人对受损机器设备的委付。

3. 任何属于成对或成套的设备项目，若发生损失，保险人的赔偿责任不超过该受损项目在所属整对或整套设备项目的保险金额中所占的比例。

4. 发生损失后，被保险人为减少损失而采取必要措施所产生的合理费用；保险人可予以赔偿，但本项费用以被保险机器设备的保险金额为限。

（三）保险金额的减少和恢复

保险人赔偿损失后，由保险人出具批单将保险金额从损失发生之日起相应减少，并且不退还保险金额减少部分的保险费。如被保险人要求恢复至原保险金额，应按约定的保险费率加缴恢复部分从损失发生之日起至保险期限终止之日止按日计算的保险费。

【知识链接】

特殊风险保险（科技工程保险）

特殊风险保险，现在大多称为科技工程保险，可以视为工程保险的延伸和拓展，随着工业水平的提高和科技活动的不断活跃，人类对于一些特种风险的保险需求越来越旺盛，特殊风险保险也应运而生，我们这里主要介绍以下四种特殊风险保险。

1. 航天保险

航天工业是一项高耗资、高风险的行业，其发生意外所导致的经济损失往往难以估量，有时甚至数以亿计。然而，航天工业的意外事件时有发生，据相关数据显示，航天工业中的卫星发射业务的失败率高达 5%，因此各国航天工业对于航天风险的转移需求均十分强烈。目前，国际保险市场上主要开展的航天保险业务是卫星保险。

航天保险根据航天项目进展时间的不同，提供以下三个主要险种：发射前保险、发射保险承保卫星、卫星在轨寿命保险。航天保险的保险金额也是分阶段而定的。航天保险的费率属于弹性费率，通常依据航天产品的质量和航天保险市场上的损失概率等确定。

2. 核能保险

核能保险是以核能工程项目为保险标的，以核能工程中的各种核事故和核责任风险为保险责任的科技工程保险。随着现代原子能技术和各国核电工业的发展，核能保险逐步发展起来。根据核能工程的不同阶段，核能保险提供以下四个主要险种：财产损毁保险、核能安装保险、核能工程责任保险和核原料运输保险。

核能保险诞生于20世纪50年代的英国，随着广州大亚湾核电站和浙江秦山核电站的建设，我国的核保险也逐步受到重视。1992年9月，我国的核共体由中国再保险公司、中国人民保险公司、中国太平洋保险公司、中国平安保险公司共同发起成立。

3. 计算机网络与技术保险

随着计算机技术的广泛应用和网络的全球化普及，我们使用计算机及运用网络技术过程中可能遇到计算机软件或硬件破坏、遭遇网络病毒等风险，其损失较大。在计算机保险领域，硬件意外损失的保险可以直接归入普通财产保险中去，而软件遭遇破坏的风险相对技术含量较高，一般归入科技工程保险中。

网络保险诞生于20世纪90年代的美国，当时由于网络遭遇攻击的事件屡见不鲜，网络保险的市场需求愈发旺盛，这一新型险种应运而生。

4. 海洋石油开发保险

海洋石油开发保险面向现代海洋石油工业，专门承保从勘探到建成、生产整个开发过程中的风险，海洋石油开发工程的所有人或承包人均可投保该险种。根据开发各阶段的业务不同，海洋石油开发保险主要提供以下险种：勘探作业工具保险、钻探设备保险、费用保险、责任保险和建筑安装工程保险。

海洋石油开发保险作为一项工程保险业务是分阶段进行的，每一阶段均以工期为保险责任的起讫期，前一阶段完成，并证明有开采价值时，后一阶段才得以延续。

航天工程保险、核能工程保险、计算机网络与技术保险、海洋石油开发保险又可统称为科技工程保险，由于它们具有较强的专业技术性和较高的科技开拓危险性，所以其承保过程中往往会出现保险联合体。保险联合体是一种独特的承保方式，是由利益相关的保险公司和再保险公司组成、出于特定的商业或政策目的、承保特定风险的承保集团。保险联合体的独特性主要体现为承保能力大，针对性强，影响力广；遵循统一的章程，共进共退；低成本运作，不使用中介等特点。目前在我国保险市场，主要存在两大保险联合体：中国核保险共同体和中国航天保险联合体。

（资料来源：杨波. 财产保险原理与实务［M］. 南京：南京大学出版社，2010：228－229.）

【附录 7.1】

中国 2010 年上海世博会建筑和安装工程保险方案及条款

一、保险种类

中国 2010 年上海世博会建筑和安装工程保险。

二、投保人

1. 上海世博会组织者。
2. 官方参展者。
3. 非官方参展者。
4. 与组织者签订商业经合同的单位和个人。
5. 从事建筑、安装、调试、试运行和维护等工程项目的建筑商、各级承包商。

三、被保险人

1. 上海世博会组织者。
2. 官方参展者。
3. 非官方参展者。
4. 与组织者签订商业经营合同的单位和个人。
5. 从事建筑、安装、调试、试运行和维护等工程项目的建筑商、各级承包商。

四、保险地址

上海世博会园区（陆地面积 5.28 平方公里，以上海世博会组织者确认的园区范围为准）以及保险双方约定的上海世博会园区内相应的水域范围。

具体以每一保险工程所在地点为准。

五、保险标的

在保险地址范围内被保险人所有或由其看管、控制的建筑工程、安装工程（以下简称工程），包括用于工程的施工物料、施工用机器、装置和机械设备、施工用存货及部件以及其他列明的保险财产。

以上各项以被保险人投保本保险单时提供的工程项目清单为限。

六、保险期限

保险期限自 20　　年　　月　　日或自工程在保险地址范围内动工，或用于工程的材料、设备运抵保险地址之时开始至 20　　年　　月　　日或工程所有人对部分或全部工程签发完工验收证书或验收合格，或工程所有人实际占有或使用或接收该部分或全部工程之时终止，以先发生者为准，包括 4 周的试车期。如果部分工程被接收或投入使用，保险人对此部分工程的保险责任即行终止。

试车期：本保单的试车期从设备安装完毕进入试车之日起 4 周。本试车期适用分项以及成套设备的试车。

保证期：本保单的保证期为自工程所有人对全部工程签发完工验收证书或验收合格后 12 个月。

七、保险金额

1. 物质损失部分保险金额应不低于：

（1）建筑工程合同价格，包括原材料费用、设备费用、建造费用、安装费、运输费以及由工程所有人提供的原材料和设备的费用；

（2）施工用机器、装置和机械设备的价值；

（3）其他保险标的：以双方约定的金额为准。

2. 特种危险赔偿限额

洪水、风暴、暴雨的赔偿限额：保险金额的 80%。

八、责任范围

1. 在保险期限内，本保险单承保在保险单明细表中分项列明的保险财产在列明的保险地址范围内，因本保险单除外责任以外的任何自然灾害或意外事故造成保险标的的直接物质灭失或损坏（以下简称损失）。

2. 由于材料缺陷、工艺不善或设计错误原因造成的本保险单其他保险标的直接物质损失所产生的重建、换置、修理或矫正费用的赔偿责任。

3. 对经本保险单列明的因发生上述损失所产生的有关费用，保险人亦可负责赔偿。

九、免赔额

1. 事故人民币 5 000 元或损失金额的 10%，以高者为准。

2. 意外事故（含因原材料缺陷、工艺不善、设计错误导致的事故）无免赔。

十、保险费率

0.283%。

本保单的保险费率以上海世博会组织者最终公布的费率为准。

十一、放弃损失求偿权

除出现故意或重大过失情况外，任何被保险人放弃就火灾或其他意外事故导致的损失引起的相互索赔的权利，保险人不得向被保险人行使代位求偿权。

十二、法律适用及司法管辖

适用中华人民共和国法律。

受中华人民共和国司法管辖。

凡应本保险合同引起的或与本保险合同有关的任何争议，均应提交_____

（请注明仲裁机构全称），按照申请仲裁时该机构现行有效的仲裁规则进行仲裁，仲裁裁决是终局的，对双方均有约束力。

中国 2010 年上海世博会建筑和安装工程保险条款

一、保险标的

在保险地址范围内被保险人所有或由其看管、控制的建筑工程、安装工程（以下简称工程），包括用于工程的施工物料、施工用机器、装置和机械设备、施工用存货及部件以及其他列明的保险财产。

以上各项以被保险人投保本保险时提供的工程项目清单为限。

二、责任范围

1. 在保险期限内，本保险单承保在保险单明细表中分项列明的保险财产在列明的保险地址范围内，因本保险单除外责任以外的任何自然灾害或意外事故造成保险标的直接物质灭失或损坏（以下简称损失）。

2. 由于材料缺陷、工艺不善或设计错误原因造成的本保险单其他保险标的直接物质损失所产生的重建、换置、修理或矫正费用的赔偿责任。

3. 对经本保险单列明的因发生上述损失所产生的有关费用，保险人亦可负责赔偿。

4. 保险人对每一保险项目的赔偿责任均不超过本保险单明细表中对应列明的分项保险金额以及本保险单特别条款或批单中规定的其他适用的赔偿限额。但在任何情况下，保险人在本保险单项下承担的对物质损失的最高赔偿责任不超过本保险单明细表中列明的总保险金额。

定义：

自然灾害：指雷电、暴雨、洪水、暴风、龙卷风、冰雹、台风、飓风、沙尘暴、地面突然下陷下沉及其他人力不可抗拒的破坏力强大的自然现象。

意外事故：指不可预料的以及被保险人无法控制并造成物质损失的突发性事件。

三、责任免除

保险人对下列各项不负责赔偿：

1. 战争、类似战争行为、军事行为、敌对行为、武装冲突、恐怖活动、谋反、罢工、暴动、骚乱、政变引起的任何损失和费用；

2. 被保险人及其代表的故意行为或重大过失引起的任何损失和费用以及被保险人的亲友或雇员的偷窃引起的任何损失和费用；

3. 核裂变、核聚变、核武器、核材料、核辐射及放射性污染引起的任何损失和费用；

4. 大气污染、土地污染、水污染及其他非放射性污染引起的任何损失和费用，但不包括由于保险事故造成的非放射性污染引起的损失和费用；

5. 工程部分停工或全部停工引起的任何损失和费用；

6. 任何形式的后果性损失包括罚金、延误损失或丧失合同；

7. 保险单明细表或有关条款中规定的应由被保险人自行负担的免赔额；

8. 地震、海啸造成的损失和费用；

9. 自然磨损或老化、内在或潜在缺陷、物质本身变化、自燃、自热、氧化、锈蚀、渗漏、鼠咬、虫蛀、大气（气候或气温）变化、正常水位变化或其他渐变原因造成的保险标的的损失和费用；

10. 因原材料缺陷、工艺不善、设计错误造成保险标的本身的损失和费用；

11. 非外力引起的机械或电气装置的本身损失，或施工用机具、设备、机械装置失灵造成的本身损失；

12. 由于超负荷、超电压碰线、电弧、漏电、短路、大气放电及其他电气原因造成电气设备或电气用具本身的损失；

13. 维修保养或正常检修的费用；

14. 档案、文件、账簿、票据、现金、各种有价证券、图表资料及包装物料的损失；

15. 盘点时发现的短缺；

16. 领有公共运输行驶执照的，或已由其他保险予以保障的车辆、船舶和飞机的损失；

17. 除非另有约定，在保险工程开始以前已经存在或形成的位于工地范围内或其周围的属于被保险人的财产的损失；

18. 除非另有约定，在本保险单保险期限终止以前，被保险财产中已由工程所有人签发完工验收证书或验收合格或实际占有或使用或接收的部分；

19. 被保险人作出或经被保险人同意而作出任何违反中华人民共和国法律、法规或上海世博会有关规章的行为引起的损失和费用。

四、保险金额

1. 本保险单明细表中列明的保险金额应不低于：

（1）建筑工程的保险金额：按照保险工程建筑完成时的总价值，包括原材料费用、设备费用、建造费、安装费、运输费和保险费、关税、其他税项和费用，以及由工程所有人提供的原材料和设备的费用；

（2）施工用机器、装置和机械设备的保险金额：按照同型号、同负载的机器、装置和机械设备的市场价值；

（3）其他保险项目的保险金额：按照由被保险人与保险人约定的金额。

2. 若被保险人是以保险工程合同规定的工程概算总造价投保，被保险人应在工程决算形成后立即向保险人申报实际总金额，保险人将据此调整保险金额及保险费。

（1）在本保险项下工程造价中包括的各项费用因涨价或升值原因而超出原保险工程造价时，必须尽快以书面通知保险人，保险人据此调整保险金额；

（2）在保险期限内对相应的工程细节作出精确记录，并允许保险人在合理的时候对该项记录进行查验；

（3）若保险工程的建造期超过 3 年，必须从本保险单生效日起每隔 12 个月向保险人申报当时的工程实际投入金额及调整后的工程总造价，保险人将据此调整保险费；

（4）在本保险单列明的保险期限届满后3个月内向保险人申报最终的工程总价值，保险人据此调整保险金额并以多退少补的方式对预收保险费进行调整。但调整后的保险金额不超过原投保金额的±5%，双方同意保费不作调整。

否则针对以上各条，保险人将视为保险金额不足，一旦发生本保险责任范围内的损失时，保险人将根据本保险单八总则中第7款的规定对各种损失按比例赔偿。

五、保险期限

1. 建筑期物质损失

（1）保险人的保险责任自保险工程在工地动工或用于保险工程的材料、设备运抵工地之时起始，至工程所有人对部分或全部工程签发完工验收证书或验收合格，或工程所有人实际占有或使用或接收该部分或全部工程之时终止，以先发生者为准。但在任何情况下，建筑期保险期限的起始或终止不得超出本保险单明细表中列明的建筑期保险生效日或终止日。

（2）不论安装的保险设备的有关合同中对试车和考核期如何规定，保险人仅在本保险单明细表中列明的试车和考核期限内对试车和考核所引发的损失、费用和责任负责赔偿；若保险设备本身是在本次安装前已被使用过的设备或转手设备，则自其试车之时起，保险人对该项设备的保险责任即行终止。

（3）上述保险期限的延展，须事先获得保险人的书面同意，否则，从本保险单明细表中列明的建筑期保险期限终止日起至保证期终止日止期间内发生的任何损失、费用和责任，保险人不负责赔偿。

2. 保证期物质损失保险

保证期的保险期限与工程合同中规定的保证期一致，从工程所有人对部分或全部工程签发完工验收证书或验收合格，或工程所有人实际占有或使用或接收该部分或全部工程时起算，以先发生者为准。但在任何情况下，保证期的保险期限不得超出本保险单明细表中列明的保证期。

六、赔偿处理

1. 对保险财产遭受的损失，保险人可选择以支付赔款或以修复、重置受损项目的方式予以赔偿，但对保险财产在修复或重置过程中发生的任何变更、性能增加或改进所产生的额外费用，保险人不负责赔偿。

2. 在发生本保险单物质损失项下的损失后，保险人按下列方式确定赔偿金额：

（1）可以修复的部分损失——以将保险财产修复至其基本恢复受损前状态的费用扣除残值后的金额为准。但若修复费用等于或超过保险财产损失前的价值时，则按下列第2项的规定处理；

（2）全部损失或推定全损——以保险财产损失前的实际价值扣除残值后的金额为准，但保险人有权不接受被保险人对受损财产的委付；

（3）对成套或成对设备的损失理赔方式——保险人按受损组件的价值在所属整

套或整对设备中所占的合理比例计算赔偿；但若修理或替换受损组件均不能使该成套或成对设备恢复到同类设备基本相同的使用状况，按受损组件所属整套或整对设备的全部价值计算赔偿；

（4）在发生本保单规定的保险事故后，被保险人为减少损失而采取必要措施所产生的合理费用，保险人可予以赔偿，但以保险标的的保险金额为限。

3. 在保险人对保险标的的损失予以赔偿后，原保险金额自动恢复。但被保险人应按约定的保险费率加缴恢复部分从损失发生之日起至保险期限终止之日止按日比例计算的保险费。

4. 被保险人对保险人请求赔偿或者给付保险金的权利，自其知道保险事故发生之日起两年不行使而消灭。

5. 在发生本保单的责任事故时，保险人同意在征得被保险人意见的情况下聘请双方认可的公估人进行保险赔款的理算，所有费用由保险人承担。

七、投保人、被保险人义务

投保人、被保险人及其代表应严格履行下列义务：

1. 在投保时，被保险人及其代表应对投保申请书中列明的事项以及保险人提出的其他事项作出真实、详尽的说明或描述。

2. 被保险人或其代表应根据本保险单明细表和批单中的规定按期交付保险费。

3. 在本保险期限内，被保险人应采取一切合理的预防措施，包括认真考虑并付诸实施保险人代表提出的合理的防损建议，谨慎选用施工人员，遵守一切与施工有关的法规和安全操作规程，由此产生的一切费用，均由被保险人承担。

4. 作为对现有建筑物改建工程的被保险人应在遵循相关法律、法规的前提下，依照相关部门规定的审批程序对本条款中所明确的现有建筑物本着谨慎、合理的改建原则从事改建工程活动。对于该被保险人不履行上款规定的义务而造成的任何损失，保险人不承担赔偿责任。

5. 如被保险人或其代表在索赔时有任何欺诈行为、进行错误陈述，或采取欺诈手段或方式以图在本保单项下获取利益，保险人对其虚假的索赔不承担赔偿责任。

6. 在发生引起或可能引起本保险单项下索赔的事故时，被保险人或其代表应：

（1）立即通知保险人，并在七天或经保险人书面同意延长的期限内以书面报告提供事故发生的经过、原因和损失程度；

（2）采取一切必要措施防止损失的进一步扩大并将损失减少到最低程度；

（3）在保险人的代表或检验师进行勘查之前，保留事故现场及有关实物证据；

（4）在被保险财产遭受盗窃或恶意破坏时，立即向公安部门报案；

（5）在预知可能引起诉讼时，立即以书面形式通知保险人，并在接到法院传票或其他法律文件后，立即将其送交保险人；

（6）根据保险人的要求提供作为索赔依据的所有证明文件、资料和单据。

7. 若在某一保险财产中发现的缺陷表明或预示类似缺陷亦存在于其他保险财产中时，被保险人应立即自付费用进行调查并纠正该缺陷。否则，由类似缺陷造成的一切损失应由被保险人自行承担。

八、总则

1. 保单效力

被保险人严格地遵守和履行本保险单的各项规定，是保险人在本保险单项下承担赔偿责任的先决条件，但：

本保险单不能因为被保险人在其无法控制的地点没有履行本保单的规定（包括加批的各项保证及条件）而影响其有效性。

本保险单中约定的保证和条件将分别适用于每一保险风险而非整个被保险风险。若其中一风险违反了保险单中约定的保证和条件，将不会影响对保单中其他被保险风险责任的有效性。

一个被保险人违反本保单约定的义务，并不影响其他被保险人在本保险单项下的权益，但是，当其他被保险人获知违约行为后应立即以书面形式通知保险人并采取补救措施代为履行相应义务，否则，保险人依照合同拒绝赔偿的权利不受影响。

2. 保单无效

如果被保险人或其代表漏报、错报、虚报或隐瞒有关本保险的实质性内容，则本保险单相应部分无效。

但本保险单不因以下原因的发生而无效：

（1）在被保险人不知道的情况下，保险财产被改变，占用或增加风险，但被保险人一旦知道后应立即通知保险人并按要求支付自风险增加之日起的附加保费；

（2）施工人员在现场为进行维护等工作而进行修理或微小改动。

3. 保单终止

除非经保险人书面同意，本保险单将在被保险人丧失保险利益时自动终止。

本保险单终止后，保险人将按日比例退还被保险人本保险单项下未到期部分的保险费。

4. 保单注销

本保险为上海世博会规定保险，保险单一经生效，保险双方不得注销。

5. 权益丧失

如果任何索赔含有虚假成分，或被保险人或其代表在索赔时采取欺诈手段企图在本保险单项下获取利益，或任何损失是由被保险人或其代表的故意行为或纵容所致，被保险人将丧失其在本保险单项下的所有权益。对由此产生的包括保险人已支付的赔款在内的一切损失，应由被保险人负责赔偿。

6. 合理查验

保险人的代表有权在任何适当的时候对保险财产的风险情况进行现场查验。被保险人应提供一切便利及保险人要求的用以评估有关风险的详情和资料。但上述查验并不构成保险人对被保险人的任何承诺。保险人的检查人员如发现任何缺陷或危险时，将以书面通知被保险人，在该项缺陷或危险未被排除并使保险人认为满意之前，对其有关的或因此引起的一切责任保险人不负责赔偿。

7. 比例赔偿

在发生本保险物质损失项下的损失时，若受损保险财产的分项或总保险金额低于对应的保险价值，其差额部分视为被保险人所自保，保险人则按本保险单明细表中列明的保险金额与该保险金额的比例负责赔偿。

8. 重复保险

本保险单负责赔偿损失、费用或责任时，若另有其他保障相同的保险存在，保险人仍按照本合同的约定先行赔偿。但当被保险人根据所有保单所得的赔偿总额超过其实际损失时，被保险人应将超过部分返还保险人。

9. 赔款支付条款

当被保险人因本保险单承保的责任事故发生后，获得的赔款将支付给保险单中双方约定的赔款接受人。

被保险人应当授权并指导保险人支付赔款给上述赔款接受人，保险人也应当根据本条款作出响应的赔付。

10. 权益转让

若本保险单项下负责的损失涉及其他责任方时，不论保险人是否已赔偿被保险人，被保险人应立即采取一切必要的措施行使或保留向该责任方索赔的权利。在保险人支付赔款后，被保险人应将向该责任方追偿的权利转让给保险人，移交一切必要的单证，并协助保险人向责任方追偿。

11. 争议处理

被保险人与保险人之间的一切有关本保险的争议应通过友好协商解决。如果协商不成，可申请仲裁或向法院提出诉讼。

□ 诉讼

除事先另有协议外，诉讼应在被告方所在地进行。

□ 仲裁

凡应本保险合同引起的或与本保险合同有关的任何争议，均应提交_____（请注明仲裁机构全称），按照申请仲裁时该机构现行有效的仲裁规则进行仲裁，仲裁裁决是终局的，对双方均有约束力。

12. 法律适用及司法管辖

本保险适用中华人民共和国法律，并受中华人民共和国司法管辖。

九、特别条款

下列特别条款适用于本保险单的各个部分，若其与本保险单的其他规定相冲突，则以下列特别条款为准：

1. 保证期特别扩展条款

兹经双方同意，本保险特别扩展承保以下列明的保证期内由于安装错误、设计错误、原材料或铸件缺陷以及工艺不善引起保险财产的损失，但对被保险人在损失发生前已发现错误并应予以矫正的费用除外。

本特别扩展条款既不承保直接或间接由于火灾、爆炸以及任何人力不可抗拒的自然灾害造成的损失，也不承保任何第三者责任。

本保险单所载其他条款不变。

保证期：本保单的保证期为自工程所有人对全部工程签发完工验收证书或验收

合格后 12 个月。

2. 自动延长保险期限特别条款（60 天）

本保险单自动延长保险期限 60 天，而无需另外支付附加保费；当保险期限延长超过 60 天时，被保险人应提前向保险人进行申报，经保险人同意，则从第 61 天开始至保险期限终止日期间按照日比例增收保费。

3. 工程完工部分扩展条款

兹经双方同意，本保险扩展承保本保险单明细表中物质损失项下保险财产在保险期限内施工过程中造成已交付使用的部分的损失。

本保险单所载其他条件不变。

4. 工地外存储物特别条款

兹经双方同意，本保险扩展承保本保险单明细表中列明的工地以外的储存物，但该储存物的金额应包括在保险金额中。

被保险人应根据保险人要求提供：

（1）工地外储存的地址；

（2）储存物的最高金额；

（3）储存期限。

被保险人应保证：

（1）上述工地外储存地点必须有安全警卫人员 24 小时值班；

（2）上述工地外储存地点必须符合储存物的存放要求。

本保险单所载其他条件不变。

5. 特别费用条款

兹经双方同意，本保险扩展承保下列特别费用，即加班费、夜班费、节假日加班费以及快运费（包括空运费）。但该特别费用须与本保险单项下予以赔偿的保险财产的损失有关。且本条款项下特别费用的最高赔偿金额在保险期限内不超过以下列明限额。若保险财产的保额不足，本条款项下特别费用的赔偿金额按比例减少。

每次事故赔偿限额：损失金额的 10% 为限。

本保险单所载其他条件不变。

6. 灭火费用条款

兹经双方同意，本保险扩展承保：

（1）参加救火的被保险人雇员（但不包括工厂消防队专职队员）的工资。

（2）除非另有其他保险，补充消防器具及损毁材料（包括雇员的衣服及私人物品）的费用，以及重置或修理救火过程中使用的材料或设备的费用。

（3）所有其他有关救火或防止火势蔓延，或因火或其他承保风险受损或存在受损的威胁，而提供临时安全装置的费用。

但是，保险人对于上述工资及费用的责任限于，扑灭发生在本保险单项下保险财产所在地或其附近的，或即将危及保险财产的火灾过程中，必要和合理的支出。

每次事故赔偿限额：损失金额的 10%。

本保险单所载其他条件不变。

7. 清理受损保险标的费用扩展条款

兹经双方同意，保险人负责赔偿被保险人因本保险单承保的风险造成保险财产损失而发生的清除、拆除及支撑受损财产的费用，但不得超过本保险单明细表中列明的赔偿限额。

每次事故的赔偿限额：损失金额的10%。

本保险单所载其他条件不变。

8. 专业费用特别条款

兹经双方同意，保险人负责赔偿被保险人因本保险单项下承保风险造成保险工程损失后，在重置过程中发生的必要的设计师、检验师及工程咨询人费用，但被保险人为了准备索赔，或估损所发生的任何费用除外。上述赔偿费用应以损失当时适用的有关行业管理部门制订的收费标准为准，但不得超过本保险单明细表中列明的赔偿限额。

每次事故赔偿限额：损失金额的10%。

本保险单所载其他条件不变。

9. 工程图纸、文件重制费用特别条款

兹经双方同意，保险人负责赔偿被保险人因本保险单项下承保风险造成工程图纸及文件的损失而产生的重新绘制，重新制作的费用。

每次事故赔偿限额：损失金额的10%。

本保险单所载其他条件不变。

10. 地下炸弹特别条款

兹经双方同意，本保险单的责任免除第一点"战争、类似战争行为、敌对行为、恐怖行动、谋杀、政变。"不适用于在工程开工前就已在地下或水下埋藏的炸弹、地雷、鱼雷、弹药及其他军火引起的损失。

本保险单所载其他条件不变。

11. 错误和遗漏条款

兹经双方同意，本保险项下的赔偿责任不因被保险人非故意地疏忽或过失而延迟或遗漏向保险人申报所占用的场地、被保险财产价值的变更而受拒付。但被保险人一旦明白其疏忽或遗漏应即向保险人申报上述情况，否则保险人不负赔偿责任。

本保险单所载其他条件不变。

12. 转移至安全地点特别条款

兹经双方同意，被保险人为避免可能发生保险事故造成损失而将保险财产临时性转移至邻近的安全地点时的保险财产遭受的损失，保险人负责赔偿。

13. 50/50条款

兹经双方同意，保险人要求：

（1）一旦原材料及设备运抵工地，被保险人应立即检验其运输途中可能发生的损失，若裸装货物损失明显，被保险人应在运输险保险单下提出索赔。

（2）若包装的货物未立即开箱，需放置一段时间，则被保险人应观察检验外包装是否有货损迹象。若货损迹象明显，被保险人应在运输险保险单下提出索赔。

（3）若货物外包装无货损的迹象，并且货物仍处于包装状态，直至货物开箱时才发现损失，该损失将视作发生在运输期间，除非从损失的性质上有明显的证据表明损失确系发生在运输保险终止后。

（4）若无明显证据确定损失发生时间，则该损失将由本保险分摊 50% 的损失金额。

本保险单所载其他条件不变。

14. 时间调整条款

兹经双方同意，本保险单项下的保险财产因在连续 72 小时内遭受暴风雨、台风、洪水所致损失应视为一单独事件，并因此构成一次意外事故而扣除规定的免赔额。被保险人可自行决定 72 小时期限的起始时间，但若在连续数个 72 小时期限时间内发生损失，任何两个或两个以上 72 小时期限不得重叠。

本保险单所载其他条件不变。

15. 防火设施特别条款

兹经双方同意，保险人仅在被保险人做到并符合下列各条要求后对被保险人因火灾爆炸引起的直接物质损失负责赔偿：

（1）工地上应始终配备足够的和有效的消防设备以及充足容量的灭火用具，并使之处于随时可用的状态。

（2）保证足够数量的人员受到使用该消防设备的训练，并能随时进行灭火工作。

（3）若建筑、安装工程需设材料仓库，则库存物应分置若干库存点，每一库存点材料不得超过以下列明的金额，每一库存点或间隔 50 米或由防火墙分隔；所有易燃物，尤其是所有易燃液体和气体的放置地应远离正进行建筑、安装的财产或任何明火作业区。

（4）易燃物附近动用明火，或进行烧焊，切割作业时必须至少有一名受到消防训练并配备灭火器材的人员在场。

本保险单所载其他条件不变。

（5）试车开始时，所有为设备运行而设计的消防设施必须安装就绪并能使用。

16. 财产险 2000 年问题除外责任条款

本条款"2000 年问题"是指，因涉及 2000 年日期变更，或此前、期间、其后任何其他日期变更，包括闰年的计算，直接或间接引起计算机硬件设备、程序、软件、芯片、媒介物、集成电路及其他电子设备中的类似装置的故障，进而直接或间接引起和导致保险财产的损失或损坏问题。

保险人对由于下列原因，无论计算机设备是否属于被保险人所有，直接或间接导致、构成或引起保险财产损失或损坏由此产生的直接损失或间接损失不负赔偿责任：

（1）不能正确识别日期；

（2）由于不能正确识别日期，以读取、存储、保留、检索、操作、判别、处理任何数据或信息，或执行命令和指令；

（3）在任何日期或该日期之后，由于编程输入任何计算机软件的操作命令引起的数据丢失，或不能读取、储存、保留、检索、正确处理该类数据；

（4）因涉及 2000 年日期变更，或任何其他日期变更，包括闰年的计算而不能正确进行计算、比较、识别、排序和数据处理；

（5）因涉及 2000 年日期变更，或任何其他日期变更，包括闰年的计算对包括计算机、硬件设备、程序、芯片、媒介物、集成电路及其他电子设备中的类似装置进行预防性的、治理性的或其他性质的更换、改变、修改。

本保险单所载其他条件不变。

评审委员会专家

张宗韬、江生忠、孟　萍、何其海、俞圣灏

（资料来源：李峰．中国 2010 年上海世博会综合责任保险方案汇编［M］．上海：东方出版中心，2009：2 – 13.）

【本章小结】

工 程 保 险	工程保险概述	工程保险是指以各种工程项目为主要承保对象的一种综合性的财产保险。 工程保险的特点：承保的风险具有特殊性、保险保障具有综合性、被保险人具有广泛性、保险期限具有不确定性、保险金额具有变动性。 工程保险业务包括建筑工程保险、安装工程保险、机器损坏保险和科技工程保险。
	建筑工程保险	建筑工程保险是指以土木建筑为主体的工程项目，如楼房、码头、公路、隧道、大桥、水库等在建造或改造过程中因自然灾害和意外事故造成的物质损失以及被保险人对第三者依法应承担的赔偿责任为保险标的的保险。 建筑工程保险的被保险人包括：业主或工程所有人；承包人或者分包人；技术顾问，包括业主聘用的建筑师、工程师及其他专业顾问；其他关系方，如贷款银行及其他债权人等。 建筑工程保险的保险标的主要是物质财产本身和第三者责任两类，在建筑工程保险单中列出的保险项目通常包括物质损失部分、特种危险赔偿部分和第三者责任部分。 建筑工程保险的第三者责任是指被保险人在工程保险期限内因意外事故造成工地以及工地附近的第三者人身伤亡或财产损失，依法应承担的赔偿责任。
	安装工程保险	安装工程保险是指以各种大型机器设备的安装工程项目在安装期间因自然灾害和意外事故造成的物质损失以及被保险人对第三者依法应承担的赔偿责任为保险标的的保险。 安装工程保险的保险项目通常包括物质损失部分和第三者责任部分。 安装工程保险有责任限额和免赔额的规定。安装工程保险与建筑工程保险有区别。
	机器损坏保险	机器损坏保险是以各类已安装完毕并投入运行的机器设备为保险标的，承保被保险机器在保险期限内工作、闲置或检修保养时，因人为的、意外的或物理性原因造成的物质损失的一种保险。 机器损坏保险的特征包括：承保的风险主要是人为事故；按重置价值确定保额；有停工退费的规定；一般要求一个工厂、一个车间的机器全部投保；通常规定一定的免赔额。 机器损坏保险的保险金额，应为机器设备的重置价值。

【课后习题】

一、单选题

1. 建筑工程保险的保险标的主要是物质财产本身和（　　）两类。

A. 第三者责任　　B. 雇主责任　　　C. 雇员责任　　　D. 公众责任

2. 机器损坏保险的保险金额，应为机器设备的（　　）。

A. 实际价值　　B. 重置价值　　　C. 实际价值加成　　D. 估价

3. 如果机器连续停工 9～11 个月，则保险人应退还保险费的（　　）。

A. 15%　　　　B. 25%　　　　　C. 35%　　　　　D. 50%

二、多选题

1. 工程保险的特点包括（　　）。

A. 承保风险的特殊性　　　　　　B. 保险保障的综合性

C. 被保险人的广泛性　　　　　　D. 保险期限的不确定性

2. 机器损坏保险具有的特征是（　　）。

A. 承保的风险主要是人为事故　　B. 按重置价值确定保额

C. 停工退费规定　　　　　　　　D. 一般规定免赔额

3. 工程保险的被保险人包括（　　）。

A. 业主　　　　B. 总承包商　　　C. 技术顾问　　　D. 贷款银行

三、判断题

1. 建筑工程保险在任何情况下都可以办理停工退费。　　　　　　　（　　）

2. 建筑工程保险和安装工程保险在责任范围方面有所不同。　　　　（　　）

3. 机器损坏保险不承保人为事故。　　　　　　　　　　　　　　　（　　）

四、简答题

1. 工程保险的特征有哪些？

2. 建筑工程保险的保险项目有哪几部分？

3. 简述机器损坏保险的特征。

4. 建筑工程保险的被保险人有哪些？

第八章

农业保险

【学习目标】

通过本章内容的学习，学生应掌握农业保险的概念、特点与分类，了解农业保险中种植业保险、养殖业保险和林木保险的主要内容。

【学习重点与难点】

农业保险的概念、特点与种类；种植业保险、养殖业保险基本内容。

【关键术语】

农业保险　种植业保险　养殖业保险　林木保险　财政补贴

【本章知识结构】

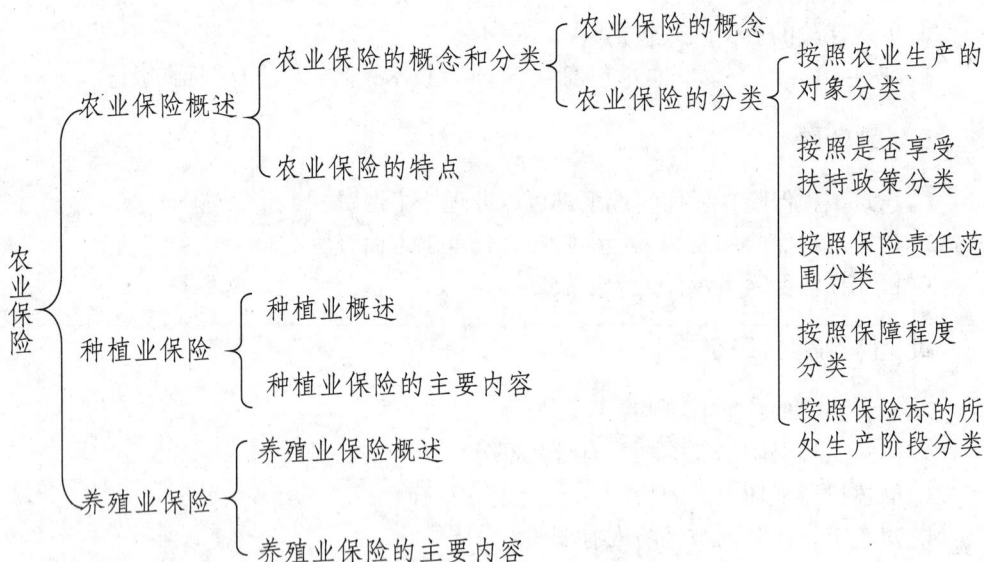

农业保险
- 农业保险概述
  - 农业保险的概念和分类
    - 农业保险的概念
    - 农业保险的分类
      - 按照农业生产的对象分类
      - 按照是否享受扶持政策分类
      - 按照保险责任范围分类
      - 按照保障程度分类
      - 按照保险标的所处生产阶段分类
  - 农业保险的特点
- 种植业保险
  - 种植业概述
  - 种植业保险的主要内容
- 养殖业保险
  - 养殖业保险概述
  - 养殖业保险的主要内容

【案例导入】

2012 年全国农险保费收入 240 亿元　人保财险独占五成份额

中国保险监督管理委员会党委书记、主席项俊波今日在 2013 年全国保险监管工作会议上表示，2012 年农业保险保费收入 240.6 亿元，同比增长 38.3%，为 1.83 亿户次提供了 9 006 亿元风险保障，向 2 818 万受灾农户支付赔款 148.2 亿元。

　　网易财经获悉，自2007—2012年，人保财险累计承担了农业风险责任1.57万亿元；累计承保各类农作物20.53亿亩，累计承保森林面积17.15亿亩，承保生猪及能繁母猪2.83亿头次。

　　人保财险农业保险事业部总经理王俊表示，2013年，伴随《农业保险条例》3月1日起正式施行，我国农村保险将进入有法可依的发展新阶段。这是农村保险面临的新形势，总体上判断，农村保险承担的期待和任务越来越大，获得的关注和重视程度越来越高，得到的支持政策力度进一步加强，面临的发展环境进一步趋好。

　　中国人保方面介绍，目前，人保财险农业保险保费规模已跃居世界第三、亚洲第一，国内农险市场的份额始终保持在50%以上。

　　（资料来源：网易财经，2013 – 01 – 25。）

第一节　农业保险概述

一、农业保险的概念和分类

　　（一）农业保险的概念

　　近年来，随着我国农业保险业务的深入开展，理论界和实务界都将农业保险作为一个热点研究领域，形成了"关于农业保险内涵"的多种解释，概括起来主要有两种不同观点，即广义农业保险和狭义农业保险。狭义农业保险仅包含种植业保险和养殖业保险。广义农业保险是指业务对象除了种植业和养殖业保险外，还包括农户及其家属的人身保险以及农户的其他物质财产保险，比如我国新设立的几家专业农业保险公司其保险项目就比较宽泛，包括将农民房屋、农用机械也列入保障范围，发挥"以险养险"的作用。

　　中国保险监督管理委员会（以下简称保监会）2007年出台的《农业保险统计制度》规定：农业保险是指由保险机构经营，对农业产业在生产过程中因遭受约定的自然灾害、事故或者疫病所造成的经济损失承担赔偿保险金责任的保险，分为种植业保险和养殖业保险两大类。同时界定了涉农保险的概念，即指除农业保险以外，其他为农业服务业、农村、农民直接提供保险保障的保险，包括涉及农用机械、农用设备、农用设施、农房等农业生产生活资料，以及农产品储藏和运输、农产品初级加工、农业信贷、农产品销售等活动的财产保险；涉及农民的寿命和身体等方面的人身保险。同时，《农业保险统计制度》还界定了农村保险的内涵，即农业保险和涉农保险的总和。可以看出，保监会采用的是狭义农业保险概念，而将农村保险的概念对应通常所指的广义农业保险概念。

　　需要强调的是，农业保险是一个不断发展的概念。由于农业保险以农业为对象，而农业的内涵和外延是随着人类社会的发展而不断变化的，因此，不同时期、不同国家农业保险的内涵和外延也不尽相同，农业保险的概念也在不断地发展变化。近年来，随着我国现代农业的突飞猛进和保险经营技术的不断提升，农业保险的经营范围和保险责任范围也不断扩大，保险公司除了开办传统的粮食作物保险和家畜保险外，逐渐开办了经济作物、特种作物和特种养殖保险业务等。

（二）农业保险的分类

按照不同的划分标准，农业保险有不同的分类。

1. 按照农业生产的对象分类

（1）种植业保险：指承保植物性生产的保险标的的保险，例如农作物保险等。

（2）林木保险：指承保各种林木性生产的保险标的的保险，例如商品林保险等。

（3）养殖业保险：指承保动物性生产的保险标的的保险，例如牲畜保险、家禽保险、水产养殖保险等。

2. 按照是否享受扶持政策分类

（1）政策性农业保险：指政府给予财政补贴等政策扶持的农业保险。其中，接受中央政府财政补贴等政策扶持的农业保险为中央政策性农业保险，仅接受地方政府补贴等政策扶持的农业保险为地方政策性农业保险。

（2）商业性农业保险：指保险公司与农业生产经营者直接签订商业保险合同，以商业盈利为目的的农业保险。

3. 按照保险责任范围分类

（1）单一风险保险：指只承保一种风险责任的保险，如森林火灾保险、水稻旱灾保险等。

（2）多风险保险：指承保一种以上可列明风险责任的保险，如水稻保险可以承保风灾和冻灾等。

（3）一切险保险：即除了不保的风险以外，其他风险都予以承保。

4. 按照保障程度分类

（1）成本保险：即以生产投入作为确定保障程度的基础，根据生产成本确定保险金额的保险。我国目前农业保险大多为成本保险，遵循"低保障、低保费、广覆盖"的原则。

（2）产量保险或产值保险：即以生产产出作为确定保障程度的基础，根据产品产出量确定保险金额的保险。以实物计量，称为产量保险；以价值计量，称为产值保险。

5. 按照保险标的所处生长阶段分类

（1）生长期农作物保险：即针对农作物在生长过程中因保险灾害事故造成减产损失的一种保险，如各种作物种植保险。

（2）收获期农作物保险：即针对农作物成熟收割及其之后脱粒、碾打、晾晒、烘烤期间所受灾害损失的一种保险。

这种划分主要适用于农作物保险。收获期农作物保险不同于普通的财产保险，农产品在临时加工厂进行初步加工完毕入仓后，才属于财产保险范围。

2008 年财政部出台的《中央财政种植业保险保费补贴管理办法》（财金〔2008〕26 号）第六条规定，补贴险种的保险责任为因人力无法抗拒的自然灾害，包括暴雨、洪水（政府行蓄洪除外）、内涝、风灾、雹灾、冻灾、旱灾、病虫草鼠害等，对投保农作物造成的损失。根据本地气象特点，补贴地区可从上述选择几种对本地种植生产影响较大的自然灾害，列入本地补贴险种的保险责任。同时，补贴地区可选择其他灾害作为附加险保险责任予以支持，由此产生的保费，可由地方财政部门提供一定比例的保费补贴。第七条规定，补贴险种按"低保障、广覆盖"来确定保障水平，以保障农户灾后恢复生产为出发点。保险金额原则上为保险标的生长期内所发生的直接物化成本（以国家权威部门公开的数据为标准），包括种子成本、化肥成本、农药成本、灌溉成本、机耕成本和地膜成本。根据本地农户的支付能力，补贴地区可以适当提高或降低保障水平。有条件的地方，可参照保险标的的平均年产量确定保险金额，对于高于直接物化成本的保障部分，可由地方财政部门提供一定比例的保费补贴。

二、农业保险的特点

农业保险具有保险的一般性质，但又不完全等同于一般商业保险和财产保险，它有一些独特的特点。

（一）农业保险具有保险的一般特征

1. 农业保险具有互助性。通过大量农户多年缴纳的保费（也包括部分政府补贴）形成的保险基金，用于补偿部分受灾农户的农业风险损失，体现了"人人为我、我为人人"的保险基本准则。

2. 农业保险具有分散风险和转移风险，以及损失补偿的基本职能。

3. 农业保险也具有防灾防损职能，而且更强于其他人身和财产保险。

4. 农业保险也同样体现权利与义务的统一，即只有缴纳保费才能享受保险保障。

5. 从法律上看，农业保险也是一种合同行为，双方根据合同履行权利义务。

（二）农业保险不同于一般财产保险的特点

1. 标的的生命性。农业保险的标的大多是活的生物。受生物学特性的强烈制约，使农业保险与其他财产保险体现出以下不同：

（1）标的价值的最终确定性。农业保险标的价值始终处于变化中，只有当成熟或收获时才能最终确定，在此之前，保险标的只能说它是处于价值的孕育阶段，而不具备独立的价值形态。因此，农业保险保险金额的确定和定损时间和办法都与一般财产保险不同，变动保额以及收获时二次定损等技术都为农业保险所特有。

（2）标的的生命周期性。标的的生命周期、生产（时间）规律对农业保险业务的开展划定了时间前提。农业保险承保、理赔工作的开展必须适应这些规律，而不能违背。

（3）标的的鲜活性。农产品的鲜活特性使农业保险受损现场易灭失，对农业保险查勘时机和索赔时效产生约束。如果被保险人在出险后不及时报案，则会失去查勘定损的机会，农业保险合同如果对时效不专门加以约定，势必会增加保险人的经营风险。

（4）标的受损后自我恢复性。农作物保险标的在一定的生产期内当受到灾害后有自我恢复能力，从而使农业保险的定损变得复杂，尤其是农作物保险，往往需要收获时二次定损。

（5）标的繁杂多样性。农业保险标的繁多，生命规律各异，抵御自然灾害和意外事故的能力也各不相同，难以制定统一的赔偿标准。

（6）标的市场价格的波动性。受标的自然再生产过程的约束，农业对市场信号反应滞后，市场风险较高，使农业保险易受道德风险的影响，所以保险人必须在保险合同中设立防范道德风险的条款。

2. 地域性。农业生产及农业灾害的地域性，决定了农业保险具有较强的地域性，即农业保险在险种类别、标的种类、灾害种类及频率和强度、保险期限、保险责任、保险费率等方面，表现出在某一区域内的相似性和区域外明显的差异性。

农业保险地域性强的特点，决定了开展农业保险只能因地制宜，根据当地的特点，开办适当的险种，制定、使用符合当地实际的保险条款；同时，在农业保险的管理上，要重视农业保险的区划，形成合理的农业保险险种布局，在空间和时间上做到险种互补，分散农业保险的经营风险。

3. 季节性。农业生产和农业灾害本身强烈的规律性和季节性，使农业保险在展业、承保、理赔、防灾防损等方面表现出明显的季节性，比如，农作物保险一般是春天展业，秋后待农作物收获责任期结束。

农业保险的季节性特点，决定了农业保险要抓住农时，即农业保险在展业、承保、理赔、防灾防损等技术环节上，要遵守保险经济规律，按照农业生产的自然规律办事，严格把握农业生产的季节性变化特点来开展业务，组织业务管理，使农业保险的各项技术活动开展恰到好处，取得最佳效果。

4. 专业技术性。农业保险涉及植物学、畜牧学、气象学、经济学等多学科，业务经营的专业技术性较强，在产品设计环节，要求设计者深入研究农业生产的特点，全面和专业地认识农业风险，开发出适应农业风险管理需求的产品；在承保环节，要求经营者进行深入的风险评估，对拟承保标的的生长特性、面临的风险类型及大小，进行全面评估和测算，从而科学确定承保条件；在理赔环节，要求理赔人员科学鉴定损失原因，准确确定损失大小。

农业保险专业技术性强的特点，要求承保、理赔人员具备一定的农业专业知识，也表明了农业保险人才队伍建设的重要性。

5. 高风险和高成本性。农业风险具有明显的巨灾特性，一次农业风险事故往往涉及数县甚至数省，特别是洪涝灾害、干旱灾害等风险事故一旦发生，则波及千万农户、上亿公顷的农田；一次流行性疫病，往往致使大面积的牲畜受灾。受全球变暖等因素影响，极端天气和气候灾害发生的频度和强度呈现出不断加大的趋势，农业灾害损失不断加剧，给农业保险赔付带来较大压力。

与此同时，农业保险标的点多面广、相对分散，加之农村交通不便，给农业保险的展业、承保、理赔以及风险控制造成了极大困难，业务经营成本明显高于一般财产保险。如养殖业险标的分布点多面广，标的出险时间、地点分散，查勘现场需要大量的人力、财力和物力，交通不发达的偏远地区一头母猪死亡的查勘定损费用可能要几百元。

6. 政策性。由于农业保险的高风险和高成本性以及由此带来的高费率，使保险公司的有效供给与农民的有效需求不足，纯市场运作方式因此失灵，需要进行干预。农业保险的政策性，一方面体现在农业保险作为国家支农惠农政策措施之一，国家对参加农业保险的农户提供保费补贴，对经营农业保险的机构实行一定的优惠政策。保险经营机构按照总体不盈不亏、收支平衡，正常年景略有结余，以备大灾之年的原则经营农业保险。另一方面体现在农业保险的实施必须依靠政府及有关部门强有力的推动和相互配合。各级政府在政策性农业保险的推动上具有很强的主导性，从制定补贴方案、宣传推广以及组织发动上都扮演重要角色，大部分地方成立由政府、财政、农业以及保险公司组成的农业保险组织机构，负责农业保险推动工作。

【资料链接】

2011 年我国农业保险发展情况

一、2011 年我国农业保险保费收入规模及增速

在中央及地方政府的支持下，在保险公司的积极推动下，2011 年农业保险保费收入再创新高，保费增速同比大幅提升，农业保险覆盖面进一步扩大。我国农业保险保费收入连续 3 年位居世界第二，是全球最重要、最活跃的农业保险市场之一。

（一）农业保险保费收入规模

2011 年，我国农业保险保费收入再创新高，达到 174.46 亿元，较上年增加 38.6 亿元，同比增长 28.42%。中央政府自 2007 年开始对农业保险进行保费补贴试点，揭开了农业保险发展的序幕。2007—2011 年的 5 年间，我国农业保险保费收入连年上升，累计保费收入超过 600 亿元，向 7 000 多万农户支付保险赔款超过 400 亿元，户均赔款近 600 元，占农村人均年收入的 10% 左右，农险产品已覆盖农、林、牧、副、渔各个方面，成为全球发展最快的农业保险市场。

（二）农业保险保费收入增速

2011 年我国农业保险保费增速达到近 3 年来的最高值。自 2007 年实施政策性补贴以来，农业保险迎来高速增长期。2007 年，农业保险保费增速达到 503.2%，达历史最高增速。其后，我国的农业保险正式进入高速发展阶段：2008 年农业保险保费收入从 53 亿元翻番为 110.7 亿元，达到了百亿元规模；2009 年保费增速有所下降，为 21.01%；2010 年的农业保险保费收入增速明显放缓，仅有 1.44% 的增速。随着政府补贴支持力度的加大、农业保险宣传力度的增强、保险保障被广大农民所认可，2011 年农业保险保费收入增加 38 亿元，增速达到 28.42%。

二、我国农业保险经营格局

截至 2011 年末，全国共有 22 家财产保险公司开办农业保险业务，各家公司配合各级政府的农业保险政策，创新农业保险产品，合理制定农业保险费率，广泛扩大农村服务网络，高效开展理赔服务，在分散农业生产风险方面发挥了积极的作用。

（一）财产保险公司农业保险保费收入及增速

从业务规模来看，在 22 家开展农业保险业务的保险公司中，人保财险、中华联合、安华农险、阳光农险、国元农险、安信农险、太保财险七家公司农业保险保费收入超过 1 亿元（含）。其中，人保财险农业保险保费收入为 94.3 亿元，位居行业首位；中华联合农业保险保费收入为 27.1 亿元，位居行业第二；安华农险、阳光农险、国元农险 3 家公司农业保险保费收入在 10 亿元（含）到 20 亿元（不含）之间；安信农险和太保财险的农业保险保费收入在 1 亿元（含）至 10 亿元（不含）之间（见表 8-1）。法国安盟保险等 15 家财产保险公司的农业保险保费收入均低于 1 亿元，其中平安财险、国寿财险、大众保险、天安保险、永安财险、华安财险、英大财险和民安财险八家财产保险公司的农业保险保费收入不足 1 000 万元。中资财产保险公司是开展农业保险的绝对主力军，几乎肩负起整个农业保险市场。在 22 家开展农业保险的公司当中，只有法国安盟保险一家外资公司。法国安盟保险 2011 年的农业保险保费收入为 8 717 万元，仅占全国农业保险保费收入的 0.5%，在 22 家公司中排名第 8 位。

从业务增速来看，农业保险保费收入超过 2 亿元的七家财险公司，其农业保险保费收入均为正增长。其中，中华联合农业保险保费收入增速为 40.44%，增速最高；人保财险农业保险保费收入增速为 33.61%，增速排名第二；阳光农险、国元农险和安信农险农业保险保费收入增速分别为 18.66%、17.00% 和 16.62%，增速排名分列第三、第四、第五；安华农险和太保财险农业保险保费收入增速较低，分别仅为 4.02% 和 3.47%。在 22 家开展农业保险业务的保险公司中，民安财险、永安财险和大地财险三家公司农业保险保费收入出现负增长。法国安盟保险是目前国内唯一一家经营农业保险的外资公司，其 2011 年农业保险保费收入位居行业第八，保费收入同比增长 200.54%。

表 8-1　2011 年我国主要财产保险公司农业保险保费收入、增速及市场份额

单位：百万元、%

排名	公司简称	保费收入	同比增长	市场份额
1	人保财险	9 429.67	33.61	54.05
2	中华联合	2 711.25	40.44	15.54
3	安华农险	1 580.13	4.02	9.06
4	阳光农险	1 516.83	18.66	8.69
5	国元农险	1 281.53	17.00	7.35
6	安信农险	285.82	16.62	1.64
7	太保财险	284.74	3.47	1.63
8	法国安盟保险	87.17	200.54	0.50
9	紫金财险	70.34	63.56	0.40
10	安诚财险	53.02	17.45	0.30

（二）国内农业保险市场集中度

中央财政从 2007 年其开始实施农业保险保费补贴政策，促进和带动了农业保险的高速发展。中资保险公司特别是国有骨干保险公司配合政府设计农业保险方案，确定农业保险费率，并积极开展农业保险服务，在农业保险发展中发挥着主力军作用，并在农业保险市场上占据主导地位。2011 年，国内农业保险保费收入超过 2 亿元的七家财险公司，农业保险市场份额均超过 1%，市场份额合计占 97.96%。其中，人保财险农业保险市场份额为 54.05%，位居市场首位；中华联合农业保险市

场份额为 15.54%，位居市场第二。国内农业保险市场集中度高于整个非寿险市场，2011 年国内农业保险市场 CR3 和 CR5 分别为 78.65% 和 94.69%，分别较非寿险市场高 12.05 个百分点和 20.27 个百分点。

（资料来源：吴焰. 中国非寿险市场发展研究报告 2011 ［M］. 北京：中国经济出版社，2012：101－105.）

第二节　种植业保险

一、种植业概述

（一）种植业的概念与分类

1. 概念

种植业通常是指利用植物的生长机能，通过人工培育，以取得粮食、副食品、饲料和工业原料的生产行业，主要包括粮食作物、经济作物、饲料作物、绿肥作物以及蔬菜、果树、观赏园艺作物等项生产。其主要特点是：以土地为基本生产资料，利用农作物的生长机能，摄取、转化和蓄积太阳能，以取得产品。我国通常把粮、棉、油、麻、丝、茶、糖、菜、烟、果、药、杂的生产经营活动定义为种植业。农业部将稻、小麦、玉米、棉花、大豆、油菜、马铃薯七种作物定义为主要农作物，同时允许各省确定 1~2 种农作物为主要农作物，予以公布并报农业部备案。

2. 分类

按照种植业统计口径可分为以下九类：（1）粮食作物：包括谷物、豆类、薯类、水稻；（2）油料作物：如花生、芝麻等；（3）棉花；（4）麻类；（5）糖类：包括甘蔗、甜菜；（6）烟叶；（7）药材类；（8）蔬菜、瓜果；（9）其他作物。

（二）种植业生产风险特点

种植业风险是指人们在从事种植业生产经营过程中所遭遇的可能导致损失的不确定性。种植业与其他行业（如第二产业、第三产业）的显著区别在于其主要活动场所多数都是在自然条件下露天完成的，更直接、更密切、更经常地依赖于自然界的力量，因此，种植业生产最容易受到自然界的影响。当人类社会所拥有的科学技术不能更好地控制和把握自然界的影响时，种植业生产者成为受自然灾害影响最大的风险承担者。我国种植业生产过程中所面临的自然灾害主要有旱、涝、雹、霜冻和病虫害等多种灾害，这些灾害的发生往往具有一定的突发性、区域性、季节性，各种灾害，如暴风、暴雨、洪涝灾害可能伴随发生，且一次灾害造成的损失较大，有些甚至遍布多个省份，范围广，形成巨灾风险。

【资料链接】

我国经办农业保险的保险公司一览表

序号	公司名称	保监会批准的经营区域
1	上海安信农业保险股份有限公司	专业农业保险公司
2	吉林安华农业保险股份有限公司	专业农业保险公司
3	阳光农业相互保险公司（黑龙江）	专业农业保险公司
4	国元农业保险股份有限公司（安徽）	专业农业保险公司
5	中航安盟保险公司成都分公司	吉林、四川、陕西、辽宁
6	中国人民财产保险股份有限公司	北京市等31个省（自治区、直辖市）
7	中华联合保险控股股份有限公司	广东、重庆、北京等17个省市
8	中国太平洋财产保险股份有限公司	内蒙古、云南、湖南、广西、湖北、北京、山东、河南、天津、江苏、江西
9	中国平安财产保险股份有限公司	黑龙江、北京、贵州、湖北、宁夏、云南、山东、河南、四川、湖南
10	中国大地保险股份有限公司	江西
11	华安财产保险股份有限公司	北京、江苏
12	阳光财产保险股份有限公司	陕西、重庆、黑龙江
13	安诚财产保险股份有限公司	重庆
14	中国人寿财产保险股份有限公司	江西、山西、河南、广东、北京、贵州、福建
15	锦泰财产保险股份有限公司	四川
16	安邦财产保险股份有限公司	四川、辽宁
17	诚泰财产保险股份有限公司	云南
18	紫金财产保险股份有限公司	内蒙古、江苏
19	太平财产保险有限公司	湖北、江苏、广东
20	泰山财产保险股份有限公司	山东
21	中煤财产保险股份有限公司	山西
22	永安财产保险股份有限公司	陕西

资料来源：根据保监会网站对经营农业保险批复文件整理。

二、种植业保险的主要内容

（一）种植业保险的分类

种植业保险是以各种作物为保险对象的一类保险。种植业生产对象广泛，按照不同的划分标准，可将种植业保险划分为不同的类别。

1. 按保险标的类别划分

按照保监会农业保险统计制度的规定，人保财险现行的统计制度将种植业保险分为粮食作物、经济作物、蔬菜园艺作物、水果和果树、林木及其他种植保险六类，每一类中可分不同的类别或具体的作物，由于各种作物的差异性较大，承保、理赔有所不同，所以是以具体的作物，如小麦、花生、葡萄等为保险标的设计保险条款，签订保险合同的。

（1）粮食作物主要包括水稻、小麦、玉米、大豆及其他。

（2）经济作物主要包括纤维作物（如棉花）、油料作物（如油菜、花生、芝麻）、糖料作物（如甘蔗、甜菜）、原料作物（如橡胶）、药用作物、其他经济作物（如烟叶）。

（3）蔬菜园艺作物主要包括蔬菜作物（如甜瓜）、花卉作物及其他园艺作物。

（4）水果和果树主要包括仁果类（如苹果、梨）、核果类、浆果类（如葡萄）、坚果类、柑果类（如柑橘）、亚热带及热带水果类（如香蕉）。

（5）林木保险主要包括公益林和商品林。

（6）其他种植业保险主要包括绿肥牧草作物、温室及大棚作物、作物制种、收获期保险及其他。

2. 按农作物所处生长时期划分

（1）生长期农作物保险。即以各种正处在生长阶段的作物为保险标的的保险。这种保险是种植业保险的主要业务。

（2）收获期农作物保险。即指农作物从开始收割（采摘）时起到完成初级加工进入仓库之前这一阶段的保险。这种保险介于农业保险与家庭财产保险之间，是一种短期风险保险，例如收获期农作物火灾保险。

3. 按照是否有财政保费补贴政策划分

（1）政策性种植业保险，即有财政保费补贴政策支持的业务，按是否有中央财政保费补贴可具体分为中央财政保费补贴型业务和地方财政保费补贴型业务。

（2）商业性种植业保险业务。即没有财政保费补贴的业务。

（二）种植业保险经营原则

1. 坚持基本保障，保成本

农作物的保险金额不宜太高，一般不能超过近年正常年景平均产量的价值。这样做是为了促进被保险人精心生产，防止图谋保险赔款而放松管理的道德风险。目前我国农村大部分地区经济水平较低，农民的经济承受能力较低，同时高保障高保额意味着保险公司要承担更大赔偿责任，必然会增加该险种的风险。农作物保险的保障水平，以保障投保人在灾后能恢复简单再生产能力为宜，保额以相当于农作物的生产物化成本或正常年景收获的 4~7 成为宜。

2. 采取选择性承保策略

在开展生长期农作物保险时，保险责任应具体列明，不宜过多。注意选择突发性强，损失率较低的局部洪水、冰雹、风灾、霜冻作为保险责任，不宜选择旱灾和病虫害作为保险责任。旱灾损失率在整个灾害中占比 50% 以上，且年际间波动较大，风险难以分散，在巨灾风险机制尚未建立时，一般保险公司不承担其赔偿责任。病虫害发生有些是气候因素引发病虫害形成巨灾风险，有些是与管理因素有关的，易诱发道德风险，因而病虫害也不宜作为保险责任承保。但实际上一些地区根据农户的需要，通过采取限制性措施附加承保了旱灾责任。在承保区域的选择上，不应选择十年九旱、低洼易涝、灾害发生具有必然性的地区承保。

3. 实行差别区域费率

实行差别区域费率即进行费率区划，是根据各地不同的风险状况和保险标的的损失状况，按照区内相似性与空间相异性和保持行政区界相对完整性的原则，将一定地域内的种植业保险标的所面临的风险划分为若干不同类型和等级的区域，并分析研究各区域的自然经济等条件和风险特点，然后科学制定各风险区域的保险费率。由于农业气象灾害的发生几率和强度具有明显的地域差别，各种作物抗灾因素不同，所以不应实行全国统一的保险费率标准。种植业保险应对不同的保险标的、不同的保险责任、不同地域和不同的保障水平，实行不同的保险费率标准。

4. 坚持大面积统一承保

保险是依靠集合大量同质风险来有效分散风险的，种植业保险尤其需要如此。承保时对于投保人来说，要杜绝部分承保，要求投保人应将符合条件的标的全部投保，应当在努力增加农业风险单位数量的前提下，扩大承保面，以分散风险。避免逆向选择和道德风险的发生。

【资料链接】

支农惠农成效显著　农业保险需进一步完善体制

据《金融时报》的文献统计，五年来，农业保险共计向7 000多万农户支付保险赔款超过400亿元，户均赔款近600元，占农村人均年收入的10%左右。农业保险补偿已成为农民灾后恢复生产和灾区重建的重要资金来源。其中，2009年东北旱灾，农业保险为5 200万亩受灾作物支付赔款19.5亿元，占东北地区受灾作物面积的30%。2010年福建"6·13"特大暴雨灾害，保险公司向2.51万户农民支付农房赔款近4 000万元，社会反响良好，得到了媒体的广泛赞誉。在2010年全国重大洪涝灾害中，对受灾的1 900万亩农田赔付20.3亿元。2011年国庆节期间，强台风"纳沙"、强热带风暴"尼格"造成海南橡胶损失，农业保险一次性赔付9 600万元。这些赔款有力地支持了农业生产灾后恢复再生产，对稳定农业生产、促进农民增收起到了积极的保障作用。在一些保险覆盖面高的地区，农业保险赔款已成为灾后恢复生产的重要资金来源。

（资料来源：《金融时报》，2012－05－23。）

（三）种植业保险的技术要点

1. 承保条件的确定

承保的农作物保险标的一般要具备以下条件：

（1）经过政府部门审定的合格品种，符合当地普遍采用的种植规范标准和技术管理要求。

（2）种植场所在当地洪水水位线以上的非蓄洪、行洪区。

（3）生长正常。

（4）投保人应将符合上述条件的作物全部投保，不得选择投保。

（5）间种或套种的其他作物，不属于保险合同承保的保险标的范围内。

2. 保险责任的选择

在保险期间内，由于暴雨、洪水（政府行蓄洪除外）、内涝、风灾、雹灾、冻灾等原因直接造成保险农作物的损失，且损失率达到一定比例，如30%以上的，保险人按照保险合同的约定负责赔偿。附加承保旱灾责任的，由于一次灾害造成的损失可能很大，鉴于目前被保险人保费和公司承受能力有限，巨灾风险基金尚未建立的情况，一般要实行低保额、高起赔点，保险金额可不高于主险保险金额的50%；赔付起赔点应设定在作物损失程度的一定比例以上。

3. 责任免除

农作物保险条款中一般规定下列原因造成的损失、费用，保险人不负责赔偿：

（1）投保人及其家庭成员、被保险人及其家庭成员、投保人或被保险人雇用人员的故意行为、管理不善。

（2）行政行为或司法行为。

（3）发生保险责任范围内的损失后，被保险人自行毁掉或放弃种植保险作物。

（4）按本保险合同载明的免赔率计算的免赔额。

（5）其他不属于本保险责任范围内的损失、费用。

4. 保险期间的设定

农作物的保险期限要根据作物生长期来确定。一般保险责任期间自保险作物出苗或移栽成活后起，至成熟开始收获时止。收获期农作物火灾保险承保了农作物收割后，在场院晾晒期间内发生火灾责任，保险期限不得超出保险单载明的保险期间范围。

5. 保险金额的确定

按照基本保障的原则，生长期农作物保险确定保险金额的方法有以下几种：

（1）按生产成本确定保险金额。生产成本包括种子、肥料、农药、人工作业费、机械或畜力作业费、排灌费、田间运输等其他费用。根据生产成本确定保额，一般要对当地的农作物种植成本进行调查，通过调查摸清农作物种植成本的大致水平，但保险金额一般仅包括物化成本，或者为物化成本的一定比例，一般不包括人工费用。

（2）按产量确定保险金额。首先，确定保险产量。一般做法是调查条款所适用范围（省、地区或地级市、县或县级市）前3~5年农作物产量的统计数据，所选年份一定要连续，其保障水平一般按3~5年或更长时期平均产量的40%~70%。其次确定保险价格。保险价格一般参考同类农产品市场平均价格确定。保险价格与每亩保险产量的乘积，即为每亩农作物的保险金额。

（3）按照作物生长阶段确定保险金额。由于种植作物在生长过程中，各个阶段投入的成本是不同的，所以可以根据作物成长阶段由低到高确定保额，如小麦分为返青期、抽穗期、灌浆期和成熟期确定为不同的保险金额。

6. 保险费率的厘定

保险费率厘定方面，要综合考虑保障程度、风险状况、损失情况、经营费用、再保险费用等多种因素，科学合理厘定，实行与经营风险和成本支出相匹配的费率水平。厘定种植业保险费率时，应考虑以下因素：

（1）合理确定测算范围。实践表明，考虑到我国农作物种植的地理、气候、区划、受灾面积、行政区划以及保险人的技术能力等因素，实现以县或地市的范围为单位来测算保险损失率和费率比较实际。根据各地农作物种植的实际和不同的损失情况，实行区域性档次费率较为准确，投保人和被保险人不仅容易接受，也便于承保工作的开展。若在全国，一个省或在较大范围的地区实行一个费率，易导致投保人的逆向选择。

（2）遵循农作物种植区划。一般情况下，平原地区农作物种植区划较为单一；而在山区、平原、丘陵相互交叉的地区，农作物种植区划就比较复杂。尽管农作物种植区划和农业保险区划不同，但在同一个种植区划的农作物种类和生产水平大体相当。因此在测算损失率时，可参照农作物的种植区划。

（3）合理选择资料年限。在调查研究的基础上，对确定测算范围的生产水平、种植面积、灾害损失情况进行逐年分析，看正常年景是否保持相近水平。若长期变化不大，所选择测算资料的年限应长些。一般来说，最好有多年，如25年以上的连续数据资料。若资料情况呈趋势性变化，则可缩短选择测算资料的年限，但至少应选择近5年的资料数据。所选资料的年限应保持连续性，不能随意选择。

（4）考虑保险标的的抗灾性。根据国内外经验，农作物对雹灾风险的抗灾性由小到大的排列顺序是：

①黑麦、玉米、饲草、甜菜、土豆、甘蔗、花生、大豆、豌豆、扁豆、豇豆、芝麻。

②纤维作物、黍米、荞麦、根菜、草籽、胡萝卜。

③坚果类、浆果类、草药类、苗圃、麻类。

④蔬菜类、樱桃、草莓、生菜、白菜、菠菜、洋葱、番茄、瓜类。

7. 查勘定损与赔偿处理

（1）查勘定损

现场查勘是了解出险情况，掌握第一手资料和正确处理赔案的一项重要工作，查勘工作质量好坏，对能否准确、合理的赔付起着关键的作用。

①定损和计赔单位的确定

在查勘定损工作中，首先要确定定损单位，这是确定损失程度的基础。特别对于大灾查勘定损来说，由于其受灾范围大受损程度轻重不一，如果定损单位定得过大，就会造成损失程度不准确；如果定损单位定得过小又会使工作量加大。

②损失面积的确定

方法一：目测法。可凭经验判断面积，也可依田间参照物（如里程碑、线杆、树距等）进行初步判断损失情况。

方法二：实地测量法。可用尺子，也可通过卫星遥感技术、无人小型飞机、GPS定位系统及各地使用的手持式GPS小型测亩仪进行测量，借用上述技术，尽管是不规则的承保面积，也可基本做到准确测量。

方法三：调查询问法。向当地政府和农民认真询问灾情，发现与实际不符的地方进行纠正，声明利害关系，纠正虚报面积。

③损失程度的确定

可聘请农业专家会同保险公司定损人员共同对损失程度进行评估确定。一般采用随机抽样或等距抽样方式抽样，尽可能使各样本段在总体中均匀分布，以提高样本的代表性。对于出险面积较大、同一地块不同部位损失程度差异较大的情况，抽样时还应考虑不同损失程度在总体中所占的比例。例如，某作物遭灾，经查勘，2/3面积遭灾程度较轻，1/3面积遭灾程度较重，抽样时，在轻、重地段的抽样数量也应是2:1。

第一，产量测定。

方法一：在田间取点，每点测量10行的密度，求出平均行距（米），根据平均行距，求出1平方米面积所需行长（米），在田间选择具有代表性的5～10个点，每点收获1平方米，混合脱粒后称重，求出1平方米的产量（千克）。

亩产量（千克）=1平方米产量（千克）×667

方法二：运用作物产量构成因素计算。作物的单位面积产量（经济产量）是单株产量和单位面积上株数的乘积。作物的种类不同，其构成产量的因素也有所不同。

例如，禾谷类作物的单位面积产量，决定于单位面积上的穗数、平均每穗实粒数和平均粒重三个因素，其关系如下：

亩产量（千克）=亩穗数×平均每穗实粒数×千粒重（克/1 000粒）／（1 000×1 000）

甘薯亩产量计算公式：

亩产（千克）=亩株数×单株平均薯重（千克）

籽棉亩产计算公式：

亩产（千克）=亩株数×亩有效桃数×单桃重（克）/1 000

皮棉亩产计算公式：

亩产（千克）=籽棉亩产（千克）×衣分（即皮棉占籽棉的比重）

第二，损失程度计算。

损失程度=受损地单位产量/（1－未受损地单位产量）×100%

④田间查勘定损注意事项

因农作物受灾后有一段恢复期，应根据种植险保险标的的特殊性，设立不同的观察期，本着定损先定责的原则，初次查勘时可先行确定保险责任和保险标的范围，随后科学开展二次或多次定损。生长期农作物部分损失的查勘一般在灾后的几天，如7～10天内进行，并做好详细记录，因为植物体在受灾后一般有自我恢复能力，定损一般应在收获前测产计算。多次受灾要多次查勘记录好，非保险责任灾害必要时也要查勘，以便分清保险责任与非保险责任。查勘时，不仅要查明灾害发生的时间、地点、受损面积、作物种类、损失程度、承保率、重复保险情况，而且要查清事故损失是属于直接原因还是间接原因，是自然因素，还是人为因素，正确区分保险责任与非保险责任造成的损失。绝产损失可当即定损。

（2）赔偿处理

在赔偿处理过程中，赔偿方式和有关规定如下：

第一，按损失程度比例赔偿方式。这种赔偿方式适用于种植业成本保险，是目前通常做法。

根据农作物种植物化成本是随着生长进程逐渐投入的特点，将农作物生长期分为几个阶段，实行不同的赔偿标准。保险农作物无论发生绝产或部分损失，均按当时的赔偿标准和损失程度比例赔偿。一般通用的赔款计算公式为

赔款额 = 灾受当期单位面积赔偿标准 × ［损失程度（比例）× 受损面积 ×（1 － 免赔率）］

第二，按收获产量与保险的产量的差额赔偿方式。这种赔偿方式适用于农作物产量保险。

发生绝对损失时，按不同阶段确定的最高赔偿标准赔偿。苗期发生损失时，可重播的，按重播的种子秧苗费计算赔偿金额，经一次赔付后保险责任并不终止；不可重播的，按当期的最高赔偿标准赔偿，经一次赔付后保险责任即行终止。生长后期和成熟收获期发生绝产损失，按保险价格和保险产量赔偿，经一次性赔付后保险责任即行终止。发生部分损失时，按实际收获产量与保险产量的差额赔偿。发生多次保险责任范围内的损失，按发生最终一次保险灾害后的实际收获产量与保险产量的差额赔偿。

发生部分损失情况下，一般通用的赔款计算公式为

赔偿金额 = 不同生长期的最高赔偿标准 × 损失率 × 受损面积 ×（1 － 免赔率）

损失率 = 单位面积植株损失数量（或平均损失产量）/单位面积平均植株数量（或平均正常产量）

第三，在赔偿规定中还应有如下表述：当保险面积小于实际种植面积时，如无法区分未保险面积，则按保险面积与实际种植面积的比例计算赔偿金额；保险面积大于或等于实际种植面积时，按实际损失面积计算赔偿金额。

第四，免赔规定。采用免赔规定这种做法是考虑到轻微灾害和被保险人管理不善等原因都有可能使农作物在生产过程中遭受一定程度的损失，但对被保险人收回生产成本不会产生影响。如不规定免赔率或一定的起赔点，不管灾害多小，保险公司都要花费相当的力量进行查勘定损，从而耗费大量的人力物力，使查勘费用上升，加重保户的负担。免赔设置要适度，设置太高，将使保户利益受损，特别是在保障程度较低的情况下更不宜设置太高；若设置太低，则达不到免赔的目的。从农作物保险的实际看，可采取10%左右的绝对免赔率。

【资料链接】

中国保监会关于加强农业保险业务经营资格管理的通知

保监发〔2013〕26 号

各保监局、各财产保险公司：

为加强农业保险业务经营资格管理，根据《中华人民共和国保险法》、《农业保险条例》的相关规定，现将有关事项通知如下：

一、保险公司经营农业保险业务，应经保监会批准。未经批准，不得经营农业保险业务。

二、申请农业保险业务经营资格，应由保险公司总公司向保监会提出申请。

保险公司向保监会提交申请时，应列明拟开办的省（自治区、直辖市）。

三、保险公司申请农业保险业务经营资格，应当具备下列条件：

（一）保监会核定的业务范围内含农业保险业务；

（二）偿付能力充足，上一年度末及最近四个季度末偿付能力充足率均在150%以上；

（三）总公司具有经股东会或董事会认可的农业保险发展规划；

（四）有相对完善的基层农业保险服务网络，原则上在拟开办农业保险业务的县级区域应具备与业务规模相匹配的基层服务网络；

（五）总公司及拟开办区域的分支机构有专门的农业保险经营部门并配备相应的专业人员；

（六）有较完善的农业保险内控制度以及统计信息系统；

（七）农业保险业务能够实现与其他保险业务分开管理，信息系统支持单独核算农业保险业务损益；

（八）有较稳健的农业再保险和大灾风险安排以及风险应对预案；

（九）已在部分省（自治区、直辖市）开办农业保险业务的公司，如拟在其他省（自治区、直辖市）开办农业保险业务，其系统内上一年度农业保险业务应未受过监管机关行政处罚；

（十）保监会规定的其他条件。

专业性农业保险公司申请农业保险业务经营资格，不受第（二）款限制，但上一年度末偿付能力充足率不得低于100%。

申请财政给予保险费补贴的农业保险业务经营资格，还应符合财政部门保费补贴管理办法的相关规定。

四、保险公司申请农业保险业务经营资格时，应提交以下材料：

（一）上一年度末经审计的偿付能力报告及最近四个季度末偿付能力报告；

（二）经股东会或董事会认可的农业保险发展规划；

（三）农业保险基础工作情况，包括农业保险内控制度、统计信息系统、农业保险经营部门设置情况及专业人员配备情况；

（四）拟开办区域农业保险基层服务网络情况，包括在拟开办区域的分支机构数量和经营情况、专业人才情况、软硬件设施以及县以下的农业保险服务网络建设方案；

（五）农业保险风险分散情况，包括拟开办险种的农业再保险和大灾风险安排以及风险应对预案等情况；

（六）保监会规定的其他材料。

五、保监会收到保险公司经营资格申请后，将在审核公司提交材料的基础上，并征求相关保监局意见后，决定是否批准。

保险公司只能在保监会批准的区域内经营农业保险业务。

六、已开办农业保险业务的保险机构有下列行为之一，情节严重的，保监会将按照《中华人民共和国保险法》、《农业保险条例》等法律法规的规定，采取限制其业务范围、责令停止接受新业务或者取消农业保险业务经营资格等措施：

（一）拒不依法履行保险合同约定的赔偿或者给付保险金义务的；

（二）故意编造未曾发生的保险事故、虚构保险合同或者故意夸大已经发生的保险事故的损失程度进行虚假理赔，骗取保险金或者牟取其他不正当利益的；

（三）挪用、截留、侵占保险费的；

（四）以不正当竞争行为扰乱保险市场秩序的；

（五）未按照规定申请批准农业保险保险条款、保险费率，或未按照规定使用经批准或者备案的农业保险条款、保险费率的；

（六）未按照规定提取或者结转各项责任准备金的；

（七）未按照规定办理再保险的。

七、保险公司与地方政府联办或保险公司为地方政府代办农业保险业务的，应由总公司将协议文件报保监会备案，或由保监会委托派出机构备案。

八、除专业性农业保险公司外，本通知下发前已开办农业保险业务的保险公司，应按照本通知的要求向保监会申请农业保险业务经营资格。2013 年 7 月 1 日前未向保监会提交申请或申请未获保监会批准的，不得再接受农业保险新单业务。

九、农业互助保险等保险组织的经营资格事宜另行规定。

十、本通知自下发之日起施行。

（资料来源：http：//www. gov. cn，2013 - 04 - 15。）

第三节　养殖业保险

一、养殖业保险概述

（一）养殖业保险的概念

养殖业保险是以有生命的陆生动物或水生生物为保险标的，保险人在被保险人支付约定的保险费后，对保险标的因遭受保险责任范围内的自然灾害、意外事故和疾病所造成的损失，对被保险人进行经济补偿的一种保险业务。这是对养殖业风险进行科学分散的经济手段。

（二）养殖业保险的分类

由于养殖业所养殖的动物种类众多，并且养殖业生产形式也复杂多样，因此养殖业保险的分类也比较复杂，目前尚缺乏统一的标准。一般来说，可按以下两种方式进行分类：

1. 按照保险标的和业务管理需要分类

（1）养猪保险。养猪保险是以人工饲养的能繁母猪或育肥猪为保险标的的一种死亡损失保险。能繁母猪的特点是饲养周期长，其价值体现在生产繁殖性能（即产仔的数量和质量），育肥猪的特点是生长周期短、生长速度快、商品率高，畜体价值随着生长育肥而不断增长。

（2）养牛保险。养牛保险是以人工饲养的牛（主要包括奶牛、肉牛、牦牛等）的生命价值为保险标的的一种死亡损失保险。由于用途不同、品种不同，所以牛的价值有很大的差别。因此，养牛保险的保险责任和费率也有很大差别。

（3）养羊保险。养羊保险是指对养羊生产过程中由于自然灾害、意外事故或疾病造成羊死亡的损失保险。养羊保险要按羊的种类、生长发育规律、生产性能、用途来确定。确定养羊保险金额总的原则是不能超出羊的价值，如果保险金额超出羊本身的价值，容易引起道德风险。

（4）养鸡保险。养鸡保险是指对养鸡生产过程中由于自然灾害、意外事故或疾病造成鸡死亡的损失保险。由于生产目的、饲养周期和生产特点不同，养鸡保险又可分为肉鸡保险、蛋鸡保险等。

（5）水产养殖保险。水产养殖保险是以商品性养殖的水产品作为保险对象的一种损失保险。水产养殖保险包括以下两个内容：

①水产品养殖收获价值的损失保险。水产品养殖的商品性强，只有当养殖对象达到一定的重量时，其价值才最高。如果在饲养中出现流失、死亡等情况，其预期价值就不能实现。水产品养殖收获价值损失保险能为这些灾害的发生提供经济补偿，但由于水产品养殖其价值具有阶段性，每一生长发育阶段都可以实现一定的阶段价值。另外，养殖产品的损失，除了受不可抗拒的风险因素影响之外，还与养殖人员的行为有直接的关系，而且养殖产品本身具有易灭失性。因此，水产养殖收获价值的损失保险，往往采用成数保险方式，以减少人为管理因素和道德风险的影响。

②水产养殖成本的损失保险。水产养殖保险一般以精养水产品为主要对象。这种养殖方法获取的价值较高，但在池塘建设、投苗、投料、疾病防治、饲养管理等方面，需要投入的成本和费用也较多，而且在遇到风险损失后，对继续再生产影响较大。因此，水产养殖成本损失保险可保障在出现保险经营风险后，及时恢复再生产能力。水产养殖成本损失保险一般采用养殖周期阶段定额方式进行。

根据水产品养殖的环境，水产养殖保险可分为海水养殖保险和淡水养殖保险两种。利用海水进行滩涂养殖的保险标的，属于海水养殖保险的范畴；利用江、河、湖、泊或池塘、水库养殖的保险标的，属于淡水养殖保险的范畴。

（6）其他养殖保险。除传统猪、牛、羊、禽类养殖保险外，近年来各种特色养殖发展迅猛，对保险的需求日益增大，如养鹅保险、养鸽保险、鸵鸟保险、水貂保险、养鹿保险、养鳖保险、貉子保险、桑蚕养殖保险等。

2. 按其他方法分类

（1）按保险责任划分

①单一责任保险，即仅承保一项风险造成的损失责任。

②混合责任保险，即承保两项或两项以上风险造成的损失责任。

（2）按保险标的品种划分

①单一标的保险，只承保一种标的物的风险损失。

②混合标的保险，承保被保险人的多种标的物的风险损失。

（3）按保险的实施方式划分

按保险的实施方式可划分为财政补贴的养殖业保险和商业性养殖业保险。

此外，国外还有养殖业产品价格保险、养殖业贷款保险等。前者承保因市场波动带来的产品价格下跌所导致的损失风险，后者承保贷款大放贷之后，因各种意外事故导致被贷款人无力偿还债务的风险。

二、养殖业保险的主要内容

(一) 养殖业保险经营原则

养殖业保险是农业保险的一个重要组成部分，养殖业保险的经营原则与整个农业保险的经营原则一致。养殖业保险又是一个独特的农业保险类别，其业务经营也要遵循其行业特点和规律。同时，由于我国经济发展水平的不平衡，在不同的经济条件下，养殖业保险遵循的具体经营原则也不同。下面介绍商业性养殖业保险经营遵循的一般原则。

1. 险种的开办要遵循因地制宜、量力而行的原则

因地制宜、量力而行是开办养殖业保险的首要原则。因地制宜，就是开办任何险种都要从实际出发，依据当地的经济条件、自然条件、保户需求、政策规定、法律环境、社会环境，以及保险标的的养殖情况和损失率等实际情况，在充分评估风险损失并对风险发生规律有所了解的情况下，设计险种开发计划和可行性报告、设计条款办法。

量力而行，就是在因地制宜的基础上，养殖业保险要在充分把握客观条件的前提下，依据自身的主观条件，适当地承担风险的规模。一般情况下，开办养殖业保险业务必须具备以下几个条件：

（1）必须有专门的技术人才管理养殖业保险业务，直接经办业务的公司应当具备高级兽医师和保险经济师相互结合的人才配置。

（2）必须有健全的管理组织机构且组织机构最好能够延伸到乡。

（3）必须有足够的资本金或风险准备金，且风险准备金的规模与承保养殖业风险规模相匹配。

（4）必须具备以下资料和数据：

①承保标的5年以上损失资料和数据。

②条款、条款使用实务规程及有关单证。

③业务试办的可行性报告。

（5）配备现代化交通工具、通信设备、照相设备，并具备处理出现重大疫情的快速定损能力和控制风险的能力。

2. 险种承保要遵循专业验标、谨慎观察、统一承保、规模经营的原则

（1）专业验标要求在承保前，保险人务必派出专业人员对所承保的养殖业保险标的进行实地检查或抽查，做到对承保动物标的的健康情况、饲养状况有所把握，并按承保条件，剔除不符合承保条件的标的。

（2）谨慎观察要依据承保标的的生理特征，细致观察标的的健康状况，对新承保的标的要设置一定的观察期。

养殖对象有一个很大的风险特点，就是疾病死亡风险几率高。而疾病的发生又有一个潜伏期（如表8-2所示），为了防止投保人将带病或感菌的养殖对象投保，将这种明显的风险转嫁给保险人，一般应设立10~20天的承保观察期。保险人对观察期内发生的死亡损失不负赔偿责任。也就是说，只有在约定的观察期满后，保险

责任才正式生效。观察期既适用于从国外或省（市）外引进的养殖品种，也适用于自繁自养的养殖品种。因为引进品种对当地环境条件有一个适应过程，疾病有一个发病期，而自繁自养的品种，在感菌后也有一个传染与蔓延期。

表 8 - 2   家畜主要传染病的潜伏期

病名	平均时间	最短时间	最长时间
猪瘟	5 ~ 6 天	3 ~ 4 天	21 天
猪气喘病	7 ~ 15 天	3 ~ 5 天	30 天
炭疽	2 ~ 3 天	数小时	14 天
布氏杆菌	14 天	5 ~ 7 天	2 个月

（3）统一承保需在开办养殖保险业务的区域和统一规定的承保时间内，承保密度必须达到一定比例，一般应在80%以上为宜（承保密度 = 承保标的数量/社会拥有可保标的数量）。只有达到一定承保密度，才能防止投保人只选择高风险的保险标的投保，而将低风险的保险标的的脱保，避免逆向选择投保。

（4）规模经营。保险的经营原理是依据大数定律建立的。大数定律要求，只有在保险标的达到一定规模的前提下，保险才能发挥积累风险赔偿准备金并分散风险损失的效果。特别是要保证承保数量要大于或至少等于费率设计所依据的样本数量，这样才能使业务经营的盈亏达到平衡。

3. 保额确定要坚持保成本为主的原则

养殖业保险一般为定额保险，由于养殖业保险的道德风险发生的可能性比较高。为了抑制被保险人通过养殖业保险获取不当得利，保险人对于被保险人投保的保险标的，不宜采取足额承保，一般采取承保其标的价值的5 ~ 7成为宜。目前，我国养殖业保险保障水平的定位是维护养殖业的简单再生产。在这种定位前提下，保额的确定一般参照生产成本，以保成本为主。当然，对发达地区的高产、优质、高效农业可适当放宽。

4. 理赔定损要坚持现场查勘、准确迅速、专业定损的原则

养殖业保险出险后，由于现场查勘需专业技术人员验证且动物尸体及残值不宜保留，保险人必须派专人迅速赶到现场，亲自进行查勘，不宜委托代理人查验现场。如果保险标的并未全损，则必须扣除残值。若标的市场价格高于保额，则按保额和扣除残值后的差额赔付；若市场价格低于保额，则按市场价格扣除残值后的差额赔付。

5. 防灾防损要坚持以防为主、防赔结合的原则

由于养殖业保险的主要风险为疾病，因此，防病、防疫就成为养殖业保险防灾预损的主要内容。为此，保险人必须和畜牧兽医部门搞好协作，全面贯彻"以防为主，防赔结合"的原则，对于不防疫的标的采取不予承保，或将未按规定防疫的标的列为除外责任，积极配合防疫部门做好防灾防损工作，以减少保险标的的死亡率。

6. 业务经营要坚持优化结构、合理布局、区划费率、严格控制高风险业务规模的原则

由于养殖业保险的险种较多、市场需求大，在开展业务时，保险人应根据自身的主观条件，合理地开发险种。对于成熟的、有承办经验且能够有效控制风险的险

种，可以适当扩大规模。反之则要尽可能控制规模。另外，由于地理条件、气象条件、养殖生产条件差异很大，同种标的所面临的风险不同，因此，保险人的费率与管理对策也要有所不同。例如，承保山区大牲畜和承保平原大牲畜的费率及承保条件就有区别，规模工厂化养猪和个体养猪也有区别。同时，由于有许多养殖业保险标的的投入成本高、风险大，且缺乏成熟的查勘定损技术，过度承保会影响保险人的业务经营利润。因此，对于险种结构来说，保险人要依据经营效益采取存优汰劣的做法。

（二）养殖业保险的技术要点

1. 承保条件的确定

养殖业保险的被保险人为养殖动物的管理者或所有者，一般统称为养殖者。养殖者是养殖生产中的主导因素，由于养殖技术水平的差异，不同养殖者的养殖结果、管理水平也差别很大。因此，在业务承保时，对于不同养殖方式（如散养、规模养殖）的养殖者应当采取不同的费率或承保条件。养殖保险的承保条件是养殖业保险选择保险标的、剔除非可保风险的限制条件。通过承保条件将不具备承保条件的一些拟保险对象加以剔除，是维护养殖业保险稳健经营的有效手段。例如，疫区内的动物和没有在当地经过驯化饲养的引进动物，都是损失可能性较大的动物标的，它们的损失风险就不能成为可保风险。

2. 保险责任和责任免除

养殖业的可保风险必须是可以评估的风险。这包含两层意思：一是指风险发生的或然性可以通过足够的统计数据以概率计算出来；二是指风险一旦发生，风险造成损失的损失程度和损失数量，可以通过一定的专业查勘定损技术评估出结果。一种风险只有同时具备这两个条件，才有可能成为养殖业可保风险，二者缺一不可。例如，能繁母猪养殖保险中，口蹄疫的发病率根据新老疫区不同为 50% ~ 100%，并且发病时具有典型的临床症状和病理变化，可以通过一定的技术手段诊断出来，只有同时具备了上述可保风险的两个条件，才可以作为保险责任。而海水养殖保险中赤潮以及传染病害损失，其损失总量可以通过行业总产量和国家农业部专门统计查找出来，但在实际查勘定损中往往难以准确评估其风险损失程度。因此，目前海水养殖中赤潮以及传染病害损失，被列为除外责任。

3. 保险期限

养殖业保险的保险期限，一般与动物养殖的生产周期相一致。由于养殖对象的种类繁多，其生活野性、生长规律等各有特点，所以养殖业保险的责任期限不可能按自然年度或其他时间区间确定一个统一的保险期限，而需要根据不同保险标的的养殖周期或风险特点来确定，保险责任期限因不同的保险标的应有长短的差异。即使同一保险标的，又因地域的气候差异等，也应有先后和长短的区别。另外，由于保险责任不同，养殖业保险期限也会有较大差别。例如，种用动物的保险期限可以为一年，而肉用动物的保险期限可能仅为几个月。

4. 保险金额的确定

养殖业保险中的不同保险标的的保险金额，应根据其价值来分别确定。总的原则是不能出现超价值投保而引起道德风险。要以被保险人的可保利益为最高限额，最好让被保险人自保其中的一部分。同时，由于养殖业生产是一个经济再生产与自然再生产交织进行的连续过程，在饲养动物不停地生长中，保险金额随着成本投入的增加、饲养动物的成长变化，也处在一个价值不断增长的过程中。因此，在养殖业保险条款中，要针对这种特点，计算出保险标的在不同生长阶段的保险金额。

5. 保险费率的厘定

养殖业保险费率的厘定方法主要是根据所保风险发生几率的大小、一次最大损失的程度以及保险责任时间的长短等因素来考虑，此外，还要充分了解当地养殖业的市场情况。

6. 保险数量的确定

养殖业保险标的数量大，承保数量主要以当地政府或畜牧部门提供的数据为依据，加之一些养殖场因防疫要求不允许外人进入，承保数量较难核实。因此，在确定保险数量时，可以根据养殖场规模、饲养场地大小、有关账册、抽样调查等方式估算实际养殖数量。此外，应用信息化管理手段可以有效建立和管理养殖业保险标的库，例如，利用国家规定的畜禽标识确定保险标的唯一性，对保险标的进行可追溯管理。

7. 查勘定损和赔偿处理

可参考本节二、（一）4 "理赔定损要坚持现场查勘、准确迅速、专业定损的原则"。

【扩展阅读】

我国农业保险财政补贴

一、历年中央财政农业保险保费补贴的范围比例及 2011 年新政

（一）历年中央财政补贴农业保险保费范围和比例的变化

自 2007 年末开展农业保险保费补贴以来，补贴范围和比例不断扩大和提高。

首先，试点地区范围不断扩大。种植业方面，2007 年全国只有 6 个省（区）试点。2008 年增加到 16 个省（区）和新疆生产建设兵团，2009 年是 17 个省（区）以及新疆生产建设兵团、黑龙江农垦总局，2010 年变为 23 个省（区）以及新疆生产建设兵团、黑龙江农垦总局、中储粮北方公司。2011 年，试点新增陕西省、广西壮族自治区、中国农业发展集团总公司（见表 8－3）。

表 8－3　　　　　中央财政种植业保险保费补贴试点地区

年份	保费补贴试点地区
2007	吉林、江苏、湖南、四川、新疆、内蒙古 6 个省（区）
2008	山东、安徽、新疆、黑龙江、河南、河北、山西等 16 个省（区），新疆生产建设兵团
2009	辽宁、江苏、新疆、青海、内蒙古、宁夏等 17 个省区，新疆生产建设兵团、黑龙江农垦总局
2010	云南、山西、甘肃、青海、内蒙古、新疆、宁夏、辽宁、江苏、浙江、福建、广东等 23 个省（区），新疆生产建设兵团、黑龙江农垦总局、中国储备粮管理总公司北方公司
2011	河北、吉林、新疆、宁夏、辽宁、江苏、浙江、福建等 25 个省（区），新疆生产建设兵团、黑龙江农垦总局、中国储备粮管理总公司北方公司、中国农业发展集团总公司

养殖业方面，截至 2011 年，养殖业保险已经覆盖了全部中西部地区。森林保险

在 2009 年湖南、福建、江西三省的基础上，2010 年增加辽宁、浙江、云南，2011 年增加广东、广西、四川。

其次，试点农产品保险的品种增加。最初确定补贴的只有水稻、玉米、小麦、油料作物、棉花 5 种。2007 年下半年增加能繁母猪保险补贴，2008 年增加奶牛、育肥母猪保险补贴，2009 年增加森林保险补贴，2010 年增加马铃薯、青稞、牦牛、藏系羊、天然橡胶保险补贴。保险保费补贴品种增加到 14 个，包括种植业 9 项品种和养殖业 5 项品种。

最后，补贴比例不断提高。2008 年之前，中央财政的补贴比例为 25%，从 2009 年开始，提高到东部地区 35%，中西部地区 40%。森林保险中的公益林保险保费补贴比例由 2009 年的 30% 提高到 2010 年的 50%。各个地区按东部、中部、西部划分，保费补贴有所不同。

以上三个方面，显示出中央财政对农业保险的支持力度在逐年加强，农业保险保费补贴成为中央财政支持"三农"的一项重要举措。

（二）2011 年中央财政扩大农业保险保费补贴范围和提高补贴比例的新政策

除了持续以前年度各试点省的补贴外，2011 年，种植业保险保费补贴试点地区增加到河北、吉林、新疆、宁夏、辽宁、江苏、浙江、福建等 25 个省（区）以及新疆生产建设兵团、黑龙江农垦总局、中国储备粮管理总公司北方公司和中国农业发展集团总公司。对于玉米、水稻、小麦、棉花、油料作物保险，保费补贴地区增加陕西省、广西壮族自治区和中国农业发展集团总公司。中央财政补贴比例为：陕西省和广西壮族自治区为 40%，中国农业发展集团总公司为 65%。对于马铃薯保险，保费补贴地区增加河北、陕西省、宁夏回族自治区，中央财政补贴比例为 40%。其余种植业保险保费补贴按原规定执行。

为了促进养殖业，特别是奶业的发展，中央财政奶牛保险保费补贴比例由 30% 提高至 50%，保费补贴地区增加中国农业发展集团总公司，其中中央财政补贴比例为 80%。其余养殖业保险保费补贴按照原规定执行。对于森林保险，新增加的森林保险保费补贴试点地区在制定森林保险方案时，应选择有条件、有能力、有意愿的县、市先行试点，待条件成熟后再逐步推开。中央财政保费补贴比例为公益林 50%，商品林 30%。对于天然橡胶保险，保费补贴地区增加广东农垦，中央财政补贴比例为 65%。

（三）2011 年中央财政农业保险保费补贴绩效评价和农业大灾风险分散机制的研究

2011 年，财政部开始了农业保险保费补贴绩效评价试点工作。为了加强财政支出管理，提高财政资金使用效益，财政部 2011 年下发了《关于印发〈财政支出绩效评价管理暂行办法〉的通知》（财预〔2011〕285 号）。农业保险保费补贴作为财政支出的一部分，也需要进行绩效评价管理。因此，财政部选取了四川、内蒙古两省（区）开展农业保险保费补贴绩效评价试点工作。要求省财政厅根据财预〔2011〕285 号文规定，结合本地种植业保险保费补贴工作实际，制定种植业保险保费补贴绩效评价试点方案，开展相关工作，并及时向财政部报送绩效评价试点方案和绩效评价报告等有关材料。其他省（区、市）可结合本地实际，研究开展农业保险保费补贴绩效评价试点工作。

此外，财政部开始系统深入地研究完善农业大灾风险分散机制。大灾风险一直是我国农业面临的重大威胁，党中央、国务院对此高度重视。为了健全农业再保险体系，研究建立大灾风险分散机制，财政部要求各省（区、市）财政厅（局）会同有关部门，统计分析本省（区、市）2007—2010 年农业大灾风险准备金的提取和使用等情况，总结本省（区、市）农业大灾风险分散机制的制度和经验，研究提出建立健全农业大灾风险分散机制的政策建议，并规定于 2011 年 7 月 30 日前报送报告。

二、2011 年地方政府农业保险保费补贴情况

我国的农业保险保费补贴，中央财政是一方面，地方财政也发挥着不可忽视的作用。

（一）地方财政农业保险保费补贴政策

中央财政对东部地区的补贴比例是 35%，对中西部地区的补贴比例是 40%，余下的由各地根据具体情况确定补贴比例。各省（市、区）自然、经济、社会等条件不同，因此各省级财政在农业保险保费的具体补贴规定上存在一些差异（见表8－4）。

表 8－4　　　　　部分省（区）2011 年农业保险保费补贴政策概览

安徽	中央、省、市县财政分别补贴 40%、25%、15%；对皖北三市七县种植业保险保费，中央、省、市县财政分别补贴 40%、30%、10%。养殖业保险保费补贴方面，奶牛保险地方财政保费补贴比例由 30% 提高到 40%，统一市县养殖业保险保费补贴比例。能繁母猪保险保费，中央、省、市县财政分别补贴 50%、25%、5%；奶牛保险保费，中央、省、市县财政分别补贴 30%、25%、15%。
内蒙古	种植业保险，对玉米、小麦、大豆、马铃薯、油料作物中央财政补贴 40%；呼和浩特市、包头市、鄂尔多斯市及所属旗县（市、区）财政补贴 15%，呼伦贝尔市、通辽市、巴彦淖尔市、锡林郭勒盟、乌海市、阿拉善盟及所属旗县（市、区）财政补贴 10%，兴安盟、乌兰察布市、赤峰市及所属旗县（市、区）财政补贴 5%；农牧户或者农牧户与龙头企业等共同承担 10% 的保费；其余部分由自治区级财政补贴。温室大棚方面，自治区级财政补贴 40%，盟市及旗县（市、区）财政补贴 30%，农牧户与龙头企业等共同承担 30%。 内蒙古养殖业保险保费补贴，奶牛保险保费中央财政补贴 30%；呼和浩特市、包头市、鄂尔多斯市及所属旗县（市、区）财政补贴 15%，呼伦贝尔市、通辽市、巴彦淖尔市、锡林郭勒盟、乌海市、阿拉善盟及所属旗县（市、区）财政补贴 10%，兴安盟、乌兰察布市、赤峰市及所属旗县（市、区）财政补贴 5%；农牧户或者农牧户与龙头企业等共同承担 15% 的保费；其余部分由自治区级财政补贴。能繁母猪保险保费中央财政补贴 50%，自治区级财政补贴 20%，盟市、旗县（市、区）级财政各补贴 10%，其余 10% 保费由农牧户承担，或者由农牧户与养殖企业共同承担。
江苏	水稻、小麦、棉花、玉米、油菜五个主要种植业参保品种，各级财政保费补贴原则上不低于 70%；其中，中央财政补贴 35%，省级财政补贴 25%，差额部分由市、县级财政根据实际情况给予补贴。 对主要养殖业保险，各级财政根据参保品种确定保费补贴比例。能繁母猪保险保费补贴比例原则上不低于 80%，奶牛保险保费补贴比例原则上不低于 60%；其中，省级财政保费补贴比例为：苏南地区 20%，苏中地区 30%，苏北地区 50%。省级财政补贴与应补贴的差额部分由市、县财政部门给予补贴。对能繁母猪年投保超过 5 万头（含 5 万头）的生猪养殖大县，省财政在原有补贴比例外再增加 10% 保费补贴。

续表

江西	能繁母猪保险补贴80%，奶牛保险补贴60%，林木火灾保险区分公益林、商品林分别补贴40%、30%，水稻、棉花、油料作物保险均补贴65%，柑橘、育肥猪保险分别补贴40%、30%。
山西	中央、省、市、县（市、区）财政分别按应缴保费的40%、25%、10%、10%比例进行补贴，其余15%的保费由农户自己缴纳。
青海	种植业保险，青稞、蚕豆、马铃薯保费由省级财政补贴80%，县级财政补贴10%，农户或专业合作组织承担10%保费。小麦、油菜、玉米保费由中央财政补贴35%，省级财政补贴35%，县级财政补贴20%，农户或专业合作组织承担10%；国有农场油菜保费中央财政补贴35%，省级财政补贴35%，农场及农户承担30%；温棚省级财政补贴60%，县级财政补贴20%，农户或专业合作组织承担20%。 养殖业保险，能繁母猪保险保费中央财政补贴50%，省级财政补贴30%，养殖者承担20%。奶牛保险保费中央财政补贴30%，省级财政补贴30%，县级财政补贴20%，养殖户承担20%。 林业保险，森林保险省级财政补贴80%，市（县）财政补贴15%，林农承担5%；国有林场补贴比例为：省级财政补贴80%，国有林场承担20%。
山东	在保费补贴比例方面，确定对小麦、玉米、棉花保险的保费，政府财政按照80%的比例给予补贴，其余20%由农户自担。以小麦为例，每亩10元的保险费，农户只需缴纳2元，剩下的8元由政府承担。
新疆	种植业：中央财政补贴保费总额的35%，自治区财政补贴保费总额的25%，地州市和县（市）财政补贴保费总额的20%，投保人自缴保费总额的20%。 养殖业：能繁母猪保险由中央财政补贴保费总额的50%，自治区财政补贴保费总额的30%，投保人自缴保费总额的20%。奶牛保险由中央财政补贴保费总额的30%，自治区财政补贴保费总额的30%，地州市、县（市）财政补贴保费总额的20%，投保人自缴保费总额的20%。投保人自缴保费不到位的，财政不予补贴。

各省具体的补贴政策大致可以分为三种模式：

第一种是多级财政固定比例补贴模式，以安徽省、内蒙古自治区和山西省为代表，由省市明确规定中央、省、市、县级财政负担的比例。比如，安徽财政部门文件规定中央、省级、市县级财政按照各自份额分担农业保险保费补贴，余下部分由农户自己缴纳。

内蒙古财政部门的规定与安徽财政部门类似，也是确定中央、省（区）、市县三级的补贴资金份额。不过，考虑到内蒙古各地区间自然、经济、社会差异，内蒙古财政部门针对不同的地区采取了多种保费分担的方式，保障了全区内的财政公平。

山西省则采取了统一标准，保费补贴比例规定为中央、省、市、县（市、区）财政分别按应缴保费的40%、25%、10%、10%比例进行补贴。这一类补贴的优点在于明确了各级财政的补贴比例与责任，在实施补贴的过程中做到有章可循，保障了农业保险保费补贴工作的顺利进行。

第二种是由省级财政直接确定全省的补贴比例，不需要市县级财政参与。江西是其中的代表，针对每一种保险直接明确了总的保险比例，不存在多级分摊与比例变动的问题。这种规定的好处在于减少了财政补贴的层级，只保留中央、省两级，大大降低了补贴资金分摊混乱的风险，便于政府对补贴资金的管理。

第三种是以江苏省为代表的"灵活"比例模式。江苏是经济发达地区，市场机制比较健全。江苏模式的特点是确定了一个最低补贴比例的同时给予下级财政一定的灵活性，使得基层政府得以根据本地区的实际情况，确定最适合的补贴政策。这种政策在保证了农户基本利益，保证全省各地基本公平的情况下，鼓励下级政府因地制宜，积极创新，通过多种手段完善保险保费补贴政策。应该说，江苏的保费补贴政策很好地体现了中央财政关于农业保险保费补贴"政府主导、市场机制"的原则，为其他地区的农业保险保费补贴政策提供了很好的借鉴。

（二）地方财政农业保险保费补贴力度

2011 年地方公共财政对农业保险保费补贴投入 116.3 亿元。以 2010 年河北、内蒙古、辽宁、江苏、安徽、海南、新疆七省（区）为样本，各省财政农业保险保费补贴支出平均占农林水事务支出的 2.05%，占财政支出的 0.24%，占农林牧渔总产值的 0.24%，占农业保险保费收入的 91.67%，占赔付的 137.66%。这些数据表明，农业保险保费补贴支出已经成为地方涉农支出中的一个重要组成部分，体现了地方财政对农业保险保费补贴实务的重视。此外，从财政支出与保费收入/赔付的比较来看，地方农业保险保费补贴为各地区农业保险的持续发展提供了有力的保障（见表 8 - 5）。

表 8 - 5　　　　2010 年部分省（区）财政农业保险保费补贴支出情况

	农业保险保费补贴支出（亿元）	占农林水事务支出比例（%）	占财政总支出比例（%）	占农林牧渔总产值比例（%）	占农业保险保费收入比例（%）	占农业保险赔款支出比例（%）
河北	4.1	1.31	0.15	0.10	62.76	197.12
内蒙古	13.2	4.70	0.58	0.72	88.65	134.67
辽宁	4.3	1.49	0.13	0.14	192.83	128.74
江苏	5.4	1.10	0.11	0.13	80.00	191.49
安徽	9.6	3.28	0.37	0.32	76.98	97.46
海南	0.8	0.91	0.14	0.10	115.94	173.91
新疆	3.4	1.54	0.20	0.18	24.53	39.91
平均	5.82	2.05	0.24	0.24	91.67	137.66

三、继续推进我国农业保险保费财政补贴政策的意义

农业保险保费补贴政策大大促进了我国农业保险的发展。2007 年以来，我国农业保险五年累计保费收入超过 600 亿元，年均增速达到 85%。目前，我国农业保险业务规模已超过日本，仅次于美国，跃居世界第二，成为全球最重要、最活跃的农业保险市场之一。取得这样的成绩，离不开各级财政对我国农业保险发展的大力支持，离不开农业保险保费补贴政策的推动作用。

（一）加大对农业保险保费补贴力度将助推农业保险的进一步发展

尽管改革开放后的农业保险自 1982 年就已经开始，但总体来说，2007 年之前，我国的农业保险处于一个小规模的试验阶段，全国农业保险保费收入最高年份也不超过 10 亿元。自 2007 年我国开展农业保险保费补贴工作以后，我国农业保险迎来了一个迅猛发展期。2011 年,我国农业保险保费收入达到 173.8 亿元,同比增长 28.1%,为农业提供风险保障 6 523 亿元。此外,农房保险、农机具保险、渔业保险等试点也在稳步推进,其中农房保险在近 20 个省开展,效果得到了社会各界的广泛认同,地方政府也高度重视,特别是浙江、福建、广西等地基本实现了全覆盖。

此外,农业保险保费补贴政策也促成了我国农业灾害由依靠财政救助向依靠市场风险分散机制的转变。政界与学界普遍认为,与传统的财政救助不同,农业保险保费补贴是市场经济条件下财政促进金融支农的重要创新,是国家财政通过保费补贴等手段,带动农户投保,引导农业保险发展。政府在其中的发挥是一个引导作用,而非主导包办,市场机制在其中起到一个基础性的作用。农业保险保费补贴的目标在于培养农户的风险意识,建立长期有效的市场化风险分散机制,以市场机制达到支持"三农"发展的政策目标。

(二)各级财政发挥杠杆作用可以进一步促进我国农业发展并惠及农业生产者

2011 年,中央财政保费补贴资金约 66 亿元,由此为"三农"带来的风险保障达到 6 523 亿元,中央财政资金放大效应近 100 倍,切实体现了"四两拨千斤"的杠杆作用;中央财政每拿出一元钱,地方各级政府也相应配套近一元钱,有效地增加了支农资金总量;各级财政的高比例投入,大大减轻农民的保费负担水平,有效激发了农户的投保热情,越来越多的农户通过农业保险保费补贴政策享受到了公共财政的阳光。

表 8-6   2004—2011 年我国农业保险发展情况

年份	农业保险保费总收入(亿元)	农业保险赔付总额(亿元)	财产保险保费总收入(亿元)	农业保险保费收入占比(%)	财产保险赔付总额(亿元)	农业保险赔付占比(%)
2004	3.77	—	1 089.89	0.35	—	—
2005	7.29	—	1 229.86	0.59	—	—
2006	8.46	5.91	1 509.43	0.56	816.61	0.72
2007	51.8	28.95	2 086.48	2.48	1 023.51	2.83
2008	110.7	64.14	2 446.25	4.53	1 418.33	4.52
2009	133.9	95.18	2 992.90	4.47	1 575.78	6.04
2010	135.7	95.96	4 026.89	3.37	1 756.03	5.46
2011	173.8	—	4 779.05	3.64	2 176.93	—

表 8-7   2006—2010 年我国农业保险提供的风险保障额

年份	农业保险提供风险保障额(亿元)	我国农林牧渔业总产值(亿元)	风险保障金额占农业总产值的比例(%)
2006	733.21	48 180.8	1.52
2007	1 720.2	48 893.0	3.52
2008	2 397.4	58 002.2	4.13
2009	3 812.08	60 361.0	6.32
2010	3 943	69 319.8	5.69

表 8 - 8　　　　　　　　　　2011 年农业保险保障情况

农业保险提供风险保障额（亿元）	风险保障金额占农业总产值比例（%）	承保农作物面积（亿亩）	承保农作物面积占农作物播种面积比例（%）	承保林木面积（亿亩）	承保林木面积占全国林木面积比例（%）	承保牲畜数量（亿头）	承保牲畜数量占饲养牲畜数量比例（%）
6 523	8.02	7.87	33	9.2	31.4	7.3	48

资料来源：庹国柱. 中国农业保险发展报告 2012 ［M］. 北京：中国农业出版社，2012：12 - 19.

【附录8.1】

农业保险条例

第一章　总则

第一条　为了规范农业保险活动，保护农业保险活动当事人的合法权益，提高农业生产抗风险能力，促进农业保险事业健康发展，根据《中华人民共和国保险法》、《中华人民共和国农业法》等法律，制定本条例。

第二条　本条例所称农业保险，是指保险机构根据农业保险合同，对被保险人在种植业、林业、畜牧业和渔业生产中因保险标的遭受约定的自然灾害、意外事故、疫病、疾病等保险事故所造成的财产损失，承担赔偿保险金责任的保险活动。

本条例所称保险机构，是指保险公司以及依法设立的农业互助保险等保险组织。

第三条　国家支持发展多种形式的农业保险，健全政策性农业保险制度。

农业保险实行政府引导、市场运作、自主自愿和协同推进的原则。

省、自治区、直辖市人民政府可以确定适合本地区实际的农业保险经营模式。

任何单位和个人不得利用行政权力、职务或者职业便利以及其他方式强迫、限制农民或者农业生产经营组织参加农业保险。

第四条　国务院保险监督管理机构对农业保险业务实施监督管理。国务院财政、农业、林业、发展改革、税务、民政等有关部门按照各自的职责，负责农业保险推进、管理的相关工作。

财政、保险监督管理、国土资源、农业、林业、气象等有关部门、机构应当建立农业保险相关信息的共享机制。

第五条　县级以上地方人民政府统一领导、组织、协调本行政区域的农业保险工作，建立健全推进农业保险发展的工作机制。县级以上地方人民政府有关部门按照本级人民政府规定的职责，负责本行政区域农业保险推进、管理的相关工作。

第六条　国务院有关部门、机构和地方各级人民政府及其有关部门应当采取多种形式，加强对农业保险的宣传，提高农民和农业生产经营组织的保险意识，组织引导农民和农业生产经营组织积极参加农业保险。

第七条　农民或者农业生产经营组织投保的农业保险标的属于财政给予保险费

补贴范围的，由财政部门按照规定给予保险费补贴，具体办法由国务院财政部门商国务院农业、林业主管部门和保险监督管理机构制定。

国家鼓励地方人民政府采取由地方财政给予保险费补贴等措施，支持发展农业保险。

第八条 国家建立财政支持的农业保险大灾风险分散机制，具体办法由国务院财政部门会同国务院有关部门制定。

国家鼓励地方人民政府建立地方财政支持的农业保险大灾风险分散机制。

第九条 保险机构经营农业保险业务依法享受税收优惠。

国家支持保险机构建立适应农业保险业务发展需要的基层服务体系。

国家鼓励金融机构对投保农业保险的农民和农业生产经营组织加大信贷支持力度。

第二章　农业保险合同

第十条 农业保险可以由农民、农业生产经营组织自行投保，也可以由农业生产经营组织、村民委员会等单位组织农民投保。

由农业生产经营组织、村民委员会等单位组织农民投保的，保险机构应当在订立农业保险合同时，制定投保清单，详细列明被保险人的投保信息，并由被保险人签字确认。保险机构应当将承保情况予以公示。

第十一条 在农业保险合同有效期内，合同当事人不得因保险标的的危险程度发生变化增加保险费或者解除农业保险合同。

第十二条 保险机构接到发生保险事故的通知后，应当及时进行现场查勘，会同被保险人核定保险标的的受损情况。由农业生产经营组织、村民委员会等单位组织农民投保的，保险机构应当将查勘定损结果予以公示。

保险机构按照农业保险合同约定，可以采取抽样方式或者其他方式核定保险标的的损失程度。采用抽样方式核定损失程度的，应当符合有关部门规定的抽样技术规范。

第十三条 法律、行政法规对受损的农业保险标的的处理有规定的，理赔时应当取得受损保险标的已依法处理的证据或者证明材料。

保险机构不得主张对受损的保险标的的残余价值的权利，农业保险合同另有约定的除外。

第十四条 保险机构应当在与被保险人达成赔偿协议后 10 日内，将应赔偿的保险金支付给被保险人。农业保险合同对赔偿保险金的期限有约定的，保险机构应当按照约定履行赔偿保险金义务。

第十五条 保险机构应当按照农业保险合同约定，根据核定的保险标的的损失程度足额支付应赔偿的保险金。

任何单位和个人不得非法干预保险机构履行赔偿保险金的义务，不得限制被保险人取得保险金的权利。

农业生产经营组织、村民委员会等单位组织农民投保的，理赔清单应当由被保险人签字确认，保险机构应当将理赔结果予以公示。

第十六条　本条例对农业保险合同未作规定的，参照适用《中华人民共和国保险法》中保险合同的有关规定。

第三章　经营规则

第十七条　保险机构经营农业保险业务，应当符合下列条件，并经国务院保险监督管理机构依法批准：

（一）有完善的基层服务网络；

（二）有专门的农业保险经营部门并配备相应的专业人员；

（三）有完善的农业保险内控制度；

（四）有稳健的农业再保险和大灾风险安排以及风险应对预案；

（五）偿付能力符合国务院保险监督管理机构的规定；

（六）国务院保险监督管理机构规定的其他条件。

未经依法批准，任何单位和个人不得经营农业保险业务。

第十八条　保险机构经营农业保险业务，实行自主经营、自负盈亏。

保险机构经营农业保险业务，应当与其他保险业务分开管理，单独核算损益。

第十九条　保险机构应当公平、合理地拟订农业保险条款和保险费率。属于财政给予保险费补贴的险种的保险条款和保险费率，保险机构应当在充分听取省、自治区、直辖市人民政府财政、农业、林业部门和农民代表意见的基础上拟订。

农业保险条款和保险费率应当依法报保险监督管理机构审批或者备案。

第二十条　保险机构经营农业保险业务的准备金评估和偿付能力报告的编制，应当符合国务院保险监督管理机构的规定。

农业保险业务的财务管理和会计核算需要采取特殊原则和方法的，由国务院财政部门制定具体办法。

第二十一条　保险机构可以委托基层农业技术推广等机构协助办理农业保险业务。保险机构应当与被委托协助办理农业保险业务的机构签订书面合同，明确双方权利义务，约定费用支付，并对协助办理农业保险业务的机构进行业务指导。

第二十二条　保险机构应当按照国务院保险监督管理机构的规定妥善保存农业保险查勘定损的原始资料。

禁止任何单位和个人涂改、伪造、隐匿或者违反规定销毁查勘定损的原始资料。

第二十三条　保险费补贴的取得和使用，应当遵守依照本条例第七条制定的具体办法的规定。

禁止以下列方式或者其他任何方式骗取农业保险的保险费补贴：

（一）虚构或者虚增保险标的或者以同一保险标的进行多次投保；

（二）以虚假理赔、虚列费用、虚假退保或者截留、挪用保险金、挪用经营费用等方式冲销投保人应缴的保险费或者财政给予的保险费补贴。

第二十四条　禁止任何单位和个人挪用、截留、侵占保险机构应当赔偿被保险人的保险金。

第二十五条　本条例对农业保险经营规则未作规定的，适用《中华人民共和国保险法》中保险经营规则及监督管理的有关规定。

第四章　法律责任

第二十六条　保险机构未经批准经营农业保险业务的，由保险监督管理机构责令改正，没收违法所得，并处违法所得 1 倍以上 5 倍以下的罚款；没有违法所得或者违法所得不足 10 万元的，处 10 万元以上 50 万元以下的罚款；逾期不改正或者造成严重后果的，责令停业整顿或者吊销经营保险业务许可证。

保险机构以外的其他组织或者个人非法经营农业保险业务的，由保险监督管理机构予以取缔，没收违法所得，并处违法所得 1 倍以上 5 倍以下的罚款；没有违法所得或者违法所得不足 20 万元的，处 20 万元以上 100 万元以下的罚款。

第二十七条　保险机构经营农业保险业务，有下列行为之一的，由保险监督管理机构责令改正，处 10 万元以上 50 万元以下的罚款；情节严重的，可以限制其业务范围、责令停止接受新业务或者取消经营农业保险业务资格：

（一）编制或者提供虚假的报告、报表、文件、资料；

（二）拒绝或者妨碍依法监督检查；

（三）未按照规定使用经批准或者备案的农业保险条款、保险费率。

第二十八条　保险机构经营农业保险业务，违反本条例规定，有下列行为之一的，由保险监督管理机构责令改正，处 5 万元以上 30 万元以下的罚款；情节严重的，可以限制其业务范围、责令停止接受新业务或者取消经营农业保险业务资格：

（一）未按照规定将农业保险业务与其他保险业务分开管理，单独核算损益；

（二）利用开展农业保险业务为其他机构或者个人牟取不正当利益；

（三）未按照规定申请批准农业保险条款、保险费率。

保险机构经营农业保险业务，未按照规定报送农业保险条款、保险费率备案的，由保险监督管理机构责令限期改正；逾期不改正的，处 1 万元以上 10 万元以下的罚款。

第二十九条　保险机构违反本条例规定，保险监督管理机构除依照本条例的规定给予处罚外，对其直接负责的主管人员和其他直接责任人员给予警告，并处 1 万元以上 10 万元以下的罚款；情节严重的，对取得任职资格或者从业资格的人员撤销其相应资格。

第三十条　违反本条例第二十三条规定，骗取保险费补贴的，由财政部门依照《财政违法行为处罚处分条例》的有关规定予以处理；构成犯罪的，依法追究刑事责任。

违反本条例第二十四条规定，挪用、截留、侵占保险金的，由有关部门依法处理；构成犯罪的，依法追究刑事责任。

第三十一条　保险机构违反本条例规定的法律责任，本条例未作规定的，适用《中华人民共和国保险法》的有关规定。

第五章　附则

第三十二条　保险机构经营有政策支持的涉农保险，参照适用本条例有关规定。

涉农保险是指农业保险以外、为农民在农业生产生活中提供保险保障的保险，包括农房、农机具、渔船等财产保险，涉及农民的生命和身体等方面的短期意外伤害保险。

第三十三条　本条例自 2013 年 3 月 1 日起施行。

【附录 8.2】

关于加强农业保险承保管理工作的通知

保监产险〔2011〕455 号

各保监局、各财产保险公司、中国保险行业协会：

为做好农业保险承保管理，加强农业保险经营规范性，切实防范虚假承保行为的发生，有效控制道德风险，现将有关事项通知如下：

一、开办农业保险的机构，要严格遵守保监会的有关要求，在开办农业保险业务前，应由总公司事前向保监会提交书面报告。

二、开办农业保险的省级分公司，应经总公司同意并制定详细的业务发展规划；应具有比较完善的农村保险服务网络及经监管机关备案的产品；应制定较完备的农业保险业务管理规章制度和实务操作流程；应制定农业再保险和巨灾风险安排规划以及巨灾风险应对预案；应在事前向当地保监局提交书面报告。业务开办前，经办机构应积极与地方政府及有关部门沟通协调，明确各项支持政策。

三、开办农业保险业务的公司要严格执行在保险监管部门备案的农业保险条款与费率，严禁报行不一，严禁擅自更改或变相更改经保险监管部门备案的条款费率。

四、开办农业保险业务的公司要加强保险标的基础信息管理。承保前应采集投保人、被保险人、保险标的相关要素信息，包括投保人（被保险人）姓名（组织名称）、身份证号码（组织机构代码）、联系方式、标的种类或数量、地块位置或耳标号等识别信息，以及用于领取赔款的资金账号等，并录入公司核心业务信息系统。

五、开办农业保险业务的公司要强化标的识别工作。对于生猪、能繁母猪、奶牛等大宗畜牧业产品，应核实是否佩戴国家规定的识别标志；鼓励各公司采用无人飞机、GPS 等高科技手段辅助标的识别工作。

六、开办农业保险业务的公司要坚持农业保险承保到户原则。对于生产较为分散的农户，可借助村或乡（镇）、县（市）等各级政府部门和有关单位，引导农户按照自愿的原则集体投保，不得强制投保。对于大规模集约化生产的农牧作物和林木，应核对相关承包经营协议或租赁经营协议。集体投保业务的投保信息应在相关村委会、农业专业合作社等场所进行一周以上的公示。

七、开办农业保险业务的公司不得将对保险标的不具有保险利益的组织或机构确认为被保险人。

八、开办农业保险业务的公司要加强农业保险承保风险管理。承保前应当对保险标的数量、权属和识别信息等核心要素进行抽验，确保承保信息真实可信，切实防范虚假承保行为。

九、开办农业保险业务的公司要加强承保档案管理。承保单证、标的信息、核保材料、公示情况应及时归档、统一装订、归口管理。

十、实行集体投保的，保险单后应附有农户签字清单或分户投保清单。对享受国家财政补贴的险种，应按规定及时向有关部门提供承保信息，协调结算补贴资金。

十一、各保监局要加强与地方政府和有关部门的协调，加强对农业保险承保工作的监督和指导。各保监局在开展现场检查时，要根据实际情况将农业保险承保情况作为检查重点之一，采取切实措施，坚决杜绝虚假承保问题。

十二、中国保险行业协会要加强协调，及时总结经验，指导行业根据本通知要求制定标准化的细则或指引。

请将承保工作中出现的新问题、新情况及时报告保监会财产保险监管部。

中国保险监督管理委员会

二〇一一年四月七日

【本章小结】

农业保险	农业保险概述	中国保险监督管理委员会 2007 年出台的《农业保险统计制度》规定：农业保险是指由保险机构经营，对农业产业在生产过程中因遭受约定的自然灾害、事故或者疫病所造成的经济损失承担赔偿保险金责任的保险，分为种植业保险和养殖业保险两大类。按照不同的划分标准，农业保险有不同的分类。
	种植业保险	种植业保险是以各种作物为保险对象的一类保险。种植业生产对象广泛，按照不同的划分标准，可将种植业保险划分为不同的类别。 种植业保险经营原则包括：坚持基本保障，保成本；采取选择性承保策略；实行差别区域费率；坚持大面积统一承保。种植业保险中有很多技术要点。
	养殖业保险	养殖业保险是以有生命的陆生动物或水生生物为保险标的，保险人在被保险人支付约定的保险费后，对保险标的因遭受保险责任范围内的自然灾害、意外事故和疾病所造成的损失，对被保险人进行经济补偿的一种保险业务。 商业性养殖业保险经营遵循的一般原则包括：险种的开办要遵循因地制宜、量力而行的原则；险种承保要遵循专业验标、谨慎观察、统一承保、规模经营的原则；保额确定要坚持保成本为主的原则；理赔定损要坚持现场查勘、准确迅速、专业定损的原则；防灾防损要坚持以防为主、防赔结合的原则；业务经营要坚持优化结构、合理布局、区划费率、严格控制高风险业务规模的原则。

【课后习题】

一、单选题

1. 农业保险可分为种植业保险和（　　）保险两大类。

A. 养殖业　　　　　B. 林木　　　　　C. 苗木　　　　　D. 森林

2. 种植业保险经营实行（　　）原则。

A. 统一费率　　　B. 差别区域费率　　C. 固定费率　　　D. 浮动费率

3. 下列标的中，（　　）属于农业保险。

A. 土地　　　　　B. 厂房　　　　　C. 机器设备　　　D. 农作物

二、多选题

1. 我国农业保险包括（　　　）。

A. 种植业保险　　　　　　　　　　B. 养殖业保险

C. 家庭财产保险　　　　　　　　　D. 运输工具保险

2. 下列各项中，属于农业保险财政补贴的是（　　　）。

A. 能繁母猪保险　　B. 养鸡保险　　　C. 水稻　　　　　D. 大豆

3. 下列保险中，属于政策性保险的是（　　　）。

A. 企业财产保险　　　　　　　　　B. 运输工具保险

C. 家庭财产保险　　　　　　　　　D. 农业保险

三、判断题

1. 农业保险一般为政策性保险。　　　　　　　　　　　　　　　（　　　）

2. 我国农业保险有财政补贴是从 2008 年开始的。　　　　　　　（　　　）

3. 养殖业保险中属于财政补贴的险种有能繁母猪保险和奶牛保险。　（　　　）

四、简答题

1. 简述种植业保险的概念和分类。

2. 简述养殖业保险的概念和分类。

3. 简述种植业保险的经营原则。

4. 简述养殖业保险的经营原则。

第九章
责任保险

【学习目标】

通过本章内容的学习，学生应掌握责任保险的概念和特征以及各种责任保险的具体内容。

【学习重点与难点】

责任保险的保险标的、特点、种类和共性规定；公众责任保险的概念、种类和主要内容；产品责任保险的概念和主要内容；雇主责任保险的概念、保险责任、费率影响因素；职业责任保险的概念、投保人、被保险人、承保方式、费率影响因素等。

【关键术语】

责任保险　公众责任保险　产品责任保险　职业责任保险　雇主责任保险

【本章知识结构】

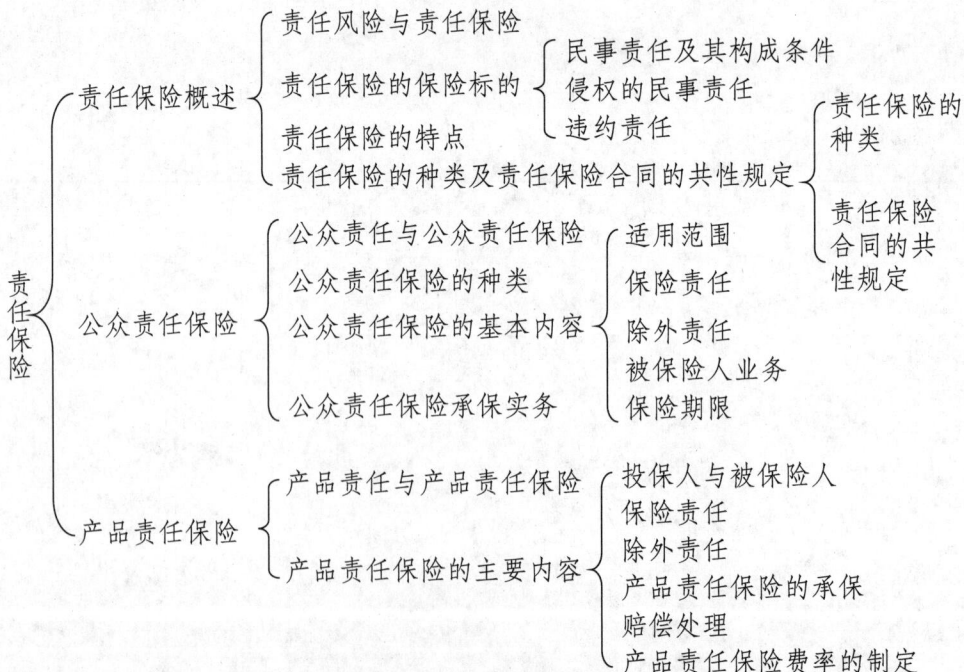

```
                  ┌ 责任风险与责任保险
                  │                        ┌ 民事责任及其构成条件
        责任保险概述│ 责任保险的保险标的 ┤ 侵权的民事责任      ┌ 责任保险的
                  │                        └ 违约责任          │ 种类
                  │ 责任保险的特点                            │
                  └ 责任保险的种类及责任保险合同的共性规定 ┤
责                                                           └ 责任保险
任                ┌ 公众责任与公众责任保险    ┌ 适用范围         合同的共
保                │ 公众责任保险的种类        │ 保险责任         性规定
险    公众责任保险│                          │ 除外责任
                  │ 公众责任保险的基本内容 ┤ 被保险人业务
                  └ 公众责任保险承保实务      └ 保险期限

                  ┌ 产品责任与产品责任保险    ┌ 投保人与被保险人
                  │                          │ 保险责任
        产品责任保险│                          │ 除外责任
                  └ 产品责任保险的主要内容 ┤ 产品责任保险的承保
                                            │ 赔偿处理
                                            └ 产品责任保险费率的制定
```

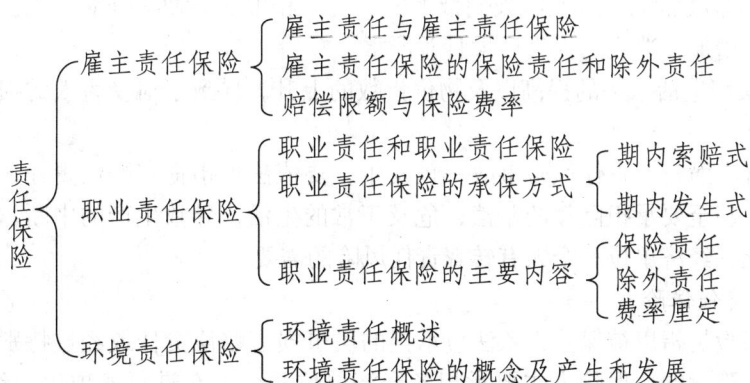

```
                    ┌ 雇主责任与雇主责任保险
        ┌ 雇主责任保险┤ 雇主责任保险的保险责任和除外责任
        │           └ 赔偿限额与保险费率
责                  ┌ 职业责任和职业责任保险    ┌ 期内索赔式
任  ┌ 职业责任保险┤ 职业责任保险的承保方式   ┤
保  │              │                        └ 期内发生式
险  ┤              │                        ┌ 保险责任
    │              └ 职业责任保险的主要内容   ┤ 除外责任
    │                                        └ 费率厘定
    └ 环境责任保险┬ 环境责任概述
                 └ 环境责任保险的概念及产生和发展
```

【案例导入】

密云游园会踩踏事件

2004 年，北京市密云县在公园举办迎春灯展的第六天，因一观灯游人在公园桥上跌倒，引起身后近百名游人拥挤，酿成 37 人死亡、15 人受伤的特大恶性事故。类似事件还有吉林中百商厦大火，造成 54 人死亡，给不少家庭带来巨大的悲痛和直接或间接损失。重庆井喷事故、吉林中百商厦特大火灾等几起事故责任方均未投保公众责任险。其中，中石油为井喷事故付出了 3 300 多万元的责任赔偿，中百商厦也为此承担了 400 多万元的责任赔偿。虽然政府在这些事故中及时"挺身而出"，承担了大量善后费用，为死伤者及其家属在事故发生后提供一定的补偿，但这种善后，一方面加重了国家的财政负担，另一方面补偿有限，最终难以令受害者家人满意。如果相关场所经营者事先考虑到自身风险的分摊和游客权益的保障，向保险公司投保公众责任险，则事故中受害人权益就能获得更多保障。

（资料来源：杨波．财产保险原理与实务［M］．南京：南京大学出版社，2010：268．）

第一节 责任保险概述

一、责任风险与责任保险

（一）责任风险

责任风险是指企业、团体、家庭和个人在从事各项活动中，因疏忽、过失等行为造成他人人身伤亡或财产损失，而依法对受害人承担的经济赔偿的可能性。随着社会经济的日益发展，从责任风险发生的趋势和对经济单位和个人带来的损失程度看，责任风险已越来越多地引起人们的关注和重视。究其原因，主要有以下几个方面：

（1）人们在遭受他人的侵权损害时，可借助法律手段来保护自己，使责任方承担对损害的赔偿。

（2）科学技术的进步在给人们带来生产发展和生活方便的同时，也使责任风险发生的概率增加，造成的损失后果日益严重。

（3）人们生活水平的提高以及物价指数的上升，导致了对受害人的损害赔偿数额不断提高。

对致害人而言，责任风险事故一旦发生，要依法承担损害赔偿责任，要使现有利益受损，甚至要承担巨额的赔偿，危及正常的生活，导致生产的中断，甚至经营破产。因此，经济单位和个人有转嫁责任风险的需要。

（二）责任保险

责任保险是指以被保险人依法应承担的民事损害赔偿责任或经过特别约定的合同责任为保险标的，保险人主要承担各经济单位和个人在进行各项生产经营活动、业务活动或日常生活中，由于疏忽、过失等行为造成他人人身伤亡或财产损失，以及按合同约定应承担的经济赔偿责任。例如，汽车肇事造成他人人身伤亡或财产损失，医生误诊造成病人的伤亡，产品缺陷造成用户或消费者人身伤亡或财产损失等，致害人必须依照有关法律规定对受害人承担经济赔偿责任。如果致害人投保了相关的责任保险，就把责任风险转嫁给了保险人；一旦发生保险责任事故，就由保险人承担致害人（被保险人）应向受害人承担的经济赔偿责任。

二、责任保险的保险标的

财产损失保险的保险标的是有形财产，保险事故发生会直接造成财产的损失，表现为财产的全部损失或部分损失。责任保险的保险标的为被保险人的民事损害赔偿责任，这种保险标的是无形的，保险人承保的是被保险人的侵权行为和违约责任（合同责任）。

（一）民事责任及其构成条件

民事法律责任简称民事责任，它是民事主体侵害他人的民事权利或违反民事义务（包括合同或其他义务）所应承担的法律后果。但并非所有侵犯他人的民事权利或违反民事义务的行为都须承担民事责任，构成民事责任一般须具备以下四个条件：

1. 行为必须具有违法性

这是构成民事责任的决定性要件。行为不违法，除法律有特别规定外，对其所造成的损害不承担民事责任。所谓行为，即人们有意识的活动。

违法行为包括两种：一种是违法的"行为"，属于法律所禁止的行为，如酒后驾车伤人；另一种是违法的"不作为"，属于法律所规定的义务不履行的行为。

2. 必须有造成损害的事实存在

这是构成民事责任的必要条件。侵犯民事权利、违反民事义务的违法行为，在许多情况下，会造成他人人身或财产上的损害后果。只有当行为人对他人的人身或财产造成事实上的损害，才须依法承担民事责任。

3. 违法行为与损害后果之间存在因果关系

法律只规定违法行为人对其违法行为所造成的损害后果承担民事责任，也就是说必须是违法行为与损害后果存在因果关系才承担民事责任。如果损害后果的发生与违法行为无因果关系，行为人则不需承担民事责任。

4. 违法行为人必须有过错

过错就是行为人对自己的行为及其后果的心理状态。它分为故意和过失两种形式。故意是指行为人明知自己的行为的不良后果，而希望或放任其发生的心理；过失是指行为人应当预见自己的行为可能发生的不良后果而没有预见，或者已经预见而轻信不会发生的心理。我国民法将过错责任原则确定为承担民事责任的基本原则。但是，民事责任制度的目的，还在于救济已经造成的损失，除规定过错责任外，还规定无过错责任。

（二）侵权的民事责任

侵权的民事责任，又称侵权损害的民事责任。它是侵权行为产生的法律后果，即由民法规定的侵权行为造成他人的财产或人身权利损害所应承担的法律责任。侵权行为，通常可分为一般侵权行为和特殊侵权行为。一般侵权行为又称直接侵权行为，是指直接因行为人的故意或过失侵害他人权利的不法行为，这种侵权行为只有行为人主观上有过错（故意或过失）才成立；特殊侵权行为又称间接侵权行为，是指基于法律特别规定的有特殊行为或行为以外的不法事实对他人权利的侵害。特殊侵权行为适用于"结果责任"或"无过错责任"，依法律规定，只有造成的损害后果，与一定人所从事的业务的危险性质或其管属的人、物以及其他事项间有因果关系，即应对损害负赔偿责任。

责任保险合同一般承保被保险人的过失行为和无过失行为所致的民事损害赔偿责任，而不承保故意行为所致的民事责任。

（三）违约责任

违约责任是违反合同行为所引起的法律后果，是指合同当事人因过错不履行合同义务，或者履行合同义务不符合约定条件的行为。例如，不按合同交付货物，不按合同完成工作、完成交付结果，不按合同提供劳务以及不按合同交付价款或报酬等。

责任保险一般不承保违约责任，除非这种责任经过特别约定。责任保险合同特约承保的违约责任包括直接责任和间接责任。前者是指合同一方违反合同的义务造成的另一方的损害所应承担的法律赔偿责任；后者是指合同一方根据合同规定对另一方造成第三者的损害应承担的法律赔偿责任。

三、责任保险的特点

责任保险属于广义的财产保险范畴，要遵循财产保险合同的基本原则，如损失补偿原则、代位原则和分摊原则。但由于责任保险合同承保对象的特殊性，与其他财产保险合同相比，它产生与发展的基础、保障对象、保险人责任范围、赔偿处理方式等方面有明显的特点。

（一）产生与发展的基础——民事法律制度的建立与完善

在现代社会中，责任风险的客观存在及其对经济单位和个人所带来的威胁，使人们对所面临的责任风险产生忧虑并寻求转嫁此类风险的途径，这是责任保险产生的自然基础。人们之所以面临责任风险（各种民事法律风险），是由于社会生产力的发展和人类社会的进步带来的法律制度的不断完善，特别是民事法律制度的建立与完善。正因为人们在社会经济活动中的行为都受到一定法律制度的约束，才有可能因违反法律造成他人的财产损失和人身伤害，依法应承担赔偿责任，人们才有转嫁责任风险的必要，责任保险才会被人们所接受。所以，民事法律制度的建立与完善是责任保险产生与发展的最为直接的基础。事实上，当今世界责任保险最发达的国家和地区，必然是民事法律制度相应比较完善的国家和地区。

（二）责任保险的保障对象

在一般财产保险合同中，被保险人因保险事故发生造成经济损失时，保险人要对被保险人的经济损失进行补偿，保险金直接支付给被保险人。而在责任保险合同中，保险人承保的是被保险人依法对他人应承担的民事损害赔偿责任，当保险事故发生时，保险人代替致害人向受害人进行赔偿，保险人支付的保险金最终要落实到受害人手中。这样，既使被保险人避免了经济损失，也使受害人获得了补偿与慰藉。因此，责任保险合同在保障被保险人利益的同时，受害人的合法利益也获得了保障。

（三）保险人赔偿范围的确定——赔偿限额

财产损失保险合同的保险标的是物质财产，该类保险标的具有可估价性，并在对保险标的的估价的基础上确定保险金额，作为保险人赔偿的最高限额和计算保险费的依据。在责任保险合同中，保险人所承保的是一种特殊的无形标的，由于这种标的无客观价值无法估价，所以合同中无法确定保险金额。但为了限制保险人承担赔偿责任的范围，避免赔偿时合同双方产生争议，我国现行的责任保险合同一般要载明赔偿限额，以此作为保险人承担赔偿责任的最高限额和计算保险费的依据。例如，我国的机动车辆第三者责任险的赔偿限额有八个档次，由投保人选择。同一险种赔偿限额越高，投保人缴纳的保险费越多。

（四）赔偿处理方式的特殊性

与其他保险合同相比，责任保险合同的赔偿处理涉及的关系方复杂，受制因素较多。

1. 责任保险赔案的处理涉及第三方（受害人）

责任保险合同赔案的发生，以被保险人对第三方的损害并依法应承担经济赔偿责任为前提条件，因此责任保险的赔偿必然要涉及受害的第三方，并且按照损失补偿原则，受害人应向被保险人（致害人）索赔，被保险人才能向保险人索赔。如果受害人未向被保险人索赔，被保险人也不具备向保险人索赔的条件。但由于责任保险合同存在于保险人与被保险人双方，受害人不是责任保险合同的当事人，因此，受害人无权直接向保险人索赔。至于保险人将保险金支付给被保险人还是受害人，这只是个形式，不影响问题的实质。我国《保险法》第五十条第一款规定："保险人对责任保险的被保险人给第三者造成的损害，可以依照法律的规定或合同的约定，直接向该第三者赔偿保险金。"

2. 责任保险的赔偿受制因素复杂

一般的财产保险合同赔案的处理仅涉及保险人与被保险人，当保险事故发生后，保险人根据保险标的的损失状况，按保险单规定的计算方式计算赔偿。如果保险由第三者责任方造成，保险人向被保险人赔偿后，依法或按合同约定取得向第三者责任方进行追偿的权利。

由于责任保险承保的标的是被保险人依法对第三者应承担的民事损害赔偿责任，赔案的处理往往要以法院的判决或执法部门裁决为依据，保险人在此基础上，再根据保险合同的规定处理，国家的立法、司法制度对它都有影响。保险人经营该险种所面临的风险较大。

【资料链接】

2011 年我国财产保险公司责任保险发展情况

2011 年全国共有 56 家财产保险公司开展责任保险业务，17 家公司责任保险保费收入超过 1 亿元，业务规模不断扩大，市场分布比较集中（见表 9-1）。

表 9-1　　　　2011 年财产保险公司责任保险保费收入、增速及市场份额

单位：百万元、%

序号	公司简称	保费收入	增幅	增速	市场份额	备注说明
1	人保财险	6 435.42	994.90	18.29	43.97	前三家家庭财产保险公司责任保险保费占比达 69.58%，将近占有市场份额的 70%，责任保险市场市场集中度很高。
2	太保财险	1 960.74	627.80	47.10	13.40	
3	平安财险	1 787.17	352.12	24.54	12.21	
4	大地财险	486.93	112.89	30.18	3.33	
5	国寿财险	453.66	190.37	72.31	3.10	
6	中华联合	451.01	82.56	22.41	3.08	
7	华泰财险	336.91	85.50	34.01	2.30	
8	美亚财险	329.00	-25.23	-7.12	2.25	
9	阳光财险	324.56	99.86	44.44	2.22	
10	永安财险	166.20	39.11	30.77	1.14	

从业务规模来看，责任险保费收入达到或超过 60 亿元的公司只有人保财险；保费收入在 10 亿元（含）到 60 亿元（不含）之间的公司有 2 家，分别为太保财险和平安财险，且均低于 20 亿元；保费收入在 1 亿元（含）到 10 亿元（不含）之间的公司有 14 家；保费收入在 1 000 万元（含）到 1 亿元（不含）之间的公司有 25 家；其余 14 家公司责任保险保费收入均低于 1 000 万元，其中安邦财险和众诚车险的责任保险保费收入只有 20 多万元。

从业务增长来看，责任险保费收入实现正增长的有 44 家公司。其中，增幅超过亿元的公司有 5 家，分别是人保财险、太保财险、平安财险、大地财险和国寿财险，其中人保财险保费收入增幅达到 9.94 亿元，接近 10 亿元；增幅在 1 000 万元（含）到 1 亿元之间的公司有 23 家；增幅低于 1 000 万元的公司有 16 家，其中安华农险责任险保费收入增幅只有 83 万元。责任险保费收入下降的有安邦财险和美亚财险等 6 家公司，其中安邦财险降幅最大，较上年下降了 3 000 多万元；中煤财险、信利保险、金泰财险、富邦财险、泰山财险和众诚车险 6 家公司在 2011 年刚刚开展责任险业务。

从市场份额来看，责任险市场份额在 10% 以上的公司有 3 家，其中人保财险的市场份额达到了 43.97%，太保财险和平安财险分别为 13.40% 和 12.21%；市场份额在 1%（含）到 10%（不含）之间的公司有 9 家，且均低于 4%，其中美亚财险是唯一的外资公司，也是唯一出现保费收入负增长的公司；其余 44 家公司的责任保险市场份额均在 1% 以下。

（资料来源：吴焰. 中国非寿险市场发展研究报告 2011［M］. 北京：中国经济出版社，2012：108－110.）

四、责任保险的种类及责任保险合同的共性规定

（一）责任保险的种类

责任保险有两种承保方式：一种是作为财产保险合同的组成部分或附加险加以承保，如机动车辆第三者责任险、建筑或安装工程保险的第三者责任险、船舶保险的碰撞责任、飞机第三者责任、油污责任等；另一类单独承保，由保险人签发单独的责任保险合同。单独承保的责任保险一般分为以下四类：

（1）公众责任保险

承保被保险人在各固定场所或地点进行生产、经营或其他活动时，因意外事故造成第三者遭受人身伤害或财产损失，依法应由被保险人承担的经济赔偿责任。

（2）产品责任保险

承保产品的制造商、销售商、修理商因其制造、销售、修理的产品有缺陷而造成用户、消费者，或公众的人身伤害或财产损失依法应承担的经济赔偿责任。

（3）雇主责任保险

保险人承保雇主对雇员在受雇期间，因发生意外事故或因职业病而造成雇员人身伤害或死亡时，依法或按合同约定应由雇主承担的经济赔偿责任。

（4）职业责任保险

承保各种专业技术人员因工作上的疏忽或过失给第三者造成人身或财产损害依法应承担的经济赔偿责任，如医生、药剂师、兽医、会计师、美容师等。

责任保险具有保险人代替致害人向受害人承担经济赔偿责任的特征，是为无辜受害者提供经济保障的一种手段。为了保障社会公共利益，对某些涉及面广的损害赔偿责任，如汽车第三者责任保险、雇主责任保险等，许多国家实行了强制保险。

（二）责任保险合同的共性规定

以上各种责任保险合同，一般有以下几个方面的共同规定。

1. 保险责任

责任保险合同承担的保险责任一般有两项：

（1）被保险人依法应对第三者的人身伤亡或财产损失（雇主责任保险仅对雇员的人身伤亡）承担的经济赔偿责任，以及被保险人按照合同规定应承担的违约责任。

（2）因赔偿纠纷引起的诉讼、律师费用及其他事先经保险人同意支付的费用。

2. 除外责任

责任保险合同通常规定有若干除外责任条款，对被保险人由于以下原因引起的

赔偿责任保险人不予赔偿的责任（见表9-2）。

表9-2 责任保险的除外责任

序号	除外责任内容
1	战争、罢工
2	核风险（核责任保险除外）
3	被保险人的故意行为
4	被保险人的家属、雇员的财产损失或人身伤害（雇主责任保险除外）
5	被保险人的违约责任（保险合同有特别约定的除外）
6	被保险人所有或其控制、照管的财产

3. 赔偿限额与免赔额

由于责任保险合同的保险标的无客观价值，因此保险单上均无保险金额而仅规定赔偿限额。被保险人根据法院裁决、有关执法当局的裁定或在保险公司同意下与受害方协商应对受害人支付的赔款。该赔款如果在赔偿限额内由保险人承担；如果超出赔偿限额，保险人仅在赔偿限额内承担赔偿责任，超出赔偿限额部分由被保险人自行承担。保险单规定的赔偿限额通常有两项，即每次事故或同一原因引起的一系列事故的赔偿限额，以及保险期间累积的赔偿限额。这两种限额，保险单上只规定一种，也可以同时规定。

为了使被保险人恪尽职守、防止事故发生或减少小额零星赔偿，除赔偿限额外，保险单上一般还有免赔额的规定。免赔额一般以金额表示，也可以规定为赔偿金额的一定比例。责任保险的免赔额通常为绝对免赔额。

第二节 公众责任保险

一、公众责任与公众责任保险

（一）公众责任

公众责任是指致害人（公民和法人）因自身的疏忽或过失等侵权行为，在公众活动场所致使他人的人身或财产遭受损害，该责任者应依法承担的对受害人的经济赔偿责任。由于责任者的行为损害了公众利益，所以这种责任被称为公众责任。

公众责任的法律依据是各国的民法及有关的各种单行法规。以英国为例，根据习惯法确定的损害赔偿责任，颁布了一些适用范围不同的单行法，如1956年颁布了《旅馆所有人法》、1957年颁布了《住宅法》、1971年颁布了《动物法》等。在我国，《民法通则》规定，凡损害他人财产或身体的，除受害人故意造成的以外，均承担赔偿责任。

公众责任一般产生于固定场所，如建筑、安装工程在施工期间，商场、旅店、影剧院、展览馆、动物园、运动场所等营业期间，以及个人住宅和个人日常生活等，都可能因意外事故造成他人的人身伤亡或财产损失，致害人不得不承担相应的民事损害赔偿责任。随着法治的健全，致害人可能面临责任风险，他们需要转嫁这些风险以保护自身利益，这是公众责任保险产生并得以迅速发展的基础。

（二）公众责任保险

公众责任保险承保企业、机关、团体、家庭、个人以及各种组织（单位）在固定场所或地点进行生产经营活动或其他活动时，因意外事故发生致使第三者遭受人身伤亡或财产损失，依法应由被保险人承担的经济赔偿责任。

公众责任保险是责任保险中有广泛影响的一类险种，它始于 19 世纪 80 年代，其最先开办的业务有承包人责任保险、升降梯责任保险以及业主、房东、住户责任保险等。到 20 世纪 40 年代，公众责任保险在工业化国家已进入家庭，个人责任保险得到发展，它标志着公众责任保险的成熟。进入 20 世纪 80 年代，由于公众对损害事故的索赔意识增强、法制的不断完善、意外事件造成的人身伤亡和财产损失事件明显增加以及法院的判决往往有利于受害人等原因，公众责任保险在各工业化国家尤其是欧美发达国家中，已经成为机关、企业、团体及各种游乐、公共活动场所以及家庭、个人的必需保障。

公众责任保险承保的是被保险人在固定场所对公众（受害人）造成损害依法承担的经济赔偿责任，值得注意的是，公众责任保险的受害人的范围比其他责任保险受害人要广。在产品责任保险中，受害人大多数是产品的直接消费者或用户；在雇主责任保险中，受害人限于与雇主有雇用关系的雇员；在职业责任保险中，受害人一般是接受职业技术服务的特定对象。与上述三种责任保险不同，公众责任保险的受害人不是特定的群体，而是进入固定场所的任何人，其受害人的范围更广。

在"机动车保险"中介绍了机动车辆第三者责任保险，那么公众责任保险是否等同于第三者责任保险？应该说，这两个险种都属于责任保险的范畴，保险人承保的都是被保险人对公众或第三者依法承担的经济赔偿责任，且受害人的范围都较广，在核保和理赔等经营技术上有一定的共通之处。但事实上，在保险业务的经营中，这两者是有差异的。其主要差异表现在以下两个方面。

1. 保险业务是否采取独立的方式承保

公众责任保险业务采取完全独立的方式承保，有独立的保险合同，保险人承保被保险人在固定场所造成进入该场所的公众的人身伤害或财产损失，被保险人依法承担的经济赔偿责任；第三者责任保险不能采取独立的方式承保，没有独立的保险合同，一般在财产损失保险的保险单中承保或以附加险方式承保，而且多数情况下要投保财产损失保险才能投保第三者责任保险。

2. 保险区域范围是否限于被保险人的固定场所

公众责任保险的保险人只承担被保险人在固定场所对公众（受害人）造成损害依法承担的经济赔偿责任，对超出固定场所范围所造成的被保险人经济赔偿责任一般作为除外责任；而第三者责任保险不一定限于固定场所，比如运输工具第三者责任保险可以包括运输工具的整个活动范围，而不是局限于某一固定场所。

二、公众责任保险的种类

公众责任保险范围较广，保险人设计了多种公众责任保险保险单来承保不同的业务，其险种主要有以下几类。

（一）场所责任保险

这是公众责任保险中业务量最大的险别，也是我国公众责任保险的主要险种。场所责任保险是指承保固定场所（包括房屋、建筑物及其设备、装置等）因存在结构上的缺陷或管理不善，或被保险人在被保险场所内进行生产经营活动时因疏忽而发生意外事故，造成他人人身伤亡或财产损失的经济赔偿责任。

场所责任保险广泛适用于办公楼、学校、医院、商店、展览馆、动物园、宾馆、旅店、影剧院、运动场所等公共场所。但对于私人住宅内引起的第三者损害的经济赔偿责任则不适用，因为该项责任属于个人责任，应在个人责任保险单中承保。

（二）承包人责任保险

承包人是指承包各种建筑工程、安装工程、装卸作业以及承揽加工、定做、修缮、修理、印刷、设计、测绘、测试、广告等业务的法人或自然人，如建筑公司、安装公司、装卸队、搬运队、修缮公司、设计所、测绘所等。

承包人责任保险是指承包人在承包工程的施工、作业或工作中造成他人人身伤害或财产损失的损害事故时，依法或按合同约定承担的经济赔偿责任。

（三）承运人责任保险

承运人是指根据运输合同、规章或提货单的条款等与发货人或乘客建立承运关系，并承担客、货运输义务的单位或个人，如铁路局、民用航空公司、汽车运输公司、出租车公司、出租车汽车、出租车司机等。

承运人责任保险承保承运人（被保险人）对承运对象（包括旅客或货物）的人身伤亡或财产损失依法应承担的损害赔偿责任。由于运输工具种类繁多，运输对象分为客、货两种，运输方式又分为直达运输和联运，因此，承运人责任保险要根据不同的运输工具和运输对象设计不同的具体保险险种。较为常见的险种有旅客责任保险、货物运输责任保险、运输人员意外责任保险等。

（四）个人责任保险

个人责任保险主要承保私人住宅及个人在日常生活中所造成的损害赔偿责任。个人责任是指自然人或其家庭成员因其作为或不作为造成他人的人身伤害或财产损失所导致的依法应承担的经济赔偿责任。个人责任一般又分为个人法律责任和个人合同责任，前者是指依法应由行为人承担对他人的损害赔偿责任，其受害方是不确定的第三者；后者是指行为人依照合同规定对造成合同另一方的损害应承担的经济赔偿责任，其受害方是确定的合同相对方，即与致害人签订合同的另一方。

（五）其他公众责任保险

除上述几个比较普及的险种外，保险人还根据需要制定了一些公众责任保险保险单，以满足不同投保人的需要，比如油污责任保险、核责任保险、汽车间责任保险、机场责任保险、广告橱窗责任保险、飞机表演责任保险、马戏表演责任保险、野外作业责任保险、店主责任保险、房屋责任保险等众多险种。

我国国内的公众责任保险从 20 世纪 80 年代初期开始试办，由于法制不健全、各责任主体风险意识不强以及保险公司开发不利，公众责任保险发展缓慢。目前，国内开办的公众责任保险主要局限于场所责任保险，其他公众责任保险开展较少。

三、公众责任保险的基本内容

（一）适用范围

公众责任保险的形式很多，现行的公众责任保险实际上是场所责任保险。各种公共设施场所、旅馆、商店、工厂、影剧院、矿山等工作场所均可投保公众责任保险。

（二）保险责任

保险人所承保的对象是被保险人的法律责任，即被保险人因疏忽或意外事故造成他人人身伤亡或财产损失，被保险人依法应承担的经济赔偿责任。

1. 被保险人在保险列明地点并在保险有效期内由于发生意外事故造成第三者人身伤亡或财产损失，被保险人依法应承担的经济赔偿责任。

这里的意外事故是指保险单列明的地点并且在保险有效期内所发生的突然的、不可预料的、造成损失的事故；第三者是指除保险人和被保险人及为其服务或被雇用人员之外的任何自然人和法人。

2. 被保险人应付给索赔人的诉讼费用及经保险人同意的被保险人自己支出的诉讼费用。但保险公司最高赔偿责任不能超过保险单上规定的每次事故赔偿限额或累计赔偿限额。

（三）除外责任

1. 被保险人根据协议应承担的责任。契约责任是一种常规的除外责任。

2. 对为被保险人服务的任何人所遭受的伤害的责任。这里指被保险人的雇员，在受雇期间从事与职业有关的工作时遭受的任何伤害一律除外。对该除外责任，被保险人可以投保雇主责任保险来解决。

3. 对下列财产损失的责任：

（1）对于未载入本保险单明细表而属于被保险人的或其所占有的或以其名义使用的任何牲畜、脚踏车、车辆、火车头、各类船只、飞机、电梯、升降机、自动梯、起重机吊车或其他升降装置造成第三者责任。

（2）火灾、地震、爆炸、洪水、烟熏和水污。

4. 有缺陷的卫生装置或任何类型的中毒或任何不洁或有害的食物或饮料。

5. 由于震动、移动或减弱支撑引起任何土地、财产、建筑物的损坏责任。

6. 由于战争、类似战争行为、敌对行为、武装冲突、恐怖活动、谋反、政变直接或间接引起的任何后果所致的责任。

以上公众责任保险的责任免除实际上分为三方面：一是不能在公众责任保险中承保，但可以在其他保险中承保的风险；二是经过出具批单、增收保险费才能承保的风险；三是绝对责任免除，即保险人不能承保的风险。

（四）被保险人的义务

被保险人及其代表应严格履行下列义务：

1. 雇用可靠的、认真的、合格的工作人员。

2. 对其拥有的建筑物、道路、工厂、机器、装修和设备处于坚实、良好可供使用的状态。

3. 必须遵循所在政府、当局的一切法规。

4. 一旦发现自己的财产有损坏或缺陷应立即修复，并积极采取必要的临时性措施，防止发生意外事故。

5. 发生保险单项下的责任事故必须立即通知保险公司赴现场检验，未经保险公司检验和同意之前，被保险人不得予以改变和修理。

6. 被保险人应做到在保险公司查勘被保险房屋及其他财产时，提供方便。

7. 对保险公司查勘中所提出的不安全因素和改进建议，被保险人应积极采纳并付诸实施，对于有直接危险或缺陷的财产，被保险人应定期排除或修复，否则由此引起的责任索赔，保险公司不予负责。

（五）保险期限

公众责任保险的保险期限分一年期和不足一年的短期两种。

四、公众责任保险承保实务

（一）赔偿限额与免赔额

1. 赔偿限额

赔偿限额是公众责任保险人承担经济赔偿责任的最高限额，也是厘定保险费率、计算保险费的重要因素。赔偿限额的高低由保险双方根据可能发生的赔偿责任风险大小协商制定；或保险人事先确定若干赔偿档次，由被保险人选定。赔偿限额对财产损失和人身伤亡可分别确定赔偿限额，赔偿限额由每次事故赔偿限额和整个保险期内的累计赔偿限额组成。诉讼费用是包括在赔偿限额以内，还是在赔偿限额以外另行计算，要以保险单的规定为准。

2. 免赔额

公众责任保险对他人的人身伤害无免赔额，每次事故对每人的赔偿在赔偿限额内，并按人身意外险赔付赔偿金额表给付。财产损失每次事故则一般规定绝对免赔额，免赔额的大小视风险大小而定。

（二）费率厘定与保险费的计算

1. 费率厘定

保险人在经营公众责任保险时，不像其他财产保险业务那样完全以费率表的费率为依据，遇有特殊情况的客户或保险单上的费率不适用时，保险人可以视每个被保险人的风险情况逐笔厘定费率，以保证费率与保险人所承担的风险责任适应。

2. 保险费的计算

保险费率厘定后，保险人在区分一年期或短期业务的基础上按赔偿限额选择适用的费率计算保险费。所确定的费率一般为年费率，短期费率根据时间长短按年费率的一定百分比确定。

（1）有累计赔偿限额公众责任保险业务，保险费计算公式为

$$应收保险费 = 累计赔偿限额 \times 适用费率$$

（2）无累计赔偿限额公众责任保险业务，以每次事故赔偿限额作为计算保险费的依据，其计算公式为

$$应收保险费 = 每次事故赔偿限额 \times 适用费率$$

（三）赔偿依据

鉴于公共责任保险承保的是被保险人的民事损害赔偿责任，涉及法律，因此法律是赔偿的依据。我国现行的公众责任保险以中国境内的有关法律、法规为赔偿依据。

（四）风险评估

保险公司在承保时，应向客户及有关方面了解详细的情况，并派员到现场查勘，对风险状况加以评估。评估的内容包括：

1. 保险地点所处的地理环境及周边情况。
2. 被保险人的业务性质，是否存在特别的危险。
3. 保险地点的安全设施及事故隐患。
4. 承保区域范围大小及特点。
5. 被保险人管理水平及人员结构情况。
6. 当地法律规定对民事损害赔偿责任的影响。
7. 被保险人以往事故记录。

【案例分析】

公众责任保险赔偿案

某市政工程公司于 2000 年 6 月 5 日向某财产保险公司投保了公众责任保险，期限为一年，签订责任范围是在施工过程中由于过失造成他人的人身伤害或财产损失的赔偿责任。赔偿限额为每起事故 2 万元，保险赔偿金直接支付给市政工程公司。2000 年 8 月 10 日，该公司二队工人在维修路边窨井，因下大雨跑回施工棚时，忘记了在井边设立标志，也未盖好井盖。傍晚，雨下得更大了，王某下班骑自行车经过该地时，跌入井中受伤严重，支付了治疗费用 4 万元，要求市政工程公司承担损害赔偿责任。经协商，市政工程公司赔偿王某医疗费及其他费用 45 000 元。随后，市政工程公司向保险公司索赔，要求保险公司根据保险合同支付保险金 2 万元。保险公司认为，王某是成年人，跌入井中受伤是自己不小心造成的，应由自己负责，市政公司没有赔偿责任。保险公司因此拒绝支付保险金，于是市政工程公司向法院提起诉讼。

处理结果

本案经审理，属于保险责任范围，保险公司向市政工程公司支付 2 万元保险金，诉讼费用由保险公司承担。

分析意见

本案中王某受伤是一起损害公众权益的责任事故。因为骑车者凭往常经验，前无标记又遇大雨，照直前行是正常的，跌入井中致伤，应该是井盖未盖和井边未设标志所致。如果有标志而行人失事，责任在行人。可见，无施工标志和未加盖井盖是本事故的真正原因。因此，按照《民法通则》规定，其损害事实存在，致害人行为有违法性，违法行为与损害后果之间有因果关系，致害方存在过错，市政公司应承担民事损害赔偿责任。本案事故是由于市政公司的职工在施工过程中由于过失而造成的侵权责任，属于保险责任范围的保险事故，保险公司应负赔偿责任。按合同约定的赔偿限额，保险公司向市政工程公司支付 2 万元保险金，市政公司超过保险金限额向王某支付的赔偿金，由该公司自己承担。

第三节　产品责任保险

一、产品责任与产品责任保险

1. 产品责任

产品责任是一种民事侵权责任，它是指因产品缺陷致他人损害的法律责任。即产品在使用过程中因缺陷而造成用户、消费者或公众的人身伤害或财产损失，依法应由生产者或销售者、修理者承担的民事损害赔偿责任，如劣质药品对人体的伤害、不合格的化妆品对人体皮肤的伤害、电视机爆炸引起的人身伤害或财产损失等产品责任事故，一旦发生这些事故，产品的制造者、销售者、修理者就要承担损害赔偿责任。产品的制造者、销售者、修理者是产品责任事故的责任方，其中产品的制造者承担着最大、最终的责任；产品用户、消费者或公众则构成了产品责任事故的最终受害者。

产品责任与产品质量责任是有明显区别的。前者是一种民事侵权责任，所指向的对象是产品缺陷造成他人人身伤亡或财产损失，致害人所应承担的是经济赔偿责任而非产品本身的损失；后者是一种违约责任，所指向的对象是产品本身，指合同当事人提供的产品质量不合格时依法应承担的产品本身损失的经济赔偿责任。

2. 产品责任保险

产品责任保险承保产品的制造商、销售商、修理商因其制造、销售、修理的产品有缺陷而造成用户、消费者或公众的人身伤害或财产损失依法应由制造商、销售商、修理商承担的经济赔偿责任。产品责任保险所承保的是产品责任，而被保险人所承担的产品责任依据是各国的产品责任法。因此，产品责任法律所规范的产品责任是产品责任保险开展的基础。

产品责任保险在国际上成为一个单独的险种只有七十多年的历史，近二十年来该险种在美国和欧洲的一些发达国家得到迅速发展。早期的产品责任保险主要承保一些与人体健康有关的产品，如食品、饮料、药品等。随着科学技术和工业生产的发展，承保的范围逐渐扩大，承保的产品日趋多样化，各种机械、轻纺、石油、化工、电子产品以及成套产品、大型飞机等都可以承保。

产品责任保险承保的是被保险人因产品缺陷造成消费者或用户的人身伤亡或财产损失依法应承担的经济赔偿责任。对于有缺陷产品本身的损失及其引起的间接损失或费用，在产品责任项下不予负责。产品保证保险与产品责任保险不同，产品保证保险承担的是上述保险项下不承担的被保险人因为所制造或销售的产品质量有所缺陷而产生的赔偿责任。

二、产品责任保险的主要内容

（一）投保人与被保险人

凡有可能因产品事故造成他人损害而负有法律责任的单位或个人，都可以投保产品责任保险，投保人通常是被保险人。在产品责任保险中，由投保人提出申请并经保险人同意后，可以将其他与产品责任相关的责任方也列为被保险人。如生产厂家投保产品责任保险后，经保险人同意，可以把为其销售产品的销售商也列为被保险人，同时可规定各被保险人之间互不追偿责任。在产品责任事故负有法律责任的各关系方中，制造商承担的风险最大。因为其他人只要未将产品重新装配、改装、修理、重新包装、改变用途等，产品缺陷引起的赔偿责任最终都将追溯到制造商那里，由制造商来承担责任。

（二）保险责任

在产品责任保险合同中，保险人承担的责任范围一般有两项：

1. 损害赔偿金

由于保险单及明细表所列被保险人的产品存在缺陷，造成使用、消费该产品的人或第三者的人身伤害或财产损失，依法应由被保险人承担的责任，保险人根据保险合同的规定，在约定的赔偿限额内予以赔偿。保险人支付的赔偿金分为财产损失和人身伤亡两大类。财产损失是指财产的直接损失，人身伤亡包括伤害、疾病、死亡。确定损害赔偿时，应注意以下三点：

（1）产品事故的发生，应具有偶然性、意外性，是被保险人事先无法预料的。

（2）产品事故必须发生在被保险人制造或销售场所外，并且所有权已从被保险人手中转移到受害人手中，否则，属于公众责任保险范围。

（3）人身伤亡或财产损失必须发生在保险期内，即使被保险人的索赔在保险期结束后提出，保险人仍要承担赔偿责任。

2. 费用损失

产品责任保险合同中保险人除以上基本责任外，还要承担被保险人为上述事故所支付的诉讼费用和其他事先经保险人书面同意的费用。费用是单独计算还是在损害赔偿金以外计算，由保险单具体约定。

（三）除外责任

（1）根据合同或协议被保险人应承担的责任。

（2）由被保险人承担的对其雇员的赔偿责任。

（3）因产品缺陷造成被保险人所有、照管或控制的财产的损失。

（4）产品仍在制造或销售场所，尚未转移到用户或消费者手中所造成的损害赔偿责任。

（5）被保险人故意违法生产、出售或分配的产品造成他人的财产损失或人身伤害、疾病、死亡的赔偿责任。

（6）被保险产品本身的损失及被保险人因收回、更换或修理有缺陷的产品造成的损失和费用，它属于产品保证保险的承保范围。

（7）不按照被保险产品说明书去安装、使用或在非正常状态下使用时造成的损害事故。

（四）产品责任保险的承保

1. 保险人对承保的产品的调查

由于承保产品责任保险风险较大，而产品责任事故的发生受诸多因素的制约，因此，保险人在承保时必然要对所承保的产品进行调查。保险人调查时一般要考虑以下因素：产品的名称、用途；产品的年销量及以往的销售额；被保险人是否对其销售产品负责安装、修理或提供服务；以往被索赔的历史；被保险人内部控制产品质量的情况。保险人在承保产品责任保险时，一般要求制造商或销售商将其全部产品承保，并按当年的生产销售总额或营业收入总额计算收取保险费，经保险人同意，也可以投保某一种或某一批产品，或仅投保销往某一地区的产品。

2. 确定承保地区范围

为了控制保险责任范围，责任保险合同双方在保险单上需确定承保的地区范围，承保地区范围一般根据产品的主要销售和使用地区确定。而且，由于各国对产品事故损害赔偿的法律规定不尽相同，承保地区特别要明确是否出国界，如果是出口产品，更应该明确承担产品责任的国家和地区。

3. 保险期限

我国产品责任保险的保险期限通常为一年，国外产品责任保险的期限可长达三年。由于保险人所承保的责任是以保险事故发生在保险期限内为条件的，即不论产品是什么时候生产或销售的，只有在保险合同有效期内发生的产品责任事故，保险人才承担赔偿责任。

（五）赔偿处理

1. 被保险人向保险公司申请赔偿时，应提交有关事故证明书、医疗证明、产品合格证及保险公司认为有必要的有关单证材料。

2. 产品责任保险的赔偿责任限额可分两种：每次事故的赔偿限额和保险期限内累计赔偿限额，对财产损失和人身伤亡可分别规定两种限额，限额由投保人根据自己的需要向保险人提出，经保险人审核同意后在保险单中订明，保险人在赔偿限额内承担赔偿责任。

3. 一般对生产、销售同一批产品，由于同样原因造成的多人的财产损失或多人的人身伤害、疾病或死亡，应视为一次事故造成的损失。

（六）产品责任保险费率的制定

制定产品责任保险费率一般要考虑的因素有：

1. 产品的种类、性能、特点等。不同产品出现责任事故的可能性和责任大小不同。

2. 产品生产或销售的地区及承保地区范围的不同。

3. 产品生产或销售的数量和价格。

4. 赔偿限额的高低。

第四节　雇主责任保险

一、雇主责任与雇主责任保险

（一）雇主责任

雇主责任是指国家通过立法，规定雇主对其雇员在受雇期间从事业务时因遭受意外或职业病造成人身伤残或死亡时应当承担的经济赔偿责任。构成雇主责任的前提条件是雇主与雇员之间存在直接的雇用合同关系。不论雇主有无过失，都应承担赔偿责任。

雇主责任的立法是开展雇主责任保险的法律依据。由于各国法律制度的差异和立法的完备程序不同，其关于雇主责任的法律有所不同。在立法比较完善的西方国家，民法、劳工法、雇主责任法并存。民法作为雇主责任保险的法律基础，劳工法是社会性质的劳工保险（强制性保险）的法律依据，雇主责任法是商业性的雇主责任保险的法律依据；在只有劳工法，没有雇主责任法的国家，雇主责任保险的法律依据是劳工法及雇主与雇员之间的雇用合同；在没有劳工法和雇主责任法的国家，以民法作为法律基础，以雇主和雇员之间的雇用合同作为法律依据。各国有关雇主责任的法律，一般均对实施范围、雇主的责任、雇员发生伤残时应赔偿的标准及申请和支付赔款的手续等作了具体规定。

目前，我国还没有关于雇主责任方面的专业立法，开展雇主责任保险的法律依据为：

1. 以《民法通则》中有关规定作为基本原则。《民法通则》是我国调整民事法律关系的基本法，虽然它并没有明确规定雇主责任，但是其对民事责任、合同责任的原则性规定对雇用合同也应该是适用的。

2. 以《中华人民共和国劳动法》（以下简称《劳动法》）及各种劳动保护条例为依据。1994年7月5日第八届全国人大常务委员会第八次会议通过《劳动法》，对劳动合同双方的权利、义务关系，用人单位对劳动者的法律责任，第一次作了明确、直接的规范。

3. 以具体的雇用合同作为依据。基于雇主与雇员之间的劳动合同关系，雇主有义务对雇员给予劳动保护。只要有雇用合同关系存在，雇主对雇员在工作时发生的人身伤害事故就有经济补偿的义务和责任。

（二）雇主责任保险与人身意外伤害保险的比较

雇主责任保险是一种以雇主责任为保险标的的保险业务。保险人承保对所雇员工在受雇期间，因发生意外或职业病造成人身伤残或死亡时，依法或按合同约定应当由雇主承担的经济赔偿责任。

人身意外伤害保险简称意外伤害保险，它是指被保险人因意外伤害事故造成死亡或残废，按照合同规定给付全部或部分保险金的一种人身保险。

由于雇主责任保险与意外伤害保险都与自然人的人身伤害或死亡有关，人们易将二者混淆。实际上，这两个险种性质是完全不同的。

1. 保险标的不同

意外伤害保险是以人的身体为保险标的，是一种有形标的，属于人身保险范畴，只要符合保险单规定的自然人都可以作为被保险人；而雇主责任保险的保险标的是雇主的民事损害赔偿责任，是一种无形的利益标的，属于责任保险范畴。

2. 保险责任范围不同

两个险种保险责任范围不同表现在以下两个方面：

（1）意外伤害保险中，被保险人所遭受的意外伤害事故无严格的地点限制；雇主责任保险中，雇员必须在为雇主工作期间在特定的场所遭受意外事故造成的伤残或死亡才属于其保险责任范围。

（2）意外伤害保险不承保被保险人因疾病所致的伤残或死亡，而雇主责任保险要承保雇员因职业病引起的伤残或死亡。

3. 保障对象不同

意外伤害保险的保障对象是被保险人的身体，保险事故发生造成被保险人伤残或死亡，保险人对被保险人或其受益人支付保险金，被保险人就是受害人。雇主责任保险的被保险人是雇主，当保险事故发生时，保险人代替雇主对雇员履行经济赔偿责任，直接保障了雇主的利益，客观上也保障了雇员的利益，而雇员与保险人之间不存在保险合同关系。

4. 实施形式不同

对意外伤害保险，一般采取自愿保险方式实施；而对雇主责任保险，许多国家采取强制方式实施。

5. 保险费与赔款计算的依据不同

意外伤害保险以保险合同双方约定的保险金额作为计算保险费的依据和赔款的最高限额；雇主责任保险的保险费和赔款均以被保险人的雇员若干个月的工资收入作为计算基础。

二、雇主责任保险的保险责任和除外责任

（一）保险责任

雇主责任保险合同中保险人所承担的保险责任一般包括以下三项内容：

1. 被保险人所雇用的员工在保险单所列明的地点，从事与其有关的工作时遭受意外而致伤残、死亡，被保险人根据法律或雇用合同规定承担的经济赔偿责任。被保险人所雇员工，是指其直接雇用的员工，包括短期工、临时工、季节工和长期固定工。雇主与雇员之间有雇用关系存在，且以雇用合同为依据。雇主责任保险的保险单上一般要列明地点范围，此地点主要是指工作场所，如员工需要外出工作，投保时要在保险单上注明。雇员在受雇期间从事与其相应职务有关的工作时所受伤害才属保险责任范围，员工在上下班途中经约定也可以列入工作时间。

2. 因患与工作有关的职业性疾病而致雇员人身残疾、死亡的经济赔偿责任。职业病是雇主责任保险的基本责任，根据我国1988年实施的《职业病范围和职业病患者处理办法的规定》，职业病可以分为九大类。它们是：（1）职业中毒；（2）尘肺；（3）物理因素职业病；（4）职业性传染病；（5）职业性皮肤病；（6）职业性眼病；

（7）职业性耳鼻喉疾病；（8）职业性肿瘤；（9）其他职业病。该九大类职业病又具体分为 97 种。

3. 应支出的法律费用。包括抗辩费用、律师费用、取证费用以及经法院判决应由被保险人代雇员支付的诉讼费用。但该项费用必须是用于处理保险责任范围内的索赔纠纷或诉讼案件。

我国的雇主责任保险可以附加住院医疗费保险。它承保被雇人员在保险有效期内，因患疾病（分娩、流产、人工流产及承保前已患乙型肝炎、肺结核等慢性传染病和精神病、癌症、癫痫、重度心脏病、肝硬化、肺结核、白血病的除外）住院所需符合公费医疗有关规定的医疗费用。该保险只限于在中国境内的区、县一级或类似于区、县一级的医疗单位住院治疗（康复医院或类似医院除外），并凭其出具的病例、处方单、医药发票等有关单证，按其所发生医疗费用的 80% 赔付。但医疗费的最高赔偿金额，无论一次或几次赔偿，每人累计以不超过保险单载明的每人附加医疗保险保险金额为限。

（二）除外责任

1. 战争或类似战争、叛乱、罢工、暴动和由于核辐射所致的被雇用人员伤残、死亡或疾病。

2. 被雇用人员由于疾病、传染病、分娩、流产以及因这些疾病施行外科治疗手术所致的伤残或死亡。

3. 由于被雇用人员自加伤害、自杀、犯罪行为、酗酒及无照驾驶各种机动车辆所致的伤残或死亡。

4. 被保险人的故意行为或重大过失。

5. 被保险人对其承包商雇用的员工的责任，本项责任对被保险人来说是间接责任，应由承包商负责。

三、赔偿限额与保险费率

（一）赔偿限额

国外对雇主责任保险多提供无限额赔偿。目前，我国的雇主责任保险没有法律规定的赔偿标准，一般由被保险人根据雇用合同的规定，以雇员若干个月的工资额制定赔偿限额。保险人承担的赔偿限额分为两种。

1. 死亡赔偿。保险人按保险单的最高赔偿额度支付赔偿金。

2. 伤残赔偿。保险单把伤残分为三种：

（1）永久性完全残疾，按每一个雇员的最高赔偿限额赔偿。

（2）永久性局部残疾，按赔偿金额表中规定的百分比赔偿。

（3）暂时丧失工作能力超过五天者，经医生证明，保险人将负责补偿雇员在此期间的工资收入损失。上述各项的赔偿金额最高不超过保险单规定的赔偿限额。

（二）保险费的计算

雇主责任保险的保险费是根据被保险人在保险期间支付的雇员工资总额（包括加班费、奖金、各种津贴等）、工作地址、职业性质以及被保险人选定的赔偿限额来确定的。在保险单生效时，被保险人要预付保险费，当保险单期满后，被保险人应在一个月内向保险人提供保险期间实际支付的工资总额，保险人根据这个保险费进行调整，多退少补。

保险费率是按工种和赔偿限额分类的。由于雇员从事工作的危险程度不同，雇主责任保险对不同工作类别或不同工种的保险费率不同。一般来讲，雇员是室内工作人员，如职员、内勤服务员、打字员、传达员、保育员等，保险费率最低；雇员是从事无特别危险行业的人员，保险费率中等；雇员从事的是特别危险行业，如建筑、石油钻井、钢铁、安装工程等的劳动人员，以及从事高空、深水、勘探作业等人员，保险费率最高。

第五节　职业责任保险

一、职业责任和职业责任保险

（一）职业责任

职业责任是指各种专业技术人员因工作上的疏忽或过失造成他人的人身伤亡或财产损失，依法应承担的经济赔偿责任。

专业技术人员是指某一方面具有技能并依靠这种技能为他人服务的人。他们在工作中的疏忽或过失行为所导致其服务对象的损害时，就要依法承担赔偿责任。这种职业责任存在于许多服务领域或职业活动中，任何与医疗、法律、财会、管理、金融等行业或从事相关职业的人都面临职业责任风险。

（二）职业责任保险

职业责任保险承保各种专业技术人员因工作上的疏忽或过失造成他人的人身伤亡或财产损失，依法承担的经济赔偿责任。

职业责任保险始于1890—1900年间的欧美国家保险市场上的医生职业责任保险。20世纪初，又发展了独立的会计师职业责任保险等业务。职业责任保险的发展虽然有一百余年的历史，但在20世纪60年代以前并不引人注目。60年代以后，因职业过失引起的诉讼案在一些发达国家逐渐增多，几乎所有专业人员都面临着被他人起诉的可能性，加上法律对专业技术人员的要求日益严格，法院的判决往往倾向于受害人，赔偿金额偏高。因此，现行的职业责任保险已从最初单一的医生职业责任保险发展到包括医生、护士、药剂师、律师、会计师、建筑设计师、工程师、美容师、保险代理人和经纪人、房地产经纪人、公司董事和高级管理人员等数十种不同的职业责任保险。

二、职业责任保险的承保方式

职业责任保险的承保方式有期内索赔式和期内发生式两种。

（一）期内索赔式

期内索赔式是以索赔为基础的承保方式，即保险人仅对在保险有效期内受害人向被保险人提出的有效索赔负赔偿责任，而不管导致该索赔的事故是否发生在保险有效期内。

由于从职业责任事故的产生到受害人提出索赔，往往可能间隔一定的时间，如医生误用药物给病人造成的后遗症有时需要几年或几十年才能发现。建筑工程设计错误，有时要在交付使用后若干年才能发现。期内索赔式实质上是使保险事故发生时间前置了，保险事故的发生实际上在保险合同建立前，只不过受害人没有发现，但只要受害人向被保险人在保险期间内提出索赔，保险人就应当承担赔偿责任。

期内索赔式是各国保险人在经营职业责任保险通常采用的承保方式，采用这种方式，保险人能确切地知道所承保的保险单项下应支付的赔款，即使赔款数额在当年不能准确确定，至少可以使保险人估计出索赔的金额。因此，该承保方式使保险人对自己应承担的风险责任和可能支出的赔偿数额作出切合实际的估计。该种方式使保险人承担的风险比其他责任保险要大，为了控制风险，各国保险人均在保险单上规定责任追溯日期的限制性条件，即将风险前置时间控制在保险单规定的时间内，保险人仅对从追溯日开始至保险期满为止的期内发生的职业责任事故并在保险有效期内提出索赔的职业责任事故负责。

（二）期内发生式

期内发生式是以事故发生为基础的承保方式，即保险人仅对在保险有效期内发生的职业责任事故引起的索赔负责，而不论受害人是否在保险有效期内提出索赔。该种赔偿方式的实质是职业责任事故必须发生在保险期内，而索赔期限可以超出保险期限。采用这一方式时，保险单项下的赔偿责任往往要拖很长时间才能确定，保险人要经过较长的时间才能结束保险责任，因此在国外又称"长尾巴责任保险"。该种方式的应用不如前一种承保方式广泛。

三、职业责任保险的主要内容

针对不同专业技术人员的职业责任保险，有不同的内容和条件。保险人用专门设计的保险单和条款承保。下面介绍一下职业责任保险的一般内容。职业责任保险一般由提供专业技术服务的单位（如医院、设计单位、律师事务所等）进行投保。如果是个体专业技术人员，则由其本人投保个人职业责任保险。

（一）保险责任

职业责任保险的责任范围涉及以下几个方面：

1. 职业责任保险只负责专业技术人员由于职务上的疏忽或过失行为造成的损失，而不负责与该职业无关的原因造成的损失。

2. 保险单所负责的被保险人的职业责任风险，一般不仅包括被保险人自己，而且包括被保险人从事该业务的前任，被保险人的雇员及从事该业务的雇员的前任。

3. 同其他责任保险类似，职业责任保险的保险人所承担的赔偿责任也包括两方面：

（1）被保险人对他人的损害依法应承担的赔偿金；

（2）诉讼费用。

保险人在保险单所规定的赔偿限额内承担赔偿责任。

（二）除外责任

职业责任保险的除外责任，除了与其他责任保险的共同规定外，还有以下几项特殊的规定：

　　1. 因文件的灭失或损失引起的任何索赔。

　　2. 因被保险人的隐瞒或欺诈行为而引起的任何索赔。

　　3. 被保险人在保险期内不如实向保险人报告的情况而引起的任何索赔。

　　4. 职业责任事故造成的间接损失。

（三）费率厘定

　　由于各种职业的性质与特点不同，决定了其面临的风险有所不同。保险人确定费率一般要考虑以下因素：

　　1. 职业种类，指被保险人及其雇员所从事的专业技术工作。

　　2. 工作场所，指被保险人从事专业技术工作所在的地区。

　　3. 工作单位的性质，指营利和非营利之分，以及公有、私有和股份制之分。

　　4. 业务数量，指被保险人每年提供专业技术服务的数量、服务对象的多少等。

　　5. 被保险人及其雇员的专业技术水平。

　　6. 被保险人及其雇员的工作责任心和个人品质。

　　7. 被保险人职业责任事故的历史统计资料及索赔、处理情况。

　　8. 赔偿限额、免赔额和其他承保条件。

第六节　环境责任保险

一、环境责任概述

　　近代工业革命以来的历史，基本上是一部人与自然的斗争史，在"擅理智，役自然"的观念下，环境问题层出不穷，环境污染和环境破坏对人类自身造成了巨大的伤害。在日益突出的"公害"问题面前，传统的法律理论因环境问题的科学性、技术性和计划污染损害原因的多样性、复杂性而显得力不从心，在这样的背景下，环境侵权责任问题日益凸显。

（一）环境侵权责任构成的特殊性

　　1. 环境侵权的存在是一种事实状态

　　传统的民事侵权责任中，"行为的违法性"是其构成要件之一，这一理论也得到了相当多民法学者的支持，但是对环境侵权行为，违法性原则却受到了挑战。在环境侵害中，经常存在着合法行为损害他人人身和财产的情况，事实上，由于外在因素的影响，各种达标的排污、排废行为往往也会造成环境污染损害，从而产生环境侵权责任。因此，环境侵权民事责任并不以违法性为要件，而是以侵权事实的存在为前提。

　　2. 环境侵权行为是一种间接侵权行为

　　通常而言的环境污染是指环境因物质和能量的介入，而导致其化学、物理、生物或者放射性等特征的改变，从而影响环境功能以及资源的有效利用或危害人体健康和人类生活的现象。由此可见，所谓的环境侵害后果是不同的，应当属于一种间接的民事侵权行为。相应地，环境侵权行为的这种特殊性使得其构成要件也具有特殊要求，传统民事侵权责任中强调的直接因果关系在环境问题上难以适用，新的诸如"因果关系推定"、"盖然性因素因果联系"等理论在环境侵权责任制度中成为通说。

3. 环境侵权行为是一种无过错行为

民法理论的通说一般将过错作为承担责任的要件，即以行为人主观上的故意或过失作为条件，这也是近代民法中"自己责任原则"在侵权行为法中的体现，即民事主体只对自己有过错的行为后果负责。而在环境侵权中，世界各国已纷纷选择无过错责任作为归责原则，这也是同环境污染侵权行为的特殊性紧密联系的。

（二）环境侵权责任的责任承担

1. 几种特殊状态的环境侵权责任

如前所述，环境侵权行为的责任是以无过错责任为归责原则，但在几种特定状态下，环境侵权责任的承担也有特殊规定。

（1）共同危险责任

这是指数个主体的环境污染和环境破坏行为都有可能造成对他人环境权益的损害，但无法确定具体致害方，而由法律规定由数人共同承担责任的制度。共同危险责任的承担可分为对内责任和对外责任两种。一般而言，共同责任致害人对受害人承担连带责任，而在致害人内部按损害发生视过错大小和危害程度按比例分担。

（2）混合责任

混合责任又称过失竞合，是指对于环境损害事实的发生，致害人和受害人双方均有过错的情形。在这种情况下，受害人根据自身过错承担相应后果，对于致害人，也应将其与损害后果完全由受害人自身过错引起相对人免责的情形区分开来。

（3）正当理由

它是指法律规定的某些特定理由出险时免除致害人环境民事责任的情况。法定的正当理由包括依法执行公务、正当防卫、紧急避险和自助行为。一般而言，行为人在上述情况下均会造成一定的环境损害，但由于其行为具有合法的目的且为社会公德所鼓励，同时既是为了履行及时制止环境危害的义务，也是享有环境保护权利的行为。因此，行为人对其行为得以免责，但同时并不排除行为人给予相对人合理范围内的补偿。

2. 环境侵权责任承担者的范围

目前，从司法实务中看，环境民事责任承担者的范围有扩大的趋势。环境法制较为先进的国家，两罚制乃至多罚制的运用越来越广泛，即对环境民事损害行为，不仅追究行为人的民事责任，而且要追究与之相关的组织或个人的民事责任。

在现实中，环境侵权行为大多是为经济组织的利益，受组织领导人的指示而进行的。法人内部工作人员的行为往往也是法人决定或代表法人进行的。因此，所谓两罚制实质上是指损害事实，既追究行为人的责任，也追究法人的责任，对于因执行上级机关任务或指示的行为，也可以追究相应的领导责任。

我国目前在环境民事责任领域主要实施的是两罚制，即对环境侵权行为除了追究行为人的责任之外，有必要同时追究行为人所在企业或者企业领导人的责任。我国《民法通则》第四十三条规定：企业法人对它的法定代表人和其他工作人员的经营活动，承担民事责任。第四十九条规定：损害国家利益或者社会公共利益的，除法人承担责任外，对法定代表人可以给予行政处分、罚款，构成犯罪的，要追究刑事责任。我国《民法通则》的上述规定，可以成为环境民事侵权领域确定责任者的依据。

二、环境责任保险的概念及产生和发展

环境责任保险，是指由于环境污染损害事故的发生，即因物质和能量的介入，而导致其化学、物理、生物或者放射性等特性的改变，从而影响环境功能及资源的有效利用或危害人体健康和人类生活的一种间接的民事侵权行为的保险品种。

环境责任保险是世界保险业中一个迟来的新客。它是随着环境污染事故的不断出现和公众环境意识不断增强应运而生的。在世界各主要发达国家，环境污染责任保险业务和保险制度已经进入较为成熟的阶段。在我国保险市场中，环境责任保险基本属于空白地带，但是在相关的保险业务，如公众责任保险、第三者责任保险中也涉及环境污染责任的规定。

【扩展阅读】

国外环境责任保险概况

美国的环境污染责任保险又称污染法律责任保险，包括两类：一是环境损害责任保险，以约定的限额承担被保险人因其污染环境，造成邻近土地上的任何第三人的人身损害或财产损失而发生的赔偿责任；二是自有场地治理责任保险，以约定的限额为基础，承担被保险人因其污染自有或者使用的场地而依法支出的治理费用。美国的保险人一般只对非故意的、突发性的环境污染事故所造成的人身、财产损害承担保险责任，对企业正常、累积的排污行为所致的污染损害也可予以特别承保。美国针对有毒物质和废弃物的处理所可能引发的损害赔偿责任实行强制保险制度。

德国环境污染责任保险采取强制责任保险与财务保证或担保相结合的制度。德国《环境责任法》规定，存在重大环境责任风险的"特定设施"的所有人，必须采取一定的预先保障义务履行的措施，包括与保险公司签订损害赔偿责任保险合同，或由州、联邦政府和金融机构提供财务保证或担保。该法直接以附件方式列举了"特定设施"名录。名录覆盖了关系国计民生的所有行业，对于高环境风险的"特定设施"，不管规模和容量如何，都要求其所有者投保环境责任保险。

法国和英国的环境污染责任保险是以自愿保险为主、强制保险为辅。一般由企业自主决定是否就环境污染责任投保，但法律规定必须投保的则强制投保。

（资料来源：李加明. 财产与责任保险［M］. 北京：北京大学出版社，2012：220－221.）

【附录9.1】

关于开展环境污染强制责任保险试点工作的指导意见

环发〔2013〕10号

各省、自治区、直辖市环境保护厅（局），新疆生产建设兵团环境保护局，辽河保护区管理局，各保监局：

为贯彻落实《国务院关于加强环境保护重点工作的意见》（国发〔2011〕35号）和《国家环境保护"十二五"规划》（国发〔2011〕42号）有关精神，进一步健全环境污染责任保险制度，做好环境污染强制责任保险试点工作，现提出以下意见。

一、充分认识环境污染强制责任保险工作的重要意义

环境污染责任保险是以企业发生污染事故对第三者造成的损害依法应承担的赔偿责任为标的的保险。原国家环境保护总局和中国保险监督管理委员会于2007年联合印发《关于环境污染责任保险工作的指导意见》（环发〔2007〕189号），启动了环境污染责任保险政策试点。各地环保部门和保险监管部门联合推动地方人大和人民政府，制定发布了一系列推进环境污染责任保险的法规、规章和规范性文件，引导保险公司开发相关保险产品，鼓励和督促高环境风险企业投保，取得积极进展。

根据环境风险管理的新形势新要求，开展环境污染强制责任保险试点工作，建立环境风险管理的长效机制，是应对环境风险严峻形势的迫切需要，是实现环境管理转型的必然要求，也是发挥保险机制社会管理功能的重要任务。运用保险工具，以社会化、市场化途径解决环境污染损害，有利于促使企业加强环境风险管理，减少污染事故发生；有利于迅速应对污染事故，及时补偿、有效保护污染受害者权益；有利于借助保险"大数法则"，分散企业对污染事故的赔付压力。

二、明确环境污染强制责任保险的试点企业范围

（一）涉重金属企业

按照国务院有关规定，重点防控的重金属污染物是：铅、汞、镉、铬和类金属砷等，兼顾镍、铜、锌、银、钒、锰、钴、铊、锑等其他重金属污染物。

重金属污染防控的重点行业是：

1. 重有色金属矿（含伴生矿）采选业：铜矿采选、铅锌矿采选、镍钴矿采选、锡矿采选、锑矿采选和汞矿采选业等。

2. 重有色金属冶炼业：铜冶炼、铅锌冶炼、镍钴冶炼、锡冶炼、锑冶炼和汞冶炼等。

3. 铅蓄电池制造业。

4. 皮革及其制品业：皮革鞣制加工等。

5. 化学原料及化学制品制造业：基础化学原料制造和涂料、油墨、颜料及类似产品制造等。

上述行业内涉及重金属污染物产生和排放的企业，应当按照国务院有关规定，

投保环境污染责任保险。

（二）按地方有关规定已被纳入投保范围的企业

地方性法规、地方人民政府制定的规章或者规范性文件规定应当投保环境污染责任保险的企业，应当按照地方有关规定，投保环境污染责任保险。

（三）其他高环境风险企业

鼓励下列高环境风险企业投保环境污染责任保险：

1. 石油天然气开采、石化、化工等行业企业。

2. 生产、储存、使用、经营和运输危险化学品的企业。

3. 产生、收集、储存、运输、利用和处置危险废物的企业，以及存在较大环境风险的二噁英排放企业。

4. 环保部门确定的其他高环境风险企业。

三、合理设计环境污染强制责任保险条款和保险费率

保险监管部门应当引导保险公司把开展环境污染责任保险业务作为履行社会责任的重要举措，合理设计保险条款，科学厘定保险费率。

（一）责任范围

保险条款载明的保险责任赔偿范围应当包括：

1. 第三方因污染损害遭受的人身伤亡或者财产损失。

2. 投保企业（又称被保险人）为了救治第三方的生命，避免或者减少第三方财产损失所发生的必要而且合理的施救费用。

3. 投保企业根据环保法律法规规定，为控制污染物扩散，或者清理污染物而支出的必要而且合理的清污费用。

4. 由投保企业和保险公司约定的其他赔偿责任。

（二）责任限额

投保企业应当根据本企业环境风险水平、发生污染事故可能造成的损害范围等因素，确定足以赔付环境污染损失的责任限额，并据此投保。

（三）保险费率

保险公司应当综合考虑投保企业的环境风险、历史发生的污染事故及其造成的损失等方面的总体情况，兼顾投保企业的经济承受能力，科学合理设定环境污染责任保险的基准费率。

保险公司根据企业环境风险评估结果，综合考虑投保企业的环境守法状况（包括环境影响评价文件审批、建设项目竣工环保验收、排污许可证核发、环保设施运行、清洁生产审核、事故应急管理等环境法律制度执行情况），结合投保企业的行业特点、工艺、规模、所处区域环境敏感性等方面情况，在基准费率的基础上，合理确定适用于投保企业的具体费率。

四、健全环境风险评估和投保程序

企业投保或者续签保险合同前，保险公司可以委托或者自行对投保企业开展环境风险评估。

鼓励保险经纪机构提供环境风险评估和其他有关保险的技术支持和服务。

投保企业环境风险评估可以按照下列规定开展：

（一）对已有环境风险评估技术指南的氯碱、硫酸等行业，按照技术指南开展评估。

（二）对尚未颁布环境风险评估技术指南的行业，可以参照氯碱、硫酸等行业环境风险评估技术指南规定的基本评估方法，综合考虑生产因素、厂址环境敏感性、环境风险防控、事故应急管理等指标开展评估。

本意见规定的涉重金属企业、按地方有关规定已被纳入投保范围的企业，以及其他高环境风险企业，经过环境风险评估后，应当及时与保险公司签订保险合同，并将投保信息报告当地环保部门和保险监管部门。

保险监管部门应当引导和监督保险公司做好承保相关服务。

五、建立健全环境风险防范和污染事故理赔机制

（一）风险防范

在对企业日常环境监管中，环保部门应当监督企业严格落实环境污染事故预防和事故处理等责任，积极改进环境风险管理。

保险监管部门应当督促保险公司加强对投保企业环境风险管理的技术性检查和服务，充分发挥保险的事前风险防范作用。

保险公司应当按照保险合同的规定，做好对投保企业环境风险管理的指导和服务工作，定期对投保企业环境风险管理的总体状况和重要环节开展梳理和检查，查找环境风险和事故隐患，及时向投保企业提出消除不安全因素或者事故隐患的整改意见，并可视情况通报当地环保部门。

投保企业是环境风险防范的第一责任人，应当加强对重大环境风险环节的管理，对存在的环境风险隐患积极整改，并做好突发环境污染事故的应急预案、定期演练和相关准备。

（二）事故报告

发生环境污染事故后，投保企业应当及时采取必要、合理的措施，有效防止或减少损失，并按照法律法规要求，向有关政府部门报告；应当及时通知保险公司，书面说明事故发生的原因、经过和损失情况；应当保护事故现场，保存事故证据资料，协助保险公司开展事故勘查和定损。

保险公司在事故调查、理赔中，可以参考当地环保部门掌握并依法可以公开的事故调查结论。

（三）出险理赔

投保企业发生环境污染事故后，保险公司应当及时组织事故勘查、定损和责任认定，并按照保险合同的约定，规范、高效、优质地提供出险理赔服务，及时履行保险赔偿责任。

对损害责任认定较为清晰的第三方人身伤亡或者财产损失，以及投保企业为了救治第三方的生命所发生的必要而且合理的施救等费用，保险公司应当积极预付赔款，加快理赔进度。

保险监管部门应当引导保险公司简化理赔手续，优化理赔流程，提升服务能力和水平。

（四）损害计算

环境污染事故造成的对第三方的人身损害、财产损失，投保企业为防止污染扩大、降低事故损失而采取相应措施所发生的应急处置费用，可以按照环境保护部印发的《环境污染损害数额计算推荐方法》（环发〔2011〕60号文件附件）规定的方法进行鉴定评估和核算。

在开展环境污染损害鉴定评估试点的地区，保险公司可以委托环境污染损害鉴定评估专业机构对污染事故的损害情况进行测算。

（五）争议案件的处理

投保企业与保险公司发生争议时，按照双方合同约定处理。保险经纪机构可以代表投保企业就有争议的案件与保险公司进行协商谈判，最大限度地保障投保企业的合法权益，减少投保企业的损失和索赔成本。

六、强化信息公开

（一）环境信息

环保部门应当根据《环境信息公开办法》的有关规定，公布投保企业的下列环境信息：

1. 建设项目环境影响评价文件受理情况、审批结果和建设项目竣工环保验收结果。

2. 排污许可证发放情况。

3. 污染物排放超过国家或者地方排放标准，或者污染物排放总量超过地方人民政府依法核定的排放总量控制指标的污染严重的企业名单。

4. 发生过污染事故或者事件的企业名单，以及拒不执行已生效的环境行政处罚决定的企业名单。

5. 环保部门掌握的依法可以公开的有利于判断投保企业环境风险的其他相关信息。

投保企业应当按照国家有关规定，建立重金属产生、排放台账，以及危险化学品生产过程中的特征化学污染物产生、排放台账，建立企业环境信息披露制度，公布重金属和特征化学污染物排放、转移和环境管理情况信息。

（二）保险信息

保险监管部门应当依照《中国保险监督管理委员会政府信息公开办法》有关规定，公开与环境污染强制责任保险试点相关的信息。

保险公司应当依照《保险企业信息披露管理办法》等有关规定，全面准确地公开与环境污染强制责任保险有关的保险产品经营等相关信息。

七、完善促进企业投保的保障措施

（一）强化约束手段

对应当投保而未及时投保的企业，环保部门可以采取下列措施：

1. 将企业是否投保与建设项目环境影响评价文件审批、建设项目竣工环保验收、排污许可证核发、清洁生产审核，以及上市环保核查等制度的执行，紧密结合。

2. 暂停受理企业的环境保护专项资金、重金属污染防治专项资金等相关专项资金的申请。

3. 将该企业未按规定投保的信息及时提供银行业金融机构，为其客户评级、信贷准入退出和管理提供重要依据。

（二）完善激励措施

对按规定投保的企业，环保部门可以采取下列鼓励和引导措施：

1. 积极会同当地财政部门，在安排环境保护专项资金或者重金属污染防治专项资金时，对投保企业污染防治项目予以倾斜。

2. 将投保企业投保信息及时通报银行业金融机构，推动金融机构综合考虑投保企业的信贷风险评估、成本补偿和政府扶持政策等因素，按照风险可控、商业可持续原则优先给予信贷支持。

（三）健全政策法规

地方环保部门、保险监管部门应当积极争取将环境污染强制责任保险政策纳入地方性法规、规章，或者推动地方人民政府出台规范性文件，并配合有关部门制定有利于环境污染强制责任保险的经济政策和措施。

环保部门应当推动健全环境损害赔偿制度，加快建立和完善环境污染损害鉴定评估机制，支持、规范环境污染事故的责任认定和损害鉴定工作。

企业发生污染事故后，地方环保部门应当通过提供有关监测数据和相关监管信息，依法支持污染受害人和有关社会团体对污染企业提起环境污染损害赔偿诉讼，推动企业承担全面的污染损害赔偿责任，增强企业环境风险意识和环境责任意识。

涉重金属企业的环境污染强制责任保险试点工作方案，由环境保护部另行组织制定。

地方环保部门和保险监管部门应当充分认识开展环境污染强制责任保险试点工作的重要性，结合本地区实际，建立工作机制，制定实施方案，切实加大工作力度，推动试点工作取得实际成效。

环境保护部　中国保险监督管理委员会

2013 年 1 月 21 日

（资料来源：中国保险监督管理委员会网站，2013 – 02 – 21。）

【附录 9.2】

中国 2010 年上海世博会综合责任保险方案及条款

中国 2010 年上海世博会综合责任保险方案

一、保险种类

中国 2010 年上海世博会综合责任保险。

二、投保人

1. 上海世博会组织者。
2. 官方参展者。
3. 非官方参展者。
4. 与组织者签订商业经营合同的单位或个人。
5. 从事建筑、安装、拆除等工程项目的建筑商、各级承包商。

三、被保险人

1. 上海世博会组织者。
2. 官方参展者。
3. 非官方参展者。
4. 与组织者签订商业经营合同的单位或个人。
5. 向组织者提供不动产或动产的租赁方。
6. 从事建筑、安装、拆除等工程项目的建筑商、各级承包商。
7. 为以上 1~3 所列被保险人提供娱乐、媒体服务或展品的相关单位或个人。

四、保险地址

上海世博会园区（陆地面积 5.28 平方公里，以上海世博会组织者确认的园区范围为准）以及保险双方约定的上海世博会园区内相应的水域范围。

五、保险活动

被保险人在保险地址内从事的与上海世博会相关的活动。

六、保险期限

1. 对上海世博会组织者——自北京时间　年　月　日零时起，最晚于园区内工程项目开始建设之日起；至撤展并将临时展馆拆除完毕之日止，最晚不晚于北京时间 2011 年 4 月 30 日 24 时。

2. 对其他被保险人——自签订参展合同或商业经营合同生效，并在园区内实际运作之日起，至撤展并将场地或场馆恢复原貌并归还组织者之日止，最晚不晚于北京时间 2011 年 4 月 30 日 24 时。

七、赔偿限额

每次事故赔偿限额人民币 10 亿元；
保险期限内累计赔偿限额人民币 10 亿元；
诉讼费用及其他费用包含在赔偿限额之内。

八、责任范围

1. 通则部分

在本保险期限内，被保险人在保险地址内从事保险活动时发生意外事故，造成第三者的人身伤害或财产损失，依法应由被保险人承担的经济赔偿责任，保险人按照本保险单约定负责赔偿；对被保险人因上述原因而支付的诉讼费用，以及事先经保险人书面同意而支付的其他费用，保险人亦负责赔偿。

2. 分则部分

场所及产品责任：主要承保被保险人在保险地址内发生与保险活动有关的事故或由被保险人生产、出售、分发的产品或商品引起的事故，对第三者造成人身伤害或财产损失，依法应由被保险人承担的经济赔偿责任。

建设工程责任：主要承保被保险人在保险地址内发生与建筑、安装和拆除等工程相关的意外事故，引起工地内及邻近区域的第三者人身伤害或财产损失，依法应由被保险人承担的经济赔偿责任。

特殊交通工具责任：主要承保被保险人在保险地址内使用特殊交通工具发生意外事故，对第三者或乘客造成人身伤害或财产损失，依法应由被保险人承担的经济赔偿责任。

特殊交通工具：指自行车、电瓶车、船只等，以及不上道路行驶的机动车辆。

九、索赔基础

以期内事故发生为索赔基础，即造成损害的事故必须在保险期限内发生。被保险人的索赔期限，至保单终止之日后两年结束。

十、免赔额（每次事故）

人身伤亡：无。
财产损失：人民币 1 000 元。

十一、保险费率

1. 建筑、安装工程：合同价格 ×0.0985% 。
2. 拆除工程：合同价格 ×0.0985% 。
3. 商业设施：餐饮　　　　人民币 160 元/平方米。
　　　　　　　其他商业　人民币 90 元/平方米。
4. 展馆及其他非商业服务区域：人民币 28 元/平方米。

以上费率均为期间费率。

本保单的保险费率以上海世博会组织者最终公布的费率为准。

十二、放弃损失求偿权

除出现故意或重大过失情况外，任何被保险人放弃就火灾或其他意外事故导致的损失引起的相互索赔的权利，保险人不得向被保险人行使代位求偿权。

十三、法律适用及司法管辖

适用中华人民共和国法律。

受中华人民共和国司法管辖。

<h3 style="text-align:center">中国 2010 年上海世博会综合责任保险条款</h3>

通则部分

一、责任范围

在本保险期限内，被保险人在从事保险活动时发生意外事故，造成第三者的人身损害或财产损失，依法应由被保险人承担的经济赔偿责任，保险人按照本保险单约定负责赔偿。

对被保险人因上述原因而支付的诉讼费用，以及事先经保险人书面同意而支付的其他费用，保险人亦负责赔偿。

每次事故保险人对上述两项的最高赔偿金额不超过本保险单明细表中列明的每次事故赔偿限额；在本保险期限内，保险人在本保单项下对上述两项的最高赔偿金额不超过本保险单明细表中列明的累计赔偿限额。

二、责任免除

除另有特别约定，本保险单对以下各项不负赔偿责任：

1. 战争、类似战争行为、军事行动、敌对行动、武装冲突、恐怖活动、谋反、罢工、暴动、骚乱、政变造成的赔偿责任；

2. 被保险人及其代表的故意行为或者重大过失；

3. 由于核裂变、核聚变、核武器、核材料、核辐射及放射性污染所引起的直接或间接责任；

4. 大气、土地、水污染及其他非放射性污染或者展品所散发、释放、渗漏出的烟雾、气味、蒸汽、气体、油、废液等造成的赔偿责任，但突然、意外事件导致的非放射性污染责任不在此限；

5. 地震、海啸造成的赔偿责任；

6. 由于石棉、硅石、电磁波、电脑病毒、转基因产品、疯牛病、甲基叔丁基醚（MTBE）、有毒霉菌造成的损失；

7. 罚款、罚金或惩罚性赔款；

8. 被保险人根据与他人的协议应承担的责任，但即使没有这种协议，被保险人仍应承担的责任不在此限；

9. 对正在为被保险人工作的雇员所遭受伤害的责任；

10. 被保险人所有、占有或使用的机动车辆造成的赔偿责任；

11. 被保险人及其代表或其雇用人员所有、保管、控制的财产本身的损失；

12. 被保险人及其代表或其雇用人员因经营业务一直使用或占用的任何物品、土地、房屋或建筑；

13. 不论任何原因，被保险人延迟工作或无法完成工作而导致的后果损失；

14. 被保险人破产或丧失偿付能力导致的后果损失；

15. 由于建筑物存在潜在缺陷造成的损失；

16. 由于被保险人所制造、出售或分发的产品本身的损失；

17. 被保险人作出或经被保险人同意而作出任何违反中华人民共和国法律、法规或上海世博会有关规章的行为；

18. 由于下列广告行为造成的损害：

（1）本保险单生效前所开展的任何广告活动；

（2）被保险人指示而发出的任何声明，尽管被保险人清楚此声明的合法性与真实性存在问题；

（3）广告中对被保险人的产品、货物或服务的价格不正确的描述；

（4）出于销售或广告宣传目的而出售或提供的产品或服务，发生对于注册商标、服务标记或商品名称的侵权或假冒行为；

（5）被保险人的产品、货物或服务未能符合其广告中所声称的性能、质量、适合度或持久性等描述；

（6）从事广告、广播、出版或电视等业务的被保险人作出的侵犯行为。

三、投保人、被保险人义务

1. 在投保时，被保险人及其代表应对投保申请书中的事项以及保险人提出的其他事项作出真实、详尽的说明或描述；

2. 被保险人或其代表应根据本保险单明细表和批单中规定按期交付保险费；

3. 被保险人应努力选用可靠、认真、合格的工作人员并且使拥有的建筑物、道路、工厂、机器、装修和设备处于坚实、良好、可供使用的状态。同时，应遵照当局所颁布的任何法律及规定的要求，对已发现的缺陷应予立即修复，并采取临时性的预防措施以防止发生事故；

4. 一旦发生本保险单所承保的任何事故，被保险人或其代表应：

（1）立即通知保险人，并在七个工作日或经保险人书面同意延长的期限内以书面报告提供事故发生的经过、原因和损失程度；

（2）在未经保险人检查和同意之前，对拥有的建筑物、道路、工厂、机器、装修和设备不得予以改变和修理；

（3）在预知可能引起诉讼时，立即以书面形式通知保险人，并在接到法院传票或其他法律文件后，立即将其送交保险人；

（4）根据保险人的要求提供作为索赔依据的所有证明文件、资料和单据。

四、赔偿处理

1. 若发生本保险单承保的任何事故或诉讼时：

（1）未经保险人书面同意，被保险人或其代表对索赔方不得做出任何责任承诺或拒绝、出价、约定、付款或赔偿。在必要时，保险人有权以被保险人的名义接办对任何诉讼的抗辩或索赔的处理。

（2）保险人对每次事故的赔偿金额以法院、仲裁机构或政府有关部门依法裁定的或经双方当事人及保险人协商确定的应由被保险人偿付的金额为准，但不得超过本保险单明细表中规定的责任限额。

（3）在诉讼或处理索赔过程中，保险人有权自行处理任何诉讼或解决任何索赔案件，被保险人有义务向保险人提供一切所需的资料和协助。

（4）生产出售的同一批产品或商品，由于同样原因造成多人的人身伤害或死亡或多人的财产损失，应视为一次事故造成的损失。

2. 在必要时，保险人有权以被保险人的名义向任何责任方提出索赔的要求。未经保险人书面同意，被保险人不得接受责任方就有关损失作出的付款或赔偿安排或放弃对责任方的索赔权利，否则，由此引起的后果将由被保险人承担。

3. 本保险以期内事故发生为索赔基础，即造成损害的事故必须在保险期限内发生。被保险人对保险人请求赔偿或者给付保险金的权利，自其知道保险事故发生之日起二年不行使而消失。

4. 放弃损失求偿权。除出现故意或重大过失情况外，任何被保险人放弃就火灾或其他意外事故导致的损失引起的相互索赔的权利，保险人不得向被保险人行使代位求偿权。

五、总则

1. 保单效力

被保险人严格地遵守和履行本保险单的各项规定，是保险人在本保险单项下承担赔偿责任的先决条件，但：

本保险单不能因为被保险人在其无法控制的地点没有履行本保单的规定（包括加批的各项保证及条件）而影响其有效性。

本保险单中约定的保证和条件将分别适用于每一保险风险而非整个被保险风险。若其中一风险违反了保险单中约定的保证和条件，将不会影响对保单中其他被保险风险责任的有效性。

一个被保险人违反本保单约定的义务，并不影响其他被保险人在本保险单项下的权益，但是，当其他被保险人获知违约行为后应立即以书面形式通知保险人并采取补救措施代为履行相应义务，否则，保险人依照合同拒绝赔偿的权利不受影响。

2. 保单无效

如果被保险人或其代表漏报、错报、虚报或隐瞒有关本保险的实质性内容，则本保险单相应部分无效。

保险的实质性内容系指足以影响保险人决定是否同意承保和保险费率等保险条件的有关事项。

3. 保单终止

除非经保险人书面同意，本保险单将在被保险人丧失保险利益的情况下自动终止，本保险单终止后，保险人将按日比例退还被保险人本保险单项下未到期部分的保险费。

4. 保单注销

本保险为上海世博会规定保险，保险单一经生效，保险双方不得注销。

5. 权益丧失

如果任何索赔含有虚假成分，或被保险人或其代表在索赔时采取欺诈手段企图在本保险单项下获取利益，或任何损失是由被保险人或其代表的故意行为或纵容所致，被保险人将丧失其在本保险单项下的所有权益。对由此产生的包括保险人已支付的赔款在内的一切损失，应由被保险人负责赔偿。

6. 合理查验

保险人的代表有权在任何适当的时候对在本保险单明细表中列明的经营范围的风险情况进行现场查验。被保险人应提供一切便利及保险人要求的用于评估有关风险的详情和资料。但上述查验并不构成保险人对被保险人的任何承诺。保险人的检查人员如发现任何缺陷或危险时，将以书面形式通知被保险人，在该项缺陷或危险未被排除并使保险人认为满意之前，对其有关的或因此引起的一切责任保险人概不负责。

7. 重复保险

本保险单负责赔偿损失、费用或责任时，若另有其他保障相同的保险存在，保险人仍按照本合同的约定先行赔偿。但当被保险人根据所有保单所得的赔偿总额超过其实际损失时，被保险人应将超过部分返还保险人。

8. 权益转让

若本保险单项下负责的损失涉及其他责任方时，不论保险人是否已赔偿被保险人，被保险人应立即采取一切必要的措施行使或保留向该责任方索赔的权利。在保险人支付赔款后，被保险人应将向该责任方追偿的权利转让给保险人，移交一切必要的单证，并协助保险人向责任方追偿。

9. 争议处理

被保险人与保险人之间的一切有关本保险的争议应通过友好协商解决。如果协商不成，可申请仲裁或向法院提出诉讼。

□ 诉讼

除事先另有协议外，诉讼应在被告方所在地进行。

□ 仲裁

凡因本保险合同引起的或与本保险合同有关的任何争议，均应提交_____（请注明仲裁机构全称），按照申请仲裁时该机构现行有效的仲裁规则进行仲裁。仲裁裁决是终局的，对双方均有约束力。

10. 适用法律及司法管辖

本保险适用中华人民共和国法律，并受中华人民共和国司法管辖。

六、定义

1. 被保险人及其代表：代表指被保险人的法定代表（法人代表或非法人机构的负责人）、授权代表以及在被保险人单位担任特定职务，实际担当单位代表的人（如总经理、项目经理等）虽未书面授权，也可以视为被保险人的代表。

2. 意外事故：指不可预料的以及被保险人无法控制并造成人身伤害或物质损失的突发性事件。

3. 每次事故损失：

（1）每次索赔或由于单个事件引起的一系列索赔；

（2）生产、销售的同一批产品，由于同样原因造成多人的人身伤害、疾病或死亡或多人的财产损失，视为一次事故造成的责任。

4. 机动车：指在中华人民共和国境内（不含港、澳、台地区）行驶、领有公安部门核发的号牌、行驶证，以动力装置驱动或者牵引，上道路行驶的供人员乘用或者用于运送物品以及进行专项作业的轮式车辆（含挂车）、履带式车辆和其他运载工具，包括客车、货车、客货两用车、摩托车、拖拉机和特种车。

5. 被保险人的雇用人员：指与被保险人存在合同雇用或事实雇用关系的工作人员，包括志愿者、临时工。

6. 特殊交通工具：指自行车、电瓶车、船只等，以及不上道路行驶的机动车辆。

7. 人身伤害：身体伤害、死亡、疾病、伤残、由此引起的惊吓、恐惧或精神伤害，不包括受害者任何亲属的精神伤害。

8. 财产损失：有形财产的物理损失、损毁或灭失，包括由此引起的使用损失。

分则一　场所及产品责任

一、责任范围

在保险期间内，被保险人在保险地址范围内发生：

1. 与保险活动有关的事故；

2. 由被保险产品引起的事故。

对第三者造成人身伤害或财产损失，被保险人依法应承担的经济赔偿责任，由保险人负责赔偿。

对被保险人因上述原因支付的诉讼费用，及事先经保险人书面同意而支付的其他费用，保险人亦负责赔偿。

每次事故保险人对上述两项的最高赔偿金额不超过本保险单明细表中列明的每次事故赔偿限额；在本保险期限内，保险人在本保单项下对上述两项的最高赔偿金额不超过本保险单明细表中列明的累计赔偿限额。

被保险产品：指由被保险人生产、出售、分发的产品或商品。

对产品责任的承保区域扩展到中华人民共和国境内。

二、责任免除

除通则部分责任免除外，下列责任免除将适用于本部分。在本部分，保险人对以下各项不负赔偿责任：

1. 被保险产品退换、召回的损失；

2. 被保险人故意违法生产、出售、分发的产品或商品造成的任何损失；

3. 被保险产品造成的大气、土地及水污染及其他各种污染所引起的责任；

4. 被保险产品造成对飞机或轮船的损害责任;

5. 由于被保险人拥有、维护、操作、使用任何飞行器、船只或其他飞行设备(不包括拴系在被保险人区域处于静止状态的充气设备,高度范围不超过100米)而造成的赔偿责任;

6. 由于被保险人提供或未能提供职业建议或服务,或者任何与此相关的错误或失误造成的赔偿责任;

7. 被保险人提供服务、维修、修缮的成本,以及为完成服务而支出的成本;

8. 被保险人能从本保险单其他分则部分得到保障的损失。

分则二 建设工程责任

一、责任范围

在本保险期限内,被保险人在保险地址范围内发生与建筑、安装和拆除等工程相关的意外事故,引起工地内及邻近区域的第三者人身伤害或财产损失,被保险人依法应承担的经济赔偿责任,由保险人负责赔偿。

对被保险人因上述原因支付的诉讼费用,及事先经保险人书面同意而支付的其他费用,保险人亦负责赔偿。

每次事故保险人对上述两项的最高赔偿金额不超过本保险单明细表中列明的每次事故赔偿限额;在本保险期限内,保险人在本保单项下对上述两项的最高赔偿金额不超过本保险单明细表中列明的累计赔偿限额。

二、责任免除

除通则部分责任免除外,下列责任免除将适用于本部分。在本部分,保险人对以下各项不负赔偿责任:

1. 在建设工程中,由被保险人使用或供应的有缺陷的产品及零部件的停用、修理或替换损失;

2. 船只、飞行器造成的事故;

3. 建设工程本身的财产损失;

4. 建筑师、监理师及顾问以职业身份开展工作时失职造成的赔偿责任;

5. 被保险人能从本保险单其他分则部分得到保障的损失。

分则三 特殊交通工具责任

一、责任范围

在本保险期限内,被保险人在保险地址范围内使用自有或非自有的特殊交通工具发生意外事故,对第三者或乘客造成人身伤害或财产损失,被保险人依法应承担的经济赔偿责任,由保险人负责赔偿。

对被保险人因上述原因支付的诉讼费用,及事先经保险人书面同意而支付的其他费用,保险人亦负责赔偿。

每次事故保险人对上述两项的最高赔偿金额不超过本保险单明细表中列明的每次事故赔偿限额;在本保险期限内,保险人在本保单项下对上述两项的最高赔偿金额不超过本保险单明细表中列明的累计赔偿限额。

特殊交通工具：指自行车、电瓶车、船只等，以及不上道路行驶的机动车辆。

无论保单有无相反规定，对保险期限内被保险人在保险地址内由于拥有或使用的从事客运的船只发生意外事故，导致本船只乘客人身伤害而应当依法承担的经济赔偿责任，保险人负责赔偿；对于其他与船只相关的责任不予负责。

二、责任免除

除通则部分责任免除外，下列责任免除将适用于本部分。在本部分，保险人对以下各项不负赔偿责任：

1. 由任何人员驾驶或负责的交通工具在下列情况下发生的损失：

（1）无有效驾驶资格；

（2）未经被保险人允许的驾驶人；

（3）驾驶人饮酒、吸食或注射毒品、被药物麻醉或类似原因。

2. 交通工具本身的损失。

3. 被保险交通工具在被盗窃、抢劫、抢夺期间造成的第三者或乘客人身伤害或财产损失。

4. 电子、电磁干扰直接或间接造成的损失。

5. 在使用交通工具时乘客人数超过相关规定允许的人数时发生的损失。

6. 被保险船只因不适航所致的损失、责任和费用。

不适航，包括人员配备不当、装备或装卸不妥，但以被保险人在船只开航时，知道或应该知道此种不适航为限。

7. 飞行器造成的损失、责任和费用。

8. 被保险人能从本保险单其他分则部分得到保障的损失。

特别条款

下列特别条款适用于本保险单的各个部分，若其与本保险单的其他规定相冲突，则以下列特别条款为准：

1. 交叉责任条款

兹经双方同意，本保险项下对第三者人身伤害的赔偿责任保障将适用于保险单明细表中列明的每一个被保险人，如同保险人对每一个被保险人签发独立的保险单。本保险单所载其他条件不变。

2. 建筑物改变条款

兹经双方同意，本保险扩展承保被保险人因改变、维修或装修建筑造成第三者人身伤亡或财产损失时应负的赔偿责任。

被保险人应采取必要措施以防止在维修或装修过程中发生意外。

本保险单所载其他条件不变。

3. 人身侵害责任条款

兹经双方同意，本保险扩展承保被保险人因本保险单明细表中列明地点范围内由于下列情况造成第三者人身侵害时应负的赔偿责任：

（1）错误逮捕、拘留或监禁或诬告；

（2）侮辱、诽谤或侵犯私人权利；

（3）非法侵入、驱逐或其他侵犯私人权利的行为。

遵守中华人民共和国法律或法规将是保险人承担任何责任的先决条件。

本保险单所载其他条件不变。

4. 急救费用条款

兹经双方同意，本保险扩展承保被保险人因本保险单明细表中列明地址范围内发生意外事故造成第三者人身伤亡时应支付的合理急救费用。

在本保险期限内，保险人对急救费用的赔偿限额包含在本保单明细表中列明的累计赔偿限额内。

本保险单所载其他条件不变。

5. 灭火费用条款

兹经双方同意，本保险扩展承保被保险人因本保险单明细表中列明地址范围发生火灾所花费的必需的、合理的灭火费用。

在本保险期限内，保险人对灭火费用的赔偿限额包含在本保单明细表中列明的累计赔偿限额内。

本保险单所载其他条件不变。

6. 意外污染责任条款

兹经双方同意，本保险扩展承保在本保险单明细表中列明地点范围内由于突发性的意外引起污染造成的第三者的人身伤亡或财产损失，依法应由被保险人承担的赔偿责任，以及被保险人为排除该污染危害而支付的合理的、必要的除污费用。

除污费用是指为排除环境污染危害而发生的检验、监测、清除、处置、中和等费用。

本保险单所载其他条件不变。

7. 责任险 2000 年问题除外责任条款

本条款"2000 年问题"系指，因涉及 2000 年日期变更，或此前、期间、其后任何其他日期变更，包括闰年的计算，直接或间接引起计算机硬件设备、程序、软件、芯片、媒介物、集成电路及其他电子设备中的类似装置的故障，进而直接或间接引起和导致保险财产的损失或损坏问题。

保险人对由于下列原因，无论计算机设备是否属于被保险人所有，造成任何财产损失或人身伤亡，依法应由被保险人承担的赔偿责任和相关法律、检测、技术咨询等其他间接费用，不负赔偿责任：

（1）不能正确识别日期；

（2）由于不能正确识别日期，以读取、存储、保留、检索、操作、判别、处理任何数据或信息，或执行命令和指令；

（3）在任何日期或该日期之后，由于编程输入任何计算机软件的操作命令引起的数据丢失，或不能读取、存储、保留、检索或正确处理该类数据；

（4）因涉及 2000 年日期变更，或任何其他日期变更，包括闰年的计算而不能正确进行计算、比较、识别、排序和数据处理；

（5）因涉及 2000 年日期变更，或任何其他日期变更，包括闰年的计算，对包括计算机、硬件设备、程序、芯片、媒介物、集成电路及其他电子设备中的类似装置进行预防性的、治理性的或其他性质的更换、改变、修改。

本保险单所载其他条件不变。

评审委员会专家

吴建融、李　峰、李晓林、刘宽亮、常　青

（资料来源：李峰. 中国 2010 年上海世博会综合责任保险方案汇编［M］. 上海：东方出版中心，2009：2 – 13.）

【附录 9.3 】

中国人民财产保险股份有限公司雇主责任保险条款（2004 版）

总则

第一条　本保险合同由保险条款、投保单、保险单以及批单组成。凡涉及本保险合同的约定，均应采用书面形式。

第二条　中华人民共和国境内（不包括香港、澳门和台湾地区）的各类企业、有雇工的个体工商户、国家机关、事业单位、社会团体、学校均可作为本保险合同的被保险人。

第三条　本保险合同所称工作人员，是指与被保险人存在劳动关系（包括事实劳动关系）的各种用工形式、各种用工期限、年满十六周岁的劳动者及其他按国家规定和法定途径审批的劳动者。

保险责任

第四条　在保险期间内，被保险人的工作人员在中华人民共和国境内（不包括香港、澳门和台湾地区）因下列情形导致伤残或死亡，依照中华人民共和国法律应由被保险人承担的经济赔偿责任，保险人按照本保险合同约定负责赔偿：

（一）在工作时间和工作场所内，因工作原因受到事故伤害；

（二）工作时间前后在工作场所内，从事与工作有关的预备性或者收尾性工作受到事故伤害；

（三）在工作时间和工作场所内，因履行工作职责受到暴力等意外伤害；

（四）被诊断、鉴定为职业病；

（五）因工外出期间，由于工作原因受到伤害或者发生事故下落不明；

（六）在上下班途中，受到交通及意外事故伤害；

（七）在工作时间和工作岗位，突发疾病死亡或者在 48 小时之内经抢救无效死亡；

（八）在抢险救灾等维护国家利益、公共利益活动中受到伤害；

（九）原在军队服役，因战、因公负伤致残，已取得革命伤残军人证，到用人单位后旧伤复发；

（十）法律、行政法规规定应当认定为工伤的其他情形。

第五条 保险事故发生后，被保险人因保险事故而被提起仲裁或者诉讼的，对应由被保险人支付的仲裁或者诉讼费用以及事先经保险人书面同意支付的其他必要的、合理的费用（以下简称法律费用），保险人按照本保险合同约定的限额也负责赔偿。

责任免除

第六条 下列原因造成的损失、费用和责任，保险人不负责赔偿：
（一）投保人、被保险人的故意或重大过失行为；
（二）战争、敌对行动、军事行为、武装冲突、罢工、暴动、民众骚乱、恐怖活动；
（三）核辐射、核爆炸、核污染及其他放射性污染；
（四）行政行为或司法行为；
（五）被保险人承包商的工作人员遭受的伤害；
（六）被保险人的工作人员犯罪或者违反法律、法规的；
（七）被保险人的工作人员醉酒导致伤亡的；
（八）被保险人的工作人员自残或者自杀的；
（九）在工作时间和工作岗位，被保险人的工作人员因投保时已患有的疾病发作或分娩、流产导致死亡或者在48小时之内经抢救无效死亡。

第七条 下列损失、费用和责任，保险人不负责赔偿：
（一）罚款、罚金及惩罚性赔款；
（二）精神损害赔偿；
（三）被保险人的间接损失；
（四）被保险人的工作人员因保险合同列明情形之外原因发生的医疗费用；
（五）本保险合同中载明的免赔额。

第八条 其他不属于保险责任范围内的损失、费用和责任，保险人不负赔偿责任。

责任限额与免赔额

第九条 责任限额包括每人伤亡责任限额、每人医疗费用责任限额、法律费用责任限额及累计责任限额，由投保人自行确定，并在保险合同中载明。其中每人伤亡责任限额不低于3万元人民币；每人医疗费用责任限额不超过每人伤亡责任限额的50%并且不高于5万元人民币，法律费用责任限额为伤亡责任限额的20%。

第十条 每次事故每人医疗费用免赔额由投保人与保险人在签订保险合同时协商确定，并在保险合同中载明。

保险期间

第十一条 除另有约定外，保险期间为一年，以保险合同载明的起讫时间为准。

保险人义务

第十二条　本保险合同成立后，保险人应当及时向投保人签发保险单或其他保险凭证。

第十三条　保险人依本保险条款第十七条取得的合同解除权，自保险人知道有解除事由之日起，超过三十日不行使而消灭。

保险人在保险合同订立时已经知道投保人未如实告知的情况的，保险人不得解除合同；发生保险事故的，保险人应当承担赔偿责任。

第十四条　保险事故发生后，投保人、被保险人提供的有关索赔的证明和资料不完整的，保险人应当及时一次性通知投保人、被保险人补充提供。

第十五条　保险人收到被保险人的赔偿请求后，应当及时就是否属于保险责任作出核定，并将核定结果通知被保险人。情形复杂的，保险人在收到被保险人的赔偿请求后三十日内未能核定保险责任的，保险人与被保险人根据实际情形商议合理期间，保险人在商定的期间内作出核定结果并通知被保险人。对属于保险责任的，在与被保险人达成有关赔偿金额的协议后十日内，履行赔偿义务。

保险人依照前款的规定作出核定后，对不属于保险责任的，应当自作出核定之日起三日内向被保险人发出拒绝赔偿保险金通知书，并说明理由。

第十六条　保险人自收到赔偿保险金的请求和有关证明、资料之日起六十日内，对其赔偿保险金的数额不能确定的，应当根据已有证明和资料可以确定的数额先予支付；保险人最终确定赔偿的数额后，应当支付相应的差额。

投保人、被保险人义务

第十七条　投保人应履行如实告知义务，如实回答保险人就被保险人的有关情况提出的询问，并如实填写投保单。

投保人故意或者因重大过失未履行前款规定的如实告知义务，足以影响保险人决定是否同意承保或者提高保险费率的，保险人有权解除合同。

投保人故意不履行如实告知义务的，保险人对于合同解除前发生的保险事故，不承担赔偿责任，并不退还保险费。

投保人因重大过失未履行如实告知义务，对保险事故的发生有严重影响的，保险人对于合同解除前发生的保险事故，不承担赔偿责任，但应当退还保险费。

第十八条　投保人应在保险合同成立时一次性支付保险费。保险事故发生时投保人未足额支付保险费的，保险人按照已交保险费与保险合同约定保险费的比例承担赔偿责任。

第十九条　被保险人应严格遵守有关安全生产和职业病防治的法律法规以及国家及政府有关部门制定的其他相关法律、法规及规定，执行安全卫生规程和标准，加强管理，采取合理的预防措施，预防保险事故发生，避免和减少损失。

保险人可以对被保险人遵守前款约定的情况进行检查，向投保人、被保险人提出消除不安全因素和隐患的书面建议，投保人、被保险人应该认真付诸实施。

投保人、被保险人未遵守上述约定而导致保险事故发生的，保险人不承担赔偿责任；投保人、被保险人未遵守上述约定而导致损失扩大的，保险人对扩大部分的损失不承担赔偿责任。

第二十条 在保险期间内，如保险标的危险程度显著增加的，被保险人应及时书面通知保险人，保险人有权要求增加保险费或者解除合同。

危险程度显著增加，是指与本保险所承保的被保险人之赔偿责任有密切关系的因素和投保时相比，出现了增加被保险人之赔偿责任发生可能性的变化，足以影响保险人决定是否继续承保或是否增加保险费的情况。包括但不限于被保险人的经营业务范围发生变更、被保险人合并、分立等，导致被保险人的雇员遭受人身伤害的可能性增加等情况。

被保险人未履行通知义务，因保险标的危险程度显著增加而发生的保险事故，保险人不承担赔偿责任。

第二十一条 被保险人一旦知道或应当知道保险责任范围内的工作人员人身伤害事故发生，应该：

（一）尽力采取必要、合理的措施，防止或减少损失，使工作人员得到及时救治，否则，对因此扩大的损失，保险人不承担赔偿责任；

（二）立即通知保险人，并书面说明事故发生的原因、经过和损失情况；故意或者因重大过失未及时通知，致使保险事故的性质、原因、损失程度等难以确定的，保险人对无法确定的部分，不承担赔偿责任，但保险人通过其他途径已经及时知道或者应当及时知道保险事故发生的除外；

（三）允许并且协助保险人进行事故调查；对于拒绝或者妨碍保险人进行事故调查导致无法确定事故原因或核实损失情况的，保险人对无法确定或核实的部分不承担赔偿责任。

第二十二条 被保险人收到其工作人员的损害赔偿请求时，应立即通知保险人。未经保险人书面同意，被保险人对其工作人员作出的任何承诺、拒绝、出价、约定、付款或赔偿，保险人不受其约束。对于被保险人自行承诺或支付的赔偿金额，保险人有权重新核定，不属于本保险责任范围或超出应赔偿限额的，保险人不承担赔偿责任。在处理索赔过程中，保险人有权自行处理由其承担最终赔偿责任的任何索赔案件，被保险人有义务向保险人提供其所能提供的资料和协助。

第二十三条 被保险人获悉可能发生诉讼、仲裁时，应立即以书面形式通知保险人；接到法院传票或其他法律文书后，应将其副本及时送交保险人。保险人有权以被保险人的名义对诉讼进行抗辩或处理有关仲裁事宜，被保险人应提供有关文件，并给予必要的协助。

对因未及时提供上述通知或必要协助引起或扩大的损失，保险人不承担赔偿责任。

第二十四条 被保险人向保险人请求赔偿时，应提交保险单正本、索赔申请、工作人员名单、有关事故证明书、就诊病历、检查报告、用药清单、支付凭证、损失清单、劳动保障行政部门出具的工伤认定证明、劳动能力鉴定委员会出具的劳动能力鉴定证明或保险人认可的医疗机构出具的残疾程度证明、公安部门或保险人认可的医疗机构出具的死亡证明、有关的法律文书（裁定书、裁决书、判决书等）或和解协议以及其他投保人、被保险人所能提供的与确认保险事故的性质、原因、损失程度等有关的证明和资料。

投保人、被保险人未履行前款约定的单证提供义务，导致保险人无法核实损失的，保险人对无法核实部分不承担赔偿责任。

第二十五条 被保险人在请求赔偿时应当如实向保险人说明与本保险合同保险责任有关的其他保险合同的情况。对未如实说明导致保险人多支付保险金的，保险人有权向被保险人追回多支付的部分。

第二十六条 发生保险责任范围内的损失，应由有关责任方负责赔偿的，被保险人应行使或保留行使向该责任方请求赔偿的权利。

保险事故发生后，保险人未履行赔偿义务之前，被保险人放弃对有关责任方请求赔偿的权利的，保险人不承担赔偿责任。

保险人向被保险人赔偿保险金后，被保险人未经保险人同意放弃对有关责任方请求赔偿的权利的，该行为无效。

在保险人向有关责任方行使代位请求赔偿权利时，被保险人应当向保险人提供必要的文件和其所知道的有关情况。

由于被保险人的故意或者重大过失致使保险人不能行使代位请求赔偿的权利的，保险人可以扣减或者要求返还相应的赔偿金额。

赔偿处理

第二十七条 保险人的赔偿以下列方式之一确定的被保险人的赔偿责任为基础：

（一）被保险人和向其提出损害赔偿请求的工作人员或其代理人协商并经保险人确认；

（二）仲裁机构裁决；

（三）人民法院判决；

（四）保险人认可的其他方式。

第二十八条 被保险人的工作人员因保险责任范围内的事故遭受损害，被保险人未向该工作人员赔偿的，保险人不负责向被保险人赔偿保险金。

第二十九条 在保险责任范围内，被保险人对其工作人员因本保险合同列明的原因所致伤残、死亡依法应承担的经济赔偿责任，保险人按照本保险合同约定负责赔偿：

（一）死亡：在保险合同约定的每人伤亡责任限额内据实赔偿；

（二）伤残：

A. 永久丧失全部工作能力：在保险合同约定的每人伤亡责任限额内据实赔偿；

B. 永久丧失部分工作能力：依保险人认可的医疗机构出具的伤残程度证明，在保险合同所附伤残赔偿比例表规定的百分比乘以每人伤亡责任限额的数额内赔偿；

C. 经保险人认可的医疗机构证明，暂时丧失工作能力超过五天（不包括五天）的，在超过 5 天的治疗期间，每人/天按当地政府公布的最低生活标准赔偿误工补助，以医疗期满及确定伤残程度先发生者为限，最长不超过一年。如经过诊断被医疗机构确定为永久丧失全部（部分）工作能力，保险人按 A 款或 B 款确定的赔偿金额扣除已赔偿的误工补助后予以赔偿。

第三十条 在保险责任范围内，被保险人对其工作人员因本保险合同列明的情形所致伤残、死亡依法应承担的下列医疗费用，保险人在本保险合同约定的每人医疗费用责任限额内据实赔偿，包括：

（一）挂号费、治疗费、手术费、检查费、医药费；

（二）住院期间的床位费、陪护费、伙食费、取暖费、空调费；

（三）就（转）诊交通费、急救车费；

（四）安装假肢、假牙、假眼和残疾用具费用。

除紧急抢救外，受伤工作人员均应在二级以上（含二级）医院或保险人认可的医疗机构就诊。

被保险人承担的诊疗项目、药品使用、住院服务及辅助器具配置费用，保险人均按照国家工伤保险待遇规定的标准，在依据本条第一款（一）至（四）项计算的基础上，扣除每次事故每人医疗费用免赔额后进行赔偿。

第三十一条 保险人对每次事故法律费用的赔偿金额，不超过法律费用责任限额的25%。

同一原因同时导致被保险人多名工作人员伤残或死亡的，视为一次保险事故。

第三十二条 发生保险责任范围内的损失，在保险期间内，保险人对每个工作人员的各项累计赔偿金额不超过保险合同载明的分项每人责任限额；保险人对应由被保险人支付的法律费用的累计赔偿金额不超过保险合同载明的法律费用责任限额；保险人对被保险人的所有赔偿不超过保险合同载明的累计责任限额。

第三十三条 保险人按照投保时被保险人提供的工作人员名单承担赔偿责任。被保险人对名单范围以外的工作人员承担的赔偿责任，保险人不负责赔偿。

经保险人同意按约定人数投保的，如发生保险事故时被保险人的工作人员人数多于投保人数，保险人按投保人数与实际人数的比例承担赔偿责任。

第三十四条 保险事故发生时，如有其他相同保障的保险（包括工伤保险）存在，不论该保险赔偿与否，保险人对本条款第二十九条、第三十条及第三十一条项下的赔偿，仅承担差额责任。

其他保险人应承担的赔偿金额，本保险人不负责垫付。

第三十五条 被保险人向保险人请求赔偿的诉讼时效期间为二年，自其知道或者应当知道保险事故发生之日起计算。

争议处理

第三十六条 因履行本保险合同发生的争议，由当事人协商解决。协商不成的，提交保险单载明的仲裁机构仲裁；保险单未载明仲裁机构且争议发生后未达成仲裁协议的，应向中华人民共和国人民法院起诉。

第三十七条 本保险合同的争议处理适用中华人民共和国法律（不包括港澳台地区法律）。

其他事项

第三十八条 保险责任开始前，投保人要求解除保险合同的，应当向保险人支付相当于保险费5%的退保手续费，保险人应当退还剩余部分保险费；保险人要求解除保险合同的，不得向投保人收取手续费并应退还已收取的保险费。

保险责任开始后，投保人要求解除保险合同的，自通知保险人之日起，保险合同解除，保险人按照保险责任开始之日起至合同解除之日止期间按短期费率计收保险费，并退还剩余部分保险费；保险人要求解除保险合同的，应提前十五日向投保人发出解约通知书，保险人按照保险责任开始之日起至合同解除之日止期间与保险期间的日比例计收保险费，并退还剩余部分保险费。

附录1	伤亡赔偿比例表	单位：%
项　目	伤害程度	保险合同约定每人伤亡责任限额的百分比
（一）	死亡	100
（二）	永久丧失工作能力或一级伤残	100
（三）	二级伤残	80
（四）	三级伤残	65
（五）	四级伤残	55
（六）	五级伤残	45
（七）	六级伤残	25
（八）	七级伤残	15
（九）	八级伤残	10
（十）	九级伤残	4
（十一）	十级伤残	1

【附录9.4】

中国人民财产保险股份有限公司律师职业责任保险条款

（2009 年中国保险监督管理委员会备案）

总则

第一条　本保险合同由保险条款、投保单、保险单以及批单组成。凡涉及本保险合同的约定，均应采用书面形式。

第二条　凡在中华人民共和国境内依法设立的律师事务所及持有有效律师执业证书的律师，均可作为本保险合同的被保险人。

保险责任

第三条　被保险人在本保险单明细表中列明的追溯期或保险期限内，在中华人民共和国境内（港、澳、台地区除外）从事诉讼或非诉讼律师业务时，由于疏忽或过失造成委托人的经济损失，并在本保险期限内由委托人首次向被保险人提出索赔申请，依法应由被保险人承担经济赔偿责任的，保险人负责赔偿。

事先经保险人书面同意的诉讼费用，保险人负责赔偿。但此项费用与上述经济赔偿的每次索赔赔偿总金额不得超过本保险单明细表中列明的每次索赔赔偿限额。

发生保险责任事故后，被保险人为缩小或减少对委托人遭受经济损失的赔偿责任所支付的必要的、合理的费用，保险人按照本合同约定负责赔偿。

本保险合同如约定了累计赔偿限额的，保险人对本保险期限内多次索赔的累计赔偿金额不得超过本保险单明细表中列明的累计赔偿限额。

责任免除

第四条 下列原因造成的损失、费用和责任，保险人不负责赔偿：

（一）被保险人的故意行为或非职业行为；

（二）战争、敌对行为、军事行为、武装冲突、罢工、骚乱、暴乱、盗窃、抢劫；

（三）政府有关当局的没收、征用；

（四）核反应、核辐射和放射性污染；

（五）地震、雷击、暴雨、洪水等自然灾害；

（六）火灾、爆炸。

第五条 下列原因造成的损失、费用和责任，保险人也不负责赔偿：

（一）被保险人无有效律师执业证书，或未取得法律、法规规定的应持有的其他资格证书办理业务的；

（二）未经被保险人同意，被保险人的在册执业律师私自接受委托或在其他律师事务所执业；

（三）被保险人与对方当事人或对方律师恶意串通，损害当事人利益的；

（四）被保险人被指控对委托人诽谤，经法院判决指控成立的；

（五）委托人提供的有关证据文件、账册、报表等其他资料的损毁、灭失或盗窃抢夺，但经特别约定加保的不在此限；

（六）被保险人在本保险单明细表中列明的追溯日期之前发生的疏忽或过失行为。

第六条 被保险人的下列损失、费用和责任，保险人不负责赔偿：

（一）直接或间接由于计算机 2000 年问题引起的损失；

（二）被保险人对委托人的身体伤害及有形财产的损毁或灭失；

（三）罚款、罚金或惩罚性赔款；

（四）本保险单明细表或有关条款中规定的应由被保险人自行负担的每次索赔的免赔额；

（五）被保险人与他人签订协议所约定的责任，但即使没有这种协议依法仍应由被保险人承担的法律责任不在此限。

第七条 其他不属于本保险责任范围内的一切损失、费用和责任，保险人不负责赔偿。

保险人义务

第八条 本保险合同成立后，保险人应当及时向投保人签发保险单或其他保险凭证。

第九条　保险人依本保险条款第十三条取得的合同解除权，自保险人知道有解除事由之日起，超过三十日不行使而消灭。

保险人在保险合同订立时已经知道投保人未如实告知的情况的，保险人不得解除合同；发生保险事故的，保险人应当承担赔偿责任。

第十条　保险事故发生后，投保人、被保险人提供的有关索赔的证明和资料不完整的，保险人应当及时一次性通知投保人、被保险人补充提供。

第十一条　保险人收到被保险人的赔偿请求后，应当及时就是否属于保险责任作出核定，并将核定结果通知被保险人。情形复杂的，保险人在收到被保险人的赔偿请求后三十日内未能核定保险责任的，保险人与被保险人根据实际情形商议合理期间，保险人在商定的期间内作出核定结果并通知被保险人。对属于保险责任的，在与被保险人达成有关赔偿金额的协议后十日内，履行赔偿义务。

保险人依照前款的规定作出核定后，对不属于保险责任的，应当自作出核定之日起三日内向被保险人发出拒绝赔偿保险金通知书，并说明理由。

第十二条　保险人自收到赔偿保险金的请求和有关证明、资料之日起六十日内，对其赔偿保险金的数额不能确定的，应当根据已有证明和资料可以确定的数额先予支付；保险人最终确定赔偿的数额后，应当支付相应的差额。

投保人、被保险人义务

第十三条　投保人应履行如实告知义务，提供全部在册执业律师名单，并如实回答保险人就有关情况提出的询问，如实填写投保单。

投保人故意或者因重大过失未履行前款规定的如实告知义务，足以影响保险人决定是否同意承保或者提高保险费率，保险人有权解除合同。

投保人故意不履行如实告知义务的，保险人对于合同解除前发生的保险事故，不承担赔偿责任，并不退还保险费。

投保人因重大过失未履行如实告知义务，对保险事故的发生有严重影响的，保险人对于合同解除前发生的保险事故，不承担赔偿责任，但应当退还保险费。

第十四条　除另有约定外，投保人应在保险合同成立时交清保险费。保险费交清前发生的保险事故，保险人不承担赔偿责任。

第十五条　被保险人必须遵守宪法和法律，恪守律师职业道德和执业纪律，尽职尽力地维护委托人的合法权益。

被保险人对保险人就有关法律事务进行检查应予以协助，对保险人提出的合理建议，被保险人应认真实施。

投保人、被保险人未遵守上述约定而导致保险事故的，保险人不承担赔偿责任；投保人、被保险人未遵守上述约定而导致损失扩大的，保险人对扩大部分的损失不承担赔偿责任。

第十六条　在保险期间内，如保险标的危险程度显著增加的或发生其他足以影响保险人决定是否继续承保或是否增加保险费的保险合同重要事项变更，被保险人应及时书面通知保险人，保险人有权要求增加保险费或者解除合同。

被保险人未履行通知义务，因保险标的危险程度显著增加或上述保险合同重要事项变更而导致保险事故发生的，保险人不承担赔偿责任。

第十七条 被保险人一旦知道或应当知道保险责任范围内的委托人经济损失事故发生，应该：

（一）尽力采取必要、合理的措施，防止或减少损失，否则，对因此扩大的损失，保险人不承担赔偿责任。

（二）立即通知保险人，并书面说明事故发生的原因、经过和损失情况；故意或者因重大过失未及时通知，致使保险事故的性质、原因、损失程度等难以确定的，保险人对无法确定的部分，不承担赔偿责任，但保险人通过其他途径已经及时知道或者应当及时知道保险事故发生的除外。

（三）允许并且协助保险人进行事故调查；对于拒绝或者妨碍保险人进行事故调查导致无法确定事故原因或核实损失情况的，保险人对无法确定或核实的部分不承担赔偿责任。

第十八条 被保险人收到委托人的损害赔偿请求时，应立即通知保险人。未经保险人书面同意，被保险人对委托人作出的任何承诺、拒绝、出价、约定、付款或赔偿，保险人不受其约束。对于被保险人自行承诺或支付的赔偿金额，保险人有权重新核定，不属于本保险责任范围或超出应赔偿限额的，保险人不承担赔偿责任。在处理索赔过程中，保险人有权自行处理由其承担最终赔偿责任的任何索赔案件，被保险人有义务向保险人提供其所能提供的资料和协助。

第十九条 被保险人获悉可能发生诉讼、仲裁时，应立即以书面形式通知保险人；接到法院传票或其他法律文书后，应将其副本及时送交保险人。保险人有权以被保险人的名义处理有关诉讼或仲裁事宜，被保险人应提供有关文件，并给予必要的协助。

对因未及时提供上述通知或必要协助引起或扩大的损失，保险人不承担赔偿责任。

第二十条 被保险人向保险人申请赔偿时，应提交保险单正本、证明律师责任的法律文件、索赔报告、损失清单、在册执业律师的"律师执业证"、与委托人签订的委托合同或委托代理合同和必要的其他投保人、被保险人所能提供的与确认保险事故的性质、原因、损失程度等有关的证明和资料。

被保险人未履行前款约定的单证提供义务，导致保险人无法核实损失情况的，保险人对无法核实部分不承担赔偿责任。

第二十一条 发生保险责任范围内的损失，应由有关责任方负责赔偿的，被保险人应行使或保留行使向该责任方请求赔偿的权利。

保险事故发生后，保险人未履行赔偿义务之前，被保险人放弃对有关责任方请求赔偿的权利的，保险人不承担赔偿责任。

保险人向被保险人赔偿保险金后，被保险人未经保险人同意放弃对有关责任方请求赔偿的权利的，该行为无效。

在保险人向有关责任方行使代位请求赔偿权利时，被保险人应当向保险人提供必要的文件和其所知道的有关情况。

由于被保险人的故意或者重大过失致使保险人不能行使代位请求赔偿的权利的，

保险人可以扣减或者要求返还相应的赔偿金额。

赔偿处理

第二十二条　被保险人给委托人造成损害，被保险人未向该委托人赔偿的，保险人不负责向被保险人赔偿保险金。

第二十三条　保险人对每次索赔赔偿金额以法院或政府有关部门依法裁定的或经被保险人、受害人及保险人协商确定的应由被保险人赔偿的金额为准，但在任何情况下，保险人对本保险条款第三条第一款和第二款的赔偿金额之和不超过本保险单明细表中列明的每次索赔赔偿限额。

第二十四条　保险人根据本保险条款第三条的规定，对每次索赔中被保险人为缩小或减少对委托人的经济赔偿责任所支付必要的、合理的费用予以赔偿，最高不超过每次事故赔偿限额。

第二十五条　保险人对本保险期限内多次索赔的累计赔偿金额不得超过本保险单明细表中列明的累计赔偿限额。

第二十六条　发生保险事故时，如果被保险人的损失能够从其他相同保障的保险项下也获得赔偿，则本保险人按照本保险合同的赔偿限额与所有有关保险合同的赔偿限额总和的比例承担赔偿责任。其他保险人应承担的赔偿金额，本保险人不负责垫付。

被保险人在请求赔偿时应当如实向保险人说明与本保险合同保险责任有关的其他保险合同的情况。对未如实说明导致保险人多支付保险金的，保险人有权向被保险人追回多支付的部分。

第二十七条　被保险人向保险人请求赔偿的诉讼时效期间为二年，自其知道或者应当知道保险事故发生之日起计算。

（资料来源：中国保险行业协会网站。）

【本章小结】

责任保险	责任保险概述	责任保险是指以被保险人依法应承担的民事损害赔偿责任或经过特别约定的合同责任为保险标的。 责任保险的保险标的为被保险人的民事损害赔偿责任，这种保险标的是无形的，保险人承保的是被保险人的侵权行为和违约责任（合同责任）。 责任保险有两种承保方式：一种是作为财产保险合同的组成部分或附加险加以承保，如机动车辆第三者责任险、建筑或安装工程保险的第三者责任险、船舶保险的碰撞责任、飞机第三者责任、油污责任等；另一种单独承保，由保险人签发单独的责任保险合同。单独承保的责任保险一般分为公众责任保险、产品责任保险、雇主责任保险和职业责任保险四类。
	公众责任保险	公众责任保险承保企业、机关、团体、家庭、个人以及各种组织（单位）在固定场所或地点进行生产经营活动或其他活动时，因意外事故发生致使第三者遭受人身伤亡或财产损失，依法应由被保险人承担的经济赔偿责任。 公众责任保险种类主要有场所责任保险、承包人责任保险、承运人责任保险、个人责任保险及其他公众责任保险。

续表

责任保险	产品责任保险	产品责任保险承保产品的制造商、销售商、修理商因其制造、销售、修理的产品有缺陷而造成用户、消费者或公众的人身伤害或财产损失依法应由制造商、销售商、修理商承担的经济赔偿责任。 制定产品责任保险费率要考虑的因素有：产品的种类、性能、特点等；产品生产或销售的地区及承保地区范围不同；产品生产或销售的数量和价格；赔偿限额的高低。
	雇主责任保险	雇主责任保险承保雇主对所有雇员工在受雇期间，因发生意外或造成人身伤残或死亡时，依法或按合同约定应当由雇主承担的经济赔偿责任。 雇主责任保险的保险费是根据被保险人在保险期间支付的雇员工资总额（包括加班费、奖金、各种津贴等）、工作地址、职业性质以及被保险人选定的赔偿限额来确定的。
	职业责任保险	职业责任保险承保各专业技术人员因工作上的疏忽或过失造成他人的人身伤亡或财产损失，依法承担的经济赔偿责任。 职业责任保险的责任范围涉及以下两方面：职业责任保险只负责专业技术人员由于职务上的疏忽或过失行为造成的损失，而不负责与该职业无关的原因造成的损失；保险单所负责的被保险人的职业责任风险，一般不仅包括被保险人自己，而且包括被保险人从事该业务的前任，被保险人的雇员及从事该业务的雇员的前任。
	环境责任保险	环境责任保险是指由于环境污染损害事故的发生，即因物质和能量的介入，而导致其化学、物理、生物或者放射性等特性的改变，从而影响环境功能及资源的有效利用或危害人体健康和人类生活的一种间接的民事侵权行为的保险品种。 环境责任保险是世界保险业中一个迟来的新客。它是随着环境污染事故的不断出现和公众环境意识不断增强运而生的。在世界各主要发达国家，环境污染责任保险业务和保险制度已经进入较为成熟的阶段。在我国保险市场中，环境责任保险基本属于空白地带。

【课后习题】

一、单选题

1. 场所责任保险属于（　　）责任保险。

A. 产品　　　　　　B. 职业　　　　　　C. 雇主　　　　　　D. 公众

2. 单独承保的责任保险有公众责任保险、产品责任保险、雇主责任保险和（　　）。

A. 机动车第三者责任险　　　　　　B. 船舶碰撞责任险

C. 职业责任保险　　　　　　D. 飞机第三者责任险

3. 国外通常将（　　）作为强制保险。

A. 公众责任保险　　B. 产品责任保险　　C. 雇主责任保险　　D. 职业责任保险

二、多选题

1. 单独承保的责任保险有（　　）。

A. 公众责任保险　　B. 产品责任保险　　C. 雇主责任保险　　D. 职业责任保险

2. 职业责任保险的承保方式有（　　　）。

A. 期内发生式　　　B. 期外发生式　　　C. 期内索赔式　　　D. 期外索赔式

3. 职业责任保险的被保险人包括（　　　）。

A. 被保险人本人　　　　　　　　　　B. 被保险人的前任

C. 被保险人的后任　　　　　　　　　D. 被保险人的雇员

三、判断题

1. 责任保险的保险标的是被保险人的赔偿责任。　　　　　　　　（　　　）

2. 长尾巴业务是指期内索赔式。　　　　　　　　　　　　　　　（　　　）

3. 产品保证保险和产品责任保险都与产品有关，二者是一回事。　（　　　）

四、简答题

1. 单独承保的责任保险有哪些？

2. 职业责任保险的被保险人包括哪些？

3. 雇主责任保险的保险费如何确定？

4. 公众责任保险的种类有哪些？

第十章
信用保证保险

【学习目标】

通过本章内容的学习，学生应理解信用保险和保证保险的概念及相互联系与区别；掌握信用保险的基本理论和主要业务险种，如出口信用保险、投资保险、国内商业信用保险；了解保证保险的基本理论和主要业务险种，如产品质量保证保险等。

【学习重点与难点】

信用保险的概念及相互联系与区别；信用保险的主要业务种类；保证保险的主要业务种类；出口信用保险的概念、投保人和被保险人、种类；投资保险的概念、承保风险及赔偿期；诚实保证保险保障范围和保险责任。

【关键术语】

信用保险　保证保险　诚实保证保险　出口信用保险　投资保险

【本章知识结构】

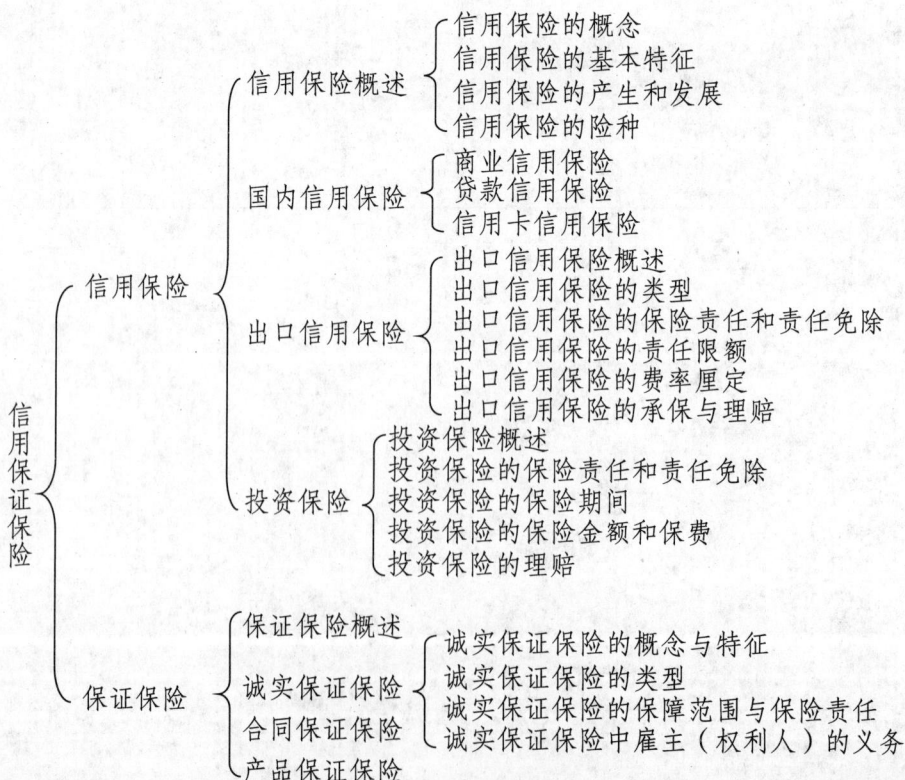

信用保证保险
- 信用保险
  - 信用保险概述
    - 信用保险的概念
    - 信用保险的基本特征
    - 信用保险的产生和发展
    - 信用保险的险种
  - 国内信用保险
    - 商业信用保险
    - 贷款信用保险
    - 信用卡信用保险
  - 出口信用保险
    - 出口信用保险概述
    - 出口信用保险的类型
    - 出口信用保险的保险责任和责任免除
    - 出口信用保险的责任限额
    - 出口信用保险的费率厘定
    - 出口信用保险的承保与理赔
  - 投资保险
    - 投资保险概述
    - 投资保险的保险责任和责任免除
    - 投资保险的保险期间
    - 投资保险的保险金额和保费
    - 投资保险的理赔
- 保证保险
  - 保证保险概述
  - 诚实保证保险
    - 诚实保证保险的概念与特征
    - 诚实保证保险的类型
    - 诚实保证保险的保障范围与保险责任
    - 诚实保证保险中雇主（权利人）的义务
  - 合同保证保险
  - 产品保证保险

【案例引入】

出口信用保险的减损作用

出口信用保险对发展外向型经济起着重要的推动作用。通过专业化的服务，中国出口信用保险公司（以下简称中国信保）能够帮助出口企业建立完善的风险防范机制，即通过事前调查、事中控制与事后追讨，帮助出口企业不仅实现灵活结算方式下海外业务的迅速增长，而且在风险出现时，能够迅速得到专业的建议与服务，将损失降到最低限度。出口信用保险的减损功能大大增强了企业抗风险的能力，加速出口企业的成长，成为出口企业名副其实"无忧行天下"的安全伞。中国信保为四川某生产机顶盒的出口企业（以下简称D企业）减损的案例充分说明了这一点。

基本案情：D企业自2004年投保以后，中国信保为其拟定了一整套风险管理计划，全面控制从产品出运到货款收回各阶段的风险，进一步增强了企业的核心竞争力，直接促进其产品海外市场份额的迅速增长，企业出口额从2004年的2 400万美元跃升至2006年的7 100万美元，其投保额也从开始的1 000多万美元直升至6 000多万美元。

2006年初，由于国外买家S公司资金紧张，D企业原采用D/P方式结算的大批货物在进口国港口积压，货款无法收回，因此对D企业的资金造成较大压力。更为严重的是，欧盟对滞港同类货物的禁售法令执行在即，原有货物退运后将无法销售，D企业陷入进退两难的境地。在自己多次催收无效的情况下，2006年6月2日，D企业向中国信保报告可能损失，总金额近200万美元，并委托中国信保代为追收应收账款。

中国信保高度重视D企业的可能损失，多方展开追偿工作，力争将D企业的损失降低到最低限度。通过多方努力，S公司与D企业顺利达成新的还款协议。放货之后，中国信保又通过多种手段敦促S公司履行还款计划，截至2006年8月底，D企业委托中国信保追收的货款全部收回。短短3个月内，国外买家S公司案件圆满解决。

（资料来源：中国出口信用保险公司短期业务理赔追偿部. 国际贸易与出口信用保险案例集［M］. 北京：中国金融出版社，2008.）

第一节　信用保险

一、信用保险概述

（一）信用保险的概念

信用保证保险是以义务人（被保证人）的信用为保险标的的保险。它是随着商业信用的发展而产生的一类新兴保险业务。国际上经营信用、保证保险业务的除一般保险公司外，还有一些专业性的保险公司。

信用保证保险分为信用保险和保证保险。信用保险（Credit Insurance）是保险人根据权利人的要求担保义务人（被保证人）信用的保险。信用保险是保险人对义务人（被保证人）的作为或不作为致使权利人遭受损失负赔偿责任的保险，即保险人对义务人信用的担保。

（二）信用保险的基本特征

信用保险虽然属于广义的财产保险，但与一般财产保险比较，又具有如下特征：

1. 信用保险承保的风险是一种信用风险，而不是由于自然灾害和意外事故造成的风险损失，因而无论权利人还是被保证人要求投保，关键都在于保险人事先必须对被保证人的资信情况进行严格审查，认为确有把握才能承保，如同银行对贷款申请人的资信必须严格审查后才能贷款一样。

2. 在信用保险实务中，当保证的事故发生致使权利人遭受损失时，只有在被保证人不能补偿损失时，才由保险人代为赔偿，因而只是对权利人的担保。

3. 代位追偿权非常重要，保险人在向权利人赔偿后，再替代权利人的地位向义务人追偿。

（三）信用保险的产生和发展

尽管信用保险的产生历史并不长，但历经坎坷。在各种信用发展最早的欧洲，开始是由一些银行和商人来承担信用风险的。1850 年法国的一些保险公司开始经营商业信用保险，但不久便失败了。1893 年成立的专门经营商业信用保险的美国信用保险公司则获得成功。在英国，1983 年全英地方受托资产公司开始承保澳大利亚的贸易风险，随后，商业联盟保险公司也进入贸易担保领域，但在 1903 年时把有关业务出让给了额外保险公司，额外保险公司因而一跃成为当时保险业中屈指可数的大公司之一。1911 年英国海上事故保证公司也办理了顾客营业额的定期信托保险。1918 年，英国贸易保障公司在政府授意下，接受了额外保险公司原先从事的信托风险承保业务。但这些公司对于贸易中的政治风险却从不敢染指。1919 年，鉴于东方和中欧诸国的政治局势险恶，英国政府被迫出面对同这些国家的贸易实行担保，为此专门成立了出口信用担保局（Export Credit Guarantee Department，ECGD），创立了一套完整的信用保险制度，成为以后各国争相效仿的样板。

第一次世界大战后，信用保险得到了迅速发展，欧美等国出现了众多的商业信用保险公司，一些私人保险公司联合组织了专门承保出口信用保险的机构。1929—1933 年世界性的经济危机爆发，只有少数实力雄厚的公司幸存下来。但经过这次冲击，许多西方国家效仿英国，先后成立了专门的国营机构来经营出口信用保险，其中最有影响力的是"伯尔尼联盟"（Berne Union）。

【知识链接】

伯尔尼联盟

1934 年，英国、法国、意大利和西班牙的私营和国营信用保险机构成立了"国际信用和投资保险人联合会"（International Union of Credit and Investment Insurers）。由于该协会初创于伯尔尼，因此简称"伯尔尼联盟"。

该组织旨在便于相互交流出口信用保险承保技术、支付情况和信息，并在追偿方面开展国际合作。这标志着出口信用保险为世界所公认。该组织现已发展到 30 多个国家的 40 多个信用保险机构，承保的出口额已达世界贸易总额的 1/7。

（资料来源：中华保险网，《出口信用保险的国际组织伯尔尼协会》。）

此后，各国的信用保险业务虽又屡屡受到经济动荡的冲击，但都逐步稳定的发展起来，至今世界上的许多国家都已形成了完善的信用保险制度和固定的信用保险机构。

我国信用保险的发展始于 20 世纪 80 年代初期。1983 年初，中国人民保险公司上海市分公司与中国银行上海市分行达成协议，试办了我国第一笔中长期出口信用保险业务；1986 年初，中国人民保险公司上海市分公司按有关协议，开始试办有关短期出口信用保险。1988 年国务院正式决定由中国人民保险公司试办出口信用保险业务，并在该公司设立了信用保险部。1994 年，新成立的中国进出口银行也经办各种出口信用保险业务。2001 年中国出口信用保险公司成立，作为政策性保险公司专门经营我国出口信用保险业务。

（四）信用保险的险种

对信用保险的险种，可从不同角度分类。

1. 根据保险标的性质的不同，可分为商业信用保险、银行信用保险、国家信用保险和诚实信用保险。

商业信用保险的保险标的是商品赊购方（买方）的信用；银行信用保险的标的是借款银行的信用；国家信用保险的保险标的是借款国的信用；诚实信用保险，亦称雇员忠诚信用保险，是权利人（雇主）投保的以被保证人（雇员）行为不诚实而使权利人（雇主）遭受损失时由保证人（保险人）承担赔偿责任为保险标的的一种信用保险。在诚实信用保险中，投保人是雇主，雇主为权利人，雇员为被保证人，以雇员对雇主的诚实信用为标的，当雇员因对雇主的不诚实行为而造成损失依法承当赔偿责任时，由保险人赔偿保险金。诚实信用保险按其承保的形式可分为指名信用保险、职位信用保险、总括信用保险、伪造信用保险等。由于信用保险与保证保险最根本的区别在于投保人不同，因此，诚实信用保险的种类以及保险责任范围等均与诚实保证保险相同，为避免重复，可参照本章第二节的内容。

2. 根据信用保险的业务内容，一般可将其分为国内信用保险，出口信用保险和投资保险三类。

国内信用保险是以义务人在国内的信用为保险标的的保险，包括商业信用保险、贷款信用保险、信用卡保险、雇员忠诚信用保险等。目前许多国家的保险公司开办此业务，以支持和促进其国内贸易和金融业的发展。随着社会经济的发展和商业贸易制度的改革深化，我国国内信用保险市场潜力巨大，保险人应尽早研究，争取早日开拓这一新的保险领域。

出口信用保险承保出口商因买方不履行贸易合同而遭受损失的风险。对该项业务，大部分国家将其列为政策性保险，主要是为了贯彻国家外贸政策，促进出口。

投资保险承保本国投资者在外国投资期间因政治原因遭受投资损失的风险。一般意义上，该险种主要是为了资本输出的需要，以保障本国投资商在国外投资的经济安全。

我国目前开办的信用保险业务主要有出口信用保险和投资保险。

【资料链接】

2012 年全国保费收入居前 10 名的中资财产保险公司一览表

单位：万元、%

排名	公司简称	财产保险保费	占比
1	人保财险	19 301 796.44	40.88
2	平安财险	9 878 620.39	20.92
3	太保财险	6 955 028.23	14.73
4	中华联合	2 455 580.68	5.20
5	国寿财险	2 354 179.71	4.99
6	大地财险	1 790 222.28	3.79
7	阳光财险	1 465 958.45	3.10
8	中国信保	1 426 007.21	3.10
9	天安保险	812 691.22	1.72
10	太平财险	776 814.67	1.65

（资料来源：中国保险监督管理委员会网站统计数据整理。）

二、国内信用保险

国内信用保险按保险标的的不同分为商业信用保险、贷款信用保险、信用卡信用保险。

（一）商业信用保险

商业信用保险是指在商业活动中一方当事人为了避免另一方当事人的信用风险，而作为权利人要求保险人将另一方当事人作为被保证人并承担由于被保证人的信用风险而使权利人遭受商业利益损失的保险。商业信用保险承保的标的是被保证人的商业信用，这种商业信用的实际内容通过列明的方式在保险合同中予以明确，其保险金额根据当事人之间的商业合同的标的价值来确定。如果被保证人发生保险事故，保险人首先向权利人履行赔偿责任，同时自动取得向被保证人进行代位求偿的权利。由于商业信用涉及各种形式的商业活动，商业信用保险也就可以针对各种不同的商业活动的需要进行业务设计，开发出为各种商业信用提供保险保障的商业保险业务。

国内信用保险一般承保批发业务，不承保零售业务；只承保 3~6 个月的短期商业信用风险，不承保长期商业信用风险。其险种主要为赊销信用保险。

赊销信用保险是为国内商业贸易（批发）中延期付款或分期付款行为提供信用担保的一种信用保险。该险种承保延期付款或分期付款时，卖方因买方不能如期偿还全部或部分贷款而遭受的经济损失。在该业务中，投保人是制造商或供应商，保险人承保的是买方（即义务人）的信用风险，目的在于保证被保险人（即权利人）能按期收回赊销贷款，保障商业贸易的顺利进行。

从国外的实践来看，赊销信用保险适用于一些以分期付款方式销售的耐用商品，如汽车、船舶、住宅及大批量商品等，这类商业贸易往往数额较多、金额较大，一旦买方无力偿付分期支付的贷款，就会造成制造商或供应商的经济损失。因而，需要保险人提供买方信用风险保险服务。赊销保险的特点是赊账期往往较长，风险比较分散，承保业务手续也比较复杂，保险人必须在仔细考察买方资信情况的条件下才能决定是否承保。在我国，中国平安保险公司率先于 1995 年开办了该项业务。随着我国商业体制的改革和商业结算制度的进一步完善，这种信用保险将会得到较快的发展。

（二）贷款信用保险

贷款信用保险是指保险人对贷款人（银行或其他金融机构）与借款人之间的借贷合同进行担保并承保其信用风险的保险。在市场经济条件下，从银行业务化的角度出发，贷款风险是客观存在的，究其原因既有企业经营管理不善或决策失误的因素，又有自然灾害和意外事故的冲击等，均可能造成贷款不能安全归流，从而必然要建立起相应的贷款信用保险制度来予以保证。在国外，贷款信用保险是比较常见的信用保险业务，它是银行转嫁贷款风险的必要手段。在我国，一些地方正在拟定贷款信用保险条款，准备开拓贷款信用保险市场，如有些地方的保险公司已开办了住宅贷款保险。

在贷款信用保险中，贷款人（即债权人）是投保人，当保险单出立后即成为被保险人。这是因为银行对放出的款项具有全额保险利益，当借款人无法归还贷款时，可以从保险人那里获得补偿，然后把债权转让给保险人追偿。其目的是保证银行信贷资金的正常周转。贷款信用保险的保险金额确定应以银行贷出的款项为依据。贷款信用保险分为企业贷款信用保险和个人贷款信用保险。

企业贷款信用保险的借款人是企业。其保险责任一般应包括决策失误、政府部门干预、市场竞争等风险，只要不是投保人或被保险人的故意行为和违法犯罪行为所致的贷款无法收回，其他风险均可承保。厘定保险费率时，应将其与银行利率相联系，并着重考虑下列四项因素：企业的资信情况、企业的经营管理水平与市场竞争力、贷款项目的期限和用途、不同的经济地区。

个人贷款信用保险的借款人是自然人，是指以贷款人（银行或其他金融机构）对自然人放贷后由于债务人不履行贷款合同致使金融机构遭受经济损失为保险对象的一种信用保险。它是国外保险人面向个人承保的较特别的业务。由于个人的情况千差万别，且居住分散、风险不一，保险人要开办这种业务，必须对贷款人贷款的用途、经营情况、日常信誉、私有财产物资等做全面的调查了解，必要时还得要求贷款人提供反担保，否则不能轻率承保。

（三）信用卡信用保险

信用卡信用保险是以权利人（经营信用卡业务之人）在信用卡业务经营过程中因业务人失信而带来无法向责任方（义务人）追回的损失为保险标的的保险。信用卡信用保险是随着银行开办的一种新型的支付工具——信用卡的发展而产生的保险业务。目前信用卡在世界上130多个国家和地区广泛使用，它所具有的迅捷和通用特点极大地便利了个人和企业的购物及消费，但同时也存在着一定的潜在信用风险。我国信用卡业务起步较晚，社会信用制度有待完善，因此保险公司开办了信用卡信用保险配合银行开展这项业务，有利于银行加强风险管理，及时赔偿银行在开展信用卡业务中产生的坏账损失。

1. 信用卡信用保险的保险责任

信用卡信用保险的保险责任为对被保险人经营信用卡业务时因下列原因引起而无法向责任方追回的损失负责赔偿：

（1）持卡人使用信用卡时由于非善意透支所造成的损失；

（2）信用卡遗失或被盗后被他人冒用造成的损失；

（3）被保险人的职工单独或与其他人串通利用信用卡营私舞弊、贪污或挪用公款造成的损失；

（4）任何人使用伪造的被保险信用卡。

2. 责任免除

保险人对下列损失，无论其他各条如何规定，均不负赔偿责任：

（1）任何依据法律、信用卡章程及有关协议应由持卡人、冒用人、特约直接消费单位或其他方面承担并实际可以追回的损失；

（2）由于被保险人的故意行为或重大过失引起损失以及由特约直接消费单位欺诈行为引起的损失；

（3）调查处理费用及法律费用；

（4）利息、手续费、因营业中断或业务量减少造成的利润损失以及重新发行信用卡的费用等间接损失；

（5）战争、类似战争行为、敌对行为、武装冲突、暴动及骚乱等原因引起的损失；

（6）保险责任未列明的任何损失。

3. 保险期限

信用卡信用保险的有效期限一般为一年。投保人在投保时需将当年的信用卡预计总交易额书面通知保险人，由保险人根据总交易额确定一年内的累计赔偿限额，即信用卡保险的最高赔偿额。如果一年内的损失超过此限额，则超出部分由被保险人承担。

4. 信用卡信用保险保费

以当年预计总交易额为基础预收。当年预计总交易额是指所有由使用被保险人签发的被保险信用卡在保险单有效期限内提取现金、购买货物和获得服务的总发生额。保险人按被保险人在投保时预计的当年总交易额与保单附表列明的保险费率向被保险人收取保险费。由于保险费是根据每年年初被保险人的预计总交易额测算的，被保险人在保险单有效期限内实际的总交易额需要到第二年年初统计后才能确定，因此保险人需要根据实际交易额对年初预收的保险费进行调整，多退少补。

被保险人在发现保险责任范围内的损失后，应及时通知保险人并采取一定措施向有关责任方追偿。在被保险人无法追回损失时，保险人将按照条款的约定负责赔偿。

三、出口信用保险

（一）出口信用保险概述

1. 出口信用保险的特征

出口信用保险（Export Credit Insurance），是承保出口商在经营出口业务的过程中，因进口商方面的商业风险或进口国方面的政治风险而遭受损失的一种特殊的保险。根据保险合同，投保人缴纳保险费，保险人将赔偿出口商因其债务人不能履行合同规定支付到期的部分或全部债务而遭受的经济损失。由于这种保险所要应付的风险特别巨大，而且难以使用统计方法测算损失概率，故一般的保险公司均不愿经营这种保险。当今世界上的出口信用保险大多数是靠政府支持而存在的。出口信用保险与其他以实物作为保险标的的财产保险相比，有如下主要区别：

（1）经营目的不同。出口信用保险的目的是鼓励和扩大出口，保证出口商以及与之融通资金的银行因出口所致的各种损失得到经济保障，其业务方针体现着国家的产业政策和国际贸易政策；而其他财产保险除了海上保险与一国对外贸易政策紧密相连外，一般是为了稳定国内生产和生活，与一国的对外贸易关系不大。

（2）经营方针不同。在经济上出口信用保险实行非营利的方针，通常是以比较低的保费承担比较高的风险，最终由国家财政作为后盾，其经营亏损由国家财政加以解决，属于政策性保险；而其他财产保险一般属于商业保险，以营利为目的。

（3）经营机构不同。因出口信用保险承保的风险比较大、所需的资金较多，故经营机构大多为政府机构由国家财政直接投资设立的公司或国家委托独家代办的商业保险机构，因而带有明显的政府主导下的非企业化经营的特征，其经营更侧重于社会效益；而其他财产保险则以营利为目的，由商业性保险公司经营。

（4）费率的厘定不同。在其他财产保险中，概率论是其得以经营的数理基础，其基本定律之一是大数法则，确立费率时以大数法则为基础、以保额损失率为主要依据；而在出口信用保险中，由于其风险的特殊性，在厘定费率时，与出口相关的信息起着举足轻重的作用。厘定出口信用险费率时，除考察保险机构以往的赔付记录外，还要考察出口商资信、规模和经营出口贸易的历史情况，以及买方国家的政治经济和外汇收支状况、国际市场的发展趋势，并在费率厘定后根据新情况经常调整，以及时、准确地反映出风险的变化趋势，保证费率的合理和公平。由于不同出口商的信用存在巨大的差异，因此在厘定费率时，不能完全以大数法则为基础。

（5）投保人不同。出口信用保险的投保人必须是本国国民或本国企业，投保的业务一般应是在本国生产或制造的产品的出口，而其他财产保险的投保人一般没有该要求。

（6）使用范围不同。凡出口公司通过银行以信用证、付款交单、承兑交单赊账等支付方式给汇的出口贸易均可以投保出口信用保险。投保人在投保时应先填写保险人提供的投保单，同时向保险人申请国外买方的信用限额，并每月向保险人申报一次出口货物金额，以便保险人据此承担保险责任和收取保险费，而其他财产保险的投保人一般没有该要求。

2. 出口信用保险体制

开办出口信用保险，可以促进和鼓励本国商品出口，保障本国出口商在国际贸易市场上的竞争地位。然而，出口信用保险所承保的在相当程度上是进口商的道德风险，需要有一套承保、理赔的专业调查网络予以配合，因此是一般保险公司无力承受的。世界各国的出口信用保险体制虽然不一，但大多获得政府支持，依据政府支持程度的不同，大致可分为以下几种。

（1）政府直接办理型

政府直接办理型是指办理出口信用保险业务的机构本身就是政府的职能部门，其业务收入与赔款支出直接纳入国家预算。最有代表性的是英国 1919 年成立的出口信用担保局和 1930 年成立的日本通产省的进出口保险课。英国是世界上最早建立出口信用保险制度的国家。英国《出口担保和投资法》（*Export Guarantees and Overseas Investment Act*）明确规定了英国出口信用保险机构出口信用担保局的职责、作用和政策界限。出口信用担保局是政府的职能部门，开设两个账户：商业账户和国家利益账户。国家利益账户的经营受出口担保委员会的领导。出口担保委员会的成员来自财政部、工业贸易部、外交和联络事务办公室、国防部、海外开发署和出口信用担保局等。日本通产省国际贸易管理局下属的进出口保险课（Export Import Insurance Division，EID）经营出口保险业务；第二次世界大战后，日本出口商的出口风险得到了政府的充分保护，出口保险合同全部记在政府名下，保险人是政府，具体业务由进出口保险课办理。英国和日本政府在保险上的扶持，促进了这些国家的出口贸易。丹麦、瑞典和瑞士等国亦属此种类型。

（2）政府间接办理型

政府间接办理型是由政府投资建立独立的经济实体，并以提供财务担保的方式做后盾，专门办理出口信用保险业务。如加拿大的出口发展公司（Export Development Corporation，EDC）、澳大利亚的出口融资与保险公司（Export Finance and Insurance Corporation，EFIC）、印度的出口信用担保公司（Export Credit Guarantee Corporation，ECGC）、韩国的出口保险公司（Export Insurance Corporation，EIC）以及中国香港特别行政区的出口信用保险局（Hong Kong Export Credit Insurance Corporation，ECIC）等均属此种类型。在该模式下，政府只负责制定经营政策和方针并提供资金上的支持，并不具体经营。如加拿大的出口发展公司是根据加拿大《出口发展法》于 1969 年成立的王室公司，其全部资产归加拿大政府所有，主营出口信用保险、履约保险和投资保险，兼营出口融资。

（3）政府委托私营机构代理型

政府委托私营机构代理型是指由政府指定一家私营公司出面代办出口信用保险业务，风险由政府承担。该方式的优点在于：既体现了政府的支持，由政府承担全部风险，又利用了私营机制改善服务和效率。如德国的赫尔梅斯（Herms）信用保险公司、阿根廷出口信用保险公司就是私人机构代理的典型，德国政府自 1926 年起委托赫尔梅斯信用保险公司办理出口保险业务，阿根廷政府自 1969 年起就授权阿根廷出口信用保险公司办理出口信用保险业务。

（4）混合经营型

混合经营型是指出口信用保险的部分业务由保险公司自己经营、部分业务代理政府经营的做法。办理出口信用保险业务的机构采用股份公司的组织形式，一般由政府或公共机构占该公司半数以上的股权，政府作为最大的股东控股公司的经营，公司除经营出口信用保险业务外，还可以经营其他保险业务。如法国的对外贸易保险公司（COFACE）、荷兰的出口信用保险公司（NCM）均属于此种类型。

此外，还有极个别的私营保险公司独立经营出口信用保险业务，如英国的贸易赔偿公司、劳合社以及美国的国际保险集团。前者以经营国内信用保险业务为主，后者虽经营出口信用保险却以是否能获利为标准，是纯商业性保险。

上述经营模式各有利弊，政府直接办理型的优点在于：以国家财政为后盾，有可靠的财力保障，但有时容易导致官僚主义、效率低下。政府间接办理型的优点在于：政府负担小、补贴少，但对于大额货物资本的出口和年限长的贸易，有时会出现力不从心的状况。政府委托私营机构代理型的优点在于：既体现了政府的支持，由政府承担全部风险，又利用了私营机制改善服务和效率。各国的出口信用保险体制各不相同，各具特色，它完全由各国依据自己的国情决定。我国于 1988 年开始由中国人民保险公司独家经营出口信用保险，1995 年中国进出口银行也开始经营该项业务。2001 年 12 月 18 日中国出口信用保险公司在北京成立，它是我国唯一专门承办出口信用保险业务的政策性保险公司，资本来源为出口信用保险风险基金，由国家财政预算安排。

（二）出口信用保险的类型

出口信用保险的险种有数十种，可按不同的标准分类。

1. 根据保险期限的不同，出口信用保险可分为短期出口信用保险（Short – term Export Credit Insurance）和中长期出口信用保险（Medium and Long – term Export Credit Insurance）。

（1）短期出口信用保险

短期出口信用保险一般是指保险期限不超过 180 天的出口信用保险，通常适用于初级产品和消费品的出口。短期出口信用保险是出口信用保险中使用最广泛的险种，许多国家均开办综合短期出口信用保险，此保单可根据被保险人的要求延长保险期限，但最长只能延长至 365 天。中期出口信用保险是指保险期限在 180 天至三年之间的出口信用保险。

（2）中长期出口信用保险

中长期出口信用保险是指保险期限在三年以上的出口信用保险。中长期出口信用保险的金额巨大、付款期长，它一般适用于电站、大型生产线等成套设备项目或船舶、飞机等资本性或半资本性货物的出口。中长期出口信用保险的特点有政策性强、保险合同无统一格式、保险机构早期介入、需要提供担保、需要一次性支付保险费等。

2. 根据保险责任起讫时间的不同，出口信用保险业务可分为出运前出口信用保险和出运后出口信用保险。

（1）出运前出口信用保险

出运前出口信用保险承保的是从合同订立日到货物起运日由买方商业风险或买方所在国家的政治风险导致出口商不能及时收回贷款的损失，包括合同签订后出口商支付的产品设计、制造、运输及其他费用。

（2）出运后出口信用保险

出运后出口信用保险承保的是从货物起运日到保险单的终止日由买方的商业风险或买方所在的国家的政治风险导致出口商不能及时收回货款的损失。

3. 根据承保方式的不同，出口信用保险业务可以分为综合保单、选择保单和特别保单。

综合保单一般适用于承保多批次、全方位的大宗货物出口；选择保单只原则性地规定了一些承保条件，允许出口商在保险合同规定的范围和限度内进行选择；特别保单则适用于承保逐笔交易的资本性货物的出口。

4. 根据承保的风险的不同，出口信用保险可分为商业风险保险、政治风险保险、既保商业风险也保政治风险的信用保险、汇率风险保险。

5. 根据贸易活动项下使用银行融资方式的不同，出口信用保险可分为买方信用保险和卖方信用保险。前者适用于买方适用银行贷款项下的出口合同，后者适用于卖方适用银行贷款项下的出口合同。

此外，根据出口合同的标的的不同，出口信用保险可分为海外存货和加工保险、服务保单、银行担保出口信用保险、保函支持出口信用保险以及贸易展览会保险。

（三）出口信用保险的保险责任和责任免除

1. 保险责任

出口信用保险承保的风险有商业风险和政治风险两种。

（1）商业风险

商业风险是指买方付款信用方面的风险，又称买方风险。它包括：

①买方破产或实际已资不抵债而无力偿还贷款；

②买方逾期不付款；

③买方违约拒收货物，致使货物被运回、降价转卖或放弃。

其中，买方逾期不付款是指买方在放账期满时仍不支付贷款，经买方要求、被保险人同意，买方在付汇期限上可增加付汇延展期，延展期仍属放账期的范围。买方拒收货物与拒付货款行为并非因被保险人的过错所致，而是由于买方丧失信用或有其他不道德意图所为，例如，货物运抵目的地后，买方国家市场情况变化，货已不再适销，买方担心货物滞销而违约拒收。如果是由于被保险人不及时交货或货物数量、技术规格不符合合同规定而引起买方拒收、拒付，则属于被保险人未履行合同行为，不属于出口信用保险的责任范围。

（2）政治风险

政治风险是指与被保险人进行贸易的买方所在国或第三国发生内部政治、经济状况的变化而导致买卖双方都无法控制的收汇风险，又称国家风险。它包括：

①买方所在国实行外汇管制，限制汇兑；

②买方所在国实行进口管制，禁止贸易；

③买方的进口许可证被撤销；

④买方所在国颁布延期付款令；

⑤买方所在国发生战争、动乱、骚乱、暴动、革命、敌对行为或其他骚动；

⑥买方所在国或任何有关第三国发生买方无法控制的其他政治事件。

2. 责任免除

在出口信用保险中保险人不负赔偿责任的项目通常有：

（1）被保险人违约或违法导致买方拒付贷款所致的损失；

（2）汇率变动的损失；

（3）在货物交付时，已经或通常能够由货物运输保险或其他保险承保的损失；

（4）发货前，买方未能获得进口许可证或其他有关的许可而导致不能收货付款的损失；

（5）买方违约在先情况下被保险人坚持发货所致的损失；

（6）买卖合同规定的付款币制违反国家外汇规定的损失。

（四）出口信用保险的责任限额

由于出口信用保险承担的风险大、范围广，保险责任限额也与其他险种不同。一般而言，出口信用保单规定如下三种限额。

1. 保单的最高赔偿限额

短期出口信用保险的保单以一年为限，保单的最高赔偿限额是指保险人对被保险人在 12 个月内所累计承担的总赔偿限额。保险人在承保业务之前，要求被保险人填写投保单，出口商将其前 12 个月的出口累计金额通知保险人，保险人综合出口企业的经营情况、产品销售情况、出运目的地的分布情况以及出口金额的大小，制定出保单的最高赔偿限额。它是在保单订立的 12 个月中累计承担的总赔偿限额。

2. 买方信用限额

买方信用限额是指保单对被保险人向某特定买方出口货物所承担的最高赔偿限额。保险人与被保险人对与被保险人进行贸易的每一买家有一个"买方信用限额申请/审批"的过程。保险人要求被保险人就保单范围内的买家逐一申请其适用的信用放账额度，其额度经保险人批准后可循环使用。被保险人在申请买方信用限额时，需向保险人提供与买方有关的信用资料，以供保险人确定一个适当的买方限额。买方信用限额一旦确立，保险人将在规定限额内负赔偿责任。若出口商超限额出口，则由其自行承担超出限额部分的损失。

3. 被保险人自行掌握的信用限额

在实际工作中，对于有丰富经验并拥有广大市场的被保险人，保险人无需对其每一买者的资信进行仔细调查，而是在一定范围内给予其灵活处理日常业务的权利。对此类业务，对每一保单通常都会规定一个小数额作为被保险人自行掌握的信用限额，以鼓励出口商同买方进行更多的交易，而无需事先征得保险人同意，若发生损失，则出口商可在此信用限额内向保险人索赔。

（五）出口信用保险的费率厘定

1. 制定出口信用保险费率一般应考虑下列因素：

出口信用保险的费率，因可能发生的收汇风险程度不同而有所不同，制定费率时一般应考虑下列因素：

（1）买方所在国的政治、经济及外汇收支状况；

（2）出口商的资信、经营规模和出口贸易的历史记录；

（3）出口商以往的赔付记录；

（4）贸易合同规定的付款条件；

（5）投保的出口贸易额大小及货物的种类；

（6）国际市场的经济发展趋势。

2. 制定短期出口信用保险费率应考虑的因素

针对短期出口信用的保险费率，通常应考虑买方所在国或地区所属类别、付款方式、信用期限。

一般而言，出口信用保险机构通常将世界各国或地区按其经济情况、外汇储备情况及外汇政策、政治形势的不同划分成五类。第一类国家或地区的经济形势、国家支付能力、政治形势均较好，因而收汇风险小；第五类国家或地区的收汇风险则非常明显，大部分保险人不承保此类国家或地区的出口信用保险业务。对第一类别到第四类别国家或地区的出口，因其风险大小不同，支付方式不同，即付款交单和承兑交单及信用证方式付款所带来的收汇风险各不相同，因而收取保险费的费率也不相同。放账期长的费率高，放账期短的费率低。保险费计算公式为

$$保险费 = 发票总额 \times 费率表决定的费率 \times 调整系数$$

其中，调整系数的大小是根据出口方经营管理情况的好坏和对该出口方赔付率的高低决定的。

（六）出口信用保险的承保与理赔

1. 承保出口信用保险的要求

主要有以下三项：

（1）出口公司在投保短期出口信用险前，需向保险公司提供一份反映其出口及收汇情况和投保要求的申请书，保险机构根据其提供的资料及通过调查掌握的情况，决定是否承保，中长期保险则应对每一出口合同进行严格的审查。

（2）短期出口信用保险一般实行全部投保的原则，即出口企业必须将所有以商业信用方式的出口销售额全部投保，不能只选择风险大的国家和买方投保，这项原则对保险公司分散风险和保持业务经营的稳定性至关重要。

（3）责任限额是出口信用保单中的一项重要规定，一般的保单中都规定两种限额：一是对买方的信用限额，即对每一买方所造成的卖方的损失，保险人所承担的最高赔偿限额；二是对出口方保单的累计责任限额，即保险人对被保险人（出口方）在 12 个月内保单累计的最高赔偿限额。买方信用限额应由出口方根据不同买方的资信情况及买方在一定时期内预计以信用方式成交的金额，逐个向保险人提出申请，经保险人审查批准后生效。出口方要想获得信用保险的充分保险保障，并扩大出口，应对每一个买方申请信用限额，这样保单的累计最高赔偿限额必然增加。

2. 出口信用保险的理赔

（1）索赔手段

当发生保险责任范围内的损失时，被保险人应立即通知保险公司，并采取一切措施减少损失，被保险人索赔时应填写索赔申请书，并提供出口贸易合同、发票、

银行单据和其他必要的单证。对被保险人的索赔，除了买方破产或无力偿付贷款外，对其他原因引起的损失，在等待期满后再定损核赔。而被保险人获得赔偿后，仍应协助保险公司向债务人追偿欠款。

（2）最高赔偿限额与免赔额

为了控制风险责任，保险人承保信用保险时，通常规定每一保单的最高赔偿限额和免赔额，短期出口信用保险下发生的定损核赔金额可能会受最高赔偿限额与免赔额的影响而发生变化，许多出口信用保险公司，如英国的出口信用担保局签发的出口信用保险单，都对此有详细规定，它们常在其保单上为被保险人规定一个绝对免赔额。若被保险人的一笔出口损失金额不超过此规定的数额，则保险人可免予赔偿。赔偿时按每笔损失扣除该免赔额。同时，当全部损失赔偿累计数超过保险单规定的最高责任额时，保险公司对超出部分也不承担赔偿责任。

（3）出口信用保险定损核赔等待期

由于出口信用保险所承保的范围不一，因而确定标的是否实际损失的时间也各异。除条款规定买方被宣告破产或丧失偿付能力后即可定损核赔外，对其他原因引起的标的损失，保险人还要视不同情况规定一段"等待期"，从1个月到6个月不等，待等待期期满，保险人才予以定损核赔。

（4）损失控制

出口信用保险人在接到损失可能发生的报告后，应立即要求并配合被保险人采取措施避免或减少损失；同时，对已经支付赔款的，应及时采取追偿措施。

例如，某出口商向某国进口商品100万美元，保险金额100万美元，现该进口商因为商品价格下跌而拒收货物，在货物处理完毕后一个月，确定损失金额为40万美元。若拒收拒付赔偿比例为90%，问保险公司如何赔付？

保险公司的赔偿金额＝40×90%＝36（万美元）

保险公司在向出口商赔偿36万美元后，取代出口商的地位在36万美元的赔偿金额内向进口商索赔。

【资料链接】

次贷危机与出口信用保险

2007年下半年以来，美国次贷危机对该国乃至世界经济产生了重大影响。从房地产业开始，转而冲击金融业，进而向制造业和消费品等行业扩散，呈现横向影响范围扩大，纵向危害程度加深的态势。

据相关资料统计，次贷危机爆发以来，中国出口企业的收款等待时间比此前明显增加，次贷危机造成的金融冲击波扩大了世界范围内的信用风险，中国出口企业的收汇安全受到威胁。作为为这些中国出口企业提供风险保障的保险公司——中国出口信用保险公司2008年上半年全国范围内接到出口信用险索赔案件936宗，同比增长31.2%，报损金额1.05亿美元，同比增长235.6%，占报损总金额的44.8%。拖欠案件占报损总金额的84%，买方拖欠已成为导致收汇风险发生的主要原因。众多中国出口企业日益感受到美国进口商潜在的付款危机。

信用保险是一种综合性融资工具，能够保障企业的应收账款，相当于一种可以在银行质押的资产或者凭据，具有风险控制，贸易促进、财务保障、便利融资等功能，并提供应收账款管理、资信服务、商财追收等增值服务。

（资料来源：王颖涛．中信保——出口信用险索赔半年翻番并非坏事［N］．投资者报，2008 - 08 - 16.）

四、投资保险

（一）投资保险概述

1. 投资保险的概念

投资保险（Overseas Investment Insurance）是以保险人因投资引进国政治局势动荡或政府法令变动所引起的投资损失为保险标的的保险，又称政治风险保险（Political Risk Insurance）。其承保对象一般是海外投资者。所谓政治风险是指东道国政府没收或征用外国投资者资产、实行外汇管制、撤销进口许可证、内战、绑架等风险而使投资者遭受投资损失的风险，如1979年伊朗革命时曾没收了美国国际集团的子公司。

2. 投资保险的发展

投资保险业务的开展是为了鼓励资本输出的需要。第二次世界大战后不久，美国于1984年4月根据《对外援助法》制定了《经济合法案》，开始实施"马歇尔计划"，同时设立了经济合作署，专门管理外援及海外投资事务，并开始实行投资风险保险制度。此后，也逐渐向发展中国家转移。1961年3月，美国国会通过了《对外援助法修正案》，并设立了国际开发署，接管投资保险业务；1969年又设立直属国务院的涉外私人投资公司，取代国际开发署主管涉外投资保险，第二次世界大战后，其他国家也效仿美国实行投资保险制度，如英国的出口信用担保局就负责办理此项业务。因此，投资保险作为一项新型保险业务是于20世纪60年代在欧美国家形成的。此后，投资保险成了海外投资者进行投资活动的前提条件。在我国，投资保险首先是为了适应外国投资者的需要于1979年开办的；同时，80年代尤其是90年代以来，我国对外投资也日渐增加，也需要保险人提供投资保险服务。由于投资保险承担的是特殊的政治风险，责任重大，因此，外国通常由政府部门办理，民间保险公司很少办理或不办理该业务。

（二）投资保险的保险责任和责任免除

1. 保险责任

投资保险的保险责任主要包括以下三种：

（1）战争风险（War Risk），又称战争、革命、暴乱风险，包括战争、类似战争行为、叛乱、罢工所造成的有形财产的直接损失的风险，现金、证券等不属于保险财产。

（2）征用风险，又称国有化风险，是投资者在国外的投资资产被东道国政府有关部门征用或没收的风险。《日本输出保险法》将其称为"被夺取"风险，即剥夺投资者所有权的风险。美国的《海外私人投资公司保险手册》明确表明，由投资项目所在国政府所"授权、许可或纵容"的任何行动，若对美国海外企业的财产和经营产生了特定的影响，或者对投资者的各种权利和经济利益产生了特定的影响，就被认为是"征用行动"。

（3）汇兑风险，即外汇风险，是投资者因东道国的突发事变而导致其在投资国与投资国有关的款项无法兑换货币和转移的风险。我国投资保险承保的这一风险是："由于政府有关部门汇兑限制，使被保险人不能按投资契约规定将应属被保险人所有并可汇出的汇款汇出"，因此引起投资者的损失，由保险公司负责赔偿。

2. 责任免除

我国投资保险条款规定对下列风险造成的损失，保险人不予赔偿：

（1）由于原子弹、氢弹等核武器造成的损失。因为核武器造成的损失规模太大，为控制保险责任，故予免除。

（2）被保险人投资项目受损后造成被保险人的一切商业受损。因为该项属于间接损失。

（3）被保险人及其代表违背或不履行投资合同或故意违法行为导致政府有关部门征用或没收造成的损失。因该损失系被保险人故意违法行为所致，故予免除。

（4）被保险人没有按照政府有关部门所规定的汇款期限汇出汇款所造成的损失。因该损失系被保险人过失所致，为加强其责任心，故予免除。

（5）投资合同范围之外的任何其他财产的征用、没收所造成的损失。

（三）投资保险的保险期间

投资保险的保险期间分为短期和长期两种。短期为1年；长期保险期限最短的为3年，最长的为15年。投保3年以后，被保险人有权要求注销保单，但如未到3年提前注销保单，被保险人须交足3年的保险费。保单到期后可以续保，但条件仍需要双方另行商议。无论长期保险还是短期保险，保险期内被保险人可随时提出退保，但保险人不能中途修正保险合同，除非保险人违约。

（四）投资保险的保险金额与保险费率

1. 投资保险的保险金额

投资保险的保险金额以被保险人在海外的投资金额为依据，是投资金额与双方约定比例的乘积，保险金额一般规定为投资金额的90%。但长期和短期授资项目又有不同，一年期的保险金额为该投资金额乘以双方约定的百分比，保险金额一般规定为投资金额的90%；长期投资项目每年投资金额在投保时按每年预算投资金额确定，当年保险金额为当年预算金额的90%，长期投资项目需确定一个项目总投资金额下的最高保险金额，其保险费需在年度保费基础上加差额保费，长期投资项目期满时按实际投资额结算。

2. 投资保险费率的确定

投资保险费率的确定，一般根据保险期间的长短、投资接受国的政治形势、投资者的能力、工程项目以及地区条件等因素确定。一般分为长期费率和短期费率，且保险费在当年开始时预收，每年结算一次，这是因为投资期间有变化。20世纪90年代中期，我国投资保险的短期年费率一般为8‰，长期年度基础费率一般为6‰。

投资保险是一种承保投资政治风险的信用保险，外国的投资保险一般由投资商在本国投保，保障的是本国投资商在外国投资的风险，投资商是被保险人；而我国的投资保险则可由保险公司为外国的投资商保险，保障的是外国人在我国投资的风险看，以配合国家引进外资的政策，从而亦带有保证保险的性质。

（五）投资保险的理赔

1. 赔偿期限的规定

由于各种政治风险造成的投资损失有可能在不久后通过不同途径予以挽救，损失发生与否需经过一段时间才能确定，因此，投资保险有赔偿期限的规定。根据不同的保险责任，一般有如下规定：

（1）战争、类似战争行为、叛乱、罢工及暴动造成投资项目的损失，在提出财产损失证明后或被保险人投资项目终止 6 个月以后赔偿；

（2）政府有关部门的征用或没收引起的投资损失，在征用、没收发生满 6 个月后赔偿；

（3）政府有关部门汇兑限制造成的投资损失，自被保险人提出申请汇款 3 个月后赔偿。

2. 赔偿金额的规定

在赔偿金额方面规定如下：

（1）当被保险人在保单所列投资合同项目下的投资发生保险责任范围内的损失时，保险人根据损失金额按投资金额与保险金额的比例赔付，保险金额最高占投资金额的 90%；

（2）由于投资额的承保比例一般为投资金额的 90%，因而被保险人所受损失若将来追回，也应由被保险人和保险人按各自承担损失的比例分摊。

第二节　保证保险

一、保证保险概述

（一）保证保险与信用保险的区别

1. 保证保险的概念

保证保险（Guarantee Insurance）是义务人（被保证人）根据权利人的要求，要求保险人向权利人担保义务人自己的信用的保险。它所承保的风险是一种信用风险。信用保证保险是随着商业信用的发展而产生的一类新兴保险业务。国际上经营信用保险业务、保证保险业务的除一般的财产保险公司外，还有一些专业性的保险公司。

2. 信用保险和保证保险的区别

信用保险和保证保险都是保险人对义务人（被保证人）的作为或不作为致使权利人遭受损失负赔偿责任的保险，即保险人对义务人信用的担保。但二者的对象和投保人均不同，前者是权利人要求保险人担保义务人（被保证人）的信用，后者是义务人（被保证人）要求保险人向权利人担保自己的信用；前者由权利人投保，后者由义务人（被保证人）投保。信用保险和保证保险承保的标的都是信用风险，但二者存在区别，主要表现为：

（1）信用保险是填写保险单来承保的，其保险单同其他财产保险保险单并无大的差别，同样规定责任范围、责任免除、保险金额（责任限额）、保险费、损失赔偿、被保险人的权利义务等条款；而保证保险是出立保证书来承保的，该保证书同财产保险保险单有着本质区别，其内容通常很简单，只规定担保事宜。

（2）信用保险的被保险人是权利人，承保的是被保证人（义务人）的信用风险，除保险人外，保险合同中只涉及权利人和义务人两方；保证保险是义务人应权利人的要求投保自己的信用风险，义务人是被保证人，由保险公司出立保证书担保，保险公司实际上是保证人，保险公司为了减少风险往往要求义务人提供反担保（即由其他人或单位向保险公司保证义务人履行义务），这样，除保险公司外，保证保险中还涉及义务人、反担保人和权利人三方。

（3）在信用保险中，被保险人缴纳保费是为了把可能因义务人不履行义务而是自己受到损失的风险转嫁给保险人，保险人承担着实实在在的风险，必须把保费的大部分或全部用于赔款（甚至亏损），保险人赔偿后虽然可以向责任方追偿，但成功率很低；在保证保险中，义务人缴纳的保费是为了获得向权利人保证履约的全部义务仍然由义务人自己承担，保险人收取的保费只是凭其信用资格而得的一种担保费，风险仍由义务人承担，在义务人没有能力承担的情况下才由保险人代为履行义务，因此，经营保证保险对保险人来说，风险是相当小的。

（二）保证保险的特征

保证保险是保险人为被保证人向权利人提供的担保业务。保证保险在保险学界争论较大，它虽然属于广义的财产保险，但同一般的财产保险不同，有如下特征：

1. 保证保险的当事人涉及三方：保证人（Surety），保险人；被保证人（Principal），或义务人（Obligor），即投保人；权利人（Obligee），即受益人。一般财产保险的当事人只有保险人与投保人。

2. 保证保险中的被保险人对保证人（保险人）给予权利人的补偿，有偿还的义务；而一般财产保险的被保险人并无任何返还责任。换言之，在保证保险中，由于保证事故的发生导致的保证人对权利人的赔偿，保证人有权利向被保证人索赔，被保险人有义务返还；而且在一般财产保险中，保险人对被保险人没有索赔权和追偿权，也不用提供担保。

3. 保证保险合同是保险人对另一方的债务偿付、违约或失约承担附属性责任的书面承诺。这种承诺在保证保险合同所规定的履约条件已具备而被保证人不履行合同义务的条件下才能实现。当发生保险事故且权利人遭受经济损失时，只有在被保证人不能补偿损失时，才由保险人代为补偿。因此，从本质上来说，保证保险只是权利人的担保。

4. 保险人必须严格审查被保证人的资信。保险人只有严格审查被保证人的财力、资信、声誉的好坏及以往履约历史等，才能代替被保证人向权利人承担法律责任。

5. 保险费实质是一种手续费。保险人在承保一般财产保险业务时，必须要做好赔偿准备，一种风险能不能承保，归根结底是看承保这种风险所收取的保险费是否足以抵补这种风险发生的赔偿；而保证保险是一种具有一定担保性质的业务，它基本是建立在无赔款基础之上的。因此，保证保险收取的保险费实质上是一种手续费，是利用保险人的名义提供担保的一种报酬。

（三）保证保险的产生和发展

保证保险首先出现于约 18 世纪末 19 世纪初，它是随商业信用的发展而出现的。1852—1853 年，英国几家保险公司试图开办合同担保业务，但因缺乏足够的资本而没有成功。最早产生的保证保险是由一些个人、商行或银行办理的，18 世纪末或 19 世纪初出现诚实保证保险，稍后出现的是合同担保，主要担保从事建筑和公共事业的订约人履行规定的义务，并在订约人破产或无力履行合同时，代为偿还债务。

随后，英国的几家保险公司也开办了该业务，并逐渐推向了欧洲市场。1914 年诚实存款公司从欧洲撤回，几家英国的保险公司开辟了欧洲合同担保业务市场。近年来，我国为了适应经济发展的需要，也开办了一些保证保险业务，如产品质量保险、机动车辆消费贷款保证保险、住房贷款保证保险等。保证保险是随着商业道德风险的频繁发生而发展起来的。保证保险险种的出现，是保险业功能由传统的经济补偿功能向现代的资金融通功能的扩展，对拉动消费、促进经济增长无疑会产生积极的作用。

【资料链接】

2011 年我国保证保险业务规模及增速

2011 年国内财险公司保证保险业务增长迅猛。国内财产保险公司 2011 年实现保证保险保费收入 56.51 亿元，同比增长 146.6%。保证保险保费收入占财产保险公司总保费收入的 1.22%，较 2010 年上升了 0.65 个百分点。

平安财险、人保财险和中银保险三家公司的保证保险保费收入位居前三名。保费收入超过 1 000 万元的公司有平安财险、人保财险、中银保险、中华联合、大地财险和安华农险六家。其中，平安财险、人保财险和中银保险三家公司保费收入超过 1 亿元；平安财险和中银保险的保费收入保持较高增长态势，同比增速分别为 186.20% 和 1 150.60（见表 10－1）。

表 10－1　　　　2011 年国内财产保险公司保证保险保费收入及增速　单位：百万元、%

保费收入排名	公司简称	保证保险保费收入		保费增速
		2011 年	2010 年	
1	平安财险	4 730.67	1 652.91	186.20
2	人保财险	184.19	166.08	10.90
3	中银保险	145.82	11.66	1 150.60
4	中华联合	12.58	−10.67	217.90
5	大地财险	11.81	23.00	−48.65
6	安华农险	10.53	2.67	194.38
7	太平财险	9.72	0.00	—
8	都邦财险	7.05	10.10	−30.20
9	阳光财险	6.72	5.33	26.08
10	英大财险	6.24	0.58	975.86

（资料来源：吴焰. 中国非寿险市场发展研究报告 2011［M］. 北京：中国经济出版社，2012：115－116.）

（四）保证保险的类型

保证保险通常分为诚实保证保险和确实保证保险两类。诚实保证保险将在后面予以介绍，此处只介绍确实保证保险。

确实保证保险是被保证人不履行义务而使权利人遭受损失时，由保险人负责赔偿责任的保证保险。其保险标的是被保证人的违约责任，它是对业主和其他权利人的保证。例如，D建筑公司2007年12月8日承建C大学的一栋办公楼，C大学要求D建筑工程公司在2008年8月18日前交工，否则D建筑工程公司要向C大学支付罚金。D建筑工程公司便向Z财产保险公司购买完工保证保险，在D建筑工程不能履行建筑合同所规定的义务时，由Z财产保险公司向C大学支付赔偿金（如图10-1所示）。

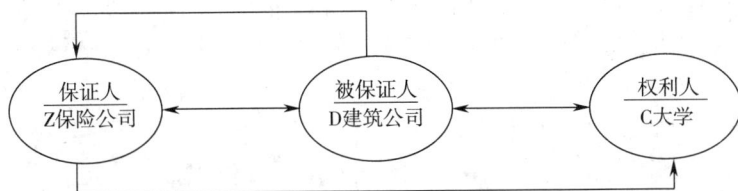

资料来源：王旭瑾. 保险专业知识与实务［M］. 沈阳：辽宁人民出版社、辽宁电子出版社，2009.

图10-1 确实保证保险示意图

确实保证保险的种类繁多，大致可概括为如下四类：

1. 合同保证保险

因合同保证保险的内容较多，故于后面单独介绍。

2. 司法保证保险

司法保证保险是因法律程序而引起的保证业务，按其内容可分为诉讼保证保险和受托保证保险。

（1）诉讼保证保险

诉讼保证保险是当原告或被告要求法院为其利益采取某种行动，而又可能伤害另一方利益时，法院为了维护双方的合法权益，通常要求保险人为申请人的这种诉讼行为提供担保的保险，其行动包括扣押、查封、冻结某些财产等。诉讼保证保险又可分为保释保证保险、上诉保证保险、扣押保证保险、禁令保证保险。

①保释保证保险是以被保释人不在规定的时间出庭受审而由法院罚没的罚款为保险标的的保险。

②上诉保证保险是以上诉人如上诉失败，所有原诉与上诉费用皆由上诉人负担为保险标的的保险。

③扣押保证保险是以原告败诉时负有赔偿被告因临时扣押财产而遭受损失为保险标的的保险。当原告要求费用扣押被告的某一财产，以确保胜诉后得到赔偿时，法院要求提供该保证。

④禁令保证保险是以原告要求法院阻止被告采取某一行动，因禁令不当导致被告的损失，应由原告承担的被告损失赔偿责任为保险标的的保险。当原告要求法院阻止被告采取某一行动（如将约定卖给原告的产品卖给他人）时，便须向法院提供

此种保证。

（2）受托保证保险

受托保证保险是以法院命令为他人利益管理财产的人因其不尽职责而造成被管理人的财产损失为保险标的的保险。需要提供此种保证的被保证人包括财产受托人、破产管理人、遗嘱执行人、遗产管理人、缺乏完全行为能力人的监护人。在若干场合下，若被保证人缺乏他人管理财产的经验，保证人与被保证人共同管理财产为其出立保证合同的条件。

3. 许可证保证保险

许可证保证保险是担保从事经营活动领取执照的人遵守法规或履行义务的保险。在有些国家，从事某一活动或经营的人在向政府申请执照或许可证时，往往需要提供此种赔偿的保险。常见的许可证保证保险有两种：第一，在被保证人（领照人）违反政府法令或其行为有损于政府政府或公众利益时，由保险人（保证人）承担由此引起的赔偿责任；第二，保证被保证人（领照人）将按国家法律履行纳税义务。

4. 公务员保证保险

公务员保证保险是对政府工作人员的诚实信用提供保证的保险。分为诚实总括保证保险和忠实执行职务保证保险两种。前者对公务员不诚实或欺诈等行为所造成的损失赔偿承担赔偿责任，后者对公务员因工作中未能忠于职守而给政府造成的损失承担赔偿责任。

确实保证保险实务通常包括申请手续、保证原则、保证期限、保险费的确定。

二、诚实保证保险

（一）诚实保证保险的概念与特征

1. 诚实保证保险的概念

诚实保证保险，亦称雇员忠诚保证保险，是因被保证人（雇员）行为不诚实而使权利人（雇主）遭受损失时，由保证人（保险人）承担赔偿责任的一种保证保险（如图10－2所示）。在诚实保险中，雇主为权利人，雇员为被保证人，保险标的是雇员的诚实信用。该险种对雇员对雇主不诚实行为造成雇主损失承担赔偿责任。例如，A银行为防止B会计（被保证人）贪污，而使银行（权利人，雇主）自身遭受损失，向C保险公司投保雇员忠实保险。

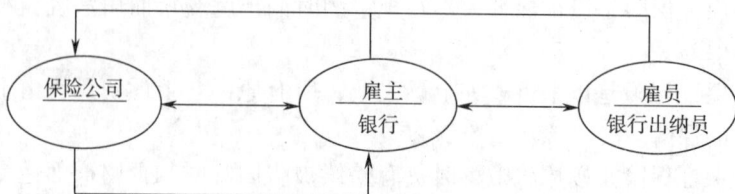

图 10－2　诚实保证保险示意图

2. 诚实保证保险的特征

诚实保证保险与确实保证保险相比，二者的共同点在于：二者均属于保证保险，投保人均为被保证人。但也有区别，对比而言，诚实保证保险主要有如下特征：

（1）诚实保证保险的保证合同涉及雇主与雇员的关系，而确实保证保险则不涉及。

（2）诚实保证保险承保的风险只限于雇员的不诚实行为，包括盗窃、欺诈、伪造、隐匿、违背职守等，因此又称为不诚实保险；而确实保证保险承保的风险是被保证人履行一定义务的能力或意愿，与不诚实无关。

（二）诚实保证保险的类型

诚实保证保险承保的形式可分为五类：指名保证保险、职位保证保险、总括保证保险、伪造保证保险和3D保单。

1. 指名保证保险

指名保证保险是以特定的雇员为被保证人，在雇主遭受因被保证人的不诚实而造成的损失时，由保证人赔偿责任的保险，通常分为个人保证保险和表定保证保险两种。

（1）个人保证保险

个人保证保险是以某一特定的雇员为被保证人，当该雇员单独或与他人合谋造成雇主损失时，由保证人承担赔偿责任的保险。个人保证合同只承保特定的个人，费用通常由被保证的雇员支付。

（2）表定保证保险

表定保证保险是同一保证合同中承保两个以上的雇员，每个人都有自己的保证金额的保证保险。实际上该种保证保险只是将若干个人保证合同合并为一个保证合同而已。该种保证保险可随机增减，只是必须在规定的表内列出被保证人的姓名及其各自的保证金额。

2. 职位保证保险

职位保证保险是在保证合同中不列举各被保证人的姓名及保险金额，只列举各级职位名称、保证金额及每一职位人数的保险。职位保证保险分为两种：

（1）单一职位保证保险

单一职位保证保险是同一保证合同承保某一职位的若干被保证人，无论任何人担任此职位均有效的保险。该险种适用于员工流动性较大的单位，担任同一职位的每一位被保证人都按保单规定的保证金额投保。若约定的承保职位与被保证人人数不变，但被保证人有变更，则无需通知保险人；若职位与人数有变动，则必须通知保险人，否则，保险人的责任将按照投保人数与全部实际人数的比例予以减少。故而此又分为两种情形：按此比例减少每一损失的赔偿金额，按此比例减少每人的保证金额。对于这种保证保险，任何职位都可以投保，但若同一职位中有一个人获得投保，则其余人员必须投保。

（2）职位表定保证保险

职位表定保证保险是同一保险合同承保几个不同的职位，每一职位都规定有各自保证金额的保险。其余规定同单一职位保证基本相同。在合同订立后新增加的职位，亦可自动承保，但必须在特定的期限内告知保险人，自动保证期间（60日或90日）的保证金额，一般亦有一定限制。

3. 总括保证保险

（1）总括保证保险的概念

总括保证保险是以雇主所有的正式雇员为保险对象的保险。其特点为：合同不载明每一雇员的姓名、职位名称及保证金额，只要确认损失系雇员的不诚实行为所致，无须证明由何人或何种职位所致，便可由保险人负责赔偿。

（2）总括保证保险的优点

总括保证保险的优点表现为以下三方面：

第一，无需为决定哪一职位或哪一个人需要保证保险而烦恼；

第二，自动承保任何新近的雇员，无需告知保险人，也无需在当年增加保费；

第三，在个人保证保险或职位保证保险下，雇主获得赔偿前，通常必须证明由何人或何职位所致，而在总括保证保险下，只要确认损失系雇员的不诚实行为所致，即可获得保险人的赔偿。

由于总括保证保险具有指名保证保险和职位保证保险所不具有的优点，因此总括保证保险已成为诚实保证保险中最为流行的一种形式。其缺点则是每个雇员的保证金额均相同。为补救该缺点，在保险实务中，许多雇主除投保总括保证保险外，还另外投保个人或职位保证保险。

（3）总括保证保险的类型

①普通总括保证保险。

普通总括保证保险是对单位全体雇员不指出姓名和职位的保证保险。保费按年计算，在交费后一年内如雇员人数增加，除企业合并外，不另加保费。只要认定损失是由雇员的不诚实行为所致，保证人均承赔偿责任。根据确定赔偿限额的方法不同，可将其分为职位总括保证保险和商业总括保证保险：前者规定每次事故中每人的赔偿限额；后者只确定每一损失的赔偿限额，无论损失是一个雇员所致还是多个雇员串通所致，只要是雇员的不诚实行为所致并在保证金额内的损失，保证人均负赔偿责任。两者的只要区别是保险责任的不同：前者对每个被保证人引起的损失规定一个限额，后者则对每次损失规定一个限额。由于不诚实行为大多为个别的，故商业总括保证保险的适用性比职位总括保证保险广泛。

②特别总括保证保险

特别总括保证保险是以各种金融机构的雇员由于不诚实行为造成雇主的损失而依法应负的赔偿责任为保险标的的保险。它最早起源于英国伦敦劳合社保险人开办的银行总括保证，以后逐步增加到各种金融机构。各金融机构中的所有金钱、有价证券、金银条块以及其他贵重物品，因其雇员的不诚实行为造成的损失，保险人均负赔偿责任。

4. 伪造保证保险

伪造保证保险是承保因伪造或篡改背书、签名、收款人姓名、金额等造成的损失保证保险，它又分为两种形式：

（1）存户伪造保证保险

承保被保证人或被保证人往来的银行因他人以被保证人的名义伪造或篡改支票、汇票、存单及其他凭单据等所致损失的保险。此处的承保票据仅指支付票据。

（2）家庭伪造保证保险

承保个人在收支款项时因他人伪造所致损失的保险。此处的承保票据包括支付票据、收入票据及收入伪钞。

5．3D 保单

3D 保单是指不诚实（Dishonest）、损毁（Destruction）及失踪（Disappearance）的综合保单。包括诚实保证和盗窃保险两者在内，承保企业因他人的不诚实、盗窃、失踪、伪造或篡改票据遭受的各种损失。

（1）3D 保单的内容

3D 保单的内容包括五部分，被保险人可选择投保部分或全部，这五部分内容包括：①雇员不诚实保证保险，相当于上述的商业总括保证保险或职位总括保证保险；②屋内财产的盗窃保险；③屋外财产的盗窃保险；④保管箱盗窃保险；⑤存户的伪造保险。

（2）3D 保单的附加条款

除前述五部分外，还可以附加条款方式增加下列风险的保险：①收入票据的伪造；②货物被盗窃；③发放的薪金被盗；④限额盗窃保险所承担的风险；⑤伪造仓库收据。3D 保单的保险费，由各部分分别计算后再汇总合计。

（三）诚实保证保险的保障范围与保险责任

1．诚实保证保险的保障范围

诚实保证保险的保障范围包括雇主的货币和有价证券的损失、雇主所有的财产损失、雇主有权拥有的财产或对此负有责任的财产、保险单指定区域的可移动财产。

2．诚实保证保险的责任范围

（1）诚实保证保险的保险责任

一般规定：诚实保证保险主要承保雇员的不法行为使雇主遭受的经济损失。

诚实保证保险主要包括雇员在受雇期贪污财物而致的损失、雇员在受雇期间的诈骗行为（包括欺骗雇主和其他关系方）而致的损失。雇员在保险期间因上述行为造成钱财损失的发现期，一般规定为 6 个月，即最迟自该雇员退休、离职或死亡之日起或保险单规定 6 个月内提出索赔，以其中先发生者为准。如果被保证人的雇员被派到其他区域工作，但不能超过规定的期限，则该雇员在该区域内引起的雇主损失仍可得到保障。

美国规定：诚实保证保险的保险责任在不同国家不尽相同，美国诚实保证保险通常承保两大类风险：欺诈和不诚实。具体为下列六种风险所致的雇主财产或金钱损失：偷窃、非法侵占、伪造、私有、非法挪用、故意误用。其中，偷窃是指暗中用非暴力手段非法拿取他人财物；非法侵占是指将他人所有而由自己保管的财物非法据为己有；伪造是指以欺诈手段伪造票据或其他文件，或将有关票据、文件擅自加以重大修改，使之失去原来的意义；私有是指非法拿去他人财产供自己使用；非法挪用是指未经所有人同意擅自将其资金供别人使用；故意误用是指以损害他人为目的的故意将他人财物用于他所不欲的用途。

（2）诚实保证保险的责任免除

对于下列原因造成的雇主的钱物的损失，保险人不负赔偿责任：因雇主擅自减少雇员工资待遇或加重工作任务而导致雇员不诚实行为所带来的损失，雇主没有按照安全预防措施和尽责督促检查而造成的任何钱物损失，雇主及其代理人和雇员恶意串通而造成的损失，超过了索赔期限仍未索赔者。

（四）诚实保证保险中雇主（权利人）的义务

诚实保证保险除具有一般保险合同中规定的明示或默示权利和义务外，还有下列规定：

1. 接受审查单证的义务，即保险人有权审查雇主提供的索赔说明书、财物计算报告及其他单证，应避免上述资料的不真实而导致保险人的损失。

2. 通知义务，即雇主及其代理人在发现雇员有某种欺骗和不诚实行为，并可能造成钱财损失时，应随时通知保险人。

3. 变更雇用条件的协商义务，即雇主变更雇用条件或减少雇员报酬等情况，均应事先征得保险人同意。

4. 协助追偿的义务，即雇主除有责任向保险人提供有关情况外，还应积极协助保险人向犯有欺骗和不诚实行为造成钱物损失的雇员进行追偿，或从雇主应给付上述雇员的报酬中扣回保险人在该保险单项已支付的赔款。

三、合同保证保险

（一）合同保证保险的概念与分类

1. 合同保证保险的概念

合同保证保险是承保因被保证人不履行各种合同义务而造成权利人的经济损失的一种保险。它最初主要是适应建筑投资人要求承包人如期完工而兴办起来的，最普通的业务是建筑工程承保合同的保证保险。

2. 合同保证保险的分类

（1）建筑保证保险

建筑保证保险是承保因建筑误期所致各种损失的保险。根据建设工程的不同阶段，它可分为以下四种：

①投标保证保险是承保工程所有人（权利人）因中标人未继续签订承包合同而遭受损失的保险。

②履约合同保证保险是承保工程所有人因承包人未按时、按质、按量交付工程而遭受损失的保险。

③预付款保证保险是承保工程所有人因承包人未履行合同而受到的预付款损失的保险。

④维修保证保险是承保工程所有人因承包人未履行合同所规定的维修义务而受到损失的保险。

（2）完工保证保险

完工保证保险是承保借款建筑工程因未按期完工或到期不归还借款而造成有关权利人损失的保险。在投保完工保证保险的情况下，可由保险人负赔偿责任。

（3）供给保证保险

供给保证保险是承保供给方因违反合同规定的供给义务而使需求方遭受损失的保险。如制造厂商与某加工厂商订立合同，由制造厂商按期提供一定数量的半成品给加工厂商，一旦制造厂商违反供给义务而使加工厂商遭受损失，若投保了供给保证保险，则由保险人负赔偿责任。

此外，存款保证保险、贷款保证保险也属于合同保证保险的重要形式。其中，存款保证保险是以银行为投保人，以保证存款人的利益为目的，当银行出现支付危机时，保险人负有赔偿责任的一种保证保险。贷款保证保险是指保险人向债权人（银行或其他金融机构）保证从其获取贷款的债务人将确实履行还债义务，如果债务人不履行债务致使债权人（银行或其他金融机构）遭受损失，由保险人向债权人负赔偿责任的一种保证保险，其投保人为债务人（被保证人）。保险金额根据借款合同的借款金额确定，但最高不得超过抵押物售价的一定比例，两者以低者为准，其目的是防止借款人故意逃避银行的债务。目前在我国保险经营实践中，常见的贷款保证保险有住房贷款抵押保证保险、机动车辆消费贷款保证保险、小额贷款保证保险等。

（二）合同保证保险所要求的具体条件

由于合同保证保险风险较大，保险人在承保该类业务时，一般要求具备下列条件：

1. 投资项目已经核实，工程施工力量、设备材料等物已落实可靠。

2. 严格审查承保人的信誉、经营承保能力和财务状况，并要求提供投保工程的合同副本、往来银行名称及账号等情况资料。

3. 要求承保工程的人提供反担保或签订"偿还协议书"。

4. 工程项目本身已投了工程保险。在承保前，保险人应对工程各个方面情况进行调查研究，在可靠的前提下才能承保。在工程施工期间，保险人一般要经常了解工程进度及存在的问题，并在可能的情况下提出建议，督促有关当事人采取措施，确保工程如期完工。

（三）合同保证保险的责任范围

合同保证保险根据工程承保合同的内容来确定保险责任，一般仅以承保人对工程所有人承担的经济责任为限。

1. 保险人只负责工程合同中规定的因承保人方面的原因造成的工期延误的损失。不属于承保人的原因造成的工期延误损失，保险人不负责赔偿保险责任。如因人力不可抗拒的自然灾害或工程所有人提供的设备材料不能如期运抵工地等原因造成工期延误，就属于责任免除。

2. 保险人赔偿的数额也以工程合同中规定的承保人应赔偿的数额为限。如承保合同中规定了承保人若不能按期保质完工就要向工程所有人支付罚款，保险人的赔偿数额就以该罚款数额为限。

此外，合同保证保险的保险金额一般以不超过工程总造价的80%为限。

四、产品保证保险

（一）产品保证保险的概念及意义

1. 产品保证保险的概念

产品保证保险，也称产品质量保险或产品信誉保险，是以被保险人因制造或销售的产品丧失或不能达到合同规定的效果功能而应对买主承担赔偿责任为保险标的的保险。它与产品责任保险的业务性质有根本区别。不过在保险实务中，产品保证保险经常同产品责任保险综合承担，尤其在欧美国家，保险人一般同时开办产品责任保险和产品保证保险，制造商或销售商则同时投保产品责任保险和产品保证保险。

2. 开办产品保证保险的意义

开办产品保证保险的意义主要有以下几个方面：

（1）产品在保险公司保险能增强人们消费或使用产品的安全感，有利于维护用户或消费者的正当权益。

（2）有利于企业迅速赢得顾客，打开产品销路。

（3）能促进企业的质量管理，提高投保企业的竞争力，最终使整个社会生产力水平得到提高。

3. 产品保证保险与产品责任保险的关系

产品保证保险与产品责任保险的关系在于，二者都与产品有关，但二者存在重大区别。

首先，险种性质不同，产品保证保险属于保证保险的范畴，产品责任保险属于责任保险的范畴。

其次，保险标的不同，产品保证保险是承保产品事故中产品本身的损失，产品责任保险承保的是产品责任事故造成他人财产损失或人身伤害依法应负的赔偿责任。

最后，保险责任不同，由于产品保证保险承保的是制造商、销售商或修理商因其制造、销售或修理的产品质量有内在缺陷而造成产品本身损失对用户所负有的经济赔偿责任，因而，其责任范围是产品自身的损失及有关费用，具体包括：赔偿用户更换或修理不合格或有质量缺陷产品的损失和费用；赔偿用户因产品质量不符合使用标准而丧失使用价值的损失及由此引起的额外费用；被保险人根据法院判决或有关行政当局的命令，收回、更换或修理已投放市场的质量有严重缺陷产品造成的损失及费用。而产品责任保险以产品的生产者或销售者由于产品存在缺陷，造成使用者或其他人的人身伤害或财产损失，依法应承担的赔偿责任为保险标的的保险。其保险责任包括：在保险有效期内，被保险人生产、销售、分配或修理的产品在承保区域内发生事故，造成用户、消费者或其他任何人的人身伤害或财产损失，依法应由被保险人承担的损害赔偿责任；被保险人为产品事故所支付的诉讼、抗辩费用及其他经保险人事先同意支付的合理费用。

（二）产品保证保险的责任范围

1. 产品保证保险的保险责任

由于产品保证保险承保的是制造商、销售商或修理商因其制造、销售或修理的产品质量有内在缺陷而造成产品本身损失对用户所负有的经济赔偿责任，因而，其责任范围是产品自身的损失及有关费用，这是产品责任保险不承保的责任。产品保证保险的保险责任具体包括：

（1）赔偿用户更换或修理不合格或有质量缺陷产品的损失和费用；

（2）赔偿用户因产品质量不符合使用标准而丧失使用价值的损失及由此引起的额外费用，如运输公司购买不合格汽车而造成的停业损失（包括利润和工资损失）以及为继续营业临时租用他人汽车而支付的租金等；

（3）被保险人根据法院判决或有关行政当局的命令，收回、更换或修理已投放市场的质量有严重缺陷产品造成用户的损失及费用。

2. 产品保证保险的责任免除

产品保证保险的责任免除包括：

（1）用户或他人故意行为或过失或欺诈引起的损失；

（2）用户不按产品说明书或技术操作规定使用产品或擅自拆卸产品而造成的产品本身损失；

（3）属于制造商、销售商或修理商保修范围内的损失；

（4）产品在运输途中因外部原因造成的损失或费用等；

（5）因制造或销售的产品的缺陷而致他人人身伤亡的医疗费用和住院、护理等其他费用或其他财产损失；

（6）经有关部门的鉴定不属于上述质量问题造成的损失和费用；

（7）不属于该保险条款所列责任范围的其他损失。

由于产品保证保险是一项十分复杂的业务，因此在经营中必须以投保企业信誉好、产品质量高为承保条件；同时，由于产品保证保险的风险一般不易估算和控制，故保险人通常采取与投保人共保的办法，由保险人和投保人各承担一定比例（如50%）的责任。

（三）保险金额和保险费率

产品保证保险的保险金额一般以被保险人的购货发票金额或修理费收据金额来确定。前者如出厂价、批发价、零售价等，以何种价格确定，可以由保险双方根据产品所有权的转移方式及转移价格为依据。

在费率厘定方面，应以下列因素为依据综合考虑：产品制造者、销售者的技术水平和质量管理情况，这是确定费率的首要因素；产品的性能和用途；产品的数量和价格；产品的销售区域；保险人投保该类产品以往的损失记录。

（四）赔偿处理

发生消费者对承保产品的索赔时，保险人按下列处理方式进行赔偿：

（1）因设计、制造等原因导致产品零部件、元器件失效或损坏时，赔偿该部件或元器件的重置价和修理费用；

（2）整件产品需要更换、退货时，其赔偿金额以产品出厂价格或销售价格为限，若出厂价格或销售价格高于产品购买地重置价，其赔偿金额以重置价为限；

（3）保险人负责赔偿因产品修理、更换、退货引起的鉴定费用、运输费用和交通费用，合计赔偿金额在同一赔案中不得超过保险责任项下赔偿金额的30%；

（4）更换或退回的产品残值作价在赔款中扣除后归被保险人所有。

消费者必须通过被保险人向保险人提出索赔，保险人在保单约定的赔偿限额内承担赔偿责任，超过赔偿限额的部分由被保险人负责赔偿，保险人不负赔偿责任。在保险人的赔偿达到赔偿限额时，应当注销保险单；但是如果被保险人提供了合适的担保，保证保险人超过赔偿限额的赔偿能够受到补偿，则保险人也可以继续在追加的担保额度内承担赔偿责任。

【附录 10.1】

中国出口信用保险公司

中国出口信用保险公司（以下简称中国信保）是我国唯一承办政策性信用保险业务的金融机构，2001 年 12 月 18 日成立，资本来源为出口信用保险风险基金，由国家财政预算安排。目前，中国信保已形成由总公司营业部、18 个分公司、6 个营业管理部组成的覆盖全国的服务网络，并在英国伦敦设有代表处。

中国信保的业务范围包括：

1. 短期出口信用保险

短期出口信用保险，一般情况下保障信用期限在一年以内的出口收汇风险。适用于出口企业从事以信用证（L/C）、付款交单（D/P）、承兑交单（D/A）、赊销（OA）结算方式自中国出口或转口的贸易。

2. 中长期出口信用保险

中长期出口信用保险旨在鼓励中国出口企业积极参与国际竞争，特别是高科技、高附加值的机电产品和成套设备等资本性货物的出口以及海外工程承包项目，支持银行等金融机构为出口贸易提供信贷融资；中长期出口信用保险通过承担保单列明的商业风险和政治风险，使被保险人得以有效规避以下风险：

（1）出口企业收回延期付款的风险；

（2）融资机构收回贷款本金和利息的风险。

3. 投资保险

投资保险一般是由国家出资经营或由国家授权商业保险机构经营的政策性保险业务。投资保险通过向跨境投资者提供中长期政治风险保险及相关投资风险咨询服务，积极配合本国外交、外贸、产业、财政、金融等政策，为跨境投资活动提供风险保障，对保单项下规定的损失进行赔偿，支持和鼓励本国投资者积极开拓海外市场、更好地利用国外的资源优势，以促进本国经济发展的目的。

4. 国内贸易保险

国内贸易信用保险可以弥补在国内贸易过程中，因买方破产或买方拖欠货款而遭受到的应收账款损失，可以有效化解国内贸易应收账款的风险，帮助合理选择贸易伙伴，减少坏账准备，拓宽融资渠道，提升信用风险管理水平。

5. 信用保险贸易融资业务

信用保险贸易融资业务是指销售商在公司投保信用保险并将赔款权益转让给银行后，银行向其提供贸易融资，在发生保险责任范围内的损失时，公司根据《赔款转让协议》的规定，将按照保险单规定理赔后应付给销售商的赔款直接全额支付给融资银行的业务。

【本章小结】

信用保证保险	信用保险	信用保证保险是以义务人（被保证人）的信用为保险标的的保险。它分为信用保险和保证保险。 信用保险是保险人根据权利人的要求担保义务人（被保证人）信用的保险。 信用保险一般分为国内信用保险、出口信用保险和投资保险。 国内信用保险主要有商业信用保险、贷款信用保险和信用卡信用保险。 出口信用保险是承保出口商在经营出口业务的过程中因进口方面的商业风险或进口国方面的政治风险而遭受损失的一种特殊保险。出口信用保险体制可分为政府直接办理型、政府间接办理型、政府委托私营机构代理型、混合经营型。出口信用保险承保的风险有商业风险和政治风险。出口信用保险的责任限额有三种：保单的最高赔偿限额、买方信用限额、被保险人自行掌握的信用限额。 投资保险是以被保险人因投资引进国政治局势动荡或政府法令变动所引起的投资损失为保险标的的保险。投资保险的保险责任包括战争风险、征用风险、汇兑风险。投资保险有赔偿期限的规定。
	保证保险	保证保险是义务人（被保证人）根据权利人的要求，要求保险人向权利人担保义务人自己的信用的保险。 保证保险通常分为诚实保证保险和确实保证保险两类，确实保证保险是被保证人不履行义务而使权利人遭受损失时，由保险人负责赔偿责任的保证保险。诚实保证保险是因被保证人（雇员）行为不诚实而使权利人（雇主）遭受损失时，由保证人（保险人）承担赔偿责任的一种保证保险。 诚实保证保险承保形式可分五类：指名保证保险、职位保证保险、总括保证保险、伪造保证保险和3D保单。 合同保证保险是承保因被保证人不履行各种合同义务而造成权利人的经济损失的一种保险。合同保证保险包括建筑保证保险、完工保证保险、供给保证保险。 产品保证保险是以被保险人因制造或销售的产品丧失或不能达到合同规定的效果功能而应对买主承担赔偿责任为保险标的的保险。 产品保证保险和产品责任保险都与产品有关，但二者存在重大区别。

【课后习题】

一、单选题

1. 信用保证保险是以义务人的（　　）为保险标的的保险。

A. 责任　　　　　　　B. 信用　　　　　　　C. 财产　　　　　　　D. 人身

2. 出口信用保险是承保（　　）在经营出口业务的过程中因进口方面的商业风险或进口国方面的政治风险而遭受损失的一种特殊保险。

A. 本国出口商　　B. 外国出口商　　C. 本国进口商　　D. 外国进口商

3. 诚实保证保险承保形式有指名保证保险、职位保证保险、总括保证保险、伪造保证保险和（　　）。

A. 2D 保单　　　　B. 3D 保单　　　　C. 4D 保单　　　　D. 5D 保单

二、多选题

1. 出口信用保险的责任限额有三种，即（　　）。

A. 保单的最高赔偿限额　　　　　B. 买方信用限额

C. 被保险人自行掌握的信用限额　　D. 卖方信用限额

2. 投资保险的保险责任包括（　　）。

A. 战争险　　　　B. 征用险　　　　C. 汇兑险　　　　D. 政治险

3. 信用保险一般分为（　　）三种。

A. 国内信用保险　　B. 出口信用保险　　C. 投资保险　　　D. 个人信用保险

三、判断题

1. 信用保险和保证保险的保险标的和投保人都是一致的。　　　　（　　）

2. 投资保险有赔偿期的规定。　　　　　　　　　　　　　　　　（　　）

3. 产品保证保险与产品责任保险都与产品有关，二者没有重大区别。（　　）

四、简答题

1. 出口信用保险体制包括哪几种？

2. 诚实保证保险承保形式有哪些？

3. 简述信用保险与保证保险的不同之处。

4. 比较产品保证保险与产品责任保险的异同。

参 考 文 献

［1］王绪瑾. 保险学（第四版）［M］. 北京：高等教育出版社，2011.

［2］申曙光. 现代保险学教程（第二版）［M］. 北京：高等教育出版社，2008.

［3］魏华林，林宝清. 保险学［M］. 北京：高等教育出版社，2006.

［4］郑功成，许飞琼. 财产保险（第四版）［M］. 北京：中国金融出版社，2010.

［5］徐徐，李杰. 保险学［M］. 北京：中国人民大学出版社，2009.

［6］施建祥. 财产保险［M］. 杭州：浙江大学出版社，2009.

［7］王绪瑾. 财产保险［M］. 北京：北京大学出版社，2011.

［8］李加明. 财产与责任保险［M］. 北京：北京大学出版社，2012.

［9］杨波. 财产保险原理与实务［M］. 南京：南京大学出版社，2010.

［10］刘金章. 财产与责任保险［M］. 北京：清华大学出版社、北京交通大学出版社，2010.

［11］许谨良. 财产保险原理和实务（第四版）［M］. 上海：上海财经大学出版社，2010.

［12］王健康，周灿. 机动车辆保险实务操作（第二版）［M］. 北京：电子工业出版社，2013.

［13］王海明. 船舶保险［M］. 北京：首都经济贸易大学出版社，2012.

［14］付铁军，等. 汽车保险与理赔（第三版）［M］. 北京：北京理工大学出版社，2012.

［15］陈松利. 汽车保险与理赔［M］. 北京：电子工业出版社，2012.

［16］余义君. 汽车保险与理赔实务［M］. 西安：西北工业大学出版社，2011.

［17］王和. 工程保险［M］. 北京：中国金融出版社，2005.

［18］陈雪梅. 汽车保险与理赔［M］. 北京：北京航空航天大学出版社，2008.

［19］郑功成等. 财产保险［M］. 北京：中国金融出版社，2005.

［20］吴焰. 中国非寿险市场发展研究报告2011［M］. 北京：中国经济出版社，2012.

［21］《农业保险》编写组. 农业保险（PICC培训教材）［M］. 北京：首都经济贸易大学出版社，2012.

［22］魏昭，安辉. 农户保险直通车［M］. 大连：东北财经大学出版社，2012.

［23］庹国柱．中国农业保险发展报告 2012 ［M］．北京：中国农业出版社，2012.

［24］魏华林，林宝清．保险学（第三版） ［M］．北京：高等教育出版社，2011.

［25］中国出口信用保险公司短期业务理赔追偿部．国际贸易与出口信用保险案例集 ［M］．北京：中国金融出版社，2008.

［26］韦松．货物运输保险 ［M］．北京：首都经济贸易大学出版社，2012.

［27］牛新中．财产保险 ［M］．上海：立信会计出版社，2013.

［28］陈依维．财产保险（第二版）［M］．天津：南开大学出版社，2013.

［29］兰虹．财产与责任保险 ［M］．成都：西南财经大学出版社，2010.